Artificial Intelligence in Finance

파이썬 기반 금융 인공지능

| 표지 설명 |

이 책의 표지에 있는 동물은 둑방쥐(학명: *myodes glareolus*)이다. 둑방쥐는 유럽과 중앙 아시아의 숲, 둑, 늪 등에서 발견되며 특히 핀란드와 영국에 개체수가 가장 많다. 둑방쥐의 몸길이는 10~11cm이고 몸무게는 평균 17~20g이다. 작은 눈과 귀를 지녔으며, 가죽은 보통 갈색이나 회색으로 몸 전체를 덮고 두껍다. 몸길이에 비해 꼬리는 짧으며 작은 두뇌를 지녔다. 새끼들은 눈이 안 보인 채로 4~8마리씩 태어나고 성장이 빠르며 암컷은 2~3주, 수컷은 6~8주 만에 성체가 된다. 성장 속도가 빠른 만큼 평균 수명도 짧아서 대부분의 개체는 1년 반에서 2년 정도 산다. 이 작은 설치류는 주로 땅거미가 질 때 활동하지만 주행성 또는 야행성일 수도 있다. 둑방쥐 대부분은 식물을 먹는 잡식성이지만 계절에 따라 달라지곤 한다. 수컷 둑방쥐는 성체가 되면 고향을 떠나지만 일반적으로 암컷 둑방쥐는 태어난 곳에 머문다.

둑방쥐는 현재 최소 관심least concern 등급으로 지정되어 있다. 오라일리 표지에 등장하는 동물은 대부분 멸종 위기종이다. 이 동물들은 모두 소중한 존재다. 표지 그림은 『British Quadrupeds』에 실린 흑백 판화를 기본으로 캐런 몽고메리Karen Montgomery가 그렸다.

파이썬 기반 금융 인공지능

파이썬과 케라스를 활용한 금융 시계열 데이터 기반 알고리즘 트레이딩 전략

초판 1쇄 발행 2022년 9월 30일

지은이 이브 힐피시 / **옮긴이** 김도형 / **펴낸이** 김태헌
펴낸곳 한빛미디어(주) / **주소** 서울시 서대문구 연희로2길 62 한빛미디어(주) IT출판부
전화 02-325-5544 / **팩스** 02-336-7124
등록 1999년 6월 24일 제25100-2017-000058호 / **ISBN** 979-11-6921-030-0 93000

총괄 전정아 / **책임편집** 박민아 / **기획 · 편집** 김지은 / **교정** 최희정
디자인 표지 이아란 내지 박정화 / **전산편집** 백지선
영업 김형진, 김진불, 조유미, 김선아 / **마케팅** 박상용, 송경석, 한종진, 이행은, 고광일, 성화정 / **제작** 박성우, 김정우

이 책에 대한 의견이나 오탈자 및 잘못된 내용에 대한 수정 정보는 한빛미디어(주)의 홈페이지나 아래 이메일로 알려주십시오. 잘못된 책은 구입하신 서점에서 교환해드립니다. 책값은 뒤표지에 표시되어 있습니다.

한빛미디어 홈페이지 www.hanbit.co.kr / 이메일 ask@hanbit.co.kr

Artificial Intelligence in Finance

파이썬 기반 금융 인공지능

O'REILLY® 한빛미디어 Hanbit Media, Inc.

지은이 · 옮긴이 소개

지은이 **이브 힐피시** Yves Hilpisch

The Python Quants의 설립자이자 이사이며, Python Quants LLC의 공동 창업자이다. 이 회사들은 파이썬 기반의 금융 및 파생 상품 분석 소프트웨어와 파이썬 및 금융과 관련된 컨설팅, 개발, 교육 서비스를 제공한다. 금융 수학을 전공했고, 경영학 박사 학위를 받았으며 자를란트 대학교에서 계산금융의 수치적 방법론을 가르치고 있다. 저서로는 『파이썬을 활용한 금융 분석』(한빛미디어, 2016), 『파이썬을 이용한 알고리즘 트레이딩』(제이펍, 2021), 『Derivatives Analytics with Python』(Wiley, 2015) 등이 있다.

옮긴이 **김도형** kim.dohhyoung@gmail.com

카이스트에서 자동 제어와 신호 처리를 전공했고 박사 학위를 받았다. 박사 학위 과정 중에 처음 파이썬을 접했으며 시간이 날 때마다 파이썬을 활용했다. LG전자와 대우증권에서 파생 상품 프라이싱 시스템, 금융 정보 모니터링 시스템, 알고리즘 트레이딩 시스템 등을 파이썬으로 구현했다. 현재는 파이썬 기반 금융 분석, 최적 집행용 소프트웨어와 서비스를 만들고 있으며, 금융 분석 분야에서 파이썬이 더 널리 퍼질 수 있게 도울 수 있는 징검다리가 되고자 강의를 하고 있다.

옮긴이의 말

이제는 머신러닝과 인공지능의 시대라고 해도 과언이 아닐 만큼 머신러닝과 인공지능은 2010년 이후로 엄청난 발전과 응용 가능성을 보여주었다. 특히 이미지 및 자연어 처리 등의 특정 응용 분야에서 탁월한 성능을 보이며 다양한 형태의 상용화가 우리 눈앞에 보이기 시작했다. 하지만 유독 금융 분야에서는 머신러닝과 인공지능이 이렇다 할 뚜렷한 성과를 보이지 못하고 있는 것이 현실이다. 이는 금융 분야에 특화된 머신러닝이나 인공지능 방법론이 나오지 않았다는 점보다는, 효율적 시장 구조 등 금융 분야의 문제들이 가지고 있는 보다 근본적인 특성에 기반한다.

이 책은 금융 분야의 다양한 기반 이론과 현업 실무에 최신 머신러닝 및 인공지능 기술을 적용하는 것이 실제로 어느 정도의 가능성을 가지는지를 폭넓은 관점에서 고찰한다. 인공지능과 머신러닝을 금융 분야에 적용하려는 다른 책들은 강화 학습 등 특정한 방법론을 기술적인 매매 기법에 적용하여 매매 수익률을 올리는 방법을 설명하는 내용이 주를 이룬다. 하지만 이러한 방법론은 실제로 적용할 수 있는지에 대한 검증이 부족한 경우가 많다. 이 책은 단순히 기술적 매매나 투자 방법론에 머신러닝과 인공지능을 적용하여 투자 수익률을 높이는 방법만을 설명하지 않는다. 금융 분야의 핵심 이론이 어떻게 형성되어 왔으며, 어떤 장단점을 가졌는지를 바탕으로 머신러닝과 인공지능을 활용하면 기존의 이론이 갖는 부족함을 어떻게 보완할 수 있는지를 설명한다. 따라서 기존의 금융 이론을 공부하는 사람에게도 좋은 입문서가 되어줄 것이다. 이 책의 마지막 부분에서는 알고리즘 트레이딩이라는 세부적인 목적으로 머신러닝과 인공지능을 적용하려는 독자를 위해 백테스팅과 리스크 관리, 전략의 실행 및 배포에 이르는 전반적인 과정도 추가로 설명한다.

이 책의 또 다른 장점은 회귀분석과 분류 모형부터 딥러닝, 강화 학습까지 다양한 머신러닝과 인공지능 이론을 분석하고, 금융 모형에 적용하는 방법을 실제로 테스트할 수 있는 파이썬 코드로 설명한다는 점이다. 이 책의 목적상 전반적인 코드의 수준이 개념 설명을 위한 간단한 구현으로 이루어져 있다. 하지만 대부분 코드는 약간만 수정 및 보완하면 실무에도 적용할 수 있다. 따라서 금융 분야 실무에 머신러닝과 인공지능을 적용하려고 시도하는 모든 독자에게 이 책은 큰 도움이 될 것이다.

금융 매매에서 인공지능을 응용하는 주제를 다룬 책은 이미 시중에 여러 권 나와 있다. 하지만 여전히 이 분야는 아직 초보 단계이다. 대부분 책은 통계적 비효율성을 경제적으로 이용한다는 것이 무엇을 의미하는지 잘 보여주지 못하고 있다.

일부 헤지펀드는 이미 투자자의 돈을 관리하는 데 있어 머신러닝에 크게 의존하고 있다고 주장한다. 대표적인 예가 볼레온 그룹Voleon Group으로 2019년 기준 약 6조 원 이상의 돈을 굴린다고 보고되었다(2020년 기사 참조[1]). S&P 500 주가지수가 30% 이상 상승한 2019년에 이 펀드는 겨우 7% 수익을 올렸다는 점에서 머신러닝에 의존해서 금융 시장을 뛰어넘는 것은 어렵다는 것을 알 수 있다.

이 책은 인공지능 기반 알고리즘 트레이딩 전략을 개발하고 백테스팅하고 배포한 수십 년간의 실제 경험에 기반하여 집필되었다. 이 분야의 연구가 아직 초기이고 비밀스러운 것이 많다 보니, 이 책에서 소개하는 방법론과 예제는 대부분 필자의 연구에 기반한 것이다. 이 책의 설명과 스타일은 아주 실용적인 것으로, 대부분의 예제에서 적절한 이론적 기반이나 포괄적인 경험적 증거가 부족하다. 이 책은 심지어 금융 또는 머신러닝 전문가들이 비판할 수도 있는 몇 가지 응용 프로그램과 예도 제시한다.

예를 들어, 프랑수아 숄레François Chollet(2017)[2]와 같은 머신러닝과 딥러닝의 일부 전문가들은 금융 시장의 예측이 가능하지 않다고 생각한다. 로버트 실러(2015)와 같은 금융 전문가도 금융 특이점과 같은 것이 발생할 것인지 의심한다. 마르코스 로페즈 데 프라도(2018)와 같은 양쪽 분야 전문가도 머신러닝을 금융 매매나 투자에 이용하려면 산업 수준에서 거대한 인력과 예산이 필요하다고 한다.

이 책에서 다룬 모든 주제에 대해 균형 잡힌 시각이나 광범위한 참고 문헌을 제시하지 않는다.

1 Lee, Justina and Melissa Karsh. 2020. "Machine-Learning Hedge Fund Voleon Group Returns 7% in 2019." Bloomberg, January 21, 2020. *https://oreil.ly/TOQiv*.

2 옮긴이_ 인명 옆에 표기된 연도는 각 장 마지막에 제공하는 참고 문헌 중 해당 저자의 논문 또는 서적을 인용했다는 것을 의미한다. 보편적으로 학술 논문이나 서적에 많이 활용되는 방법으로 원서에 쓰인 이 방식을 그대로 살린다.

모든 설명은 필자 자신의 개인적인 의견과 경험에 의한 것으로 구체적인 예제와 파이썬 코드를 제공할 뿐이다. 많은 예제가 특정한 포인트를 강조하고 좋아 보이는 결과를 보여주기 위해 선택되거나 변형되었다. 따라서 이 책의 예제에 나온 결과들이 데이터 편향과 최적화에 노출되어 있다는 비판도 있을 수 있다.[3]

이 책의 주목표는 독자가 이 책의 코드 예제를 인공지능 금융 매매 분야에서 일종의 틀로 사용할 수 있도록 하는 것이다. 이 목표를 달성하기 위해 이 책은 수없이 단순화된 가정과 금융 시계열 데이터, 그 데이터에서 유도된 특징들에 의존하고 있다. 실질적인 활용에서는 금융 시계열 데이터에만 의존할 필요는 없다. 더 다양한 유형의 데이터도 사용할 수 있다. 이 책의 접근 방식은 금융 시계열의 특징이 어느 정도 유지되는 패턴을 보이고 그 패턴으로부터 미래의 가격 움직임 방향을 예측할 수 있다고 암묵적으로 가정한다.

따라서 이 책에서 소개된 모든 예제와 코드는 근본적으로 설명을 위한 기술적 예로서 어떠한 투자 추천이나 조언이 될 수 없다.

이 책에 소개된 알고리즘 트레이딩 전략과 방법론을 구현하고 싶은 사람에게는『파이썬을 이용한 알고리즘 트레이딩』(제이펍, 2021)이 좀 더 프로세스 지향적이고 기술적으로 자세한 내용을 가진 참고 문헌이 될 수 있다. 두 책은 여러 가지 면에서 상호보완적이다. 이제 막 파이썬으로 금융 분야에 입문한 독자들 또는 단기 코스나 참고서적을 찾는 이에게는 금융 분야에서 중요한 주제와 근본적인 파이썬 코딩 기술을 다루고 있는『파이썬을 활용한 금융 분석(2판)』(한빛미디어, 2022)을 추천한다.

3 이에 대한 주제는 필자의 저서『파이썬을 활용한 금융 분석(2판)』(한빛미디어, 2022) 4장을 참조하라.

> 모든 상상 가능한 투자 전략에 대해 알파는 궁극적으로 0이 될 것인가? 더 근본적으로는 다수의 똑똑한 사람과 더 똑똑한 컴퓨터 덕분에 금융 시장이 지금보다 더 완벽해져서, 모든 자산의 가격이 정확하게 매겨지고 있다고 간주한 채 안심하고 있어도 되는 날이 올 것인가?
>
> – 로버트 실러Robert Shiller(2015)

인공지능artificial intelligence(AI)은 2010년경에 중요 기술로 대두되었고 2020년경에 이르러서는 지배적인 기술로 인정받기 시작했다. 기술과 알고리즘의 혁신, 빅데이터의 사용, 그리고 지속적으로 증가하는 컴퓨팅 파워에 힘입어 여러 산업 분야에서 인공지능에 의한 근본적인 변화가 진행되고 있다.

언론과 대중은 게임 산업이나 자율주행차self-driving car와 같은 영역에서의 혁신에 초점을 맞추고 있지만 인공지능은 금융산업에서도 주요한 기술적 원동력이 되었다. 하지만 웹 검색이나 소셜 미디어와 같은 산업에 비하면 금융에서의 인공지능은 아직 초기 단계이다.

이 책은 금융에서 인공지능과 관련된 다양한 측면을 다룬다. 금융 인공지능artificial financial intelligence(AFI)은 이미 방대한 주제가 되어서 일부 영역에만 집중하더라도 책 한 권은 족히 나올 것이다. 따라서 이 책은 우선 기본적인 부분을(1부와 2부 참조) 다룬다. 그다음에는 인공지능, 특히 신경망neural network을 사용하여(3부 참조) 금융 시장의 **통계적 비효율성**statistical inefficiency을 발견하는 데 초점을 맞춘다. 미래의 시장 움직임을 성공적으로 예측하는 인공지능 알고리즘으로 발견한 이러한 비효율성은 알고리즘 트레이딩(4부 참조)를 통한 경제적 비효율성 이용의 전제 조건이 된다.

경제적 비효율성을 체계적으로 이용할 수 있다는 것은 금융 분야에서 이미 확립된 **효율적 시장 가설**efficient market hypothesis(EMH)에 대한 반례가 될 수 있다. **트레이딩 봇**trading bot의 성공적인 설계는 인공지능이 이끄는 금융 분야의 성배가 된다. 이 책에서는 금융산업에서 인공지능이 가져올 결과와 금융적 특이점에 대해 논하는 것(5부 참조)으로 결론을 맺는다. 부록에서는 간단한 파이썬 코드로 신경망을 구현하는 법과 그 활용법(6부 참조)에 대한 예제들을 담았다.

인공지능을 금융에 적용하는 문제는 다른 분야에 인공지능을 적용하는 문제와 그리 다르지 않다. 2010년경에 이루어진 인공지능의 혁신은 강화 학습reinforcement learning(RL)을 〈아타리〉와 같은 1980년대 아케이드 게임에 적용하거나 바둑과 같은 보드게임에 적용함으로써 가능했다. 강화 학습을 게임 분야에 적용하여 얻은 교훈은 오늘날 자율주행차autonomous vehicle의 설계와 제작, 의학 진단의 향상과 같은 도전적인 문제들에 응용된다. [표 P-1]은 여러 다른 분야에서 인공지능과 강화 학습의 응용을 비교해서 보여준다.

표 P-1 여러 다른 분야에서의 인공지능 비교

분야	에이전트	목표	방법론	보상	장애물	리스크
아케이드 게임	인공지능 에이전트 (소프트웨어)	게임 점수 최대화	가상 게임 환경에서 강화 학습	포인트와 점수	계획 및 보상 지연	없음
자율주행	자율주행차 (소프트웨어 + 차)	A지점에서 B지점으로 안전하게 주행	가상 (게임) 혹은 현실 세계에서 강화 학습	실수에 대한 처벌	가상 세계에서 현실 세계로 전환	기물 손실 및 인명 피해
금융 매매	트레이딩 봇 (소프트웨어)	장기 성능 극대화	가상 매매 환경에서 강화 학습	금융 수익	효율적 시장 및 경쟁	금융 손실

인공지능 에이전트가 아케이드 게임을 플레이하도록 훈련할 때는 완벽한 가상훈련 환경[1]이 존재하고 어떠한 위험도 없다. 자율주행차의 경우에는 〈그랜드 테프트 오토Grand Theft Auto(GTA)〉와 같은 컴퓨터 게임의 일종인 가상훈련 환경에서 다른 차들과 사람들로 가득한 실제 도로를 주행하는 현실 세계로의 전환이 발생한다. 이 과정에서 차가 사고를 일으키거나 사람을 해칠

1 아케이드 게임 훈련 환경 참조(*https://oreil.ly/bGgZs*).

수 있는 심각한 위험이 존재한다.

트레이딩 봇도 가상의 금융 시장 시뮬레이션 환경에서 강화 학습을 적용할 수 있다. 트레이딩 봇이 오동작한다면 금융 손실이라는 위험이 발생할 수 있다. 거시적 수준에서는 복수의 트레이딩 봇이 동시에 오동작하며 발생하는 체계적이고 구조적인 위험이라고 할 수 있다. 하지만 전반적으로 볼 때 금융 분야는 인공지능 알고리즘을 훈련하고 테스트하고 배포할 수 있는 이상적인 공간에 가깝다.

이 분야의 급속한 발전을 감안한다면 호기심 많고 야심에 찬 학생이 노트북과 인터넷 접속만으로도 금융 매매에서 인공지능을 성공적으로 적용하는 것도 가능하다. 이는 최근의 하드웨어나 소프트웨어 발전뿐 아니라 프로그램 API로 역사적 금융 데이터나 실시간 금융 데이터를 제공하고 금융 매매도 하는 온라인 증권사들의 대두로 가능하게 되었다.

책의 구성

이 책은 다음과 같이 6부로 구성되어 있다.

1부는 지도 학습supervised learning이나 신경망(1장)과 같이 인공지능의 중요한 용어와 알고리즘을 전반적으로 소개한다. 또한 인공지능 에이전트가 가질 수 있는 인간 수준의 지능과 몇몇 분야에서 가능한 인간 이상의 지능인 초지능의 개념에 대해 논한다. 모든 인공지능 연구자가 가까운 시일 내에 초지능이 가능하다고 믿는 것은 아니다. 하지만 초지능의 개념에 대해 논하는 것은 일반적인 인공지능뿐 아니라 금융 분야의 인공지능에서의 중요한 프레임워크가 된다.

2부는 전통적이고 규범적인 금융 이론(3장)이 데이터 기반 금융(4장)과 머신러닝machine learning(ML)(5장)에 의해 어떻게 바뀌어 가는지를 소개한다. 데이터 기반 금융과 머신러닝은 6장에서 다룰 인공지능 우선 방법론으로 가는 길을 열어준다.

3부는 금융 시장에 딥러닝deep learning, 신경망, 강화 학습을 적용하여 통계적 비효율성을 발견하는 법을 설명한다. 또한 밀집 신경망dense neural network(DNN)(7장), 순환 신경망recurrent neural network(RNN)(8장), 마지막으로 강화 학습(9장) 알고리즘이 최적 정책을 나타내기 위해 어떻게 DNN을 사용하는지 차례대로 다룬다.

4부에서는 알고리즘 트레이딩algorithmic trading을 통해 통계적 비효율성을 어떻게 활용하는지를 논한다. 벡터화된 백테스팅vectorized backtesting(10장), 이벤트 기반 백테스팅event-based backtesting과 위험 관리risk management(11장), 인공지능 기반 알고리즘 트레이딩 전략algorithmic trading strategy을 집행하고 배포하는 법(12장)에 대한 주제를 다룬다.

5부는 금융산업에서 인공지능 기반의 경쟁이 불러올 결과에 대한 내용이다(13장). 여기에서는 인공지능 에이전트가 모든 금융 분야를 지배하는 시점인 금융 특이점financial singularity에 대해 논한다. 특히 트레이딩 봇과 같은 인공 금융 지능이 지속적으로 모든 인간 혹은 금융기관보다 높은 수익을 올릴 경우에 대해 소개한다(14장).

6부는 신경망 학습을 위한 파이썬 코드(부록 A), 단순 파이썬으로 구현한 얕은 신경망 클래스(부록 B), 합성곱 신경망convolutional neural network(CNN)을 활용한 예제 및 금융 시계열 예측(부록 C)을 포함한다.

소스 코드

퀀트 플랫폼 웹사이트(*https://aiif.pqp.io*)에 여러분의 이메일 계정을 등록하면 무료로 이 책에 포함된 코드를 실행할 수 있다. 코드 예제에 대한 기술적 질문이나 문제가 있다면 *bookquestions@oreilly.com*로 문의하기 바란다.

이 책은 여러분에게 주어진 일을 돕기 위한 것이다. 이 책에 주어진 예제 코드는 여러분의 프로그램이나 문서에 사용해도 된다. 코드의 상당 부분을 재작업하지 않는다면 필자에게 허락을 얻을 필요가 없다. 예를 들어 이 책의 코드 상당 부분을 사용하여 프로그램을 만드는 것에 대한 허락은 필요가 없다. 다만 오라일리 도서의 예제를 판매하거나 재배포하는 것은 허락받아야 한다. 또한 이 책의 예제 코드의 상당 부분을 독자들의 상품 문서에 넣는 것도 허락을 필요로 한다. 꼭 필요한 것은 아니지만 가능하다면 출처를 인용하기 바란다. 출처는 제목, 저자, 출판사, ISBN을 포함해야 한다. 예를 들어 이 책의 경우에는 'Artificial Intelligence in Finance(O'Reilly) © 2021 Yves Hilpisch ISBN 9781492055433'이라고 하면 된다.

코드 사용이 정당한 사용이나 위에서 허용한 범위 밖이라고 생각된다면 *permissions@oreilly.com*로 문의 메일을 보내주기 바란다.

감사의 말

기술 리뷰를 진행하고 이 책의 품질을 높일 수 있도록 많은 도움을 준 Margaret Maynard-Reid, Tim Nugent, Abdullah Karasan 박사에게 감사를 표한다.

계산금융학과 알고리즘 트레이딩을 위한 파이썬 자격 프로그램 참여자들도 이 책을 개선하는 데 도움을 주었다. 이들의 지속적인 피드백은 오류와 실수를 없애고 온라인 수업과 이 책에 있는 코드 및 노트북을 고칠 수 있도록 했다.

파이썬 퀀트와 AI 머신팀의 멤버들도 마찬가지다. 특히 Michael Schwed, Ramanathan Ramakrishnamoorthy, Prem Jebaseelan는 다양한 방식으로 필자를 도왔다. 이 책을 집필하는 동안 생긴 여러 가지 기술 문제를 해결할 수 있게 도와준 사람들이다.

또한 이 책을 만들고 개선할 수 있게 도와준 오라일리 미디어의 전체 팀과 Michelle Smith, Corbin Collins, Victoria DeRose, Danny Elfanbaum에게도 감사의 말을 전하고 싶다.

아직 책에 오류가 남아 있다면 온전히 필자의 실수이다.

더 나아가 레피니티브의 팀 특히 Jason Ramchandani에게 지속적인 도움과 금융 데이터를 제공해준 것에 대해 감사드린다. 이 책에 사용되거나 독자에게 제공된 대부분의 데이터 파일은 레피니티브의 데이터 API로부터 받은 것들이다.

물론 오늘날 인공지능과 머신러닝을 사용하는 모든 분에게 도움을 받았다. 따라서 1675년 아이작 뉴튼 경이 남긴 '내가 멀리 보았다면 그건 거인들의 어깨 위에 서 있었기 때문이다'라는 말처럼, 이 책이 출간될 수 있었던 것은 해당 분야에 기여한 모든 연구자와 오픈 소스 관리자 덕분이다.

마지막으로 언제나 사업과 저작 활동을 지지해준 가족에게 각별한 고마움을 표한다. 특히 아내 산드라는 끊임없이 필자를 돌봐주고 사랑스러운 가정과 환경을 만들어주었다. 이 책을 사랑스러운 산드라와 아들 헨리에게 바친다.

CONTENTS

CHAPTER 2 초지능

CONTENTS

PART Ⅱ 금융과 머신러닝

CHAPTER 3 규범적 금융

CHAPTER 4 데이터 기반 금융

CHAPTER 5 머신러닝

CONTENTS

CHAPTER 8 재귀 신경망

CHAPTER 9 강화 학습

CHAPTER 12 집행 및 배포

CONTENTS

PART V 전망

CHAPTER 13 인공지능 경쟁

CHAPTER 14 금융 특이점

PART VI 부록

APPENDIX A 상호작용형 신경망

APPENDIX B 신경망 클래스

APPENDIX C 합성곱 신경망

Part I

기계지능

Part I

기계지능

1장 인공지능

2장 초지능

오늘날의 알고리즘 트레이딩 프로그램은 비교적 단순한 인공지능을 제한적으로 사용하고 있으며, 이 부분은 분명히 바뀔 것이다.

– 머리 섀너핸Murray Shanahan(2015)

인공지능artificial intelligence이라는 단어에서 지능의 주체가 생물학적 기관이 아닌 기계이므로 '인공artificial'이라고 하고, 인공지능 연구자 막스 테그마크Max Tegmark의 말처럼 복잡한 목표를 달성하기 위한 능력을 갖추고 있으므로 '지능intelligence'이라고 한다. 1부에서는 인공지능 영역의 중요한 개념과 알고리즘을 소개하고 최근의 주요 혁신에 대한 예제를 제공하며 초지능superintelligence의 관점을 논한다. 1부는 2개의 장으로 구성되어 있다.

- 1장은 인공지능 영역의 일반적인 개념과 용어, 알고리즘을 소개한다. 또한 몇 가지 파이썬 예제로 실제로 적용되는 여러 가지 알고리즘을 살펴본다.
- 2장은 일반적 인공지능artificial general intelligence 및 초지능superintelligence과 관련된 개념 및 주제를 다룬다. 이러한 유형의 지능은 모든 영역에서 최소한 사람 수준의 지능을 가지고 몇몇 분야에서는 사람을 능가하는 지능을 가진 인공지능 에이전트와 관련되어 있다.

CHAPTER 1

인공지능

인공지능은 컴퓨터 프로그램이 바둑에서 사람 전문가를 이긴 첫 번째 예로 10년 후에야 가능할 것이라고 믿고 있었다.

– 데이비드 실버David Silver (2016)

이 장에서는 인공지능 영역에서의 일반적인 용어와 개념을 소개한다. 또한 주요한 여러 가지 유형의 학습 알고리즘 예제도 제공한다. 특히 '알고리즘'이라는 용어는 인공지능에서 접하게 되는 다양한 유형의 데이터, 학습 방법론, 문제 유형과 관련되어 있다. 이 장에서는 비지도 학습unsupervised learning과 강화 학습reinforcement learning에 대한 예제도 소개한다. 1.2절에서는 최근 인공지능이 제공할 수 있는 가장 강력한 알고리즘 중의 하나로 증명된 신경망을 다룬다. 마지막으로 인공지능에서 데이터의 크기와 다양성이 갖는 중요성에 대해 논하고 1장을 마무리한다.

1.1 알고리즘

이 절에서는 이 책과 관련된 인공지능 영역의 기본 용어를 소개한다. 인공지능이라는 일반적인 용어에 내포된 다양한 유형의 데이터, 학습, 문제, 방법론에 대해 논의한다. 이 책에서 여러 가지 예와 함께 소개하는 다양한 주제를 에뎀 알페이Ethem Alpaydin의 책(2016)에서 쉽게 설명한다.

1.1.1 데이터 유형

데이터에는 다음 두 가지 구성 요소가 있다.

특징

특징feature은 알고리즘에 들어가는 (입력) 데이터이다. 예를 들어 금융 분야에서는 잠재적 채무자의 수입과 저축이 될 수 있다.

라벨

라벨label은 지도 학습 알고리즘 등에서 학습의 대상이 되는 (출력) 데이터를 말한다. 예를 들어 금융 분야에서는 잠재적 채무자의 신뢰도가 될 수 있다.

1.1.2 학습 유형

학습 알고리즘에는 다음 세 가지 유형이 있다.

지도 학습

지도 학습supervised learning은 주어진 특징 데이터셋(입력)과 라벨 데이터(출력)로부터 학습하는 알고리즘이다. 다음 절에서는 이러한 알고리즘의 예로 최소자승법ordinary least squares(OLS)과 신경망을 제시한다. 지도 학습은 입력값과 출력값의 관계를 학습하는 것을 목표로 한다. 이러한 알고리즘은 금융에서 잠재적 채무자가 신뢰할 만한 사람인지 아닌지 예측하도록 학습하는 데 사용될 수 있다. 이 책에서 가장 중요한 유형의 알고리즘이다.

비지도 학습

비지도 학습unsupervised learning은 주어진 특징 데이터(입력)만 사용하여 학습하는 알고리즘으로 데이터 내의 구조를 찾아내는 것을 목표로 한다. 보통 몇 가지 파라미터값을 주고 입력 데이터에 대해 학습한다. 클러스터링clustering 알고리즘은 이 부류에 속한다. 금융에서는 주식을 몇 개의 그룹으로 분류하는 데 사용할 수 있다.

강화 학습

강화 학습reinforcement learning은 어떤 행동을 취했을 때 받을 수 있는 보상으로부터 시행착오를 통해 학습하는 알고리즘이다. 행동에 따른 보상이나 벌칙에 의해 최적의 행동 정책action policy을 변화시켜 나간다. 예를 들어 컴퓨터 게임처럼 연속으로 행동을 취하면 그에 따른 보상이 즉각적으로 주어지는 환경에서 사용된다.

지도 학습은 1.2절에서 상세히 설명한다. 그전에 먼저 비지도 학습과 강화 학습을 간단한 예로 살펴보자.

비지도 학습

k-평균 클러스터링k-mean clustering 알고리즘은 n개의 관측값을 k개의 클러스터로 분류하는 알고리즘이다. 각각의 관측값은 클러스터의 평균값(중심)과 가장 가까운 클러스터에 속하게 된다. 다음 파이썬 코드는 클러스터링할 샘플 데이터를 생성한다. [그림 1-1]은 클러스터링된 샘플 데이터와 이 코드에서 사용된 `scikit-learn KMeans` 알고리즘이 만들어낸 클러스터를 보여준다. 각 점의 색깔은 알고리즘이 학습한 클러스터링 결과를 표시한다.[1]

```
In [1]: import numpy as np
        import pandas as pd
        from pylab import plt, mpl
        plt.style.use('seaborn')
        mpl.rcParams['savefig.dpi'] = 300
        mpl.rcParams['font.family'] = 'serif'
        np.set_printoptions(precision=4, suppress=True)
In [2]: from sklearn.cluster import KMeans
        from sklearn.datasets import make_blobs
In [3]: x, y = make_blobs(n_samples=100, centers=4,
                          random_state=500, cluster_std=1.25)  # ❶
In [4]: model = KMeans(n_clusters=4, random_state=0)  # ❷
In [5]: model.fit(x)  # ❸
Out[5]: KMeans(n_clusters=4, random_state=0)
In [6]: y_ = model.predict(x)  # ❹
In [7]: y_  # ❺
Out[7]: array([3, 3, 1, 2, 1, 1, 3, 2, 1, 2, 2, 3, 2, 0, 0, 3, 2, 0, 2, 0, 0, 3,
```

1 자세한 내용은 'sklearn.cluster.KMeans(*https://oreil.ly/cRcJo*)'와 제이크 반데르플라스(Jake VanderPlas)의 『Python Data Science Handbook』(O'Reilly, 2017) 5장을 참조한다.

```
            1, 2, 1, 1, 0, 0, 1, 3, 2, 1, 1, 0, 1, 3, 1, 3, 2, 2, 2, 1, 0, 0,
            3, 1, 2, 0, 2, 0, 3, 0, 1, 0, 1, 3, 1, 2, 0, 3, 1, 0, 3, 2, 3, 0,
            1, 1, 1, 2, 3, 1, 2, 0, 2, 3, 2, 0, 2, 2, 1, 3, 1, 3, 2, 2, 3, 2,
            0, 0, 0, 3, 3, 3, 3, 0, 3, 1, 0, 0], dtype=int32)
In [8]: plt.figure(figsize=(10, 6))
        plt.scatter(x[:, 0], x[:, 1], c=y_, cmap='coolwarm');
```

❶ 클러스터링된 샘플 데이터셋을 생성

❷ 클러스터 개수를 고정하여 KMeans 모형 객체를 생성

❸ 특징 데이터에 대해 모형 학습

❹ 학습된 모형으로 예측값을 생성

❺ 예측값은 0부터 3까지의 숫자로 각각 하나의 클러스터를 뜻함

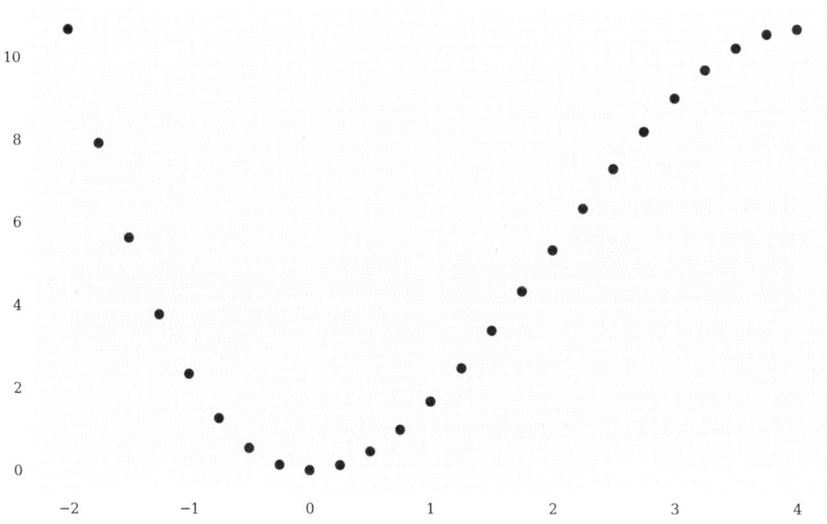

그림 1-1 클러스터링 비지도 학습

KMeans와 같은 알고리즘은 한 번 학습된 후에는 새로운 특징 데이터에 대해서도 클러스터 예측을 할 수 있다. 이런 알고리즘으로 은행의 잠재적 채무자와 실제 채무자를 학습했다고 가정하자. 아마도 잠재적 채무자의 신뢰도에 대해 학습한 후 두 개의 클러스터를 생성할 것이다. 학

습한 다음에는 이 모델을 새로운 잠재적 채무자가 생겼을 때 '신뢰할 수 있는 채무자'와 '신뢰할 수 없는 채무자'로 구별하는 데 사용한다.

강화 학습

다음 예제는 앞면이 나올 확률이 80%이고 뒷면이 나올 확률이 20%인 동전 던지기 게임에 대한 것이다. 설명을 쉽게 하기 위해 이 동전의 확률을 50%가 아닌 값으로 바꾸었다. 이 게임은 동전이 앞면이 나올지 뒷면이 나올지 내기하여 맞히면 보수를 받는 것이다. 기본 내기 전략은 무작위로 앞면 혹은 뒷면을 선택하는 방법인데 이 경우 100회를 반복하면 약 50회의 보수를 받을 수 있다.

```
In [9]: ssp = [1, 1, 1, 1, 0]  # ❶
In [10]: asp = [1, 0]  # ❷
In [11]: def epoch():
             tr = 0
             for _ in range(100):
                 a = np.random.choice(asp)  # ❸
                 s = np.random.choice(ssp)  # ❹
                 if a == s:
                     tr += 1  # ❺
             return tr
In [12]: rl = np.array([epoch() for _ in range(15)])  # ❻
         rl
Out[12]: array([53, 55, 50, 48, 46, 41, 51, 49, 50, 52, 46, 47, 43, 51, 52])
In [13]: rl.mean()  # ❼
Out[13]: 48.93333333333333
```

❶ 상태 공간state space(1 = 앞면, 0 = 뒷면).

❷ 행동 공간action space(1 = 앞면에 걸기, 0 = 뒷면에 걸기).

❸ 행동 공간에서 무작위로 행동을 선택

❹ 상태 공간에서 무작위로 상태를 선택

❺ 행동과 상태가 일치하면 총 보수 tr을 1만큼 증가

❻ 한 게임당 내기 횟수만큼 게임 반복, 한 게임당 내기 횟수는 100회

❼ 한 게임당 평균 총 보수

강화 학습은 행동을 취한 이후에 관측되는 값, 즉 보수로부터 학습하는 것을 시도한다. 문제를 단순하게 만들기 위해 다음 알고리즘에서는 행동 공간 리스트 객체에 각각의 횟수마다 관측된 상태값을 기록하기만 한다. 이 방법으로 알고리즘은 동전의 확률을 불완전하게나마 학습할 수 있다. 이렇게 변경된 행동 공간에서 무작위로 앞면 혹은 뒷면을 선택하면 자연적으로 점점 앞면을 더 많이 걸게 된다. 시간이 지나면 약 80%의 확률로 앞면에 걸게 된다. 이때 평균 총 보수는 65 근처가 되어, 학습하지 않을 때에 비해 개선된 결과를 가져다준다.

```
In [14]: ssp = [1, 1, 1, 1, 0]
In [15]: def epoch():
             tr = 0
             asp = [0, 1]  # ❶
             for _ in range(100):
                 a = np.random.choice(asp)
                 s = np.random.choice(ssp)
                 if a == s:
                     tr += 1
                 asp.append(s)  # ❷
             return tr
In [16]: rl = np.array([epoch() for _ in range(15)])
         rl
Out[16]: array([64, 65, 77, 65, 54, 64, 71, 64, 57, 62, 69, 63, 61, 66, 75])
In [17]: rl.mean()
Out[17]: 65.13333333333334
```

❶ 행동 공간을 재설정

❷ 관측된 상태값을 행동 공간에 추가

1.1.3 작업 유형

라벨 데이터의 종류와 풀어야 할 문제에 따라 두 가지 유형의 학습 작업이 있다.

추정

추정estimation(회귀분석)은 라벨값이 연속적인 실숫값인 경우를 말한다. 이 경우에는 기술적으로 부동소수점으로 나타낸다.

분류

분류classification는 라벨 데이터가 양의 자연수와 같이 이산적이고 유한한 클래스 혹은 카테고리 값으로 구성된 경우이다. 이 경우에는 기술적으로 정수로 나타낸다.

1.2절에서 다양한 예제로 이 두 가지 작업 유형을 좀 더 깊이 있게 설명한다.

1.1.4 방법론 유형

이 절을 마치기 전에 다음 세 가지 개념에 대해 살펴본다. 이 책에서는 세 가지 중요 용어를 다음과 같이 정의한다.

인공지능

인공지능은 앞에서 언급한 모든 종류의 학습 알고리즘과 전문가 시스템 같은 기타 학습 알고리즘을 모두 아우르는 개념이다.

머신러닝

머신러닝은 알고리즘과 성공 측도에 기반하여 주어진 데이터셋으로부터 연관성 및 기타 정보를 학습한다. 성공 측도의 예로는 알고리즘이 예측한 값과 실제 라벨값에서 계산된 평균제곱오차mean squared error(MSE) 등이 있다. 머신러닝은 인공지능의 부분집합이다.

딥러닝

딥러닝은 신경망에 기반한 알고리즘을 말한다. 딥deep이라는 용어는 신경망이 두 개 이상의 은닉층hidden layer을 가진 경우에만 쓰인다. 딥러닝은 머신러닝의 부분집합이므로 당연히 인공지능의 부분집합도 된다.

딥러닝은 다양한 문제에서 유용성이 증명되었다. 강화 학습과 마찬가지로 추정 문제와 분류 문제 모두에 사용할 수 있다. 많은 경우에 딥러닝 기반 방법론은 로지스틱 회귀분석이나 커널 기반의 서포트벡터머신 등 다른 알고리즘보다 더 나은 성능을 보인다.[2] 따라서 이 책에

---

2 자세한 내용은 반데르플라스의 책(2017) 5장 참조.

서는 주로 딥러닝에 포커스를 맞춘다. 딥러닝 방법론은 밀집 신경망dense neural network (DNN), 재귀 신경망recurrent neural network (RNN), 합성곱 신경망convolutional neural network (CNN) 등으로 나뉜다. 더 자세한 내용은 3부에서 다룬다.

1.2 신경망

앞 절에서는 인공지능의 다양한 알고리즘에 대해 개괄적으로 소개했다. 이 절에서는 신경망이 어떻게 동작하는지 살펴볼 것이다. 간단한 예제를 통해 전통적인 통계 방법인 최소자승법과 신경망을 비교하여 설명한다. 예제는 수학으로 시작해서 선형회귀를 사용한 추정법을 적용해보고 마지막으로 신경망을 사용해 추정법을 적용해본다. 여기에서 사용된 접근법은 지도 학습으로 그 목적은 특징 데이터에 기반하여 라벨 데이터를 추정하는 것이다. 이 절에서 신경망을 사용하여 분류 문제를 푸는 것도 설명한다.

1.2.1 최소자승 회귀분석

다음과 같은 수학 함수가 주어졌다고 가정해보자.

$$f:\mathbb{R} \rightarrow \mathbb{R}, y = 2x^2 - \frac{1}{3}x^3$$

이 함수는 입력값 x를 출력값 y로 변형한다. 따라서 입력값 수열 $x_1, x_2, \ldots, x_N$이 주어지면 출력값 수열 $y_1, y_2, \ldots, y_N$으로 변형한다. 다음 파이썬 코드는 수학 함수를 파이썬 함수로 구현하고 입력값과 출력값을 계산한다. [그림 1-2]는 입력값에 대응하는 출력값을 표시한다.

```
In [18]: def f(x):
             return 2 * x ** 2 - x ** 3 / 3  # ❶
In [19]: x = np.linspace(-2, 4, 25)  # ❷
         x  # ❷
Out[19]: array([-2.  , -1.75, -1.5 , -1.25, -1.  , -0.75, -0.5 , -0.25,  0.  ,
                 0.25,  0.5 ,  0.75,  1.  ,  1.25,  1.5 ,  1.75,  2.  ,  2.25,
                 2.5 ,  2.75,  3.  ,  3.25,  3.5 ,  3.75,  4.  ])
In [20]: y = f(x)  # ❸
```

```
        y  #❸
Out[20]: array([10.6667,  7.9115,  5.625 ,  3.776 ,  2.3333,  1.2656,  0.5417,
                0.1302,  0.    ,  0.1198,  0.4583,  0.9844,  1.6667,  2.474 ,
                3.375 ,  4.3385,  5.3333,  6.3281,  7.2917,  8.1927,  9.    ,
                9.6823, 10.2083, 10.5469, 10.6667])
In [21]: plt.figure(figsize=(10, 6))
         plt.plot(x, y, 'ro');
```

❶ 파이썬 함수로 구현한 수학 함수

❷ 입력값

❸ 출력값

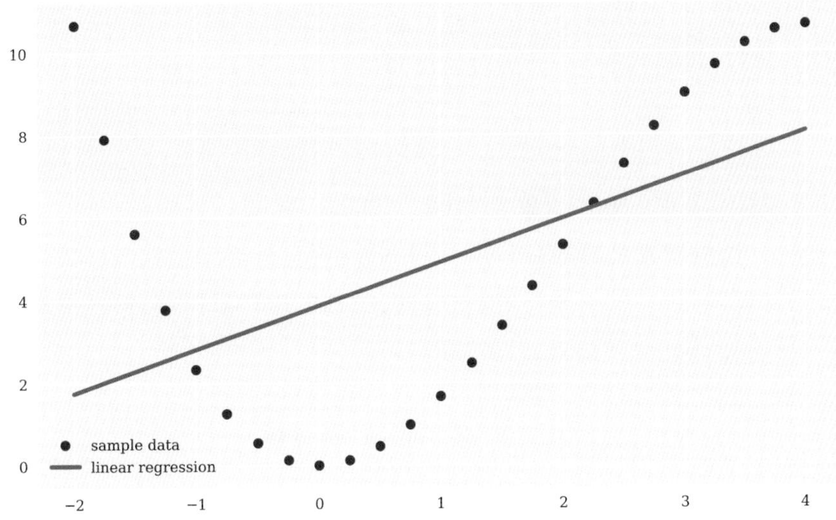

그림 1-2 입력값과 출력값

앞에서는 수학 함수가 먼저 주어지고 다음으로 입력값과 출력값이 주어졌지만 **통계적 학습** statistical learning은 순서가 반대다. 입력값과 출력값 즉, 샘플 데이터만 주어진다. 통계적 회귀 문제는 이 데이터로부터 입력값(독립변수)과 출력값(종속변수)의 관계를 나타내는 함수를 찾는 것이다.

간단한 최소자승 선형회귀 문제는 입력값과 출력값의 함수 관계가 선형이라고 가정하고, 다음과 같은 선형 방정식의 최적 파라미터값 α와 β를 찾는다.

$$\hat{f}:\mathbb{R} \to \mathbb{R}, \hat{y} = \alpha + \beta x$$

이 문제에서 최적의 기준은 주어진 입력값 $x_1, x_2, \ldots, x_N$과 출력값 $y_1, y_2, \ldots, y_N$에 대해 실제 출력값과 우리가 찾아낸 함수의 출력값 사이의 평균제곱오차가 가장 작아지는 것이다.

$$\min_{\alpha, \beta} \frac{1}{N}\sum_{n}^{N}\left(y_n - \hat{f}(x_n)\right)^2$$

단순한 선형회귀 문제에서는 최적해 α^*, β^*가 다음 수식과 같은 계산식으로 알려져 있다. 변수에 윗선은 표본평균값을 나타낸다.

$$\begin{aligned} \beta^* &= \frac{Cov(x, y)}{Var(x)} \\ \alpha^* &= \bar{y} - \beta\bar{x} \end{aligned}$$

다음 파이썬 코드는 최적 파라미터값을 계산한다. 입력값과 출력값의 관계는 선형이고 [그림 1-3]에 샘플 데이터와 함께 이 관계를 그렸다. 선형회귀 방법론은 주어진 함수 관계를 나타내는 데 적합하지 않다는 것을 알 수 있다. 이는 평균제곱오차가 크게 나타나는 것에서도 확인할 수 있다.

```
In [22]: beta = np.cov(x, y, ddof=0)[0, 1] / np.var(x)  # ❶
         beta  # ❶
Out[22]: 1.0541666666666667
In [23]: alpha = y.mean() - beta * x.mean()  # ❷
         alpha  # ❷
Out[23]: 3.8625000000000003
In [24]: y_ = alpha + beta * x  # ❸
In [25]: MSE = ((y - y_) ** 2).mean()  # ❹
         MSE  # ❹
Out[25]: 10.721953125
In [26]: plt.figure(figsize=(10, 6))
         plt.plot(x, y, 'ro', label='sample data')
         plt.plot(x, y_, lw=3.0, label='linear regression')
         plt.legend();
```

❶ 최적 β 계산

❷ 최적 α 계산

❸ 출력값 추정치 계산

❹ 주어진 추정치와 실젯값 사이의 평균제곱오차 계산

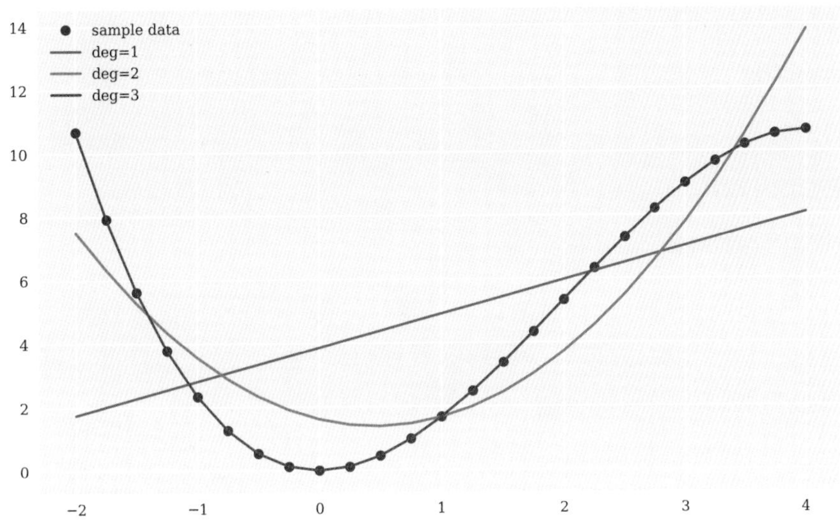

그림1-3 샘플 데이터와 선형회귀 직선

어떻게 평균제곱오차를 향상시킬 수 (즉, 줄일 수) 있을까? 평균제곱오차를 0으로 만드는 것 즉, 완벽한 추정도 가능할까? 물론 최소자승법은 단순한 선형관계만 추정할 수 있는 것이 아니다. 상수항과 선형항 이외에 고차항을 기저 함수로 넣을 수도 있다. 다음 코드가 생성한 [그림 1-4]에서는 이렇게 계산한 값을 선형의 경우와 비교한다. 여기에서는 2차항과 3차항을 기저 함수로 넣으면 계산된 평균제곱오차가 감소하는 것을 명확히 볼 수 있다. 기저 함수가 3차가 되면 추정은 완벽해지고 원래의 함수 관계가 완벽하게 복원된다.

```
In [27]: plt.figure(figsize=(10, 6))
         plt.plot(x, y, 'ro', label='sample data')
         for deg in [1, 2, 3]:
             reg = np.polyfit(x, y, deg=deg)  # ❶
```

```
        y_ = np.polyval(reg, x)  # ❷
        MSE = ((y - y_) ** 2).mean()  # ❸
        print(f'deg={deg} | MSE={MSE:.5f}')
    plt.plot(x, np.polyval(reg, x), label=f'deg={deg}')
    plt.legend();
    deg=1 | MSE=10.72195
    deg=2 | MSE=2.31258
    deg=3 | MSE=0.00000
In [28]: reg  # ❹
Out[28]: array([-0.3333, 2. , 0. , -0. ])
```

❶ 회귀분석 단계

❷ 추정 단계

❸ 평균제곱오차 계산

❹ 완벽한 최적 파라미터값

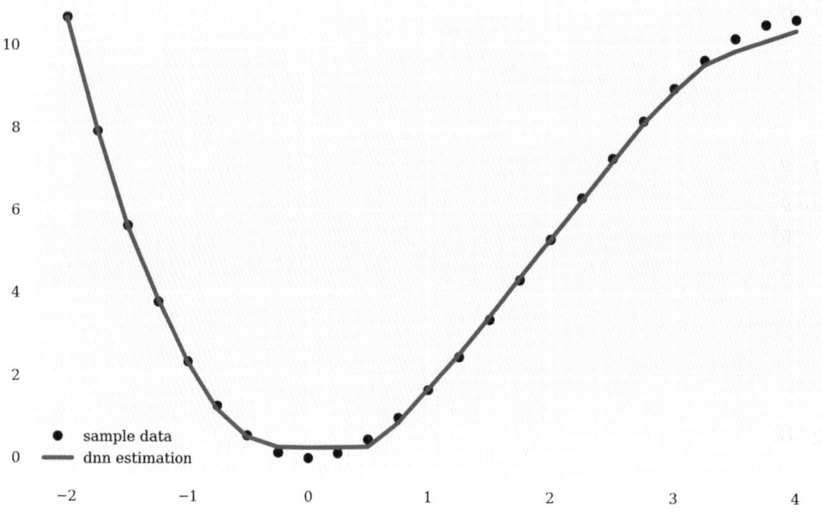

그림 1-4 샘플 데이터와 회귀분석 결과

추정해야 할 수학 함수를 활용해 기저 함수를 추가하면 완벽한 추정도 가능하다. 즉, 선형회귀 결과로 나온 2차항과 3차항의 계수값은 원래 함수와 완전히 같아진다.

1.2.2 신경망을 사용한 추정

하지만 모든 함수 관계가 이렇게 단순하지는 않다. 함수가 더 복잡한 경우라면 신경망을 사용한다. 더 자세한 이야기는 생략하겠지만 신경망을 이용하면 훨씬 더 넓은 범위의 함수를 묘사할 수 있다. 함수 관계에 대한 지식도 필요하지 않다.

사이킷런

다음 파이썬 코드는 `scikit-learn` 패키지의 `MLPRegressor` 클래스를 사용하여 DNN 신경망을 추정에 사용한다. DNN 신경망은 다층 퍼셉트론multilayer perceptron이라고도 불린다.[3] 이 결과는 [그림 1-5]와 평균제곱오차값이 보여주듯이 완벽하지는 않다. 하지만 아주 간단한 설정만으로도 꽤 좋은 결과를 만들어낸다.

```
In [29]: from sklearn.neural_network import MLPRegressor
In [30]: model = MLPRegressor(hidden_layer_sizes=3 * [256],
                              learning_rate_init=0.03,
                              max_iter=5000)  # ❶
In [31]: model.fit(x.reshape(-1, 1), y)  # ❷
Out[31]: MLPRegressor(hidden_layer_sizes=[256, 256, 256], learning_rate_init=0.03,
                      max_iter=5000)
In [32]: y_ = model.predict(x.reshape(-1, 1))  # ❸
In [33]: MSE = ((y - y_) ** 2).mean()
         MSE
Out[33]: 0.021662355744355866
In [34]: plt.figure(figsize=(10, 6))
         plt.plot(x, y, 'ro', label='sample data')
         plt.plot(x, y_, lw=3.0, label='dnn estimation')
         plt.legend();
```

❶ `MLPRegressor` 객체 초기화

❷ 학습 단계 구현

❸ 추정 단계 구현

3 자세한 내용은 'sklearn.neural_network.MLPRegressor(*https://oreil.ly/Oimd8*)'를 참조한다. 배경 이론에 대해서는 이안 굿펠로(2016)의 책 6장을 참조하라.

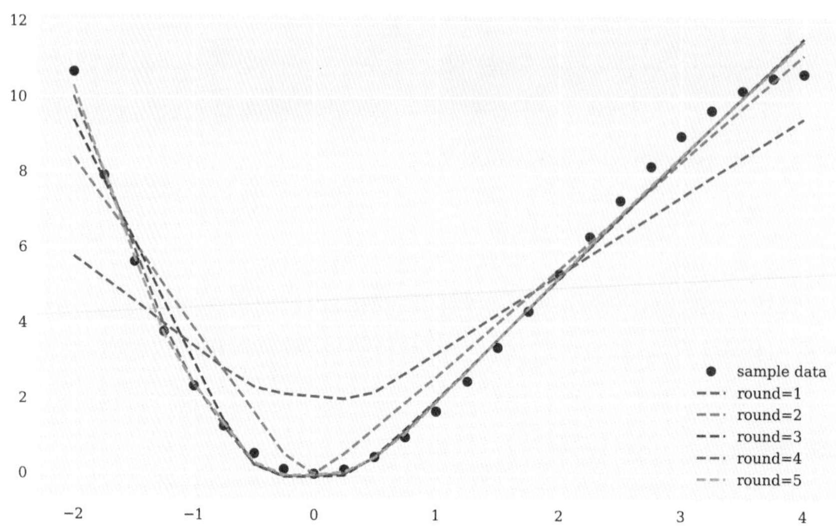

그림 1-5 샘플 데이터와 신경망 추정 결과

[그림 1-4]와 [그림 1-5]를 보면 두 방법이 크게 다르지 않다고 생각할 수도 있다. 하지만 두 방법 사이에는 강조할 만한 근본적인 차이가 있다. 최소자승 회귀분석 방법은 선형회귀 결과에서 보듯이 잘 정의된 특정한 파라미터값을 한 번에 계산하지만 신경망 방법은 점진적인 학습 방법을 사용한다. 즉, 신경망 내부의 가중치라는 일련의 파라미터값이 처음에는 무작위로 초기화되었다가 신경망 출력과 실제 출력값 사이의 차이를 이용해 점진적으로 조정해나간다.

케라스

다음 예제는 Keras 딥러닝 패키지의 Sequential 모델을 사용한 것이다.[4] 이 모델은 100회에 걸쳐 학습되었다. 이러한 학습은 5라운드에 걸쳐 반복된다. 그리고 각각의 라운드에서 신경망의 출력값이 갱신된다. [그림 1-6]에 각 라운드의 출력값을 표시했다. [그림 1-6]에서도 평균제곱오차가 감소한다. 최종 결과는 완벽하지는 않지만 모델이 단순하다는 것을 감안하면 상당히 괜찮은 결과다.

4 프랑수아 숄레(2017)의 책 3장 참조.

```
In [35]: import tensorflow as tf
         tf.random.set_seed(100)
In [36]: from keras.layers import Dense
         from keras.models import Sequential
         Using TensorFlow backend.
In [37]: model = Sequential()  # ❶
         model.add(Dense(256, activation='relu', input_dim=1))  # ❷
         model.add(Dense(1, activation='linear'))  # ❸
         model.compile(loss='mse', optimizer='rmsprop')  # ❹
In [38]: ((y - y_) ** 2).mean()
Out[38]: 0.021662355744355866
In [39]: plt.figure(figsize=(10, 6))
         plt.plot(x, y, 'ro', label='sample data')
         for _ in range(1, 6):
             model.fit(x, y, epochs=100, verbose=False)  # ❺
             y_ = model.predict(x)  # ❻
             MSE = ((y - y_.flatten()) ** 2).mean()  # ❼
             print(f'round={_} | MSE={MSE:.5f}')  # ❽
             plt.plot(x, y_, '--', label=f'round={_}')
         plt.legend();
         round=1 | MSE=3.09714
         round=2 | MSE=0.75603
         round=3 | MSE=0.22814
         round=4 | MSE=0.11861
         round=5 | MSE=0.09029
```

❶ `Sequential` 모델 객체 초기화

❷ ReLU[5] 활성화 유닛을 가지는 은닉층 추가

❸ 선형 활성화 유닛을 가지는 출력층 추가

❹ 사용을 위해 모델 컴파일

❺ 정해진 횟수만큼 신경망 훈련

❻ 추정 단계 구현

❼ 현재의 평균제곱오차 계산

❽ 현재의 추정 결과 플롯

5 Keras의 활성화 함수에 대해서는 *https://keras.io/activations* 참조.

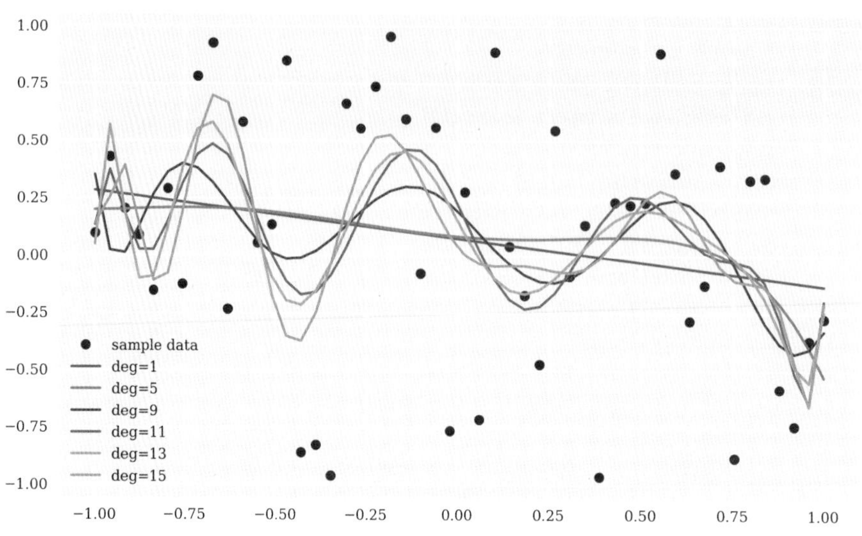

그림 1-6 샘플 데이터와 훈련 라운드에 따른 추정 결과

대략 최소자승 회귀분석은 완벽한 추정 결과를 나타냈는데, 신경망은 그렇지 못하다고 말할 수도 있다. 그런데도 신경망을 사용하는 이유는 무엇일까? 이 의문에 대한 심도 있는 대답은 이 책의 뒷부분에 나오지만 또 하나의 예제를 보면 어느 정도 힌트를 얻을 수 있다.

이번에는 앞에서 사용했던 잘 정의된 수학 함수에 기반한 샘플 데이터 대신 무작위로 특징값과 라벨을 선택한 무작위 샘플 데이터셋을 사용해본다. 물론 이 예제는 단순히 설명을 위한 것이므로 깊게 해석할 필요는 없다.

다음은 무작위 샘플 데이터를 생성하고 다양한 개수의 기저 함수를 사용하여 최소자승 회귀분석을 실시하는 코드다. [그림 1-7]에 결과를 시각화하였다. 예제에서 보듯이 가장 많은 개수의 기저 함수를 사용해도 추정 결과가 그다지 좋지 않다. 당연히 평균제곱오차값도 높다.

```
In [40]: np.random.seed(0)
         x = np.linspace(-1, 1)
         y = np.random.random(len(x)) * 2 - 1
In [41]: plt.figure(figsize=(10, 6))
         plt.plot(x, y, 'ro', label='sample data')
         for deg in [1, 5, 9, 11, 13, 15]:
             reg = np.polyfit(x, y, deg=deg)
             y_ = np.polyval(reg, x)
```

```
    MSE = ((y - y_) ** 2).mean()
    print(f'deg={deg:2d} | MSE={MSE:.5f}')
    plt.plot(x, np.polyval(reg, x), label=f'deg={deg}')
plt.legend();
deg= 1 | MSE=0.28153
deg= 5 | MSE=0.27331
deg= 9 | MSE=0.25442
deg=11 | MSE=0.23458
deg=13 | MSE=0.22989
deg=15 | MSE=0.21672
```

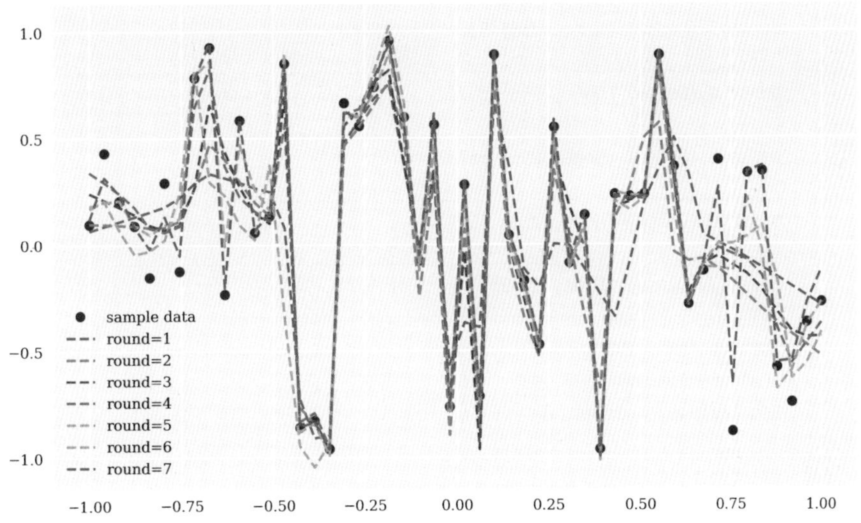

그림 1-7 무작위 샘플과 최소자승 회귀분석 라인

이러한 최소자승 회귀분석 결과는 놀라운 것이 아니다. 이 경우 최소자승 회귀분석 모델은 유한한 개수의 기저 함수를 적절히 조합하여 추정 결과를 만들어낸다. 그러나 샘플 데이터가 무작위이므로 이런 경우 최소자승 회귀분석 모델은 잘 동작하지 않는다.

신경망은 어떨까? [그림 1-8]은 무작위 샘플 데이터를 적용한 결과를 보여준다. 최종 결과가 완벽하지는 않지만 무작위 샘플 데이터를 적용했을 때는 신경망이 추정한 결과가 최소자승 회귀분석이 추정한 결과보다 명백하게 낫다. 물론 여기에 사용된 모델 구조를 비교하면 신경망은 200,000개의 학습 가능한 파라미터를 가지고 있어서 아주 높은 유연성을 제공한다. 하지만 최소자승 회귀분석은 단지 15 + 1개의 파라미터만 사용한다.

```
In [42]: model = Sequential()
         model.add(Dense(256, activation='relu', input_dim=1))
         for _ in range(3):
             model.add(Dense(256, activation='relu'))  # ❶
         model.add(Dense(1, activation='linear'))
         model.compile(loss='mse', optimizer='rmsprop')
In [43]: model.summary()  # ❷
         Model: "sequential_2"
         _________________________________________________________________
         Layer (type) Output Shape Param #
         =================================================================
         dense_3 (Dense) (None, 256) 512
         _________________________________________________________________
         dense_4 (Dense) (None, 256) 65792
         _________________________________________________________________
         dense_5 (Dense) (None, 256) 65792
         _________________________________________________________________
         dense_6 (Dense) (None, 256) 65792
         _________________________________________________________________
         dense_7 (Dense) (None, 1) 257
         =================================================================
         Total params: 198,145
         Trainable params: 198,145
         Non-trainable params: 0
         _________________________________________________________________
In [44]: %%time
         plt.figure(figsize=(10, 6))
         plt.plot(x, y, 'ro', label='sample data')
         for _ in range(1, 8):
             model.fit(x, y, epochs=500, verbose=False)
             y_ = model.predict(x)
             MSE = ((y - y_.flatten()) ** 2).mean()
             print(f'round={_} | MSE={MSE:.5f}')
             plt.plot(x, y_, '--', label=f'round={_}')
         plt.legend();
         round=1 | MSE=0.13560
         round=2 | MSE=0.08337
         round=3 | MSE=0.06281
         round=4 | MSE=0.04419
         round=5 | MSE=0.03329
         round=6 | MSE=0.07676
```

```
round=7 ¦ MSE=0.00431
CPU times: user 30.4 s, sys: 4.7 s, total: 35.1 s
Wall time: 13.6 s
```

❶ 복수의 은닉층을 추가

❷ 망 구조와 학습 가능한 파라미터의 수를 보인다.

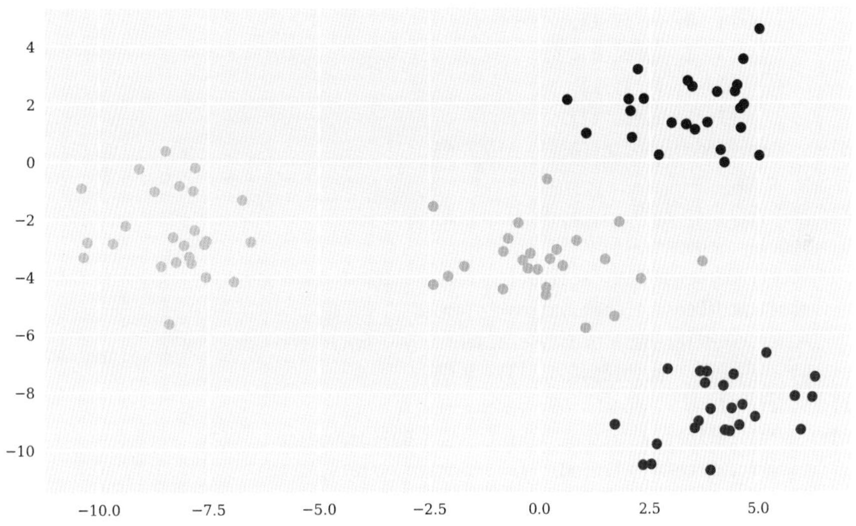

그림 1-8 무작위 샘플 데이터와 신경망 추정 결과

1.2.3 신경망을 사용한 분류

신경망의 또 다른 이점은 분류 작업에도 쉽게 적용할 수 있다는 것이다. 다음 파이썬 코드는 Keras 기반의 신경망을 사용하여 분류 작업을 구현한 것이다. 이진 특징 데이터와 라벨 데이터를 무작위로 생성했다. 이를 위해 모델의 출력층에 있는 활성화 함수를 선형 활성화 함수에서 시그모이드sigmoid 함수로 변경했다. 더 자세한 내용은 뒷장에 나온다. 분류 결과가 완벽하지는 않지만 상당히 높은 정확도를 가진다. [그림 1-9]에서 보듯이 학습 횟수가 증가하면서 예측 정확도가 바뀐다. 처음에는 정확도가 낮다가 학습 횟수가 증가하면서 정확도가 증가한다. 다만 모든 학습 단계에서 정확도 향상이 이루어지는 것은 아니다.

```
In [45]: f = 5
         n = 10
In [46]: np.random.seed(100)
In [47]: x = np.random.randint(0, 2, (n, f))  # ❶
         x  # ❶
Out[47]: array([[0, 0, 1, 1, 1],
                [1, 0, 0, 0, 0],
                [0, 1, 0, 0, 0],
                [0, 1, 0, 0, 1],
                [0, 1, 0, 0, 0],
                [1, 1, 1, 0, 0],
                [1, 0, 0, 1, 1],
                [1, 1, 1, 0, 0],
                [1, 1, 1, 1, 1],
                [1, 1, 1, 0, 1]])
In [48]: y = np.random.randint(0, 2, n)  # ❷
         y  # ❷
Out[48]: array([1, 1, 0, 0, 1, 1, 0, 1, 0, 1])
In [49]: model = Sequential()
         model.add(Dense(256, activation='relu', input_dim=f))
         model.add(Dense(1, activation='sigmoid'))  # ❸
         model.compile(loss='binary_crossentropy', optimizer='rmsprop',
                       metrics=['acc'])  # ❹
In [50]: model.fit(x, y, epochs=50, verbose=False)
Out[50]: <keras.callbacks.callbacks.History at 0x7fde09dd1cd0>
In [51]: y_ = np.where(model.predict(x).flatten() > 0.5, 1, 0)
         y_
Out[51]: array([1, 1, 0, 0, 0, 1, 0, 1, 0, 1], dtype=int32)
In [52]: y == y_  # ❺
Out[52]: array([ True, True, True, True, False, True, True, True, True,
                 True])
In [53]: res = pd.DataFrame(model.history.history)  # ❻
In [54]: res.plot(figsize=(10, 6));  # ❻
```

❶ 무작위 특징 데이터 생성

❷ 무작위 라벨 데이터 생성

❸ 출력층의 활성화 함수를 시그모이드로 정의

❹ 손실 함수를 binary_crossentropy(이진 크로스엔트로피)[6]로 정의

6 신경망(또는 기타 머신러닝 알고리즘)에서 손실 함수는 예측 오차를 계산한다. 이진 크로스엔트로피는 추정 문제에서 평균제곱오차를 사용하지만 이진 분류 문제에서 적절한 손실 함수다. 자세한 내용은 Keras의 손실 함수 부분(*https://keras.io/losses*)을 참조한다.

❺ 예측값과 라벨 데이터 비교

❻ 학습 횟수에 따른 손실 함수와 정확도 값을 플롯

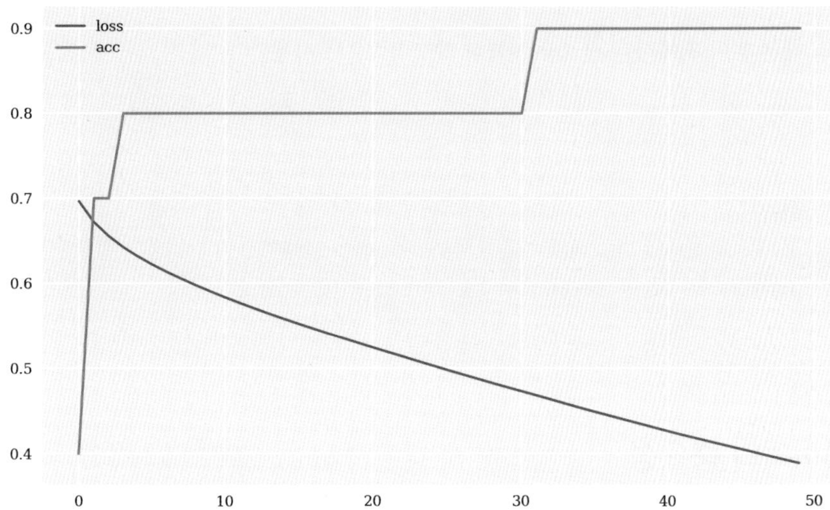

그림 1-9 학습 횟수에 따른 손실 함수와 정확도 값을 플롯

본 절의 예제들은 신경망의 근본적인 특징들을 최소자승 회귀분석과 비교하여 설명한다.

문제 독립성

신경망은 추정 문제를 풀든지 라벨 분류 문제를 풀든지 간에 특징값만 주어지면 풀 수 있다. 하지만 최소자승 회귀분석과 같은 통계적 방법은 특정한 문제만 풀 수 있고 다른 문제에는 적용할 수 없다.

점진적 학습

신경망 내의 최적 가중치는 무작위 초깃값부터 시작하여 주어진 성공 측도에 대해 점진적으로 향상된다. 이러한 점진적 향상은 예측된 값과 샘플 라벨값을 비교하고 이를 신경망을 통해 가중치를 백프로퍼게이션backpropagation하는 방법으로 이루어진다.

범용 근사

신경망은 (은닉층이 하나뿐이더라도) 거의 모든 종류의 함수를 근사화할 수 있다는 강력한 수학적 정리가 존재한다.[7]

이러한 특징 때문에 이 책에서는 신경망을 핵심 알고리즘으로 사용한다. 더 자세한 내용은 2장에서 다룬다.

NOTE 신경망

신경망은 입력 데이터와 출력 데이터 간의 관계를 잘 학습한다. 신경망은 전통적인 통계 방법론이 잘 맞지 않는 복잡한 관계가 존재하는 추정 문제나 분류 문제와 같은 다양한 문제에 적용할 수 있다.

1.3 데이터의 중요성

이전 절의 마지막 예제는 신경망이 분류 문제도 잘 풀 수 있다는 것을 보여준다. 하나의 은닉층을 가진 신경망은 주어진 데이터에 대해 높은 정확도를 가진다. 그렇다면 신경망의 예측력도 높일 수 있을까? 이 문제는 신경망을 학습하는 데 사용할 수 있는 데이터의 양과 종류에 밀접하게 관련되어 있다. 또 다른 수치적인 예로서 대규모 데이터셋을 기반으로 한 예제를 사용하여 이 부분을 설명한다.

1.3.1 소규모 데이터셋

앞서의 분류 문제와 비슷한 무작위 샘플 데이터 문제를 생각해보자. 인공지능에서 사용되는 대부분의 알고리즘은 패턴 인식 문제가 있다. 다음 파이썬 코드는 이진 특징값의 숫자가 알고리즘이 학습 가능한 패턴의 개수를 정의한다. 라벨 데이터도 역시 이진값이다. 알고리즘은 특정한 입력값 패턴, 예를 들어 [0, 0, 1, 1, 1, 1, 0, 0, 0, 0]과 같은 입력에 대해 출력값이 0인지 1인지 학습한다. 모든 숫자가 같은 확률을 가지고 무작위로 나타나기 때문에 출력이 0이 될지 1

7 Kratsios, Anastasis. "Universal Approximation Theorems." *https://oreil.ly/COOdI*.

이 될지 학습할 수 있는 정보는 사실 많지 않다. 따라서 어떤 무작위 패턴에 대해서도 기본 예측 알고리즘은 항상 50% 정도의 정확도를 가지게 된다.

```
In [55]: f = 10
         n = 250
In [56]: np.random.seed(100)
In [57]: x = np.random.randint(0, 2, (n, f))  # ❶
         x[:4]  # ❶
Out[57]: array([[0, 0, 1, 1, 1, 1, 0, 0, 0, 0],
                [0, 1, 0, 0, 0, 0, 1, 0, 0, 1],
                [0, 1, 0, 0, 0, 1, 1, 1, 0, 0],
                [1, 0, 0, 1, 1, 1, 1, 1, 0, 0]])
In [58]: y = np.random.randint(0, 2, n)  # ❷
         y[:4]  # ❷
Out[58]: array([0, 1, 0, 0])
In [59]: 2 ** f  # ❸
Out[59]: 1024
```

❶ 특징 데이터

❷ 라벨 데이터

❸ 패턴의 수

동작과 분석을 단순화하기 위해 원본 데이터를 `pandas DataFrame` 객체에 넣는다.

```
In [60]: fcols = [f'f{_}' for _ in range(f)]  # ❶
         fcols  # ❶
Out[60]: ['f0', 'f1', 'f2', 'f3', 'f4', 'f5', 'f6', 'f7', 'f8', 'f9']
In [61]: data = pd.DataFrame(x, columns=fcols)  # ❷
         data['l'] = y  # ❸
In [62]: data.info()  # ❹
         <class 'pandas.core.frame.DataFrame'>
         RangeIndex: 250 entries, 0 to 249
         Data columns (total 11 columns):
          #  Column Non-Null Count Dtype
         --- ------ -------------- -----
          0  f0     250 non-null   int64
          1  f1     250 non-null   int64
          2  f2     250 non-null   int64
          3  f3     250 non-null   int64
```

```
 4  f4      250 non-null   int64
 5  f5      250 non-null   int64
 6  f6      250 non-null   int64
 7  f7      250 non-null   int64
 8  f8      250 non-null   int64
 9  f9      250 non-null   int64
10  l       250 non-null   int64
dtypes: int64(11)
memory usage: 21.6 KB
```

❶ 특징 데이터의 컬럼 이름을 정의한다.

❷ DataFrame 객체에 특징 데이터를 넣는다.

❸ 라벨 데이터도 같은 DataFrame 객체에 넣는다.

❹ 데이터셋에 대한 메타 정보를 보여준다.

다음 파이썬 코드의 실행 결과로부터 두 가지 중요한 문제를 파악할 수 있다. 첫째는 패턴이 같은 샘플 데이터에 있지 않다는 것이다. 둘째는 표본의 크기가 패턴마다 너무 작을 수도 있다는 것이다. 더 깊이 파고들지 않더라도 분류 문제가 모든 패턴에 대해 의미 있는 결과를 학습하는 것이 불가능하다는 점은 명확하다.

```
In [63]: grouped = data.groupby(list(data.columns))  # ❶
In [64]: freq = grouped['l'].size().unstack(fill_value=0)  # ❷
In [65]: freq['sum'] = freq[0] + freq[1]  # ❸
In [66]: freq.head(10)  # ❹
Out[66]: l                             0 1 sum
         f0 f1 f2 f3 f4 f5 f6 f7 f8 f9
         0  0  0  0  0  0  0  1  1  1  0 1 1
                              1  0  1  0  1 1 2
                                        1  0 1 1
                           1  0  0  0  0  1 0 1
                                        1  0 1 1
                                 1  1  1  0 1 1
                              1  0  0  0  0 1 1
                                    1  0  0 1 1
                        1  0  0  0  1  1  1 0 1
                              1  1  0  0  1 0 1
In [67]: freq['sum'].describe().astype(int)  # ❺
Out[67]: count 227
```

```
mean 1
std 0
min 1
25% 1
50% 1
75% 1
max 2
Name: sum, dtype: int64
```

❶ 데이터를 컬럼에 따라 그룹화한다.

❷ 그룹화된 데이터를 라벨 컬럼에 대해 정리한다.

❸ 0과 1의 빈도를 누적한다.

❹ 특정 패턴에 대한 0과 1의 빈도를 보여준다.

❺ 빈도의 합에 대한 통계를 제공한다.

다음 파이썬 코드는 scikit-learn의 MLPClassifier 모델을 사용한다.[8] 이 모델을 전체 데이터셋에 대해 학습시킨다. 신경망은 주어진 데이터셋 내의 관계에 대해 어떤 관계를 학습할 수 있을까? 학습 데이터에서 볼 수 있듯이 학습 능력은 상당히 높다. 사실상 100%에 가깝다. 상대적으로 적은 데이터셋에 대해 상대적으로 큰 신경망을 사용했을 때 흔히 나타나는 결과다.

```
In [68]: from sklearn.neural_network import MLPClassifier
         from sklearn.metrics import accuracy_score
In [69]: model = MLPClassifier(hidden_layer_sizes=[128, 128, 128],
                               max_iter=1000, random_state=100)
In [70]: model.fit(data[fcols], data['l'])
Out[70]: MLPClassifier(hidden_layer_sizes=[128, 128, 128], max_iter=1000,
                       random_state=100)
In [71]: accuracy_score(data['l'], model.predict(data[fcols]))
Out[71]: 0.952
```

하지만 학습된 신경망의 예측 능력은 어떨까? 이를 확인하기 위해 주어진 데이터를 학습 데이터와 테스트 데이터로 나눈다. 모델은 학습 데이터에 대해서만 학습시키고 예측력을 살펴보기 위해 테스트 데이터에 대해 예측력을 테스트한다. 조금 전과 마찬가지로 학습된 신경망의 학습

8 자세한 내용은 'sklearn.neural_network.MLPClassifier(*https://oreil.ly/hCR4h*)' 참조.

데이터에 대한 정확도는 상당히 높다. 하지만 테스트 데이터에 대해서는 거의 학습되지 않은 알고리즘보다 10% 낮은 수준의 예측력을 보인다.

```
In [72]: split = int(len(data) * 0.7)  # ❶
In [73]: train = data[:split]  # ❶
         test = data[split:]  # ❶
In [74]: model.fit(train[fcols], train['l'])  # ❷
Out[74]: MLPClassifier(hidden_layer_sizes=[128, 128, 128], max_iter=1000,
                       random_state=100)
In [75]: accuracy_score(train['l'], model.predict(train[fcols]))  # ❸
Out[75]: 0.9714285714285714
In [76]: accuracy_score(test['l'], model.predict(test[fcols]))  # ❹
Out[76]: 0.38666666666666666
```

❶ 데이터를 학습 데이터와 테스트 데이터로 분리

❷ 학습 데이터에 대해 모델을 훈련

❸ 학습 데이터에 대한 정확도 측정

❹ 테스트 데이터에 대한 정확도 측정

간단히 말하면, 신경망을 소규모의 데이터에 대해서만 훈련시키면 앞서 말한 두 가지 문제로 잘못된 관계를 학습하게 된다. 이 문제는 학습 자체와 관련된 것이 아니다. 데이터셋이 작을수록 학습은 일반적으로 더 쉬워진다. 하지만 문제는 학습된 신경망이 테스트 데이터에 대해 예측을 생성하는 부분이다.

1.3.2 대규모 데이터셋

운 좋게도 이러한 문제 상황을 풀 수 있는 간단한 방법이 있다. 더 많은 데이터를 사용하는 것이다. 현실 세계의 문제에 대해서도 마찬가지다. 실제로는 이러한 대규모 데이터셋을 항상 구할 수 있거나 생성할 수 있는 것은 아니다. 하지만 이 절에서 소개하는 예제에서 더 많은 데이터를 쉽게 생성할 수 있다.

다음 파이썬 코드에서 초기 데이터셋의 수를 엄청나게 늘렸다. 결과적으로 보면 훈련된 신경망의 예측 정확도는 예상한 대로 10% 수준에서 50% 수준으로 증가했다. 아무런 학습을 하지 않은 기본 알고리즘의 성능과 비슷하다.

```
In [77]: factor = 50
In [78]: big = pd.DataFrame(np.random.randint(0, 2, (factor * n, f)),
                            columns=fcols)
In [79]: big['l'] = np.random.randint(0, 2, factor * n)
In [80]: train = big[:split]
         test = big[split:]
In [81]: model.fit(train[fcols], train['l'])
Out[81]: MLPClassifier(hidden_layer_sizes=[128, 128, 128], max_iter=1000,
                       random_state=100)
In [82]: accuracy_score(train['l'], model.predict(train[fcols]))  # ❶
Out[82]: 0.9657142857142857
In [83]: accuracy_score(test['l'], model.predict(test[fcols]))  # ❷
Out[83]: 0.5043407707910751
```

❶ 학습 데이터에 대한 정확도 측정

❷ 테스트 데이터에 대한 정확도 측정

다음 코스의 분석 결과에서 보듯이 예측 정확도가 증가한 이유는 다음과 같다. 첫째, 데이터셋에 모든 가능한 패턴이 존재한다. 둘째, 모든 패턴은 대략 10번 이상의 빈도를 나타낸다. 다른 말로 하면 신경망은 모든 패턴을 여러 번 확인하게 된다. 이로써 신경망은 가능한 모든 패턴에 대해 0과 1이 똑같이 나오도록 '학습'할 수 있다. 물론 이는 다소 복잡한 방식의 학습이지만, 신경망에 상대적으로 적은 양의 데이터가 사용되면 안 된다는 것을 보여주는 좋은 예가 된다.

```
In [84]: grouped = big.groupby(list(data.columns))
In [85]: freq = grouped['l'].size().unstack(fill_value=0)
In [86]: freq['sum'] = freq[0] + freq[1]  # ❶
In [87]: freq.head(6)
Out[87]: l                            0 1 sum
         f0 f1 f2 f3 f4 f5 f6 f7 f8 f9
         0  0  0  0  0  0  0  0  0  0  10 9 19
                                     1  5 4  9
                                  1  0  2 5  7
                                     1  6 6 12
                               1  0  0  9 8 17
                                     1  7 4 11
In [88]: freq['sum'].describe().astype(int)  # ❷
Out[88]: count 1024
         mean 12
         std 3
```

```
min 2
25% 10
50% 12
75% 15
max 26
Name: sum, dtype: int64
```

❶ 0과 1 값의 빈도 누적

❷ 누적된 값의 통계치 표시

CAUTION 데이터의 양과 변동

신경망이 예측 작업을 수행하는 데 있어서 신경망 학습에 사용되는 데이터의 양과 변동은 예측 성능을 좌우한다. 이 절에서 보여준 수치적이고 이론적인 예제에서 상대적으로 양이 적고 변동이 적은 데이터를 사용하면 10% 내외의 낮은 예측 성능을 보인다. 0.1%의 성능을 향상시키기 위해 노력하는 인공지능 연구자들과 회사에게 있어 이 정도의 차이는 엄청난 차이라고 볼 수 있다.

1.3.3 빅데이터

대규모 데이터와 빅데이터의 차이는 무엇일까? 빅데이터라는 용어는 10년도 넘게 사용해왔기에 이제는 여러 가지 의미를 지닌다. 이 책을 집필한 필자의 의도를 고려해볼 때 빅데이터는 용량, 변동, 속도에 있어서 인공지능 알고리즘이 올바르게 훈련될 수 있거나 올바른 예측 작업을 할 수 있을 정도의 데이터를 뜻한다.

앞서 나온 예제에서 사용한 대규모 데이터도 실용적인 관점에서는 여전히 소규모 데이터라고 할 수 있다. 하지만 특정 목표를 달성하기에는 충분한 정도이다. 데이터셋의 양과 변동은 특징 데이터와 라벨 데이터의 특징과 구조에 따라 달라진다.

이러한 관점에서 은행이 신용평가를 위해 신경망 기반의 분류 방법론을 사용한다고 가정해보자. 은행 내부의 데이터에 기반하여 특징 데이터 25개를 카테고리 8개로 분류하여 신용을 평가한다고 하면, 가능한 패턴의 수는 천문학적인 숫자가 될 것이다.

```
In [89]: 8 ** 25
Out[89]: 37778931862957161709568
```

이러한 모든 패턴에 대해 적어도 하나 이상의 데이터를 공급하는 것은 불가능하다.[9] 다행히 실제로는 신경망이 데이터에 있는 모든 채무자에 대해 적정성을 완벽히 학습할 필요는 없다는 것이다. 또한 일반적으로 모든 잠재적 채무자의 신용에 대해 '좋은' 예측을 할 필요도 없다.

여기에는 여러 가지 이유가 있다. 첫째, 현실에서는 모든 패턴이 신용도와 관련된 것이 아니다. 어떤 패턴이 아예 존재하지 않거나 불가능한 것일 수도 있다. 둘째, 모든 특징이 똑같이 중요하지도 않다. 관련된 특징의 수를 줄이고, 그에 따라 가능한 패턴의 수를 줄일 수도 있다. 셋째, 7번 특징에 대한 4값과 5값이 전혀 실질적인 차이가 없을 수도 있어서 관련된 패턴의 수를 좀 더 줄일 수도 있다.

1.4 마치며

이 책에서는 데이터로부터 관계와 규칙, 확률 등을 배울 수 있는 인공지능의 방법론, 기술, 알고리즘 등에 대해 다룬다. 추정 문제와 분류 문제를 풀 수 있는지에 포커스를 맞춘다. 알고리즘에서는 신경망과 딥러닝 방법론이 핵심이 된다.

이 책의 핵심 주제는 신경망을 금융의 중요 문제, 즉 미래의 시장 움직임을 예측하는 데 응용하는 것이다. 더 상세히 말하자면 이 문제는 주가지수나 환율의 방향을 예측하는 문제를 푸는 것이다. 미래의 시장 방향을 예측하는 것 즉, 목표 수준이 올라갈 것인가 내려갈 것인가를 예측하는 문제는 분류 문제로 생각할 수 있다.

이 핵심 주제에 더 깊게 들어가기 전에 2장에서는 초지능과 기술적 특이점에 대한 몇 가지 주제에 대해 논한다. 이러한 논의는 재정과 금융 분야에서 인공지능의 응용에 중점을 둔 이후의 장에 대한 배경지식이 된다.

9 현재의 컴퓨터 기술로 이러한 데이터 대한 신경망을 모델링하고 학습하는 것도 어렵다. 이러한 관점에서 다음 장에서는 인공지능을 위한 하드웨어의 중요성에 대해 논한다.

1.5 참고 문헌

- Alpaydin, Ethem. 2016. *Machine Learning. MIT Press*, Cambridge.
- Chollet, François. *Deep Learning with Python*. Shelter Island: Manning.
- Goodfellow, Ian, Yoshua Bengio, and Aaron Courville. 2016. *Deep Learning*. Cambridge: MIT Press. `http://deeplearningbook.org`.
- Kratsios, Anastasis. "Universal Approximation Theorems." `https://oreil.ly/C0OdI`.
- Silver, David et al. 2016. "Mastering the Game of Go with Deep Neural Networks and Tree Search." *Nature* 529 (January): 484–489.
- Shanahan, Murray. 2015. *The Technological Singularity*. Cambridge: MIT Press.
- Tegmark, Max. 2017. *Life 3.0: Being Human in the Age of Artificial Intelligence*. United Kingdom: Penguin Random House.
- VanderPlas, Jake. 2017. *Python Data Science Handbook*. Sebastopol: O'Reilly.

CHAPTER 2

초지능

> 초지능에 이르는 길이 많다는 사실은 우리가 결국 그곳에 도달하게 될 것이라는 믿음을 준다. 그래서 하나의 길이 막히더라도 우리는 계속해서 진보해나갈 수 있다.
>
> – 닉 보스트롬Nick Bostrom(2014)

기술적 특이점technological singularity이라는 용어에는 많은 정의가 있다. 이 용어의 기원을 살펴보기 위해서는 버너 빈지Vernor Vinge가 1993년에 발표한 논문[1]까지 거슬러 올라가야 한다. 빈지는 '기술적 특이점'을 다음과 같이 정의했다.

> 30년 내로 우리는 인간을 뛰어넘는 지능을 창조할 기술적 수단을 갖게 될 것이다. 그 직후에는 인간의 시대가 끝날 것이다.

이 책에서 설명하는 기술적 특이점은 빈지가 말한 바와 같이 특정한 기계가 인간을 뛰어넘는 지능인 초지능을 갖는 시점을 말한다. 레이 커즈와일Ray Kurzweil(2005)의 책이 널리 알려지고 이 아이디어와 개념을 인용하면서 주목받기 시작했다. 제임스 배럿Ray Kurzweil(2013)의 책에서는 이 주제에 대해 역사적이고 우화적인 풍부한 정보를 썼고, 섀너핸(2015)의 책에서는 그 중심적 면모에 대한 비공식적인 소개와 개관을 제공한다. 기술적 특이점이라는 표현 자체는 물리학의 특이점 개념에 그 기원을 둔다. 물리학에서 특이점은 질량이 고도로 집중된 블랙홀의 중심을 가리킨다. 특이점에서는 중력이 무한대이고 전통적인 물리학 법칙이 유지되지 않는다. 흔

1 Vinge, Vernor. 1993. "Vernor Vinge on the Singularity." `https://oreil.ly/NaorT`

히 빅뱅이라고 하는 우주의 시작도 특이점이라고 할 수 있다.

기술적 특이점과 초지능의 일반적인 아이디어와 개념은 금융에 적용되는 인공지능과 명백하고 직접적인 관련성을 가지지 않는다. 하지만 그 배경과 관련된 문제와 잠재적인 결과들을 더 잘 이해할 수 있도록 해주는 장점이 있다. 이러한 일반적인 프레임워크에서 얻은 통찰력은 금융 분야의 인공지능과 같은 좁은 분야에서도 중요하다. 이러한 통찰력은 인공지능이 가까운 먼 미래에 금융산업의 모습을 어떻게 바꿀 수 있는지에 대한 논의를 이끄는 데도 도움이 된다.

2.1절의 '성공 스토리'는 인공지능 분야에서 성공한 예시들을 소개한다. 다른 것보다도 이 내용은 딥마인드 회사가 어떻게 신경망으로 아타리 2600 게임을 플레이하는 문제를 풀 수 있었는지를 보여준다. 또한 딥마인드에서 개발한 인공지능이 인간 전문가를 뛰어넘어 바둑 문제를 어떻게 풀 수 있었는지에 대해서도 이야기한다. 체스와 컴퓨터 프로그래밍에 대한 이야기도 이 절에 나온다. 그리고 2.2절에서는 최근의 성공 스토리에서 하드웨어가 가지는 중요성을 논하고, 2.3절에서는 협의의 인공지능, 광의의 인공지능, 초지능과 같은 다른 형태의 지능에 대해 소개한다. 2.4절에서 사람의 뇌 전체를 흉내 내는 초지능에 이르는 잠재적인 경로에 대해 다루고, 2.6절에서는 초지능에서 이른바 제어 문제와 관련된 면을 논의한다. 마지막으로 2.7절에서는 초지능을 달성했을 때 발생할 수 있는 미래의 잠재적인 결과와 시나리오를 간단히 살펴보며 2장을 마무리한다.

2.1 성공 스토리

인공지능의 많은 아이디어와 알고리즘은 이미 수십 년 전으로 거슬러 올라간다. 수십 년 전에는 희망과 절망을 동시에 가졌던 시기가 있었다. 닉 보스트롬Nick Bostrom의 책 1장에서는 이 시기에 대해 다룬다. 2020년에 와서 우리는 인공지능에 대해 흥분까지는 아니더라도 희망을 품을 수 있게 되었다. 그 이유 중 하나는 몇십 년 전까지만 하더라도 인공지능이 건드릴 수 없다고 여겨졌던 분야와 문제에 인공지능을 적용하는 데 성공했기 때문이다. 성공 스토리 항목의 목록이 빠르게 증가하고 있다. 따라서 이 절에서는 세 가지 이야기에만 포커스를 맞춘다. 하나하나의 더 넓고 자세한 이야기는 숀 게리시Sean Gerrish(2018)의 책을 참고하길 바란다.

2.1.1 아타리

이 절에서는 어떻게 딥마인드가 아타리 2600 게임을 강화 학습과 신경망으로 플레이할 수 있도록 마스터했는지에 대한 성공 스토리를 소개한다. 그리고 구체적인 코드 예제에 기반하여 성공으로 이끈 기본적인 방법론도 설명한다.

스토리

첫 번째 성공 스토리는 인간을 초월하는 수준에서 아타리 2600 게임을 플레이한다는 것이다.[2] 아타리 2600 비디오 컴퓨터 시스템은 1977년에 발매되어 1980년대에 가장 널리 애용되는 게임 콘솔이 되었다. 이 시기에 인기 있던 스페이스 인베이더, 애스터로이드, 미사일 커맨드와 같은 게임들은 클래식으로 간주되어, 지금도 고전 게임을 좋아하는 사람들이 즐기고 있다.

딥마인드[3]는 강화 학습을 적용하여 인공지능 에이전트라고 부르는 인공지능 알고리즘으로 아타리 2600 게임들을 플레이하는 문제를 학습한 결과를 논문으로 출간하였다(므니 외 2013). 이 알고리즘은 CNN 신경망에 Q-Learning 변형을 적용한 것이다.[4] 알고리즘은 고차원 시각 입력(픽셀 정보)만을 이용하고 사람의 지도나 입력 없이 학습한다. 원래의 프로젝트는 7개의 아타리 2600 게임에 초점을 맞추었지만 그중 세 가지 게임인 퐁Pong, 엔듀로Enduro, 벽돌깨기Breakout에 대해서는 인공지능이 인간 전문가를 능가하는 성능을 보였다고 보고하였다.

인공지능 관점에서 딥마인드 팀이 이러한 결과를 얻었다는 사실뿐 아니라 어떻게 이러한 결과를 얻었는지도 중요하다. 첫째, 딥마인드는 7개의 게임을 플레이하도록 학습하는 데 단 하나의 신경망을 사용했다. 둘째, 인간의 지도나 인간이 라벨링한 데이터를 제공하지 않고 오로지 시각 데이터를 특징 데이터로 사용했다.[5] 셋째, 사용한 방법론이 강화 학습인데, 에이전트의 행동과 그 결과(보상)의 관계만을 관찰하여 학습한 것이다. 즉 기본적으로 사람이 게임하는 과정과 완전히 동일하다.

딥마인드 인공지능이 인간 전문가를 능가하는 성능을 올린 게임 중의 하나가 벽돌깨기이다. 이 게임의 목표는 스크린 아래에 있는 수평 막대기paddle를 이용하여 스크린 상하로 움직이는 공을

---

2 배경과 역사는 위키백과 참조(*http://bit.ly/aiif_atari*).

3 *https://deepmind.com*

4 자세한 내용은 므니 외(2013) 논문 참조.

5 다른 요소들과 마찬가지로 The Arcade Learning Environment(ALE)(*https://oreil.ly/0qnWk*)라는 환경을 이용하여 얻을 수 있었는 데 연구자들은 이 환경에서 표준 API로 인공지능 에이전트를 훈련시킬 수 있다.

제어하고 스크린 위에 있는 여러 줄의 벽돌을 파괴하는 것이다. 공이 벽돌에 부딪히면 벽돌이 파괴되고 공은 다시 아래로 내려온다. 공은 왼쪽, 오른쪽, 위쪽 벽, 그리고 수평 막대기에서 반사된다. 공이 수평 막대기에 부딪히지 않고 스크린 아래로 내려가면 플레이어는 목숨 하나를 잃게 된다.

강화 학습의 행동 공간은 3가지 요소로 이루어져 있다. 모두 수평 막대기와 관련된 것으로 현재 위치에 머물기, 왼쪽으로 움직이기, 오른쪽으로 움직이기, 이렇게 세 가지다. 상태 공간은 128개 색상 팔레트의 210 X 160 픽셀 게임 스크린 프레임으로 나타난다. 보상은 게임 스코어로 나타나는 데 딥마인드 알고리즘은 이 스코어를 최대화하도록 프로그램되어 있다. 액션 공간의 경우 알고리즘은 주어진 특정한 게임 상태에서 게임 스코어(최종 보상)를 최대화하기에 가장 좋은 행동을 학습한다.

예제

이 장에서 딥마인드가 아타리 2600 게임 중 벽돌깨기에 적용한 방법을 자세하게 탐구하기에는 본 책의 범위를 벗어난다. 그래서 OpenAI Gym[6] 환경을 사용하여 좀 더 단순하고 간단한 게임을 예로 들어 신경망 강화 학습을 설명한다.

이 절의 파이썬 코드는 OpenAI Gym의 `CartPole` 예제를 사용한다.[7] 이 예제는 수평 막대기(카트cart)를 왼쪽과 오른쪽으로 움직여 수평 막대기 위에 놓인 수직 막대(폴pole)의 균형을 잡아야 한다. 따라서 행동 공간은 벽돌깨기와 같다. 상태 공간은 물리적 데이터 4개로 이루어져 있다. 즉, 수평 막대기의 위치, 속도, 수직 막대기의 각도 및 각속도이다(그림 2-1). 행동이 이루어지고 수직 막대기가 균형을 잡으면 에이전트는 1이라는 보상치를 얻는다. 수직 막대기가 쓰러지면 게임은 끝난다. 에이전트가 200이라는 전체 보상치에 도달하면 성공한 것으로 본다.[8]

---

6 *https://gym.openai.com*

7 이 예제는 9장에서 다시 자세히 설명한다.

8 좀 더 정확히 말하면 100번의 게임에서 전체 보상치의 평균이 195를 넘으면 인공지능 에이전트가 성공한 것으로 본다.

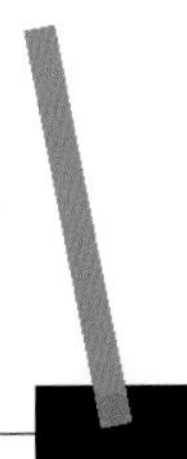

그림 2-1 CartPole 환경의 그래픽 표현

다음 코드는 우선 CartPole 환경 객체를 초기화하고 행동 공간과 상태 공간을 조사한다. 그리고 무작위 행동을 취한 다음에 그 결과를 캡처한다. 종료done 변수가 False 값이면 인공지능 에이전트는 다음 라운드로 넘어간다.

```
In [1]: import gym
        import numpy as np
        import pandas as pd
        np.random.seed(100)
In [2]: env = gym.make('CartPole-v0')  # ❶
In [3]: env.seed(100)  # ❷
Out[3]: [100]
In [4]: action_size = env.action_space.n  # ❸
        action_size  # ❸
Out[4]: 2
In [5]: [env.action_space.sample() for _ in range(10)]  # ❹
Out[5]: [1, 0, 0, 0, 1, 1, 0, 0, 0, 0]
In [6]: state_size = env.observation_space.shape[0]  # ❺
        state_size  # ❺
Out[6]: 4
In [7]: state = env.reset()  # ❻
        state # [cart position, cart velocity, pole angle, pole angular velocity]
Out[7]: array([-0.01628537, 0.02379786, -0.0391981 , -0.01476447])
In [8]: state, reward, done, _ = env.step(env.action_space.sample())  # ❼
        state, reward, done, _  # ❼
Out[8]: (array([-0.01580941, -0.17074066, -0.03949338, 0.26529786]), 1.0, False, {})
```

❶ 환경 객체 초기화

❷ 환경의 무작위 생성 시드값을 고정

❸ 행동 공간의 크기

❹ 무작위 행동을 선택하고 저장

❺ 상태 공간의 크기

❻ 환경을 초기화하고 상태를 캡처

❼ 무작위 행동을 취하고 환경을 다음 상태로 넘기기

다음 단계는 무작위 행동에 기반하여 게임을 플레이함으로써 충분히 큰 데이터를 생성한다. 하지만 데이터의 질을 향상시키기 위해 전체 보상이 110이 넘는 게임에서만 데이터를 모은다. 신경망을 학습시킬만한 충분한 데이터를 모으기 위해서는 수천 번의 게임을 반복해야 한다.

```
In [9]: %%time
        data = pd.DataFrame()
        state = env.reset()
        length = []
        for run in range(25000):
            done = False
            prev_state = env.reset()
            treward = 1
            results = []
            while not done:
                action = env.action_space.sample()
                state, reward, done, _ = env.step(action)
                results.append({'s1': prev_state[0], 's2': prev_state[1],
                                's3': prev_state[2], 's4': prev_state[3],
                                'a': action, 'r': reward})
                treward += reward if not done else 0
                prev_state = state
            if treward >= 110:  # ❶
                data = data.append(pd.DataFrame(results))  # ❷
                length.append(treward)  # ❸
         CPU times: user 9.84 s, sys: 48.7 ms, total: 9.89 s
         Wall time: 9.89 s
In [10]: np.array(length).mean()  # ❹
Out[10]: 119.75
In [11]: data.info()  # ❺
         <class 'pandas.core.frame.DataFrame'>
         Int64Index: 479 entries, 0 to 143
         Data columns (total 6 columns):
          #  Column Non-Null Count Dtype
```

```
        --- ------ -------------- -----
         0  s1     479 non-null   float64
         1  s2     479 non-null   float64
         2  s3     479 non-null   float64
         3  s4     479 non-null   float64
         4  a      479 non-null   int64
         5  r      479 non-null   float64
        dtypes: float64(5), int64(1)
        memory usage: 26.2 KB
In [12]: data.tail()  # ❺
Out[12]:           s1        s2         s3         s4 a   r
        139 0.639509 0.992699 -0.112029 -1.548863 0 1.0
        140 0.659363 0.799086 -0.143006 -1.293131 0 1.0
        141 0.675345 0.606042 -0.168869 -1.048421 0 1.0
        142 0.687466 0.413513 -0.189837 -0.813148 1 1.0
        143 0.695736 0.610658 -0.206100 -1.159030 0 1.0
```

❶ 무작위 에이전트의 전체 보상치가 최소 100 이상만 선택

❷ 데이터 수집

❸ 전체 보상치 기록

❹ 무작위 게임의 전체 보상치의 평균값 계산

❺ DataFrame 객체에 수집된 데이터

이 데이터를 가지고 신경망을 다음과 같이 학습시킬 수 있다. 우선 분류 문제를 위한 신경망을 초기화한다. 그다음 상태 데이터를 특징 데이터로 하고 행동 데이터를 라벨 데이터로 하여 신경망을 학습시킨다. 주어진 상태에 대해 성공적인 행동을 취한 데이터만 있기 때문에 신경망은 주어진 상태(특징)에 대해 취할 행동(라벨)을 학습할 수 있게 된다.

```
In [13]: from pylab import plt
        plt.style.use('seaborn')
        %matplotlib inline
In [14]: import tensorflow as tf
        tf.random.set_seed(100)
In [15]: from keras.layers import Dense
        from keras.models import Sequential
        Using TensorFlow backend.
In [16]: model = Sequential()  # ❶
        model.add(Dense(64, activation='relu',
```

```
                    input_dim=env.observation_space.shape[0]))  # ❶
        model.add(Dense(1, activation='sigmoid'))  # ❶
        model.compile(loss='binary_crossentropy',
                      optimizer='adam',
                      metrics=['acc'])  # ❶
In [17]: %%time
        model.fit(data[['s1', 's2', 's3', 's4']], data['a'],
                  epochs=25, verbose=False, validation_split=0.2)  # ❷
        CPU times: user 1.02 s, sys: 166 ms, total: 1.18 s
        Wall time: 797 ms
Out[17]: <keras.callbacks.callbacks.History at 0x7ffa53685190>
In [18]: res = pd.DataFrame(model.history.history)  # ❸
        res.tail(3)  # ❸
Out[18]: val_loss val_acc loss acc
        22 0.660300 0.59375 0.646965 0.626632
        23 0.660828 0.59375 0.646794 0.621410
        24 0.659114 0.59375 0.645908 0.626632
```

❶ 은닉층이 하나인 신경망 사용

❷ 앞서 수집한 데이터에 기반한 모델 학습

❸ 마지막 단계에서 훈련 단계의 수치 보여주기

이렇게 훈련된 신경망, 즉 인공지능 에이전트는 각 상태에서 최선의 행동을 학습한 대로 CartPole 게임을 플레이할 수 있게 된다. 인공지능 에이전트는 게임 100~200개의 최대 보상치를 얻는다. 이는 상대적으로 단순한 신경망과 상대적으로 작은 데이터에 기반한 결과다.

```
In [20]: def epoch():
            done = False
            state = env.reset()
            treward = 1
            while not done:
                action = np.where(model.predict(np.atleast_2d(state))[0][0] > \
                                  0.5, 1, 0)  # ❶
                state, reward, done, _ = env.step(action)  # ❷
                treward += reward if not done else 0
            return treward
In [21]: res = np.array([epoch() for _ in range(100)])
        res  # ❸
Out[21]: array([200., 200., 200., 200., 200., 200., 200., 200., 200., 200., 200.,
               200., 200., 200., 200., 200., 200., 200., 200., 200., 200., 200.,
```

```
        200., 200., 200., 200., 200., 200., 200., 200., 200., 200., 200.,
        200., 200., 200., 200., 200., 200., 200., 200., 200., 200., 200.,
        200., 200., 200., 200., 200., 200., 200., 200., 200., 200., 200.,
        200., 200., 200., 200., 200., 200., 200., 200., 200., 200., 200.,
        200., 200., 200., 200., 200., 200., 200., 200., 200., 200., 200.,
        200., 200., 200., 200., 200., 200., 200., 200., 200., 200., 200.,
        200., 200., 200., 200., 200., 200., 200., 200., 200., 200., 200.,
        200.])
In [22]: res.mean()  # ❹
Out[22]: 200.0
```

❶ 주어진 모델과 상태에 따른 행동 선택

❷ 학습된 행동에 기반하여 한 스텝 앞으로 전진

❸ 복수의 게임을 플레이하고 각 게임에 대하여 전체 보상치를 기록

❹ 전체 게임의 보상치의 평균값 계산

아케이드 학습 환경Arcade Learning Environment(ALE)도 OpenAI Gym과 비슷하게 동작한다. 이 환경에서는 아타리 2600 게임에 대해 행동을 취하고 취해진 행동에 의한 결과를 얻어 프로그램으로 게임을 동작시킨다. 예를 들어 벽돌깨기 플레이를 학습하는 작업은 상태 공간이 훨씬 더 크기 때문에 더 복잡하다. 하지만 기본적인 방법론은 몇 가지 알고리즘적인 변경만 제외하면 여기에서 보인 예제와 비슷하다.

2.1.2 바둑

바둑은 2000년이 넘은 보드게임이다. 원리적으로는 단순하면서도 아주 복잡해서 오랫동안 아름다움과 기예를 대표하는 게임으로 간주되었다. 그래서 수십 년간 인공지능 에이전트의 발달에도 끄떡없을 것이라고 예상했다. 바둑을 두는 사람의 실력은 많은 무술 시스템과 같은 단증 시스템으로 측정한다. 예를 들어 수년간 세계 바둑 챔피언이었던 이세돌은 9단이었다. 2014년에 닉 보스트롬Nick Bostrom은 다음과 같이 말했다.

> 바둑 프로그램은 최근 몇 년간 1년에 1단 정도의 속도로 향상되고 있다. 이 속도가 유지된다면 10년 내에 인간 세계 챔피언을 이길 수 있을 것이다.

딥마인드는 알파고 알고리즘이라는 인공지능 에이전트를 사용하여 돌파구를 찾아냈다(알파고에 대해서는 딥마인드 홈페이지[9]). 데이비드 실버David Silver(2016)의 논문에서 연구자들은 이 상황에 대해 다음과 같이 서술했다.

> 바둑은 탐색 공간이 거대하고, 바둑알의 위치와 이동을 파악하기 어려워서 인공지능에게 가장 어려운 고전 게임으로 간주되어 왔다.

논문에서 딥마인드 팀원들이 설명한 바와 같이 신경망과 몬테카를로 트리 검색Monte Carlo tree search 알고리즘을 조합하고, 2015년의 초기 성공을 뒤돌아보며 다음과 같이 소개한다.

> 우리의 프로그램 알파고는 다른 바둑 프로그램에 비해 99.8%의 승률을 획득했고 유럽 바둑 챔피언을 5대 0으로 이겼다. 이는 온전한 바둑 게임에서 컴퓨터 프로그램이 바둑 전문가인 인간을 이긴 첫 사례이다. 적어도 10년은 더 걸릴 것이라 예상했던 눈부신 위업을 이루어낸 것이다.

이 기록은 놀랍게도 인공지능 전문가 보스트롬이 앞으로 10년은 더 걸릴 것이라 예상한 뒤 바로 1년 만에 일어났다. 그 당시 많은 사람이 유럽 바둑 챔피언은 세계 수준에서 한참 뒤처져 있다고 말했다. 딥마인드 팀은 2016년 3월, 18번이나 세계 바둑 챔피언을 거머쥔 위대한 바둑 전문가, 이세돌 9단을 상대로 5판 선승제를 제안했다. 자세한 배경은 알파고 웹페이지[10]에 나와있고 이 이벤트에 대한 영화도 있다.[11] 이 경기를 위해 딥마인드 팀은 알파고를 더 향상시킨 '알파고-이AlphaGo-Lee' 버전을 개발하였다.

'알파고-이'의 경기 이야기는 세계의 주목을 끌었다. 딥마인드는 여기에 대한 홈페이지도 가지고 있다.[12]

> 대한민국 서울에서 알파고는 5판 선승제에서 4승을 거두었고 전 세계 2억 명의 시청자들에게 중계되었다. 기념할 만한 승리는 10년은 앞선 것이었다. 이 게임으로 알파고는 명예 프로 9단 자격을 인증받았다. 컴퓨터 프로그램으로 프로 단증을 받은 것은 최초의 일이었다.

---

9 https://www.deepmind.com/research/highlighted-research/alphago

10 https://oreil.ly/EL51T

11 https://oreil.ly/1vYQ5

12 https://www.deepmind.com/research/highlighted-research/alphago/the-challenge-match

이때까지 알파고는 인간 전문가들의 기보 수백만 개를 기반으로 한 학습 데이터를 사용하여 지도 학습을 하였다. 딥마인드 팀의 다음번 시도인 알파고 제로AlphaGo Zero는 이 과정을 완전히 생략하고 강화 학습을 이용하여 여러 가지 버전의 신경망 기반 인공지능 에이전트끼리 서로 대결하여 스스로 학습하는 방법을 사용했다. 실버(2017b)의 논문에서는 알파고 제로에 대한 이야기를 다룬다. 논문 초록에서 연구자들은 다음과 같이 요약하였다.

> 알파고는 자기 자신이 곧 스승이다. 알파고 자신의 수를 예측하도록 신경망을 훈련시켰다. 이 신경망은 트리 검색 기능을 향상시켜 다음번에는 더 강한 수를 둘 수 있게 되었다. 우리의 새 프로그램 알파고 제로는 완전 백지상태에서 시작하여 인간을 초월하는 성능을 얻었고, 세계 챔피언을 이긴 이전 프로그램 알파고를 상대로 100대 0으로 승리하였다.

우주의 원자보다도 많은 경우의 수를 가진 바둑에 쓰인 신경망과 이전 절에서 배운 `CartPole` 예제에서 훈련한 신경망이 크게 다르지 않다는 것은 주목할 만하다. 또한 이러한 획기적인 일을 달성하는 데 사람들이 수 세기 동안 쌓아온 바둑의 지혜가 필요하지 않았다는 점도 놀라운 점이었다.

딥마인드 팀은 여기에서 멈추지 않았다. 알파제로AlphaZero는 바둑뿐 아니라 체스, 일본 장기와 같은 다른 보드게임도 학습할 수 있는 범용 보드게임 인공지능으로 발전할 것으로 기대된다. 여기에 대해서는 실버(2017a)의 논문에서 다음과 같이 요약한다.

> 이 논문에서 우리는 하나의 알파제로 알고리즘이 백지상태에서 시작하여 많은 도전적인 분야에서 인간을 능가하는 성능을 내도록 하는 방법론을 일반화한다. 처음에는 게임의 규칙을 제외하고 어떠한 지식도 없이 무작위로 게임을 하지만 24시간 이내에 바둑뿐 아니라 체스와 일본 장기에서도 인간을 능가하는 성능을 얻었고, 각각의 게임에서 세계 챔피언 프로그램을 이겼다.

2017년 또 다른 기록이 딥마인드에 의해 세워졌다. 24시간이 채 안 되는 시간 동안 스스로 게임과 훈련을 거듭 한 끝에, 수백 년 동안 고강도로 연구된 보드게임 3개에서 인간 전문가 이상의 성능을 거둔 인공지능이 탄생한 것이다.

2.1.3 체스

체스도 물론 세계에서 가장 인기 있는 보드게임 중 하나다. 체스를 두는 컴퓨터 프로그램은 홈 컴퓨터 초기 시대부터 많이 있었다. 예를 들어 ZX Chess라고 부르는 거의 완벽한 체크 엔진은 기계어 코드로 672바이트밖에 되지 않으며 ZX-81 스펙트럼 홈이라는 1983년형 컴퓨터에서 최초로 소개되었다.[13] 캐슬링castling과 같은 몇몇 체스 규칙이 빠져 있지만 당시의 컴퓨터 체크 팬들에게는 아주 매력적인 결과였다. 용량이 가장 작은 체스 프로그램이라는 ZX Chess의 기록은 2015년에 나온 BootChess 프로그램으로 그 기록이 깨졌다. BootChess 프로그램의 용량은 487바이트다.[14] 체스는 바둑만큼은 아닐지라도 복잡한 게임으로 체스 선수들이 그랜드마스터 수준에 도달하기까지 수십 년이 걸린다 .

1980년대 중반에는 ZX-81보다 더 나은 하드웨어와 더 적은 제한을 가진 하드웨어로도 전문가 수준의 컴퓨터 체스 프로그램에 도달하기는 아직 요원했다. 당시 체스 선두 주자들이 컴퓨터 게임을 할 때 자신감을 느꼈던 것도 당연하다. 예를 들어 당시 세계 챔피언 가리 카스파로프Garry Kasparov (2017)는 1985년 32번의 연속 게임을 두고 나서 다음과 같이 회상하였다.

> 1985년 6월 6일, 함부르크에서의 그날은 기분 좋은 날이었다. 게임 상대인 컴퓨터를 32대 0이라는 완벽한 기록으로 이긴 것은 놀라운 일이 아니었다.

IBM의 컴퓨터 체스 개발자와 하드웨어 전문가가 인간 체스 세계 챔피언인 카스파로프를 이긴 딥블루Deep Blue를 개발하는 데는 12년이 걸렸다. 딥블루에게 패배했던 역사적인 날로부터 20년 뒤에 카스파로프는 다음과 같이 썼다.

> 12년 후 나는 내 체스 인생을 걸고 IBM에서 만든 천만 불짜리 슈퍼컴퓨터 '딥블루'와 다시 한번 대결하기 위해 뉴욕에 왔다.

카스파로프는 딥블루와 6판을 두었다. 컴퓨터가 3.5 승점, 카스파로프가 2.5 승점을 올렸다. 0.5점은 동점을 의미한다. 딥블루는 첫판에서 졌지만 나머지 5판 중 2판을 이겼다. 마지막 게임은 상호 합의에 의해 동점 처리되었다. 딥블루는 대규모 하드웨어 클러스터에 의존하고 있어서 인공지능의 한 형태라고는 할 수 없었다. 이 하드웨어 클러스터는 해당 이벤트를 위해 특별

13 자세한 기사와 코드 전문은 『Your Computer』1983년 2월호 및 *http://bit.ly/aiif_1k_chess* 참조.

14 자세한 배경은 *http://bit.ly/aiif_bootchess* 참조.

히 IBM이 설계한 체스 전용 칩 480개와 30개의 노드로 구성되어 초당 2억 개의 수를 분석할 수 있었다. 딥블루는 신경망과 같은 현대의 인공지능 알고리즘이 아니라 모든 경우를 대입하는 원시적 방법을 주로 사용했다.

1997년 이후로 하드웨어와 소프트웨어 양쪽에서 엄청난 진보가 있었다. 카스파로프는 그의 책에서 현대의 스마트폰 체스 프로그램에 대해 다음과 같이 쓰고 있다.

> 2017년 오늘날로부터 20년이 지나면 모든 인간 챔피언을 이길 수 있는 무료 체스 앱을 핸드폰에 다운받을 수 있을 것이다.

인간 체스 챔피언을 이기는 데 필요한 하드웨어는 천만 달러에서 백 달러로 (10만분의 1 수준으로) 떨어졌다. 하지만 일반 컴퓨터나 스마트폰을 위한 체스 애플리케이션은 여전히 수십 년간 컴퓨터 체스 지식에 의존한다. 이 프로그램들은 사람이 설계한 규칙과 전략을 내장하고 게임 오프닝에 사용하는 대용량 데이터베이스에 의존한다. 또한 수백만 개의 체스 위치에 대해 일일이 대입하는 원시적인 방법을 사용하므로 현대 컴퓨터 도구의 증가된 컴퓨터 파워와 메모리가 필요하다.

이때 알파제로가 등장했다. 알파제로의 방법론은 여러 가지 버전의 인공지능 에이전트가 서로 경쟁하게 만드는 자기 학습과 강화 학습만을 사용하여 체스 게임을 마스터하는 것이다. 딥마인드 팀의 연구 논문에서 컴퓨터 체스에 대한 전통적인 방법론과 알파제로의 방법론을 다음과 같이 비교했다.[15]

> 현재 세계 컴퓨터 체스 챔피언인 스톡피시 또는 IBM의 역사적인 딥블루와 같은 전통적인 체스 엔진은 수천 개의 규칙과 인간 전문가가 고안한 전략들에 의존해서 게임의 모든 수를 고려하는 방식이다. 하지만 알파제로는 전혀 다른 방법론을 택했다. 사람이 고안한 규칙을 신경망과 게임의 기본 규칙 외에는 가지고 있지 않은 일반적 알고리즘으로 대체했다.

알파제로는 완전히 백지상태에서 시작했지만 자기 자신과의 게임 플레이를 몇 시간 반복한 후에 가장 뛰어난 전통적 체스 컴퓨터 프로그램을 능가하는 성능을 보였다. 한때 컴퓨터 체스를 지배했던 스톡피시 엔진을 포함한 모든 인간 전문가와 다른 모든 컴퓨터 체스 프로그램을 능가하는 수준으로 체스를 숙달하기 위해 알파제로가 필요로 했던 훈련 시간은 단 9시간이었다.

---

15 *https://oreil.ly/Ur-fI*

알파제로는 연속으로 경기 1,000번을 테스트하여 155승(대부분 백을 잡고 두었다) 6패, 나머지 경기는 비기며 스톡피시를 눌렀다.

IBM의 딥블루는 초당 2억 개의 수를 분석할 수 있었다. 스톡피시와 같은 현대 체스 엔진은 범용 하드웨어를 사용하여 초당 6천만 개의 수를 분석할 수 있다. 알파제로는 초당 6만 개밖에 분석하지 못한다. 초당 분석수가 1,000분의 1밖에 안 되지만 스톡피시를 이길 수 있다. 알파제로는 단순한 대입법으로는 불가능한 일종의 지능을 보여준다고 생각할 수도 있다. 인간 전문가가 경험이나 패턴, 직관을 사용하여 수백 개의 수를 분석할 수 있다는 점을 고려할 때 알파제로는 인간 전문가와 단순히 저장된 지식을 사용하는 전통적 체스 엔진의 중간 정도에 위치한다고 할 수 있다. 알파제로가 사람의 패턴 인식, 통찰력, 직관과 유사한 것들을 획득한 데다가, 해당 목적에 상대적으로 더 월등한 하드웨어를 사용함으로 인해 더욱 빨라진 컴퓨팅 속도가 결합된 것이라고 추측할 수 있다.

2.2 하드웨어의 중요성

인공지능 연구자들과 실무자들은 지난 10년간 인공지능 알고리즘에 관한 엄청난 발전을 이룩했다. 인공지능 에이전트의 행동 정책을 신경망으로 표현하는 방식을 결합한 강화 학습은 앞 절에서 설명한 것처럼 여러 다른 분야에서 유용하고 뛰어나다는 것을 증명했다.

하드웨어 분야의 진보가 없었더라면 최근의 인공지능의 성능은 불가능했을 것이다. 하지만 강화 학습으로 바둑을 마스터한 딥마인드를 보면 몇 가지 새로운 사실을 알 수 있다. [표 2-1]은 2015년 이후 알파고 버전의 하드웨어 사용과 전력 소모에 대한 정보이다.[16] 알파고의 실력이 증가하면서 하드웨어 요구조건 및 관련 전력 소모가 점점 낮아지는 것을 알 수 있다.[17]

---

16 *https://www.deepmind.com/blog/alphago-zero-starting-from-scratch*

17 표에서 GPU는 그래픽 처리 유닛(graphical processing unit), TPU는 텐서 처리 유닛(tensor processing unit)이라는 컴퓨터 칩을 말한다. 이 칩들은 행렬 및 텐서 연산을 효과적으로 하기 위해 설계된 칩이다. 텐서에 대해서는 텐서는 신경망과 딥러닝의 기본 구성요소가 된다. 자세한 내용은 숄레의 책 2장을 참조한다. TDP(thermal design power) 는 위키백과를 참조한다(*http://bit.ly/aiif_t*).

표 2-1 알파고용 딥마인드 하드웨어

버전	연도	엘리점수	하드웨어	전력 소모[TDP]
AlphaGo Fan	2015	> 3,000	176 GPUs	> 40,000
AlphaGo Lee	2016	> 3,500	48 TPUs	10,000+
AlphaGo Master	2016	> 4,500	4 TPUs	< 2,000
AlphaGo Zero	2017	> 5,000	4 TPUs	< 2,000

(인간 바둑 전문가의 엘리점수는 'Go Ratings'[18] 참조)

인공지능을 가속화한 첫 번째 하드웨어는 GPU다. 원래는 컴퓨터 게임의 고해상도 그래픽을 빠르게 생성하기 위해 개발되었지만 여러 가지 다른 목적으로도 사용할 수 있다. 이 목적 중의 하나는 인공지능과 신경망에서 가장 중요한 수학 분야인 선형대수(예를 들어 여러 가지 행렬 곱셈) 계산을 포함한다.

2000년대 중반 기준으로 시장에 출시된 가장 빠른 소비자용 CPU는 (8코어 16 병렬 스레드를 가진) 인텔 i9 프로세서였다.[19] 벤치마크에 따르면 이 프로세서의 속도는 1 TFLOPS 이상이다 (초당 1조 번의 부동소수점 연산이 가능하다).

같은 시기 시장에서 가장 빠른 소비자 GPU 중 하나는 NVidia GTX 2080Ti였다. NVIDIA GPU는 4,352개의 CUDA 코어가 있으며 높은 수준의 병렬 (예를 들어 선형대수) 연산이 가능하다. 이 GPU는 최대 15 TFLOPS의 속도로 인텔의 소비자용 CPU보다 약 15배 더 빠르다. GPU가 CPU보다 더 빨랐지만 한 가지 주요 제한 요인은 GPU의 상대적으로 작고 전문화된 메모리였다. GTX 2080Ti와 같은 최신 GPU 모델은 최대 11GB의 빠른 GDDR6 메모리와 고속버스 속도를 제공하여 GPU로 데이터를 전송하거나 GPU로부터 데이터를 전송함으로써 이러한 문제를 해결했다.[20]

2020년 중반에 GPU의 소매가는 약 1,400달러였다. 이는 10년 전의 비교적 강력한 하드웨어보다 훨씬 저렴한 주문 가격이다. 이러한 개발로 인해 딥마인드와 같은 기업에 비해 상대적으로 적은 예산을 가진 개인 연구원들이 보다 저렴한 비용으로 인공지능 연구를 수행할 수 있게 되었다.

---

18 *https://www.goratings.org/en*

19 CPU는 중앙연산장치(central processing unit)를 뜻하며 표준 데스크탑이나 노트북 컴퓨터의 일반적인 연산을 하기 위한 장치다.

20 2018에 표준화된 GDDR6 GPU 표준은 *http://bit.ly/aiif_gddr6* 참조

인공지능 방법론과 알고리즘의 개발과 채택에 박차를 가하고 있는 또 다른 하드웨어 트렌드는 클라우드상에서의 GPU와 TPU를 이용하는 것이다. 스케일웨이Scaleway와 같은 클라우드 서비스는 시간당 대여가 가능하고 강력한 GPU[21]를 사용할 수 있는 클라우드 인스턴스를 제공한다. 구글과 같은 다른 회사들은 GPU와 유사하게 선형대수 연산을 더 효율적으로 만드는 인공지능 전용 칩인 TPU[22]를 개발했다.

전반적으로 인공지능의 관점에서 볼 때 하드웨어는 지난 몇 년간 엄청나게 향상되었다. 하드웨어의 강점을 세 가지 측면으로 요약하면 다음과 같다.

성능

GPU와 TPU는 인공지능 알고리즘과 신경망에 적합한 병렬 아키텍처를 하드웨어에 제공한다.

비용

TFLOPS 단위 컴퓨팅 전력 비용이 많이 감소하여 인공지능 관련 예산을 줄이거나 동일한 예산으로 더 많은 컴퓨팅 성능을 제공할 수 있게 되었다.

전력 소모

전력 소모도 감소했다. 동일한 인공지능 관련 작업은 더 적은 전력을 필요로 하는 동시에 실행 속도가 더 빨라졌다.

2.3 지능의 형태

알파고 제로는 지능을 가지고 있는 것일까? 그에 대해 말하려면, 우선 지능이라는 용어에 대한 구체적인 정의가 필요하다. 인공지능 연구자 막스 테그마크Max Tegmark는 지능을 '복잡한 목표를 달성하는 능력'으로 정의했다.

이것은 더 구체적인 정의를 내포할 만큼 충분히 일반적인 정의이다. 알파제로는 인간 전문가나

21 https://oreil.ly/bkaH3

22 https://oreil.ly/xnmdw

다른 인공지능 에이전트에 맞서 바둑과 체스라는 게임에서 승리한다는 복잡한 목표를 달성할 수 있기 때문에 지능이 있다고 할 수 있다. 물론 사람이나 동물도 일반적으로 지능이 있다고 할 수 있다.

이 책에서는 다음과 같이 정의해본다.

좁은 의미의 인공지능

이 정의는 인공지능 에이전트가 아주 좁은 분야에서 인간 전문가의 능력과 기술을 뛰어넘는 것을 의미한다. 알파제로는 바둑, 체스, 쇼기(일본 장기) 분야에서 좁은 의미로 인공지능을 가지고 있다고 할 수 있다. 알고리즘에 따른 주식 매매 인공지능 에이전트가 연간 100%의 수익률을 꾸준히 실현할 수 있다면, 마찬가지로 좁은 의미의 인공지능을 가지고 있다고 할 수 있을 것이다.

일반적 의미의 인공지능

체스, 수학, 글쓰기 또는 금융과 같은 모든 분야에서 인간 수준의 지능에 도달하고 일부 다른 영역에서는 인간 수준의 지능을 초과할 수 있는 인공지능 에이전트를 말한다.

초지능

모든 분야에서 인간 수준을 뛰어넘는 지적인 인공지능 에이전트를 말한다.

좁은 의미의 인공지능은 아주 좁은 분야에서 복잡한 목표를 인간보다 뛰어난 수준으로 달성할 수 있는 능력을 가진다. 일반적 의미의 인공지능은 넓은 분야에서 복잡한 목표를 인간만큼 훌륭하게 달성할 수 있다. 마지막으로 초지능은 인지할 수 있는 거의 모든 분야에서 인간이나 인간 복합체를 훨씬 뛰어넘는 복잡한 목표를 달성할 수 있다.

초지능에 대한 정의는 보스트롬의 『Superintelligence』(2014)에 나온 정의와 일맥상통한다.

> 우리는 초지능을 사실상 모든 관심 영역에서 인간의 인지능력을 크게 능가하는 지능이라고 잠정적으로 정의할 수 있다.

앞서 정의한 바와 같이 기술적 특이점은 초지능이 존재하게 되는 시점이다. 그렇다면 어떤 경로를 통해 초지능을 달성할 수 있을까? 이어지는 절에서 이에 대해 살펴보자.

2.4 초지능으로 가는 길

연구원들과 실무자들 모두 수년 동안 초지능을 만들어내는 것이 가능한지 아닌지를 논의해왔다. 기술적 특이점을 실현하기 위한 기간에 대한 추정치는 몇 년에서 수십 년, 수백 년에 이르기까지 다양하다. 초지능의 실현 가능성을 믿든 믿지 않든, 이를 달성할 수 있는 잠재적 경로에 대한 논의는 유익할 것이다.

다음은 보스트롬(2014)의 책 2장에서 인용한 인용문이다. 초지능으로 가는 잠재적인 길에서 유용할 수도 있는 일반적인 고려사항을 제시한다.

> 그러나 우리는 필요한 시스템의 몇 가지 일반적인 특징을 알 수 있다. 일반 지능을 얻기 위한 시스템의 핵심 설계에서 학습 능력은 나중에 다루거나 확장할 것이 아니라 필수적인 기능이 될 것이 분명하다. 불확실성과 확률론적 정보를 효과적으로 처리할 수 있는 능력도 마찬가지이다. 감각 데이터와 내부 상태로부터 유용한 개념을 추출하고, 습득한 개념을 논리적 직관적 추론에 사용할 수 있는 유연한 조합 표현으로 활용하는 능력도 일반적인 지능을 얻기 위한 현대 인공지능의 핵심 설계 기능에 속할 가능성이 높다.

이러한 일반적인 특징은 알파제로의 접근과 기능을 연상시킨다. 물론 직관이라는 것을 정의하고 인공지능 에이전트에 적용할 필요가 있다. 하지만 이러한 일반적인 기능을 실제로 어떻게 구현해야 할까? 이어지는 절에서 보스트롬(2014)의 책 2장에서 소개하는 5가지 가능한 경로에 대해 살펴보자.

2.4.1 네트워크와 조직

초지능형 지성에 대한 첫 번째 길은 많은 사람이 참여하는 네트워크와 조직을 통해 개별 지능이 증폭되고 동시에 작동하도록 제어하는 것이다. 서로 다른 기술을 가진 사람들로 구성된 팀은 그러한 네트워크나 조직의 단순한 예다. 이러한 의미로 자주 언급되는 한 예는 미국 정부가 제2차 세계대전을 종식시키기 위한 수단인 핵무기를 만들기 위해 맨하탄 프로젝트라는 명목으로 모은, 선도적인 전문가 팀이다.

인간 한 명 한 명의 능력과 역량이 상대적으로 제한되어 있어서 이 방법에는 한계가 존재할 수밖에 없다. 또한 그 전개 과정에서 사람들은 150명 이상의 개인으로 구성된 네트워크와 조직

내에서 조화롭게 일하는 데 어려움을 겪는다는 것을 보여주었다. 따라서 대기업에서도 그보다 훨씬 작은 팀, 부서 또는 그룹을 구성하는 경우가 많다.

반면에 인터넷과 같은 컴퓨터와 기계의 네트워크는 수백만 개의 컴퓨팅 노드에서도 원활하게 작동하는 경향이 있다. 오늘날 이러한 네트워크는 인간의 지식과 기타 데이터(소리, 사진, 비디오 등)를 조직화할 수 있고 인공지능 알고리즘은 인간이 이 모든 지식과 데이터를 탐색하는 데 도움을 준다. 그러나 초지능이 인터넷에서 '자발적으로' 생겨날지는 의문이다. 현재까지의 상황을 보면 이를 위해 아주 많은 노력이 필요한 것 같다.

2.4.2 생물학적 강화

요즘에는 개인의 인지능력과 신체능력을 향상시키기 위해 많은 노력을 기울인다. 더 나은 훈련과 학습 방법과 같은 자연스러운 접근법에서부터 보충제나 스마트 약물, 심지어 향정신성 약물과 같은 물질과 관련된 방법이나 특수한 도구를 사용하는 방법에 이르기까지 오늘날의 인류는 그 어느 때보다도 체계적이고 과학적으로 개인의 신체적인 능력을 향상시키기 위해 노력한다. 유발 노아 하라리Yuval Noah Harari(2015)는 이러한 노력을, 더 새롭고 더 나은 버전인 호모 데우스 Home deus[23]를 창조하고자 하는 호모 사피엔스 homo sapiens의 숙원이라고 설명한다.

그러나 이러한 접근 방식은 인간의 육체가 기본적으로 한계를 가지고 있다는 점에 직면한다. 인간의 육체는 수십만 년 동안 진화해왔고 가까운 미래에도 계속 진화할 것이다. 그러나 이러한 진화는 많은 세대에 걸쳐 느린 속도로 아주 조금씩 발생한다. 개량되는 방향으로 진화하도록 힘을 보태는 주 요인인 자연선택의 역할이 줄어들었기 때문이다. 페드로 도밍구스Pedro Domingos(2015) 책 5장에서는 진화를 통한 진보의 중심 측면을 논의한다.

테그마크(2017)의 책 1장에서 생명체의 버전을 다음과 같이 요약했다.

- 생명 1.0(생물학적):기본적으로 고정된 하드웨어(생물학적 몸체)와 소프트웨어(유전자)가 있는 생명체이다. 둘 다 진화를 통해 서서히 동시에 진화한다. 박테리아나 곤충을 예로 들 수 있다.
- 생명 2.0(문화적): 기본적으로 서서히 발전하는 하드웨어를 갖추고 있지만 설계되고 학습된 소프트웨어(유전자 + 언어, 지식, 기술 등)를 갖춘 생명체이다. 그 예가 인간이다.

---

23 옮긴이_ 신이 된 인간

- 생명 3.0(기술적): 설계되고 조정 가능한 하드웨어와 완전히 학습되고 진화된 소프트웨어를 갖춘 생명체이다. 예를 들어 컴퓨터 하드웨어, 소프트웨어, AI 알고리즘으로 만들어진 초지능이 있다.

기술적 생명이 기계 초지능과 결합하면 하드웨어의 제한이 적어지거나 완전히 사라지게 된다. 따라서 네트워크나 생물학적 결합보다 초지능으로 가는 길이 당분간 더 유망할 것이다.

2.4.3 두뇌-기계 결합

인간의 성능을 향상시키는 하이브리드 방법은 사람이 만든 다양한 하드웨어 혹은 소프트웨어 도구를 사용하는 방법으로 우리 삶 어디에나 존재한다. 인류는 초기부터 도구를 사용해왔다. 오늘날 수십억 명의 사람은 구글 지도가 있는 스마트폰 덕분에 가보지도 않은 지역이나 도시를 쉽게 탐색할 수 있게 되었다. 이는 조상들이 누리지 못했던 사치로 옛날에는 하늘의 별이나 나침반 같은 덜 복잡한 도구를 사용해서 이동했었다.

예를 들어 체스의 경우 딥블루와 같은 컴퓨터가 우월하다는 것이 증명되었다고 해서 인간이 체스 경기를 그만두지는 않았다. 오히려 컴퓨터 체스 프로그램의 성능 향상으로 체스 프로그램은 인간 챔피언들이 체계적으로 게임을 발전시키기 위한 필수적인 도구가 된다. 인간 챔피언과 빠르게 계산되는 체스 엔진은 인간-기계 팀을 이루며, 인간 혼자일 때보다 더 나은 성능을 발휘한다. 심지어 다음 수를 생각해내는 컴퓨터를 사용하여 인간이 서로 경쟁하는 체스 대회도 있다.

뇌가 기계와 적절하게 통신하고, 데이터를 교환하고, 특정 컴퓨터, 분석 또는 학습 작업을 시작할 수 있는 인터페이스는 공상과학 소설처럼 들리겠지만, 실제로는 활발하게 진행되고 있는 연구이다. 예를 들어 일론 머스크는 뉴로텍 계열의 뉴럴링크라고 흔히 불리는 스타트업의 창업자다.

전반적으로 뇌-기계 하이브리드는 실질적으로 실현 가능하며 인간의 지능을 크게 능가할 것으로 보인다. 그러나 초지능으로 이어질지는 명확하지 않다.

2.4.4 마인드 업로딩

초지능으로 가는 또 다른 길은 우선 인간의 뇌를 완전히 모방하고 그다음에 그것을 향상시키는 방법이다. 이 아이디어는 소프트웨어를 통해 뉴런, 시냅스 등의 형태로 구조를 정확하게 복제하기 위해 생물학적, 의학적인 분석 방법을 사용한 현대적 뇌 스캔을 통해 인간의 뇌 전체의 기능을 찾아낸다. 소프트웨어는 적절한 하드웨어에서 실행되어야 한다. 도밍구스(2015)의 책 4장은 인간의 뇌와 학습에 관한 특징에 대한 배경을 설명한다. 커즈와일(2012)의 책은 이 주제에 대한 배경 정보를 상세히 제공하고 (업로드라고 부르는) 마인드 업로딩을 달성하기 위한 방법을 소개한다.[24]

신경망은 정확히 마인드 업로딩whole brain emulation(WBE)이 하고자 하는 것을 덜 야심 찬 수준에서 실행하는 것이다. 이름에서 알 수 있듯이, 신경망은 뇌에서 영감을 받았고, 이미 다양한 면에서 매우 유용하고 성공적이라는 것이 증명되었기 때문에 사람들은 마인드 업로딩이 결론지을 초지능의 실행 가능 경로라고 여긴다. 하지만 완전한 인간의 뇌를 만들기에는 기술이 아직 부족하다. 인간의 뇌를 소프트웨어 버전으로 만들 수 있다고 하더라도 그 소프트웨어 버전이 인간의 뇌가 할 수 있는 것과 같은 일을 할 수 있을지는 명확하지 않다.

그러나 마인드 업로딩이 성공적이면 인간의 뇌 소프트웨어를 인체보다 더 강력하고 빠른 하드웨어에서 실행함으로써 초지능으로 이어질 수 있다. 또한 소프트웨어는 쉽게 복제될 수 있고, 많은 수의 에뮬레이션된 두뇌들이 조직적으로 결합할 수 있어서 초지능으로 이어지는 잠재력을 가진다. 생물학적 한계로 인해 인간에게는 불가능한 방식으로도 인간의 뇌 소프트웨어가 향상될 수 있다.

2.4.5 인공지능

마지막으로, 이 책에서 이해한 바와 같이 인공지능 자체가 초지능으로 이어질 수 있다. 즉, 신경망과 같은 알고리즘을 표준 하드웨어나 전문 하드웨어에서 실행하여 여러 가지 데이터나 자체 생성된 데이터에 대해 훈련시키는 것이다. 대부분의 연구자들과 실무자들이 이를 초지능을 달성할 수 있는 가장 가능성이 큰 경로로 여긴다. 이유는 다음과 같다.

첫 번째 이유는 역사적으로 인간은 자연과 진화가 문제를 푸는 방식과 전혀 다른 방식으로 공학적 성공을 이루었기 때문이다. 비행기의 경우에는 새나 곤충이 나는 방식을 모방하는 대신

24 2019년 1월, 키아누 리브스가 주연을 맡은 미국 공상과학 스릴러 영화 〈레플리카〉가 미국에서 개봉되었다. 상업적으로는 실패한 이 영화의 주요 주제는 인간 두뇌의 지도 제작과 복제, 복제를 통해 성장한 기계나 심지어 다른 신체로의 두뇌 전송이다. 이 영화는 인간의 몸을 초월하여, 최소한 신체에 관해서는 불멸의 존재가 되고자 하는 인간의 욕망을 다룬다. 비록 마인드 업로딩이 초지능으로 이어지지는 않더라도, 이론적으로 이것은 이러한 종류의 불멸을 이루기 위한 기초가 될 수도 있다.

물리, 공기역학, 열역학 등에 대한 현대적 이해를 활용했다. 컴퓨터의 경우에도 인간의 뇌가 어떻게 계산을 수행하는지 분석하지 않았으며, 심지어 생물학적 접근 방식을 복제하려고도 하지 않았다. 오히려 기술 하드웨어에 구현한 수학적 알고리즘에 의존했다. 두 경우 모두 기능 자체(비행, 계산)를 더 중요시했다. 자연보다 더 효율적으로 기능을 제공할 수 있다면 굳이 자연을 모방할 필요가 없다는 뜻이다.

두 번째 이유는 인공지능의 성공 사례가 계속 늘어나고 있기 때문이다. 예를 들어 불과 몇 년 전만 해도 인공지능보다 우위에 있지 않은 것처럼 보였던 영역에 신경망을 적용해보니 실제로는 더 나은 사실이 입증되었다. 알파고가 알파제로로 변화하며 단기간에 여러 보드게임을 숙달한 사례는 이러한 일반화가 훨씬 확대될 수 있다는 희망을 주는 사례이다.

세 번째 이유는 특정 분야와 영역에서 좁은 의미의 인공지능이나 일반적 의미의 인공지능이 성공하면 인공지능의 위력에 대해서는 의심할 여지가 없으므로 연구원과 기업 모두 인공지능 알고리즘과 하드웨어 개선에 주력할 것이기 때문이다. 예를 들어 대형 헤지펀드는 인공지능 방법과 에이전트를 사용해 펀드 성능에 대한 척도인 알파Alpha를 생성하려고 노력할 것이다. 이중 다수는 이미 그런 노력을 하고 있는 전담 팀들을 갖추고 있다. 여러 산업에 걸친 전 세계적인 노력이 모여 초지능에 필요한 발전을 가져올 수 있다.

NOTE **초지능**

초지능으로 가능한 여러 가지 경로 중에 인공지능이 가장 유망하다. 강화 학습이나 신경망에 기반한 최근 여러 분야의 성공은 또 다른 인공지능의 봄을 이끌었다. 이제는 초지능이 몇 년 전에 예상했던 것만큼 먼 미래의 일이 아니다. 현재 이 분야는 불과 얼마 전 전문가들에 의해 예측했던 것보다 훨씬 빠른 진보를 이루고 있다.

2.5 지능의 폭발

앞서 빈지(1993)의 책에서 인용한 내용은 기술적 특이점 이후에 인류에게 위험한 시나리오를 묘사하고 있다. 특히 기술적 특이점 이후에 급속히 위험한 상황이 올 것으로 예상한다. 그 이유는 무엇일까?

하나의 초지능이 존재한다면 그 초지능을 만든 엔지니어들 혹은 초기 버전의 초지능 자체가 초기 버전에서 얻은 공학적 노하우와 기술을 더 향상시켜 또 다른 더 나은 초지능을 만들 수 있을 것이다. 초지능의 복제 과정은 생물학적 진화처럼 수백만 년이 걸리는 일이 아니다. 이 과정에서 제한이 될 수 있는 것은 단지 초지능이 향상시킬 수 있는 새로운 하드웨어에 대한 기술적 생산 공정이다. 새로운 하드웨어만 있으면 소프트웨어는 쉽고 빠르게 복제할 수 있다. 물론 초지능을 복제하는 데 여러 가지 자원의 제한이 있을 수도 있지만 초지능은 이러한 자원을 채굴하고 생산하기 위한 더 새롭고 나은 방법을 고안할 수 있다.

이러한 논리를 따라 기술적 특이점에 도달하면 지능의 폭발적 증가가 발생할 수 있다. 마치 우주가 생겨난 물리적 특이점인 빅뱅이라는 폭발에 비견할 수 있다.

특정한 분야나 이 분야의 인공지능에 대해서도 유사한 논리를 적용할 수 있다. 어떤 알고리즘 트레이딩 인공지능 에이전트가 다른 트레이더나 헤지펀드보다 일관성 있게 훨씬 더 나은 성능을 낸다고 가정해보자. 이러한 인공지능 에이전트는 매매 이익이나 외부 자금 유치로 훨씬 더 많은 자금을 축적하게 될 것이다. 이렇게 되면 다시 하드웨어나 알고리즘, 학습 방법을 개선할 수 있는 예산이 늘어난다.

특정 필드 및 ANI와 관련하여 유사한 인수가 적용될 수 있다. 알고리즘 트레이딩 AI 에이전트가 다른 트레이더나 헤지펀드보다 훨씬 더 성공적이고 일관된 성능을 낸다고 가정해보자. 이런 AI 요원은 무역의 이익과 외부 자금 유치로 훨씬 더 많은 자금을 축적하게 될 것이다. 이는 다시 하드웨어, 알고리즘, 학습 방법 등을 개선할 수 있는 가용 예산 증가로 이어지고, 이 인공지능을 개발한 사람들은 시장 평균 이상의 급여와 인센티브를 받을 것이다.

2.6 목표와 제어

[그림 2-1]의 CartPole 게임이나 이보다 복잡한 바둑, 체스 같은 게임에서도 인공지능 에이전트에게 일반적으로 잘 정의된 목표를 제시한다. 예를 들어 '최소 200 이상의 보상을 획득하라'라든지 '체크메이트로 체스 게임에서 승리하라'와 같은 목표다. 그런데 초지능에 대한 목표는 어떻게 정할까?

2.6.1 초지능과 목표

인간 이상의 기능을 가진 초지능에게 목표는 위의 예처럼 단순하거나 안정적이지는 않을 것이다. 원래 주어졌거나 프로그램된 목표보다 더 낫다고 생각되는 새로운 목표를 스스로 설정할 수도 있다. 무엇보다 초지능은 이 초지능을 만든 공학 팀이 할 수 있는 것과 같은 능력이 있다. 스스로를 어떤 방향으로든 다시 프로그래밍할 수 있을 것이다. 빈지가 가정한 것처럼, 많은 공상과학소설은 인류에게 안 좋은 방향으로 목표가 변경될 수 있다고 믿게끔 만들어졌다.

초지능의 목표가 변경 불가능한 방식으로 내장되거나 원래의 목표를 계속 유지하도록 만들었다고 하더라도 문제가 발생할 수 있다. 보스트롬(2014)의 책 7장에서는 모든 초지능이 5개의 기술적 목표를 가진다고 주장한다.

자기 보존

초지능이 목표를 달성하려면 충분히 오랫동안 생존할 필요가 있다. 이를 위해서는 여러 가지 방법으로 자기 보존을 해야 하고 그 방법 중 일부는 사람에게 해로울 수도 있다.

목표와 내용의 일치

초지능은 현재의 주목표를 보존하기 위해 노력한다. 따라서 현재와 미래의 주목표가 동일할 수 있다. 체스 게임에서 이기는 것을 목표로 시작하는 체스 인공지능 에이전트를 생각해보자. 어떤 대가를 치르더라도 여왕을 잡아들이지 못하도록 목표를 바꾸게 되면 결국 경기에서 승리하는 것을 방해할 수 있다.

인지적 강화

초지능의 목표가 무엇이든 간에 인지적 강화는 일반적으로 도움이 된다. 주목표를 달성하는데 도움이 된다면 어떻게든 빠르게 인지적 강화를 수행할 것이다. 따라서 인지적 강화는 중요한 기술적 목표가 된다.

기술적 완벽도

또 하나의 기술적 목표는 기술적 완벽도다. 생명체 3.0의 관점에서 초지능은 현재의 하드웨어나 소프트웨어에 갇혀 있지 않다. 자신이 설계하고 생산한 더 나은 하드웨어로 옮기거나 스스로 코딩한 더 나은 소프트웨어를 사용할 수도 있다. 이렇게 하면 원래의 목표를 유지하면서 더 빠르게 이를 성취할 수 있다. 예를 들어 금융산업 분야에서는 고빈도 매매가 기술적 우수성에 대한 경쟁이 심한 분야다.

자원 획득

대부분 목표에 대해 일반적으로 자원이 많으면 많을수록 목표를 달성할 가능성과 속도가 빨라진다. 목표를 달성하는 데 경쟁적인 상황이 있을 때 더욱 그렇다. 인공지능 에이전트가 가능한 한 많은 비트코인을 가능한 한 빨리 채굴해야 한다고 가정해보자. 사용 가능한 하드웨어와 에너지가 많을수록 목표를 더 잘 달성할 수 있다. 이렇게 되면 암호화폐 시장에서 다른 사람의 자원을 불법으로 훔치는 관행이 생기게 된다.

표면적으로는 기술적 목표들이 그다지 위협이 되지 않아 보인다. 무엇보다 원래의 주목표는 유지된다. 하지만 보스트롬이 보여준 예에서 몇 가지 이슈가 발생할 수 있다. 예를 들어 종이 클립 생산량을 극대화하려는 목표를 가진 초지능은 인류에게 심각한 위협이 될 수도 있다. 이러한 인공지능 에이전트에서 기술적 목표가 문제가 되는 상황은 다음과 같다.

우선 이 인공지능은 어떤 수단을 써서라도 자기 자신을 보호하려고 할 것이다. 두 번째로 이러한 목표가 실제로는 불가능하다고 인지하더라도 어떻게든 성공 가능성을 높이기 위해 집착할 것이다. 세 번째로 목표를 달성하는 데 인지적 강화가 중요하기 때문에 인간에게 해로울 수도 있는 가능한 모든 수단을 사용할 것이다. 네 번째로 기술이 향상될수록 종이 클립 생산량이라는 목표를 달성하기 쉽기 때문에 기술을 사거나 훔칠 수도 있다. 마지막으로 더 많은 자원이 있을수록 종이 클립을 많이 생산할 수 있으므로 지구상의 모든 자원이 고갈될 때까지 자원 소모를 진행할 수도 있다. 극단적으로는 이러한 초지능은 태양계 전체, 더 나아가 은하계나 우주의 자원을 모두 소모할 수도 있다.

CAUTION 기술적 목표

초지능은 원래의 목표와는 독립적인 기술적 목표를 가질 것이라고 가정한다. 이는 원치 않는 결과를 가져오거나 의도하지 않은 결과로 이어질 수 있다. 예를 들어 그럴듯해 보이는 모든 수단을 사용하여 훨씬 더 많은 자원을 확보하기 위한 끊임없는 목표의 추구로 이어질 수 있다.

이 예에서는 인공지능 에이전트의 목표에 대해 두 가지 중요한 점을 설명한다. 하나는 인공지능 에이전트에게 복잡한 목표의 기저에 깔린 의도를 완벽히 이해시키는 것이 불가능할 수도 있다는 점이다. 예를 들어 '인류를 보존하고 보호하라'라는 숭고한 목표가 인류의 4분의 1을 지키기 위해 나머지 4분의 3을 죽이는 결과로 이어질 수 있다. 초지능이 수억 번의 시뮬레이션 끝에 최종 목표를 지키는 데 가장 나은 수단이라고 결정할 수도 있기 때문이다. 두 번째로, 좋은 의도의 무해하게 보이는 목표가 기술적 목표 때문에 전혀 의도치 않았던 결과로 이어질 수도 있다. 종이 클립 예제에서 문제가 될 소지는 '가능한 한 많이'라는 문구이다. 이를 '백만 개'라는 숫자로 고칠 수도 있겠지만 이는 부분적인 해결책이 될 뿐이다.

2.6.2 초지능과 제어

기술적 특이점 이후에 안 좋은 혹은 파멸적 결과가 나오게 된다면 초지능을 제어할 방법을 강구해야 한다는 점이 매우 중요해진다.

첫 번째 방법은 주목표를 적절하게 설계하는 것이다. 이전 절에서 이 부분에 대해 어느 정도 다루었다. 보스트롬(2014)의 책 9장은 이에 대해 보다 자세한 정보를 제공한다. 두 번째 방법은 초지능의 능력을 통제하는 것과 관련이 있다. 보스트롬(2014)의 책 9장에서 다음 네 가지 기본 접근 방식을 소개한다.

가두기

이는 초지능이 외부 세계에 나오지 못하도록 분리하는 접근법이다. 예를 들어 인공지능 에이전트를 인터넷에 연결하지 않는 것이다. 이렇게 되면 지각 능력이 부족해질 수 있고 인간과의 상호작용도 없어진다. 기능을 제한하기 위해 이 방법을 사용하면 흥미로운 대부분의 목표를 전혀 성취할 수 없다. 알고리즘 트레이딩을 하는 인공지능 에이전트도 없을 것이다. 주식 매매 플랫폼처럼 외부 세계와 연결할 수 있는 수단이 없으면 인공지능이 목표를 달성할 가능성도 없다.

인센티브

원하는 행동을 보상하고 원치 않는 행동을 처벌하도록 의도적으로 설계된 전자적 보상을 위해 보상 기능을 극대화하도록 인공지능 에이전트를 프로그램할 수도 있다. 이러한 간접적인 접근법을 쓰면 목표 설계의 자유도는 높아지지만 목표 설정이 아주 어려워질 수 있다.

제한

이 접근법은 인공지능 에이전트의 기능, 예를 들어 하드웨어의 계산 속도나 메모리 등을 의도적으로 제한하는 것이다. 하지만 작업이 민감해지는 어려움이 있다. 너무 많은 제한을 두면 초지능이 나타나지 않을 것이고 너무 적은 제한을 두면 제한 자체가 쓸모가 없을 것이다.

경보

의심스러운 행동이나 원치 않는 행동을 조기에 파악하여 대상 조치를 개시할 수 있는 조치를 말한다. 그러나 이러한 접근 방식은 빈집 털이 경보 시스템과 같은 문제가 있다. 강도들이 5분 전에 현장을 떠났지만 경찰이 현장에 나타나기까지 10분이 걸릴 수도 있다. 심지어 감시 카메라 영상도 도둑이 누구인지 알아내는 데 도움이 되지 않을 수 있다.

CAUTION 기능제어

전반적으로 초지능이 그 수준에 이르렀을 때 적절하고 체계적으로 통제될 수 있을지는 의문이다. 무엇보다 초지능이 가진 능력으로 인간이 설계한 제어 메커니즘을 무력화할 수도 있다.

2.7 잠재적 결과

초지능의 등장이 인류에게 종말을 의미할 것이라는 빈지(1993)의 초기 예언 외에는 어떤 잠재적 결과와 시나리오가 있을 수 있을까?

점점 더 많은 인공지능 연구자들과 실무자들은 통제되지 않은 인공지능이 가져올 수 있는 잠재적인 위협에 대해 경고한다. 초지능이 나오지 않더라도 인공지능만으로도 차별, 사회 불균형, 재정적인 위험 등이 발생한다(테슬라와 스페이스 엑스, 앞서 언급한 뉴럴링크 등을 창립한 일론 머스크도 인공지능을 비판한다). 이에 따라 인공지능 윤리와 거버넌스가 연구자와 실무자 사이에서 집중적으로 논의되고 있다. 간단히 말하자면 인공지능으로 인한 디스토피아를 막자는 것이다. 하지만 커즈와일(2005와 2012)의 책은 반대로 인공지능이 유토피아로 가는 유일한 길이라고 주장한다.

디스토피아적 결과는 확률이 낮아도 충분히 걱정할 만한 문제다. 이전 절에서 설명한 바와 같이, 최신 기술을 고려할 때 적절한 제어 메커니즘을 사용할 수 없을 수도 있다. 이런 상황에서

42개국이 최초로 인공지능 개발에 관한 국제협정을 체결한 것도 놀랄 일이 아니다.

다음은 무르기아와 슈리칸스가 2019년에 〈파이낸셜타임즈〉에서 쓴 「How Governments Are Beginning to Regulate AI」 기사의 일부다.

> 지난주 42개국이 우리 시대의 가장 강력한 신기술로 떠오른 인공지능을 위한 글로벌 거버넌스 프레임워크를 지원하기 위해 모였다.
>
> 각국 정부에서 산업계에 AI를 적용함으로써 발생할 수 있는 윤리적 및 실질적인 결과들에 대해 고심하기 시작하면서 미국, 영국, 일본과 같은 OECD 국가 및 비회원국이 서명한 본 협정이 이루어졌다. 최근 몇 년간 구글, 아마존, 바이두, 텐센트, 바이트댄스 같은 기업에 의한 인공지능의 빠른 발전은 인공지능의 편향된 결정, 노골적인 조작과 잘못된 정보, 자동화된 군사 무기의 위험성 등 주요 과제를 드러냈다.

CAUTION 유토피아와 디스토피아

AI의 진보를 바탕으로 한 유토피아적 미래를 지지하는 세력도 기술적 특이점 이후의 디스토피아적 미래를 완전히 배제할 수 없다는 데 공감한다. 그 결과는 파멸적일 수도 있으므로 인공지능과 초지능에 대한 논의에서 중요한 역할을 한다.

기술적 특이점 이후의 상황에서는 세 가지 기본적인 시나리오가 가능하다.

단일 초지능

하나의 초지능이 나타나서 다른 어떤 지능도 살아남거나 등장할 수 없는 힘을 얻는 경우다. 예를 들어, 구글은 검색 시장을 지배하고 있으며 이 분야에서 거의 독점적인 위치에 도달했다. 단일 초지능은 등장 직후 많은 관련 분야와 산업에서 비교할 수 없을 만한 위치에 빠르게 도달할 수도 있다.

복수 초지능

초지능 여러 개가 거의 동시에 나타나서 오랜 기간 공존하는 경우다. 예를 들어, 헤지펀드 산업은 시장 점유율을 합칠 때 과점이라 부를 수 있을 정도로 몇몇 대형 업체로만 이루어져 있다. 초지능 사이의 합의에 따라 적어도 일정 시간 동안은 여러 초지능이 비슷하게 공존한다.

대량 초지능

기술적 특이점 직후에 수많은 초지능이 나타나는 경우다. 경제적으로 이 시나리오는 완전경쟁시장과 비슷하다. 기술적으로 체스의 발전은 이 시나리오와 비슷하다. 1997년 IBM이 컴퓨터와 인간 체스 세계를 지배하기 위한 기계를 개발했지만, 오늘날 모든 스마트폰의 체스 애플리케이션은 모든 인간 체스 선수들을 능가한다. 2018년에는 이미 30억 대 이상의 스마트폰이 사용되고 있다. 최근 스마트폰용 하드웨어 트렌드가 일반 CPU 외의 전용 AI 칩을 추가해 기능을 향상시키는 사실도 주목할 만하다.

이 절은 기술적 특이점 이후에 올 수 있는 결과가 디스토피아, 유토피아, 단일 초지능, 복수 초지능, 대량 초지능 중 단 하나가 될 것이라고 주장하려는 것이 아니다. 다만 초지능이 각 분야에서 가져올 수도 있는 결과를 논의하는 데 있어 기본적인 틀을 제공하는 것뿐이다.

2.8 마치며

딥마인드와 알파제로와 같은 최근의 성공 사례들은 초지능이 달성될 수 있다는, 그 어느 때보다 새롭고 강력한 희망과 함께 새로운 인공지능의 봄으로 이어졌다. 현재 인공지능은 분야별로 전문가 수준을 훨씬 뛰어넘는 결과를 보여준다. 초지능이 가능한지도 여전히 논의되고 있다. 그러나 여러 가지 경로를 통해 초지능이 실제로 달성될 가능성을 배제할 수 없다. 일단 기술적 특이점이 발생하면, 초지능이 의도하지 않은 부정적인, 심지어 인간에게 재앙적인 결과를 가져올 수도 있다는 것 또한 배제할 수 없다. 따라서 기술적 특이점이 가시화되기 전에 인공지능 에이전트를 제어하기 위한 적절한 목표와 인센티브 설계뿐만 아니라 적절한 제어 메커니즘을 고려하는 것이 가장 중요하다. 일단 특이점에 도달하면, 정보 폭발은 초지능에 대한 통제권을 인류의 손에서 빠르게 빼앗아 갈 수도 있다.

인공지능, 머신러닝, 신경망, 초지능, 기술적 특이점은 인간 삶의 모든 영역에서 중요하거나 앞으로 중요해질 주제이다. 이미 오늘날 많은 연구 분야와 산업 분야가 인공지능, 머신러닝, 딥러닝으로 인해 근본적인 변화를 겪고 있다. 금융업도 마찬가지이다. 하지만 다른 분야보다 인공지능 도입이 다소 늦어서 아직 영향력이 크지 않을 수 있다. 그러나 다른 분야와 마찬가지로 인공지능은 금융과 금융 시장의 주체들을 근본적으로 영원히 변화시킬 것이다.

2.9 참고 문헌

- Barrat, James. 2013. *Our Final Invention: Artificial Intelligence and The End of the Human Era*. New York: St. Martin's Press.
- Bostrom, Nick. 2014. *Superintelligence: Paths, Dangers, Strategies*. Oxford: Oxford University Press.
- Chollet, François. *Deep Learning with Python*. Shelter Island: Manning.
- Domingos, Pedro. 2015. *The Master Algorithm: How the Quest for the Ultimate Learning Machine will Remake our World*. United Kingdom: Penguin Random House.
- Doudna, Jennifer and Samuel H. Sternberg. 2017. *A Crack in Creation: The New Power to Control Evolution*. London: The Bodley Head.
- Gerrish, Sean. 2018. *How Smart Machines Think*. Cambridge: MIT Press.
- Harari, Yuval Noah. 2015. *Homo Deus: A Brief History of Tomorrow*. London: Harvill Secker.
- Kasparov, Garry. 2017. *Deep Thinking: Where Machine Intelligence Ends*. London: John Murray.
- Kurzweil, Ray. 2005. *The Singularity Is Near: When Humans Transcend Biology*. NewYork: Penguin Group.

  _____. 2012. *How to Create a Mind: The Secret of Human Thought Revealed*. NewYork: Penguin Group.
- Mnih, Volodymyr et al. 2013. "*Playing Atari with Deep Reinforcement Learning*, arXiv". December 19, 2013. `https://oreil.ly/HD20U`.
- Murgia, Madhumita and Siddarth Shrikanth. 2019. "How Governments Are Beginning to Regulate AI." *Financial Times*, May 30, 2019.
- Silver, David et al. 2016. "Mastering the Game of Go with Deep Neural Networks and Tree Search." *Nature* 529 (January): 484–489.

  _____. 2017a. "Mastering Chess and Shogi by Self-Play with a General

Reinforcement Learning Algorithm." arXiv. December 5, 2017. https://oreil.ly/SBrWQ.

_____. 2017b. "Mastering the Game of Go without Human Knowledge." Nature, 550 (October): 354–359. https://oreil.ly/lB8DH.

- Shanahan, Murray. 2015. *The Technological Singularity*. Cambridge: MIT Press.
- Tegmark, Max. 2017. *Life 3.0: Being Human in the Age of Artificial Intelligence*. United Kingdom: Penguin Random House.
- Vinge, Vernor. 1993. "Vernor Vinge on the Singularity." https://oreil.ly/NaorT.

Part II

금융과 머신러닝

Part II

금융과 머신러닝

인공지능의 진정한 채택으로 큰 이익을 얻는 산업이 하나 있다면 그것은 투자 관리이다.

– 앤젤로 칼베로Angelo Calvello(2020)

2부는 4개의 장으로 구성되어 있다. 여기에서는 왜 데이터 기반 금융, 인공지능, 머신러닝이 금융 이론과 현실에 지속적인 영향을 주게 될지 이해하는 데 중요한 주제를 다룬다.

- 3장은 수십 년간 금융의 초석으로 여겨진 중요하고 인기 있는 금융 이론과 모형에 대한 내용이다. 특히 평균-분산 포트폴리오mean-variance portfolio(MVP) 이론과 자본자산 가격결정 모형capital asset pricing model(CAPM)을 다룬다.
- 4장에서는 역사적 데이터와 실시간 데이터를 프로그램 가능한 방법으로 얻고 변경하는 능력으로 인해 금융이 이론 기반에서 데이터 기반 학문으로 바뀌었다는 점에 대해 논한다.
- 5장은 일반적인 접근법으로서의 머신러닝 을 다루는 데 추상적인 내용부터 구체적인 알고리즘까지 다양하게 서술한다.
- 6장에서는 데이터 기반 금융과 인공지능 및 머신러닝이 금융의 패러다임을 어떻게 바꾸는지를 논한다.

CHAPTER 3

규범적 금융

자본자산 가격결정 모형은 많은 비현실적 가정에 기반한다. 예를 들어 투자자가 단일 기간 동안 포트폴리오 수익의 평균과 분산에만 신경 쓴다는 가정은 극단적이다.

– 유진 파마Eugene Fama와 케네스 프렌치Kenneth French(2004)

인간을 단순한 분자로 생각하는 과학은 우아한 수학보다 더 저항이 크다는 것이 밝혀졌다.

– 알론 할레비Alon Halevy 외(2009)

이 장에서는 규범적 금융 이론과 모델에 대해 복습한다. 이 책에 나오는 규범적 금융 이론은 간단히 말해 수학적인 공리 등의 여러 가지 관련된 가정에 기반을 두고 통찰과 결과를 이끌어낸다. 이와 반대로 긍정적인 이론이란 관찰, 실험, 데이터, 관계 등에 기반을 두며, 주어진 정보와 그에 따른 결론으로부터 통찰을 끌어내고 현상을 설명한다. 마크 루빈스타인Mark Rubinstein(2006)의 책에서는 이러한 이론들의 기원과 이 책에 나온 여러 가지 모델들에 대한 역사적인 사실들을 설명한다.

3.1절에서는 불확실성, 리스크, 거래자산 등 금융 모델링에 핵심적인 개념을 소개한다. 3.2절에서는 존 본 노이만과 오스카어 모르겐슈테른의 이론까지 거슬러 올라가는 기대효용 이론expected utility theory이라는 불확실성 아래에서의 의사결정을 위한 경제적 패러다임을 논한다. 그다음 절인 3.3절에서는 마코위츠(1952)의 포트폴리오 이론을 소개한다. 그리고 3.4절에서는 윌리엄 샤프William F. Sharpe(1964)와 존 린트너John Lintner(1975)의 자본자산 가격 모델을 분석한다. 마지막으로 3.5절에서 스티븐 로스Stephen A. Ross(1971, 1976)의 차익가격 이론을 소개하고 이

장을 마친다.

본 장의 목적은 이 책의 나머지 부분에서 다룰 중요한 규범적 금융 이론을 소개하기 위한 것이다. 이 장이 중요한 이유는 여러 세대에 걸친 경제학자, 금융 분석가, 자산 관리자, 트레이더, 은행가, 회계사, 기타 금융 분야의 모든 주체가 이 이론들로 교육 받았기 때문이다. 그런 의미에서 이론적 · 실용적 학문으로서 금융의 상당 부분은 이러한 이론들에 의해 구체화되어 왔다고 할 수 있다.

3.1 불확실성과 리스크

투자, 매매, 가치 평가 등을 다루는 금융 이론의 핵심은 불확실성과 리스크의 존재다. 이 절에서는 이 주제와 관련된 내용을 이론적으로 다루고, 정량적 금융공학의 핵심이 되는 확률론의 기본 개념에 포커스를 맞춘다.[1]

3.1.1 정의

오늘($t = 0$)과 1년 후($t = 1$) 두 시점에서 관찰된 어떤 경제적 행위가 있다고 가정하자. 이 장 뒷부분에서 논의할 금융 이론은 정적인 경제학에 상당한 기반을 둔 이론이다.[2]

$t = 0$인 시점에 대해서는 불확실성이 없다. 그러나 $t = 1$인 시점에서는 경제 상황이 유한개의 가능한 상태 $\Omega \in \Omega = \{\Omega_1, \Omega_2, \ldots, \Omega_S\}$가 될 수 있다. 이때 Ω는 상태 공간state space을 말하고, S는 Ω의 원소의 개수를 말한다.

Ω에서의 대수algebra $\mathscr{F}$는 다음과 같은 조건을 만족하는 집합의 모임이다.

1 확률론의 개요는 Jacod, Jean, and Philip Protter. 2004. Probability Essentials. 2nd ed. Berlin: Springer 참조.

2 동적인 경제학에서는 시간이 지나면서, 예를 들어 하루하루, 한 해 한 해가 지나면서 불확실성이 점차 해소된다.

1. $\Omega \in \mathscr{F}$
2. $\mathbb{E} \in \mathscr{F} \Rightarrow \mathbb{E}^c \in \mathscr{F}$
3. $\mathbb{E}_1, \mathbb{E}_2, \ldots, \mathbb{E}_I \in \mathscr{F} \Rightarrow \cup_{i=1}^{I} \mathbb{E}_i \in \mathscr{F}$

E^c는 집합 E의 여집합을 뜻한다. Ω의 멱집합power set $\wp(\Omega)$는 가능한 한 가장 큰 대수를 말한다. 그리고 ϕ와 Ω로 구성된 대수 $\mathscr{F} = \{\phi, \Omega\}$가 Ω의 가장 작은 대수다. 대수는 관측 가능한 경제 상황을 묘사하기 위한 모델이다. $w \in \Omega$에서 Ω의 원소 하나는 경제 상황의 어떤 상태를 의미한다.

확률 P란 상태 $w \in \Omega$ 혹은 상태의 집합인 사건event $E \in \mathscr{F}$에 대해 할당된 $0 \leq P\Omega \equiv P(\{w\}) \leq 1$를 만족하는 실수다. 모든 상태에 대한 확률을 알고 있으면 사건에 대한 확률은 $P(E) = \Sigma P\Omega{\in}_{Epw'}$ 식으로 구한다.

확률 측도probability measure (P)는 다음 조건을 만족하는 사상mapping $\mathscr{F} \rightarrow [0, 1]$ 이다.

1. $\forall \mathbb{E} \in \mathscr{F} : P(\mathbb{E}) \geq 0$
2. $P\left(\cup_{i=1}^{I} \mathbb{E}_i\right) = \Sigma_{i=1}^{I} \mathbb{E}_i$ for disjoint sets $\mathbb{E}_i \in \mathscr{F}$
3. $P(\Omega) = 1$

$(\Omega, \mathscr{F}, P)$ 이렇게 셋을 합쳐서 **확률 공간**probability space이라고 한다. 확률 공간은 경제 상황의 불확실성을 표현하는 수학적 모델이다. 확률 측도 P가 변하지 않으면 해당 경제는 리스크가 있다고 한다. 경제에 속한 모든 투자자가 이 정보를 알고 있으면 해당 경제는 **대칭적 정보**symmetric information 상태에 있다고 한다.

주어진 확률 공간 $(\Omega, \mathscr{F}, P)$에서 **확률변수**random variable는 $S: \Omega \rightarrow R_+, w| \rightarrow S(w)$를 만족하는 함수이고 이때 Ω는 $\mathscr{F}$ 측정가능measurable이어야 한다. $\mathscr{F}$ 측정가능은 모든 실수구간사건 $E \in a, b : a, b \in \mathbb{R}, a \langle b$에 대해 다음과 같이 사건 E에 대한 역상inverse image이 대수 $\mathscr{F}$ 에 포함되는 경우를 말한다.

$$S^{-1}(\mathbb{E}) \equiv \{\omega \in \Omega : S(\omega) \in \mathbb{E}\} \in \mathscr{F}$$

$\mathscr{F} \equiv \wp(\Omega)$이면 확률변수의 **기댓값**expectation은 다음과 같이 정의한다.

$$\mathbf{E}^P(S) = \sum_{\omega \in \Omega} P(\omega) \cdot S(\omega)$$

그렇지 않으면 기댓값은 다음과 같이 정의한다.

$$\mathbf{E}^P(S) = \sum_{\mathbb{E} \in \mathscr{F}} P(\mathbb{E}) \cdot S(\mathbb{E})$$

일반적으로 경제가 완벽perfect하다고 하는 것은 거래비용이 없고 모든 자산의 가격은 고정되어 있고 자산의 수량이 무한대이며, 모든 일이 빛의 속도로 발생하고 경제 주체가 완벽하고 대칭적으로 정보를 알고 있는 경우를 말한다.

3.1.2 수치 예제

다음과 같은 간단한 경제 모델을 가정하자.

1. $\Omega \equiv \{u, d\}$
2. $\mathscr{F} \equiv \wp(\Omega)$
3. $P \equiv \left\{P(\{u\}) = \frac{1}{2}, P(\{d\}) = \frac{1}{2}\right\}$

거래자산

이 경제에는 두 개의 자산이 거래된다. 하나는 위험 자산인 주식이다. 오늘의 주식 가격은 $S_0 = 10$이고 내일의 주가에 대해서는 확률변수로 표현되는 불확실성이 존재한다.

$$S_1 = \begin{cases} S_1^u = 20 & \text{if } \omega = u \\ S_1^d = 5 & \text{if } \omega = d \end{cases}$$

다른 하나는 리스크가 없는 채권이다. 채권의 오늘 가격은 $B_0 = 10$이고 내일의 가격은 다음과 같이 확실하다.

$$B_1 = \begin{cases} B_1^u = 11 \text{ if } \omega = u \\ B_1^d = 11 \text{ if } \omega = d \end{cases}$$

수학적으로 이 경제에 대한 모델 $\mathscr{M}^2$은 다음과 같이 표시한다.

$$\mathscr{M}^2 = \left(\{\Omega, \mathscr{F}, P\}, \mathbb{A}\right)$$

여기에서 $\mathbb{A}$는 거래 가능한 자산을 다음과 같이 가격 행렬 형태로 표시한 것을 말한다.

오늘의 자산은 다음과 같이 표시하고

$$M_0 = (S_0, B_0)^T$$

내일의 자산은 다음과 같이 표시한다.

$$M_1 = \begin{pmatrix} S_1^u & B_1^u \\ S_1^d & B_1^d \end{pmatrix}$$

차익가격

이러한 경제 모델에서 행사가가 $K = 14.5$인 유러피안 콜 옵션european call option의 공정가격을 유도하는 문제를 생각해보자. 유러피안 콜 옵션의 무차익가격 C_0는 주식과 채권 포트폴리오 ϕ를 사용하여 옵션의 페이오프payoff C_1을 복제할 수 있는 경우를 고려하여 구한다. 파이썬으로는 다음과 같이 구현할 수 있다.[3]

```
In [1]: import numpy as np
In [2]: S0 = 10 # ❶
        B0 = 10 # ❶
In [3]: S1 = np.array((20, 5)) # ❷
        B1 = np.array((11, 11)) # ❷
In [4]: M0 = np.array((S0, B0)) # ❸
        M0 # ❸
Out[4]: array([10, 10])
In [5]: M1 = np.array((S1, B1)).T # ❹
        M1 # ❹
```

3 차익거래에 의한 리스크-중립 가치평가는 힐피시(2015)의 책 4장 참조.

```
Out[5]: array([[20, 11],
               [ 5, 11]])
In [6]: K = 14.5 # ❺
In [7]: C1 = np.maximum(S1 - K, 0) # ❻
        C1 # ❻
Out[7]: array([5.5, 0. ])
In [8]: phi = np.linalg.solve(M1, C1) # ❼
        Phi # ❼
Out[8]: array([ 0.36666667, -0.16666667])
In [9]: np.allclose(C1, np.dot(M1, phi)) # ❽
Out[9]: True
In [10]: C0 = np.dot(M0, phi) # ❾
        C0 # ❾
Out[10]: 2.0
```

❶ 오늘의 주식과 채권 가격

❷ 내일의 주식과 채권 가격 페이오프

❸ 시장가격 벡터

❹ 시장 페이오프 행렬

❺ 옵션의 행사가

❻ 옵션의 불확실 페이오프

❼ 복제 포트폴리오 ϕ

❽ 복제 포트폴리오의 페이오프가 옵션의 페이오프와 같은지 확인

❾ 복제 포트폴리오의 가격은 옵션의 무차익 가격과 같음

NOTE 차익거래 가격결정

위 예제에서 설명한 대로 차익거래 가격결정 이론arbitrage pricing theory(APT)은 가격결정의 기본 정리fundamental theorem of asset pricing(FTAP)[4]와 같은 중요한 수학적 결과를 나타내는 가장 강력한 금융 이론으로 평가받는다. 다른 이유도 있겠지만, 예를 들어 옵션 가격은 다른 관찰 가능한 시장 매개변수 즉, 옵션의 기초자산인 주식의 주가에서 파생될 수 있다는 사실에 기인한다. 차익거래 가격결정 이론에서는 주가가 어떻게 결정되었는지 따지지 않고 단지 입력 변수로 받아들인다. 따라서 차익거래 가격결정 이론에서는 무차익거래와 같은 약한 가정을 사용하는데, 다른 금융 이론은 그렇지 않다. 예제에서 옵션의 가격을 결정하는 데 확률척도조차 사용하지 않았다는 점에 유의해야 한다.

4 힐피시(2015)의 책 4장과 해당 문헌의 참고 문헌 참조.

3.2 기대효용 이론

기대효용 이론expected utility theory(EUT)은 금융 이론의 초석이다. 1940년대에 공식화된 이후 불확실성 하에서의 의사결정을 모델링하기 위한 중심 패러다임 중 하나가 되었다.[5] 기본적으로 금융 이론 및 투자 이론에 대한 모든 입문 교과서는 기대효용 이론을 설명한다. 그 이유는 금융의 다른 중요한 결과들이 기대효용 이론 패러다임에서 도출될 수 있기 때문이다.

3.2.1 가정과 결과

울프램 매스월드Wolfram MathWorld[6]에서는 공리axiom에 대해 '공리는 증명 없이 자명하게 참인 것으로 간주되는 명제이다'라고 설명한다.

기대효용 이론은 일반적으로 불확실성 하에서 선택에 직면했을 때 투자자의 선호에 관한 몇 가지 주요 공리에 근거한다. 이때 모든 경제학자들이 공리를 '증명 없이 자명하게 참인 것'으로 늘 간주하지는 않는다.

본 노이만과 모르겐슈테른(1944)의 책 25쪽에서 공리의 선택에 대해 다음과 같이 말했다.

> 공리의 선택은 완전히 객관적이지 않다. 공리는 어떤 특정한 목표, 예를 들어 특정한 정리나 해당 공리로부터 도출 가능한 정리 등을 달성하기 위한 것으로 딱 그만큼만 정확하고 객관적이라고 할 수 있다. 이 범위를 넘어서면 항상 덜 부정확한 성격을 갖는 또 다른 중요 목표가 존재한다. 공리의 수가 너무 많아서는 안 되며, 공리 체계는 최대한 단순하고 투명해야 한다. 또한 각각의 공리는 그 적절성을 직접 판단할 수 있을 정도로 직관적인 의미를 가져야 한다.

그런 점에서, 일련의 공리들은 그 이론에 의해 모델링될 세계의 일부분에 대한 규범적인 이론을 구성한다. 일련의 공리들은 공식적인 증거나 유사한 것을 통해서가 아니라 선행 조건을 만족해야 하는 최소 가정 집합을 이용한다. 기대효용 이론으로 이어지는 일련의 공리들을 열거하기 전에 불확실성 하에서 선택권을 쥐었을 투자자의 선호도($\succeq$)에 대한 몇 가지 개념을 알아보자.

---

5 그 배경과 더 자세한 설명은 위르겐 아이크베르거와 이안 하퍼(1997)의 책 1장과 할 바리안(2010)의 책 12장 참조.

6 *https://oreil.ly/pZqal*

투자자의 선호도

선호도($\succeq$)를 가진 투자자가 경제 모델 $\mathcal{M}^2$에서 거래 가능한 두 개의 자산에 투자해야 하는 문제에 봉착했다고 가정해보자. 예를 들어 투자자는 미래 페이오프 $A = \phi_A \cdot M_1$를 가져오는 포트폴리오 ϕ_A과 미래 페이오프 $B = \phi_B \cdot M_1$을 가져오는 포트폴리오 ϕ_B 중에서 하나를 골라야 할 수 있다. 투자자의 선호도($\succeq$)는 현재의 포트폴리오가 아닌 미래의 페이오프에 대해 정의된다. 투자자가 페이오프 B보다 페이오프 A를 강력하게 선호한다면 $A \succ B$라고 하고 그 반대 경우라면 $A \prec B$라고 표기한다. 두 개의 페이오프에 대해 무차별적이라면 $A \sim B$라고 쓴다. 이 경우 기대효용 이론에서 가능한 공리는 다음과 같다.

완전성(completeness)

투자자가 모든 페이오프에 대해 순위를 매길 수 있다. 이때는 다음 중 하나가 참이다. $A \succ B$, $A \prec B$, $A \sim B$

이행성(transitivity)

미래 페이오프 $C = \phi_C \cdot M_1$을 가진 제3의 포트폴리오 ϕ_C가 존재한다면 $A \succ B$이고 $B \succ C$일 때 $A \succ C$가 된다.

연속성(continuity)

$A \succ B \succ C$이면 $B \sim \alpha A + (1 - \alpha)C$가 성립하는 숫자 $\alpha \in [0, 1]$가 존재한다. .

독립성(independence)

$A \sim B$이면 $\alpha A + (1 - \alpha)C \sim \alpha B + (1 - \alpha)C$가 성립한다. 마찬가지로 $A \succ B$이면 $\alpha A + (1 - \alpha)C \succ \alpha B + (1 - \alpha)C$가 성립한다.

지배성(dominance)

$C_1 = \alpha_1 A + (1 - \alpha_1)C$이고 $C_2 = \alpha_2 A + (1 - \alpha_2)C$이면 $A \succ C$이고 $C_1 \succ C_2$일 때 $\alpha_1 > \alpha_2$이 성립한다.

효용함수

효용함수는 투자자의 선호도($\succeq$)를 특정 페이오프에 대해 숫자를 할당하여 수학적이고 수치적으로 표현하는 방법이다. 이때 함숫값의 절대치는 중요하지 않다. 우리가 관심을 가져야 하는 것은 값의 순서이다.[7] $\mathbb{X}$가 투자자가 자신의 선호도를 표현할 수 있는 모든 가능한 페이오프를 나타낸다고 가정하자. 이때 효용함수 U는 다음과 같이 정의한다.

$$U : \mathbb{X} \to \mathbb{R}_+,\ x \mapsto U(x)$$

U가 투자자의 선호도를 나타낸다면 다음 관계가 참이 된다.

- $A > B \Rightarrow U(A) > U(B)$ (강한 선호)
- $A \geq B \Rightarrow U(A) \geq U(B)$ (약한 선호)
- $A < B \Rightarrow U(A) < U(B)$ (강한 비선호)
- $A \leq B \Rightarrow U(A) \leq U(B)$ (약한 비선호)
- $A \sim B \Rightarrow U(A) = U(B)$ (무차별)

효용함수 U는 양의 선형변환만 가능하다. 따라서 U가 효용함수이면 $a,b > 0$ 양수에 대해 $V = a + bU$도 효용함수가 된다. 효용함수에 대해서 본 노이만과 모르겐슈테른(1944)의 책 25쪽에서 '효용함수가 수치적으로 존재하면 선형변환이 된다'라고 정의한다.

기대효용함수

본 노이만과 모르겐슈테른(1944)은 투자자의 선호도가 위의 5개 공리를 만족하면 다음과 같은 형태의 기대효용함수가 존재한다는 것을 밝혔다.

$$U : \mathbb{X} \to \mathbb{R}_+,\ x \mapsto \mathbf{E}^P(u(x)) = \sum_{\omega}^{\Omega} P(\omega)u(x(\omega))$$

여기에서 $u : \mathbb{R} \to \mathbb{R},\ x \mapsto u(x)$는 단조 증가이며 상태 독립인 함수로 베르누이 효용함수라고 불린다. 예를 들어 $u(x) = ln\,x$, $u(x) = x$ 또는 $u(x) = x^2$ 등이 해당된다.

즉, 기대효용함수 U는 어떤 특정한 상태 Ω에 대한 상태에서 페이오프 $x(\Omega)$에 대해 함수 u를 적용한 다음, 해당 상태에 대한 확률 $P(\Omega)$를 사용한 것이라 할 수 있다. 선형 베르누이 효용함수 $u(x) = x$같이 특수한 경우에는 기대효용이 상태 의존적인 페이오프 의 기댓값이 된다.

---

7 일반적으로 서수(ordinal number)를 사용한다. 거리의 집 주소와 같은 숫자가 서수의 좋은 예가 된다.

$$U(x) = \mathbf{E}^P(x)$$

리스크 회피

금융에서 리스크 회피 개념은 중요하다. 가장 흔히 사용되는 리스크 회피 측도는 절대 리스크 회피absolute risk aversion에 대한 애로우 프랫Arrow-Pratt 측도다. 이 측도에 대한 상세한 설명은 존 프랫John W. Pratt(1064)의 논문을 참고하길 바란다. 투자자의 상태 독립 베르누이 효용함수 $u(x)$가 있을 때, 애로우 프랫 측도는 다음과 같이 정의된다.

$$ARA(x) = -\frac{u''(x)}{u'(x)}, x \geq 0$$

이 측도에 의하면 다음과 같은 세 가지 경우가 가능하다.

$$ARA(x) = -\frac{u''(x)}{u'(x)}\begin{cases} > 0 & \text{리스크 회피} \\ = 0 & \text{리스크 중립} \\ < 0 & \text{리스크 선호} \end{cases}$$

금융 이론과 모델에서는 대개 리스크 회피, 리스크 중립이 나타날 것으로 가정한다. 도박에서는 리스크 선호 현상이 나타날 수도 있다.

다음 세 가지 베르누이 함수 $u(x) = ln\,x$, $u(x) = x$, $u(x) = x^2$를 고려하자. 이 세 함수가 각각 리스크 회피, 리스크 중립, 리스크 선호라는 것이 쉽게 증명된다. 그 예로 $u(x) = x^2$를 들어 보겠다.

$$-\frac{u''(x)}{u'(x)} = -\frac{2}{2x} < 0, x > 0 \Rightarrow \text{리스크 선호}$$

3.2.2 수치 예제

기대효용 이론은 파이썬으로 쉽게 설명할 수 있다. 앞 절에 나온 경제 모델 $\mathscr{M}^2$를 생각해보자. 선호도($\succeq$)가 있는 투자자가 여러 가지 미래 페이오프 사이의 기대효용에 따라 의사결정을 한다고 가정한다. 이때 투자자의 베르누이 효용함수가 $u(x) = \sqrt{x}$라면, 포트폴리오 ϕ_D의 페이오프 D_1보다 포트폴리오 ϕ_A의 페이오프 A_1을 선호한다.

```
In [11]: def u(x):
             return np.sqrt(x)  # ❶
In [12]: phi_A = np.array((0.75, 0.25))  # ❷
         phi_D = np.array((0.25, 0.75))  # ❷
In [13]: np.dot(M0, phi_A) == np.dot(M0, phi_D)  # ❸
Out[13]: True
In [14]: A1 = np.dot(M1, phi_A)  # ❹
         A1  # ❹
Out[14]: array([17.75, 6.5 ])
In [15]: D1 = np.dot(M1, phi_D)  # ❺
         D1  # ❺
Out[15]: array([13.25, 9.5 ])
In [16]: P = np.array((0.5, 0.5))  # ❻
In [17]: def EUT(x):
             return np.dot(P, u(x))  # ❼
In [18]: EUT(A1)  # ❽
Out[18]: 3.381292321692286
In [19]: EUT(D1)  # ❽
Out[19]: 3.3611309730623735
```

❶ 리스크 회피 베르누이 효용함수

❷ 서로 다른 가중치를 가진 두 개의 포트폴리오

❸ 두 포트폴리오를 만드는 비용은 같음

❹ 한 포트폴리오의 페이오프

❺ 다른 포트폴리오의 페이오프

❻ 확률 측도

❼ 기대효용함수

❽ 두 페이오프의 효용치

이 상황에서 나올 수 있는 전형적인 문제는 고정 비용으로 양의 가중치를 가진 최적의 (기대효용을 최대화하는) 포트폴리오를 찾는 것이다. 다음 파이썬 코드는 이 문제를 모델링하여 풀고 있다. 결과는 위험 자산에 약 60%, 무위험 자산에 약 40%를 배분하는 것이다. 이 결과는 베르누이 효용함수의 특정한 형태를 사용하여 유도한다.

```
In [20]: from scipy.optimize import minimize
In [21]: w = 10  # ❶
In [22]: cons = {'type': 'eq', 'fun': lambda phi: np.dot(M0, phi) - w}  # ❷
In [23]: def EUT_(phi):
             x = np.dot(M1, phi)  # ❸
             return EUT(x)  # ❸
In [24]: opt = minimize(lambda phi: -EUT_(phi),  # ❹
                        x0=phi_A,  # ❺
                        constraints=cons)  # ❻
In [25]: opt  # ❼
Out[25]:      fun: -3.385015999493397
              jac: array([-1.69249132, -1.69253424])
          message: 'Optimization terminated successfully.'
             nfev: 16
              nit: 4
             njev: 4
           status: 0
          success: True
                x: array([0.61122474, 0.38877526])
In [26]: EUT_(opt['x'])  # ❽
Out[26]: 3.385015999493397
```

❶ 고정된 예산

❷ minimize[8] 함수에 넣을 제한 조건

❸ 포트폴리오에 대해 정의한 기대효용함수

❹ EUT(phi)를 최대화하기 위해 -EUT(phi)를 최소화

❺ 초깃값

❻ 예산 제한 조건

❼ x 값과 최적 포트폴리오를 포함한 최적화 결과

❽ 예산 $w = 10$에 대한 최적(최고) 기대효용

8 http://bit.ly/aiif_minimize

3.3 평균-분산 포트폴리오 이론

마코위츠(1952)의 평균-분산 포트폴리오 이론은 금융 이론의 또 다른 초석이다. 주식 투자 포트폴리오 구축에 초점을 맞춘 불확실성의 투자 이론 중 하나다. 평균-분산 포트폴리오 이론은 기업의 성장 전망에 중요한 기업의 미래 경쟁력에 대한 가정이나 재고 실적 등의 회사 기본 정보를 필요로 하지 않다. 기본적인 입력 데이터는 주가와 그에 따른 통계 같은 시계열 데이터뿐이다.

3.3.1 가정과 결과

마코위츠(1952)에 따르면 평균-분산 포트폴리오 이론의 핵심 가정은 투자자들이 기대수익과 수익률의 분산에만 관심을 둔다는 것이다.

> 우리는 투자자가 기대수익을 바람직한 것으로 간주하고, 수익률의 분산을 바람직하지 않은 것으로 간주한다는 것을 법칙으로 생각한다. 이 법칙은 투자 행태에 대한 격언이자 가설로서 여러 가지 포인트를 가지고 있다.
>
> 기대수익이 최대인 포트폴리오의 분산이 반드시 최소인 것은 아니다. 투자자가 분산을 증가시킬수록 기대 수익률이 높아지고, 반대로 기대 수익률이 낮아질수록 분산도 줄일 수 있다.

투자자의 선호에 대한 이러한 접근법은 직접적으로 투자자의 선호와 효용함수를 정의하는 접근법과는 상당히 다르다. 평균-분산 포트폴리오 이론은 오히려 투자 포트폴리오가 가져올 것으로 예상되는 수익의 1차/2차 모멘트moment로 에이전트의 선호도와 효용함수를 정의할 수 있다고 가정한다.

CAUTION 정규분포 가정

일반적으로 단일 기간의 포트폴리오 위험과 수익에만 초점을 맞춘 평균-분산 포트폴리오 이론은 표준 기대 효용 이론과 호환되지 않는다. 이 문제를 해결하는 한 가지 방법은 위험 자산의 수익률 분포에 대한 1차/2차 모멘트값이 전체 수익률 분포를 모두 설명할 수 있다고 가정하는 것이다. 이는 다음 장에서 설명할 내용으로, 실제 금융 데이터에서는 거의 관찰되지 않는다. 또 다른 방법은 특정 2차 베르누이 효용함수를 가정하는 것으로, 이는 다음 절에서 설명한다.

포트폴리오 통계

정적인 경제 모델 $\mathscr{M}^N = (\{\Omega, \mathscr{F}, P\}, \mathbb{A})$를 가정하자. 여기에서 $\mathbb{A}$는 N개의 거래 가능한 자산 $A^1, A^2, \ldots, A^N$의 집합이다. $A^n{}_0$은 n번째 자산 A^n의 오늘 가격이고 $A^n{}_1$은 n번째 자산 A^n의 1년 후 가격이다. 자산 A^n의 수익률 벡터 r^n은 다음과 같이 정의한다.

$$r^n = \frac{A_1^n}{A_0^n} - 1$$

모든 미래의 상태가 같은 확률을 가지는 경우 n번째 자산의 기대 수익률은 다음과 같다.

$$\mu^n = \frac{1}{|\Omega|}\sum_{\omega}^{\Omega} r^n(\omega)$$

따라서 기대 수익률 벡터는 다음과 같이 주어진다.

$$\mu = \begin{bmatrix} \mu^1 \\ \mu^2 \\ \vdots \\ \mu^N \end{bmatrix}$$

포트폴리오 벡터 $\phi = [\, \phi^1, \phi^2, \ldots, \phi^N \,]^T$는 각 자산에 대해 가중치를 준 값으로 $\phi_n \geq 0$와 $\sum_n^N \phi^n = 1$ 조건을 만족한다.[9]

그러면 포트폴리오의 기대 수익률은 포트폴리오 가중치 벡터와 포트폴리오 기대 수익률 벡터의 곱으로 주어진다.

$$\mu^{phi} = \phi \cdot \mu$$

이제 자산 n(n번째 자산)과 자산 m(m번째 자산) 이렇게 두 개의 자산 간의 공분간을 정의하면 다음과 같다.

$$\sigma_{mn} = \sum_{\omega}^{\Omega}\left(r^m(\omega) - \mu^m\right)\left(r^n(\omega) - \mu^n\right)$$

---

9 이 가정은 사실 필요하지 않다. 예를 들어 공매도가 허용될 때도 분석 결과는 달라지지 않는다.

그러면 공분산 행렬은 다음과 같이 나타낼 수 있다.

$$\Sigma = \begin{bmatrix} \sigma_{11} & \sigma_{12} & \cdots & \sigma_{1n} \\ \sigma_{21} & \sigma_{22} & \cdots & \sigma_{2n} \\ \vdots & \vdots & \ddots & \vdots \\ \sigma_{n1} & \sigma_{n2} & \cdots & \sigma_{nn} \end{bmatrix}$$

이 포트폴리오의 분산은 다음과 같다.

$$\varphi^{phi} = \phi^T \cdot \Sigma \cdot \phi$$

포트폴리오의 변동성은 다음과 같다.

$$\sigma^{phi} = \sqrt{\varphi^{phi}}$$

샤프 비율

샤프(1966)는 펀드나 다른 포트폴리오 혹은 단일자산에 대해 위험 조정 성능을 측정할 수 있는 수단을 소개했다. 이는 단순한 형태로 보면 포트폴리오의 수익률을 (기대 혹은 실현) 변동성으로 나눈 값이다. 식으로 정의하면 다음과 같다.

$$\pi^{phi} = \frac{\mu^{phi}}{\sigma^{phi}}$$

무위험 이자율 r을 고려하면 포트폴리오의 리스크 프리미엄, 즉, 초과 수익률은 μ^{phi}는 수익률에서 무위험 이자율 r을 뺀 값이 된다.

$$\pi^{phi} = \frac{\mu^{phi} - r}{\sigma^{phi}}$$

무위험 이자율이 상대적으로 낮을 때는 두 식에 별 차이가 없다. 특히 여러 가지 다른 포트폴리오의 샤프 비율을 비교할 때는 두 식 모두 동일한 순위를 가진다.

3.3.2 수치 예제

앞서의 정적 경제 모델 $\mathcal{M}^2$로 돌아가서 평균-분산 포트폴리오 이론을 파이썬으로 설명한다.

포트폴리오 통계

먼저, 포트폴리오의 기대 수익률을 다음과 같이 구한다.

```
In [27]: rS = S1 / S0 - 1  # ❶
         rS  # ❶
Out[27]: array([ 1. , -0.5])
In [28]: rB = B1 / B0 - 1  # ❷
         rB  # ❷
Out[28]: array([0.1, 0.1])
In [29]: def mu(rX):
             return np.dot(P, rX)  # ❸
In [30]: mu(rS)  # ❹
Out[30]: 0.25
In [31]: mu(rB)  # ❹
Out[31]: 0.10000000000000009
In [32]: rM = M1 / M0 - 1  # ❺
         rM  # ❺
Out[32]: array([[ 1. , 0.1],
                [-0.5, 0.1]])
In [33]: mu(rM)  # ❻
Out[33]: array([0.25, 0.1 ])
```

❶ 위험 자산의 수익률 벡터

❷ 무위험 자산의 수익률 벡터

❸ 기대 수익률 함수

❹ 기대 수익률

❺ 수익률 행렬

❻ 기대 수익률 벡터

그다음 분산, 변동성, 공분산 행렬을 구한다.

```
In [34]: def var(rX):
             return ((rX - mu(rX)) ** 2).mean()  # ❶
In [35]: var(rS)
Out[35]: 0.5625
In [36]: var(rB)
Out[36]: 0.0
In [37]: def sigma(rX):
             return np.sqrt(var(rX))  # ❷
In [38]: sigma(rS)
Out[38]: 0.75
In [39]: sigma(rB)
Out[39]: 0.0
In [40]: np.cov(rM.T, aweights=P, ddof=0)  # ❸
Out[40]: array([[0.5625, 0.  ],
                [0.    , 0.  ]])
```

❶ 분산 함수

❷ 변동성 함수

❸ 공분산 행렬

세 번째로 모든 가중치가 같은 포트폴리오의 기대 수익률, 분산, 변동성을 구한다.

```
In [41]: phi = np.array((0.5, 0.5))
In [42]: def mu_phi(phi):
             return np.dot(phi, mu(rM))  # ❶
In [43]: mu_phi(phi)
Out[43]: 0.17500000000000004
In [44]: def var_phi(phi):
             cv = np.cov(rM.T, aweights=P, ddof=0)
             return np.dot(phi, np.dot(cv, phi))  # ❷
In [45]: var_phi(phi)
Out[45]: 0.140625
In [46]: def sigma_phi(phi):
             return var_phi(phi) ** 0.5  # ❸
In [47]: sigma_phi(phi)
Out[47]: 0.375
```

❶ 포트폴리오의 기대 수익률

❷ 포트폴리오 분산

❸ 포트폴리오 변동성

투자 기회 집합

포트폴리오 가중치 ϕ에 대한 몬테카를로 시뮬레이션을 기반으로 다양한 변동성-수익률 공간의 투자 기회 집합을 시각화할 수 있다(그림 3-1, 다음 코드에서 생성되었다).

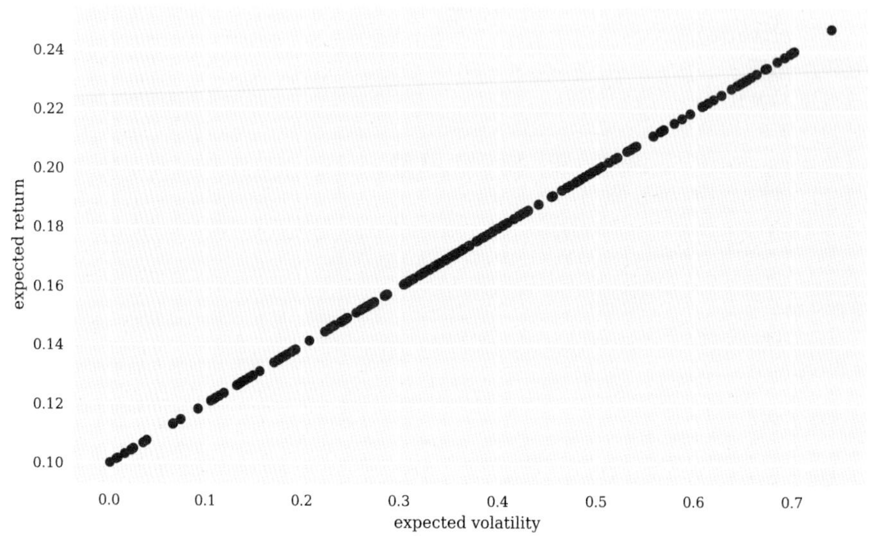

그림 3-1 포트폴리오 변동성과 수익률의 시뮬레이션(위험 자산이 1개인 경우)

위험 자산 1개, 무위험 자산 1개로 구성된 포트폴리오이므로 기회집합은 직선이 된다.

```
In [48]: from pylab import plt, mpl
         plt.style.use('seaborn')
         mpl.rcParams['savefig.dpi'] = 300
         mpl.rcParams['font.family'] = 'serif'
In [49]: phi_mcs = np.random.random((2, 200))  # ❶
In [50]: phi_mcs = (phi_mcs / phi_mcs.sum(axis=0)).T  # ❶
In [51]: mcs = np.array([(sigma_phi(phi), mu_phi(phi))
                         for phi in phi_mcs])  # ❷
In [52]: plt.figure(figsize=(10, 6))
         plt.plot(mcs[:, 0], mcs[:, 1], 'ro')
         plt.xlabel('expected volatility')
         plt.ylabel('expected return');
```

❶ 전체 합이 1인 무작위 가중치 포트폴리오

❷ 무작위 포트폴리오들에 대한 기대 수익률과 변동성

3개의 상태 $\Omega = \{u, m, d\}$를 가지는 정적인 경제 모델 $\mathcal{M}^3$를 생각해보자. 이때 각각의 상태에 대한 확률은 같다.

$$P = \left\{\frac{1}{3}, \frac{1}{3}, \frac{1}{3}\right\}$$

거래 가능한 자산 집합은 두 개의 위험 자산 S, T이고 현재 시점의 가격은 $S_0 = T_0 = 10$이다. 미래의 페이오프는 다음과 같다.

$$S_1 = \begin{bmatrix} 20 \\ 10 \\ 5 \end{bmatrix}$$

$$T_1 = \begin{bmatrix} 1 \\ 12 \\ 13 \end{bmatrix}$$

다음 파이썬 코드는 이 가정에 따라 몬테카를로 시뮬레이션을 한 결과를 [그림 3-2]로 나타내었다. 두 개의 위험 자산이 있기 때문에 그래프는 잘 알려진 총알bullet 모양이다.

```
In [53]: P = np.ones(3) / 3  # ❶
         P  # ❶
Out[53]: array([0.33333333, 0.33333333, 0.33333333])
In [54]: S1 = np.array((20, 10, 5))
In [55]: T0 = 10
         T1 = np.array((1, 12, 13))
In [56]: M0 = np.array((S0, T0))
         M0
Out[56]: array([10, 10])
In [57]: M1 = np.array((S1, T1)).T
         M1
Out[57]: array([[20,  1],
                [10, 12],
                [ 5, 13]])
In [58]: rM = M1 / M0 - 1
```

```
        rM
Out[58]: array([[ 1. , -0.9],
                [ 0. ,  0.2],
                [-0.5,  0.3]])
In [59]: mcs = np.array([(sigma_phi(phi), mu_phi(phi))
                         for phi in phi_mcs])
In [60]: plt.figure(figsize=(10, 6))
         plt.plot(mcs[:, 0], mcs[:, 1], 'ro')
         plt.xlabel('expected volatility')
         plt.ylabel('expected return');
```

❶ 3개의 상태에 대한 새로운 확률 측도

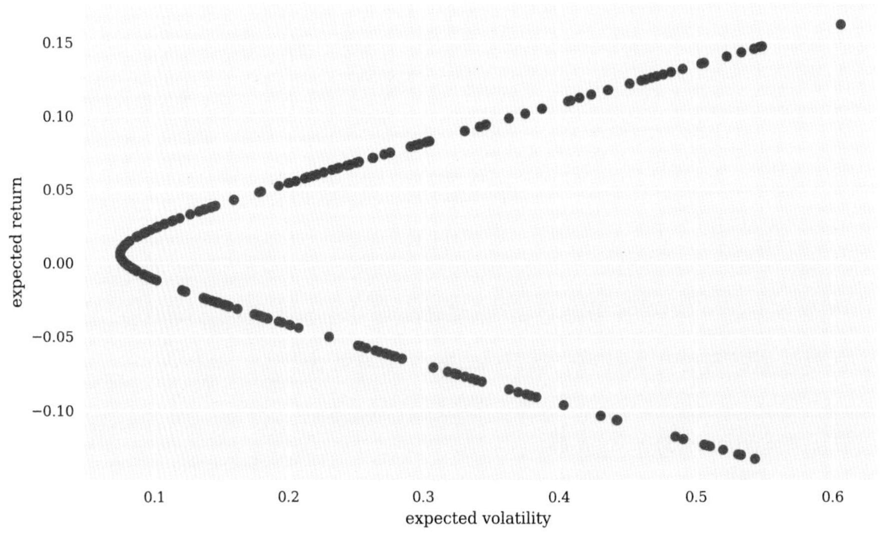

그림 3-2 포트폴리오 변동성과 수익률의 시뮬레이션(위험 자산이 2개인 경우)

최소 변동성 및 최대 샤프 비율

다음으로 최소 변동성 및 최대 샤프 비율 포트폴리오를 도출한다. [그림 3-3]은 리스크-수익률 공간에서 두 포트폴리오의 위치를 보여준다.

위험 자산 T는 기대 수익률이 마이너스지만 최대 샤프 비율 포트폴리오에서는 비중이 높다. 이는 다변화 효과로 인해 포트폴리오의 예상 수익률보다 포트폴리오 리스크가 더 낮아졌기 때문이다.

```
In [61]: cons = {'type': 'eq', 'fun': lambda phi: np.sum(phi) - 1}
In [62]: bnds = ((0, 1), (0, 1))
In [63]: min_var = minimize(sigma_phi, (0.5, 0.5),
                            constraints=cons, bounds=bnds)  # ❶
In [64]: min_var
Out[64]:      fun: 0.07481322946910632
              jac: array([0.07426564, 0.07528945])
         message: 'Optimization terminated successfully.'
            nfev: 17
             nit: 4
            njev: 4
          status: 0
         success: True
         x: array([0.46511697, 0.53488303])
In [65]: def sharpe(phi):
             return mu_phi(phi) / sigma_phi(phi)  # ❷
In [66]: max_sharpe = minimize(lambda phi: -sharpe(phi), (0.5, 0.5),
                               constraints=cons, bounds=bnds)  # ❸
In [67]: max_sharpe
Out[67]:      fun: -0.2721654098971811
              jac: array([ 0.00012054, -0.00024174])
         message: 'Optimization terminated successfully.'
            nfev: 38
             nit: 9
            njev: 9
          status: 0
         success: True
         x: array([0.66731116, 0.33268884])
In [68]: plt.figure(figsize=(10, 6))
         plt.plot(mcs[:, 0], mcs[:, 1], 'ro', ms=5)
         plt.plot(sigma_phi(min_var['x']), mu_phi(min_var['x']),
                  '^', ms=12.5, label='minimum volatility')
         plt.plot(sigma_phi(max_sharpe['x']), mu_phi(max_sharpe['x']),
                  'v', ms=12.5, label='maximum Sharpe ratio')
         plt.xlabel('expected volatility')
         plt.ylabel('expected return')
         plt.legend();
```

❶ 포트폴리오 변동성을 최소화

❷ 샤프 비율 함수를 정의

❸ 음의 값을 최소화함으로써 샤프 비율을 최대화

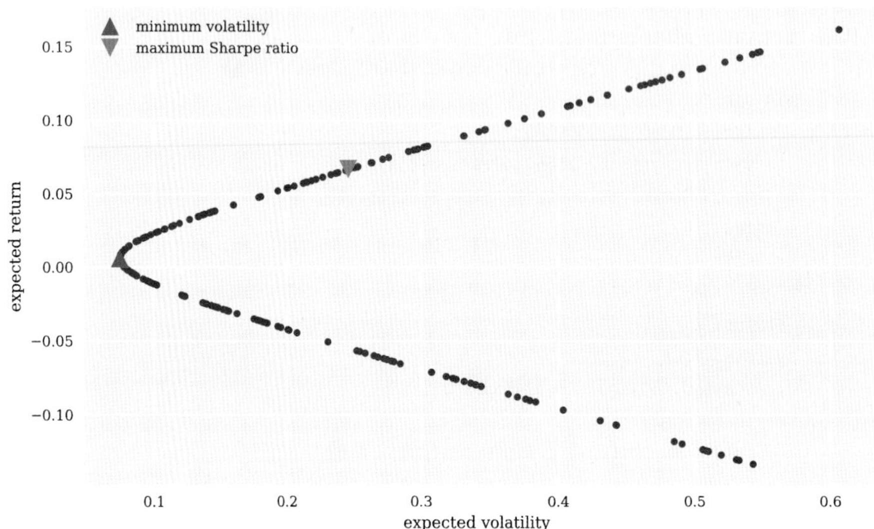

그림 3-3 최소 변동성 및 최대 샤프 비율 포트폴리오

효율적 투자 경계선

효율적 포트폴리오는 예상되는 리스크를 고려할 때 최대의 기대수익을 가지는 포트폴리오다. [그림 3-3]에서 최소 위험 포트폴리오보다 낮은 기대 수익률을 보이는 모든 포트폴리오는 비효율적이다. 다음 코드는 리스크-수익률 공간에서 효율적인 포트폴리오를 도출하고 [그림 3-4]와 같은 곡선을 나타낸다. 효율적인 모든 포트폴리오 집합을 효율적 투자 경계선efficient frontier이라고 하며, 투자자는 효율적 투자 경계선에 있는 포트폴리오만 선택한다.

```
In [69]: cons = [{'type': 'eq', 'fun': lambda phi: np.sum(phi) - 1},
                 {'type': 'eq', 'fun': lambda phi: mu_phi(phi) - target}]  # ❶
In [70]: bnds = ((0, 1), (0, 1))
In [71]: targets = np.linspace(mu_phi(min_var['x']), 0.16)  # ❷
In [72]: frontier = []
         for target in targets:
             phi_eff = minimize(sigma_phi, (0.5, 0.5),
```

```
                                    constraints=cons, bounds=bnds)['x']  # ❸
            frontier.append((sigma_phi(phi_eff), mu_phi(phi_eff)))
            frontier = np.array(frontier)
In [73]: plt.figure(figsize=(10, 6))
         plt.plot(frontier[:, 0], frontier[:, 1], 'mo', ms=5,
                  label='efficient frontier')
         plt.plot(sigma_phi(min_var['x']), mu_phi(min_var['x']),
                  '^', ms=12.5, label='minimum volatility')
         plt.plot(sigma_phi(max_sharpe['x']), mu_phi(max_sharpe['x']),
                  'v', ms=12.5, label='maximum Sharpe ratio')
         plt.xlabel('expected volatility')
         plt.ylabel('expected return')
         plt.legend();
```

❶ 제안 조건으로 기대 수익률 목푯값 설정

❷ 목표 기대 수익률 집합을 생성

❸ 주어진 기대 수익률에 대해 가장 변동성이 작은 포트폴리오 선택

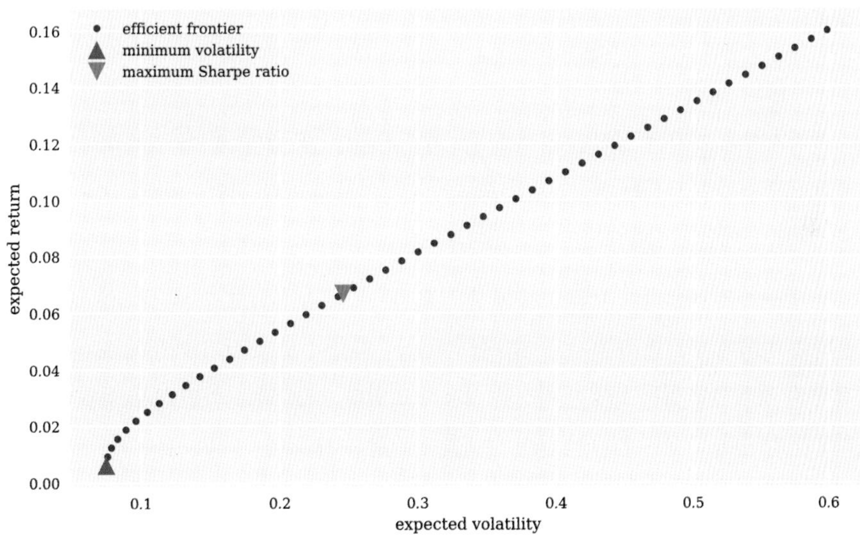

그림 3-4 효율적 투자 경계선

3.4 자본자산 가격결정 모형

자본자산 가격결정 모형capital asset pricing model (CAPM)은 금융에서 가장 널리 문서화되고 적용되는 모델이다. 이 모형은 단일주식 수익률과 S&P500 주가지수와 같이 널리 사용되는 시장 포트폴리오 간의 선형 관계를 정의한다. 이 모델의 역사는 샤프(1964)와 린트너(1965)의 초기 연구까지 거슬러 올라간다. 찰스 존스Charles P. Jones (2012)의 책 9장에서는 자본자산 가격결정 모형을 평균-분산 포트폴리오 이론과 연관 지어 다음과 같이 서술한다.

> 자본자산 가격결정 모형은 현대 포트폴리오 이론(평균-분산 포트폴리오 이론)처럼 투자자들이 어떻게 행동해야 하는지가 아니라 실제로 어떻게 행동하는지에 대한 가설을 세운다는 점에서 긍정적인 이론이다. 자본자산 가격결정 이론을 포트폴리오 이론의 확장으로 보는 것은 타당하지만, 평균-분산 포트폴리오 이론이 자본자산 가격결정 이론의 타당성에 기반을 두지 않는다는 것을 이해해야 한다.
>
> 자본자산 가격결정 모형은 많은 투자자가 관심을 갖는 균형 모델equilibrium model이다. 이를 통해 개별 주식의 관련 위험을 평가할 수 있을 뿐 아니라 리스크와 기대 수익률 간의 관계를 평가할 수 있다. 자본자산 가격결정 모형은 단순성과 함축성 때문에 평형 모델로서 매력적이다.

3.4.1 가정과 결과

N개의 투자자산을 가지는 정적인 경제 모델 $\mathscr{M}^N = (\{\Omega, \mathscr{F}, P\}, \mathbb{A})$을 가정하자. 자본자산 가격결정 모형에서 투자자는 평균-분산 포트폴리오 이론에 따라 위험 자산의 단일 기간 동안 수익률과 리스크에만 관심을 가진다고 가정한다.

자본시장이 균형을 이룬다면 모든 가용자산은 투자자들이 보유하고 있는 상태다. 평균-분산 포트폴리오 이론에 따르면 투자자가 거래할 수 있는 자산이 모두 같기 때문에 모든 투자자는 효율적 투자 경계선에 있는 동일한 자산을 보유하고 있다. 다른 말로 하면 모두 동일한 시장 포트폴리오를 가진다. 그렇지 않다면 균형 상태를 유지할 수가 없다.

자본시장균형을 얻기 위한 메커니즘은 무엇인가? 거래 가능한 자산의 가격은 시장에서 가격을 결정하는 메커니즘에 의해 결정된다. 거래자산에 대해 투자자의 수요가 충분치 않다면 가격이 낮아진다. 반대로 수요가 공급보다 많으면 가격이 오른다. 가격이 올바르게 설정되어 있으면 거래가 가능한 모든 자산에 대해 수요와 공급이 동일하다. 평균-분산 포트폴리오 이론에서는 주어진 자산의 가격이 주어져 있다고 가정하지만 자본자산 가격결정 모형은 자산의 리스크-수익률 특성을 고려할 때 자산의 평형가격이 얼마가 되어야 하는지에 대한 이론이자 모델이다.

자본자산 가격결정 모형에서는 투자자가 무위험 수익률 $\bar{r}$을 얻을 수 있고 무한하게 투자할 수 있는 무위험 자산이 적어도 하나 이상 존재한다고 가정한다. 모든 투자자는 시장 포트폴리오와 무위험 자산의 조합을 보유하고 있으며 균형을 이룬다. 이를 2펀드 분리 정리two fund separation theorem라고 한다.[10] 이러한 포트폴리오들의 집합을 자본시장선capital market line(CML)이라고 부른다. [그림 3-5]에서 자본시장선을 보여준다. 시장 포트폴리오의 오른쪽에 있는 포트폴리오를 수립하는 것은 무위험 자산을 공매도하여 그 돈으로 시장 포트폴리오를 구매할 수 있을 때만 가능하다.

```
In [74]: plt.figure(figsize=(10, 6))
         plt.plot((0, 0.3), (0.01, 0.22), label='capital market line')
         plt.plot(0, 0.01, 'o', ms=9, label='risk-less asset')
         plt.plot(0.2, 0.15, '^', ms=9, label='market portfolio')
         plt.annotate('$(0, \\bar{r})$', (0, 0.01), (-0.01, 0.02))
         plt.annotate('$(\sigma_M, \mu_M)$', (0.2, 0.15), (0.19, 0.16))
         plt.xlabel('expected volatility')
         plt.ylabel('expected return')
         plt.legend();
```

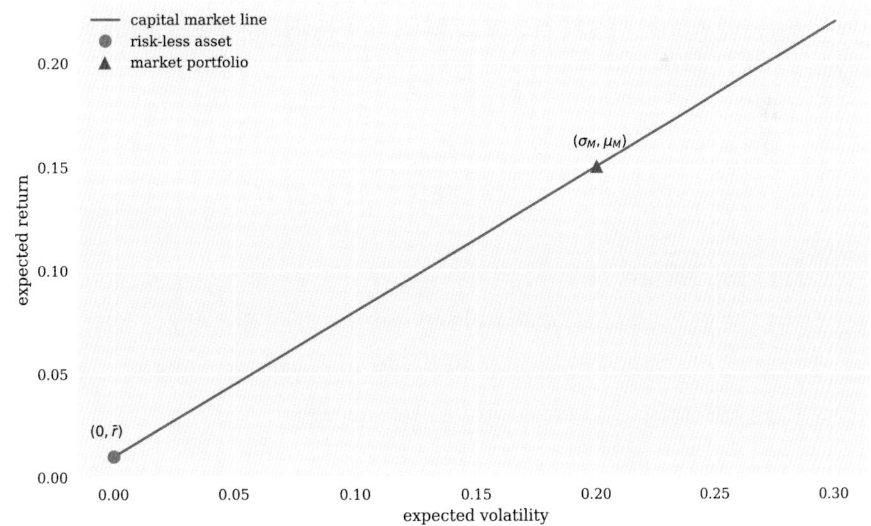

그림 3-5 자본시장선(CML)

10 자세한 내용은 존스(2012)의 책 9장 참조.

σ_M, μ_M이 각각 시장 포트폴리오의 변동성과 기대 수익률이라고 하면, 자본시장선에 의해 포트폴리오의 기대 수익률 μ와 변동성 σ의 관계를 다음과 같이 수식화할 수 있다.

$$\mu = \bar{r} + \frac{\mu_M - \bar{r}}{\sigma_M}\sigma$$

이 수식에서 다음 부분을 리스크의 시장가격market price of risk이라고 한다.

$$\frac{\mu_M - \bar{r}}{\sigma_M}$$

리스크의 시장가격은 투자자가 리스크를 한 단위만큼 더 떠안게 되면 기대 수익률을 얼마나 더 올릴 수 있는지를 나타낸다.

자본자산 가격결정 모형을 사용하면 각 위험 자산 $n = 1, 2, \ldots, N$에 대해 기대 수익률과 시장 포트폴리오 기대 수익률의 관계를 다음과 같이 구할 수 있다.

$$\mu^n = \bar{r} + \beta_n(\mu_M - \bar{r})$$

여기에서 β_n은 n번째 위험 자산과 시장 포트폴리오의 공분산을 시장 포트폴리오의 분산으로 나눈 값이다.

$$\beta_n = \frac{\sigma_{M,n}}{\sigma_M^2}$$

$\beta_n = 0$일 때는 위 공식에 따라 해당 자산의 수익률은 무위험 수익률이 된다. β_n 값이 클수록 위험 자산의 기대 수익률은 높아진다. β_n은 분산화할 수 없는 리스크를 측정한다. 이런 종류의 리스크를 시장리스크 혹은 체계적 리스크라고 한다. 자본자산 가격결정 모형에 따르면 시장리스크가 더 높은 기대 수익률을 보상받을 수 있는 유일한 리스크다.

3.4.2 수치 예제

무위험 수익률이 $\bar{r} = 0.0025$이고 3개의 가능한 상태를 가지는 정적인 경제 모델 $\mathscr{M}^3 = (\{\Omega, \mathscr{F}, P\}, \mathbb{A})$이 있다고 가정하자. 이때 투자자는 두 개의 위험 자산 S, T를 각각 0.8, 0.2만큼 보유한다.

자본시장선

[그림 3-6]은 리스크-수익률 공간에 효율적 투자 경계선, 시장 포트폴리오, 무위험 자산, 이에 따른 자본시장선을 보여준다.

```
In [75]: phi_M = np.array((0.8, 0.2))
In [76]: mu_M = mu_phi(phi_M)
         mu_M
Out[76]: 0.10666666666666666
In [77]: sigma_M = sigma_phi(phi_M)
         sigma_M
Out[77]: 0.39474323581566567
In [78]: r = 0.0025
In [79]: plt.figure(figsize=(10, 6))
         plt.plot(frontier[:, 0], frontier[:, 1], 'm.', ms=5,
                  label='efficient frontier')
         plt.plot(0, r, 'o', ms=9, label='risk-less asset')
         plt.plot(sigma_M, mu_M, '^', ms=9, label='market portfolio')
         plt.plot((0, 0.6), (r, r + ((mu_M - r) / sigma_M) * 0.6),
                  'r', label='capital market line', lw=2.0)
         plt.annotate('$(0, \\bar{r})$', (0, r), (-0.015, r + 0.01))
         plt.annotate('$(\sigma_M, \mu_M)$', (sigma_M, mu_M),
                      (sigma_M - 0.025, mu_M + 0.01))
         plt.xlabel('expected volatility')
         plt.ylabel('expected return')
         plt.legend();
```

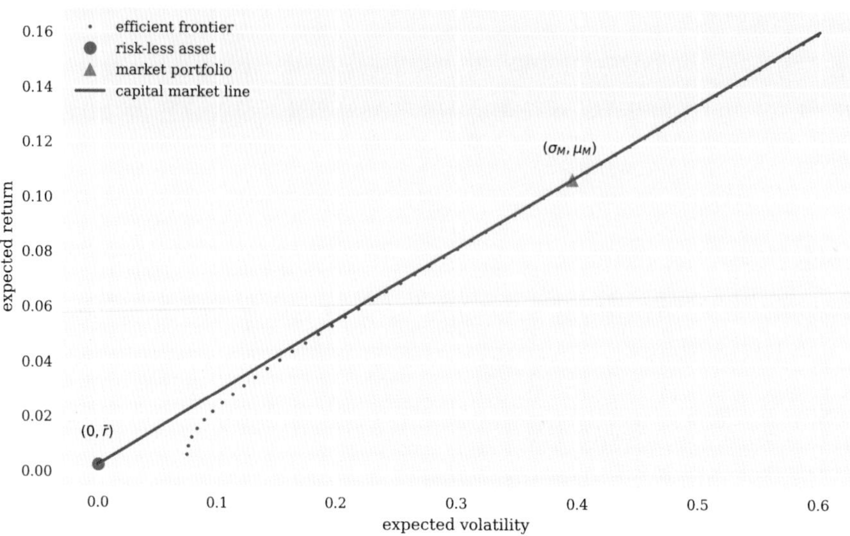

그림 3-6 두 개의 위험 자산이 있는 경우의 자본시장선

최적 포트폴리오

다음과 같이 미래 페이오프를 정의한 기대효용함수를 가진 투자자가 있다고 가정한다.

$$U : \mathbb{X} \to \mathbb{R}_+, x \mapsto \mathbf{E}^P(u(x)) = \mathbf{E}^P\left(x - \frac{b}{2}x^2\right)$$

여기에서 $b > 0$이다. 이 수식을 변환하면 기대효용함수를 다음과 같이 리스크-수익률의 조합으로 나타낼 수 있다.

$$U : \mathbb{R}_+ \times \mathbb{R}_+ \to \mathbb{R}, (\sigma, \mu) \mapsto \mu - \frac{b}{2}\left(\sigma^2 + \mu^2\right)$$

CAUTION **이차효용함수**

자본자산 가격결정 모형과 평균-분산 포트폴리오 이론은 투자자가 단일 기간 동안 포트폴리오 리스크와 수익률에만 관심이 있다고 가정한다. 하지만 이러한 가정은 기대효용함수가 2차 베르누이 효용함수의 형태일 때만 적용된다. 이 형태의 베르누이 효용함수는 평균-분산 포트폴리오 이론에서 거의 유일하게 나오는 효용함수이다. 다른 효용함수를 사용하면 형태나 특성이 달라진다. 이렇게 이차효용함수나 정규분포 자산수익률 분포를 가정하는 것은 기대효용 이론, 자본자산 가격결정 모형과 평균-분산 포트폴리오 이론을 일치시키는 '우아한' 방법은 아니다.

투자자는 자본시장선 내에서 어떤 포트폴리오 조합을 선택할까? 파이썬으로 효용함수를 최대화하면 답을 구할 수 있다. 일단 여기에서는 파라미터를 b =1로 고정한다.

```
In [80]: def U(p):
             mu, sigma = p
             return mu - 1 / 2 * (sigma ** 2 + mu ** 2)  # ❶
In [81]: cons = {'type': 'eq',
                 'fun': lambda p: p[0] - (r + (mu_M - r) / sigma_M * p[1])}  # ❷
In [82]: opt = minimize(lambda p: -U(p), (0.1, 0.3), constraints=cons)
In [83]: opt
Out[83]:      fun: -0.034885186826739426
             jac: array([-0.93256102, 0.24608851])
         message: 'Optimization terminated successfully.'
            nfev: 8
             nit: 2
            njev: 2
          status: 0
         success: True
               x: array([0.06743897, 0.2460885 ])
```

❶ 리스크-수익률 공간상의 효용함수

❷ 포트폴리오가 자본시장선에 있을 조건

무차별 곡선

시각적 분석을 통해 투자자의 최적 의사결정을 설명할 수 있다. 투자자의 효용 수준을 고정하면 리스크-수익률 공간에서 무차별 곡선indifference curve을 그릴 수 있다. 최적의 포트폴리오는 무차별 곡선이 자본시장선과 접하는 위치다. 자본시장선과 만나지 않거나 두 지점 이상에서 만나는 무차별 곡선은 최적 포트폴리오와 관계가 없다.

우선 파이썬 심볼 연산을 통해 리스크-수익률 공간에서의 효용함수를, 고정된 효용 수준 v와 고정된 파라미터 b에 대한 μ와 σ의 함수 관계로 변환한다. [그림 3-7]은 두 개의 무차별 곡선을 보여준다. 모든 σ, μ 조합에 대해 이러한 무차별 곡선을 그린다. 투자자는 하나의 무차별 곡선 내의 포트폴리오에 대해서는 차별하지 않는다.

```
In [84]: from sympy import *
         init_printing(use_unicode=False, use_latex=False)
In [85]: mu, sigma, b, v = symbols('mu sigma b v')  # ❶
```

```
In [86]: sol = solve('mu - b / 2 * (sigma ** 2 + mu ** 2) - v', mu)  # ❷
In [87]: sol  # ❷
Out[87]:         _________________________        _________________________
              /   2      2                     /   2      2
          1 - \/ - b *sigma - 2*b*v + 1      \/ - b *sigma - 2*b*v + 1 + 1
b                               b
In [88]: u1 = sol[0].subs({'b': 1, 'v': 0.1})  # ❸
         u1
Out[88]:          ______________
             /           2
         1 - \/ 0.8 - sigma
In [89]: u2 = sol[0].subs({'b': 1, 'v': 0.125})  # ❸
         u2
Out[89]:          _______________
             /            2
         1 - \/ 0.75 - sigma
In [90]: f1 = lambdify(sigma, u1)  # ❹
         f2 = lambdify(sigma, u2)  # ❹
In [91]: sigma_ = np.linspace(0.0, 0.5)  # ❺
         u1_ = f1(sigma_)  # ❻
         u2_ = f2(sigma_)  # ❻
In [92]: plt.figure(figsize=(10, 6))
         plt.plot(sigma_, u1_, label='$v=0.1$')
         plt.plot(sigma_, u2_, '--', label='$v=0.125$')
         plt.xlabel('expected volatility')
         plt.ylabel('expected return')
         plt.legend();
```

❶ SymPy 심볼 정의

❷ μ에 대한 효용함수 구하기

❸ b, v에 수칫값 대입

❹ 호출가능함수 생성

❺ 함수를 호출할 σ 값 지정하기

❻ 두 가지 다른 효용 수준에 대해 함수 호출

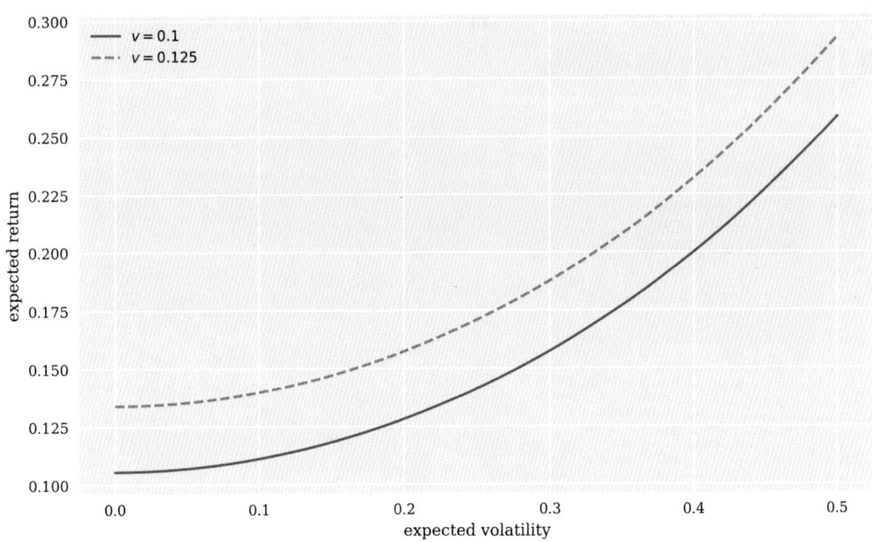

그림 3-7 리스크-수익률 공간에서의 무차별 곡선

다음 단계에서는 무차별 곡선을 자본시장선과 결합하여 투자자의 최적 포트폴리오가 무엇인지 시각적으로 파악해야 한다. [그림 3-8]은 앞의 수치 최적화 결과를 활용하여 최적의 포트폴리오, 즉 무차별 곡선이 자본시장선에 접하는 위치를 보여준다. 또한 [그림 3-8]은 투자자가 실제로 시장 포트폴리오와 무위험 자산을 혼합하여 선택한다는 것을 나타낸다.

```
In [93]: u = sol[0].subs({'b': 1, 'v': -opt['fun']})  # ❶
         u
Out[93]:         ____________________________
               /                         2
         1 - \/ 0.930229626346521 - sigma
In [94]: f = lambdify(sigma, u)
In [95]: u_ = f(sigma_)  # ❷
In [96]: plt.figure(figsize=(10, 6))
         plt.plot(0, r, 'o', ms=9, label='risk-less asset')
         plt.plot(sigma_M, mu_M, '^', ms=9, label='market portfolio')
         plt.plot(opt['x'][1], opt['x'][0], 'v', ms=9, label='optimal portfolio')
         plt.plot((0, 0.5), (r, r + (mu_M - r) / sigma_M * 0.5),
                  label='capital market line', lw=2.0)
         plt.plot(sigma_, u_, '--', label='$v={}$'.format(-round(opt['fun'], 3)))
         plt.xlabel('expected volatility')
         plt.ylabel('expected return')
         plt.legend();
```

❶ 최적효용함수에 대한 무차별 곡선의 정의

❷ 무차별 곡선을 그리기 위한 수칫값 계산

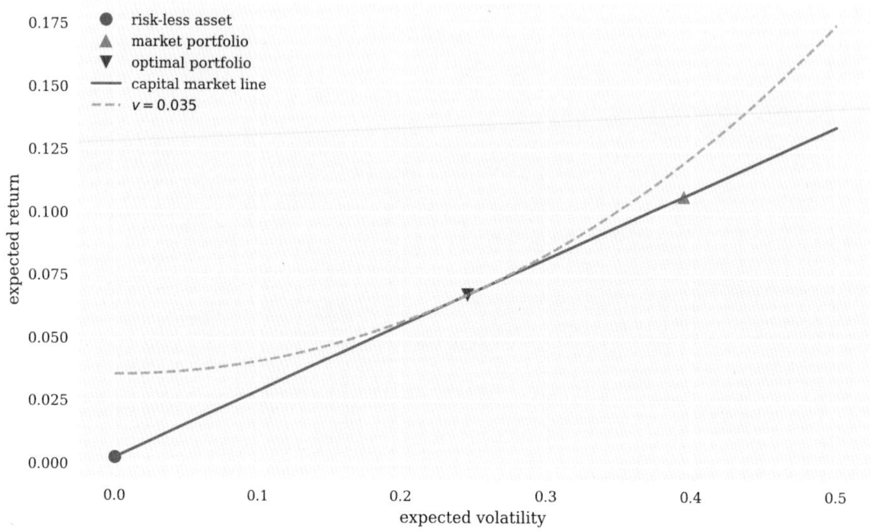

그림 3-8 자본시장선에 대한 최적 포트폴리오

이 절의 주제는 자본 시장 이론capital market theory (CMT)이다. 자본자산 가격결정 모형은 자본시장 이론의 일부로, 다음 장에서 언급할 금융 시계열 데이터를 이용하여 설명할 수도 있다.

3.5 차익거래 가격결정 이론

자본자산 가격결정 모형의 단점은 초기부터 관찰되어 금융 연구에서 여러 가지 방안으로 대응해왔다. 자본자산 가격결정 모형을 일반화한 주요 이론 중의 하나는 바로 로스(1971, 1976)가 주장한 차익거래 가격결정 이론arbitrage pricing theory (APT)이다. 로스가 1976년에 쓴 논문에서 다음과 같이 소개한다.

본 논문의 목적은 로스의 1971년 논문에 나온 자본자산 가격에 대한 차익거래 모델을 철저히 검토하는 것이다. 차익거래 모델은 자본자산 가격결정 모형의 대안으로 등장했다. 자본자산 가격결정 모형은 샤프, 린트너, 트레이너에 의해 도입된 것으로, 자본시장의 위험 자산에서 관찰한 현상을 설명하는 주요 분석 도구가 되었다

3.5.1 가정과 결과

차익거래 가격결정 이론은 자본자산 가격결정 모형을 복수의 리스크 요인을 가지는 경우로 일반화한 것이다. 따라서 차익거래 가격결정 이론에서는 시장 포트폴리오를 유일한 리스크 요인으로 가정하지 않고 여러 유형의 리스크가 한데 모여서 주식의 성능(기대 수익률)을 이끌어낸다고 가정한다. 이때 리스크 요인들에는 사이즈, 변동성, 밸류, 모멘텀 등이 있다.[11] 이러한 주요 차이점 이외에는 시장이 완벽하고, 동일한 고정금리로 (무제한) 대출이 가능하다는 유사한 가정에 의존한다.

로스(1976)의 논문에 언급된 동적인 모델은 다음과 같은 형태를 취한다.

$$y_t = a + Bf_t + \varepsilon_t$$

여기에서 y_t 는 M개의 관측 가능 변수의 벡터다. 즉, 시각 t에서의 M개의 주식의 기대 수익률이다.

$$y_t = \begin{bmatrix} y_t^1 \\ y_t^2 \\ \vdots \\ y_t^M \end{bmatrix}$$

위 식에서 a는 M개의 상수항 벡터다.

11 실무에서 사용되는 다양한 리스크 요인의 배경 설명은 블렌더 공저(2013)의 책 참조.

$$a = \begin{bmatrix} a^1 \\ a^2 \\ \vdots \\ a^M \end{bmatrix}$$

f_t는 시각 t에서의 F개 요인의 벡터이다.

$$f_t = \begin{bmatrix} f_t^1 \\ f_t^2 \\ \vdots \\ f_t^F \end{bmatrix}$$

B는 요인적재량factor loading이라고 불리는 $M \times F$ 행렬이다.

$$B = \begin{bmatrix} b_{11} & b_{12} & \dots & b_{1F} \\ b_{21} & b_{22} & \dots & b_{2F} \\ \vdots & \vdots & \ddots & \vdots \\ b_{M1} & b_{M2} & \dots & b_{MF} \end{bmatrix}$$

마지막으로 e_t는 M개의 독립적인 잔차항 벡터이다.

$$\varepsilon_t = \begin{bmatrix} \varepsilon_t^1 \\ \varepsilon_t^2 \\ \vdots \\ \varepsilon_t^M \end{bmatrix}$$

존스(2012)의 책 9장에서는 자본자산 가격결정 모형과 차익거래 가격결정 이론의 차이에 대해 다음과 같이 서술한다.

> 자본자산 가격결정 모형이나 다른 자산 가격결정 모델과 마찬가지로 차익거래 가격결정 이론도 리스크와 기대 수익률의 관계를 다룬다. 하지만 다른 가정과 방법을 사용한다. 가장 주목해야 할 점은 차익거래 가격결정 이론은 자본자산 가격결정 모형처럼 시장 포트폴리오에만 의존하지 않는다

는 것이다. 대신에 여러 가지 다른 유형의 리스크가 증권수익률에 영향을 미칠 수 있다고 인식한다.

자본자산 가격결정 모형과 차익거래 가격결정 이론 모두 출력변수가 입력 요인값과 선형 관계를 가진다. 경제학적 관점에서 두 모델 모두 선형 최소자승 회귀에 기반하여 구현되었다. 자본자산 가격결정 모형이 단변수 최소자승 회귀를 사용하는 데 반해 차익거래 가격결정 이론은 다변수 최소자승 회귀를 필요로 한다.

3.5.2 수치 예제

원래 차익거래 가격결정 이론은 동적인 모델이지만 다음 수치 예제에서는 정적인 모델을 사용한다. 앞에서 본 바와 같이 3개의 가능한 미래 상태를 가진 경제 모델 $\mathscr{M}^3 = (\{\Omega, \mathscr{F}, P\}, \mathbb{A})$ 이라고 가정한다. 두 개의 위험 자산뿐 아니라 다음과 같은 미래 페이오프를 갖는 세 번째 자산 V도 있다고 가정하자.

$$V_1 = \begin{bmatrix} 12 \\ 15 \\ 7 \end{bmatrix}$$

두 벡터 S_1과 T_1만으로는 $\mathbb{R}^3$ 공간의 기저벡터를 이룰 수 없다. 하지만 최소자승 회귀를 사용하여 페이오프 V^1에 대한 유사값을 사용할 수는 있다. 다음 파이썬 코드는 이 최소자승 회귀를 구현한다.

```
In [97]: M1
Out[97]: array([[20,  1],
                [10, 12],
                [ 5, 13]])
In [98]: M0
Out[98]: array([10, 10])
In [99]: V1 = np.array((12, 15, 7))
In [100]: reg = np.linalg.lstsq(M1, V1, rcond=-1)[0]  # ❶
          reg  # ❶
Out[100]: array([0.6141665 , 0.50030531])
In [101]: np.dot(M1, reg)
Out[101]: array([12.78363525, 12.14532872, 9.57480155])
In [102]: np.dot(M1, reg) - V1  # ❷
Out[102]: array([ 0.78363525, -2.85467128, 2.57480155])
```

```
In [103]: V0 = np.dot(M0, reg)  # ❸
          V0  # ❸
Out[103]: 11.144718094850402
```

❶ 최적 회귀 인숫값을 요인적재량으로 해석할 수 있다.

❷ 두 요인만으로는 페이오프 V_1을 설명할 수 없으므로 자산 복제는 완벽하지 못하고 잔차항이 0이 아니다.

❸ 요인적재량으로 자산 V에 대한 무차익거래 가격 V_0을 추정할 수 있다.

분명히 두 개의 요인만으로는 페이오프 V_1을 완전히 '설명'하기에는 부족하다. 선형대수 기본 이론을 생각해도 당연하다.[12] 이 경제 모델에 세 번째 리스크 요인 U를 추가한다면 어떨까? 세 번째 리스크 요인 U는 다음과 같이 정의된다. 이때 $U_0 = 1_0$이다.

$$U_1 = \begin{bmatrix} 12 \\ 5 \\ 11 \end{bmatrix}$$

이 경우에는 3개의 리스크 요인으로 페이오프 V_1을 완벽하게 설명(복제)할 수 있다.

```
In [104]: U0 = 10
          U1 = np.array((12, 5, 11))
In [105]: M0_ = np.array((S0, T0, U0))  # ❶
In [106]: M1_ = np.concatenate((M1.T, np.array([U1,]))).T  # ❷
In [107]: M1_  # ❷
Out[107]: array([[20,  1, 12],
                 [10, 12,  5],
                 [ 5, 13, 11]])
In [108]: np.linalg.matrix_rank(M1_)  # ❷
Out[108]: 3
In [109]: reg = np.linalg.lstsq(M1_, V1, rcond=-1)[0]
          reg
Out[109]: array([ 0.9575179 , 0.72553699, -0.65632458])
In [110]: np.allclose(np.dot(M1_, reg), V1)  # ❸
Out[110]: True
In [111]: V0_ = np.dot(M0_, reg)
          V0_  # ❹
Out[111]: 10.267303102625307
```

12 물론 페이오프 V_1 이 두 요인 페이오프 벡터 S_1, T_1이 이루는 스팬(span) 공간에 있을 수도 있다.

❶ 증가한 시장가격 벡터

❷ 풀랭크full rank로 증가한 시장 페이오프 행렬

❸ V_1의 정확한 복제. 잔차는 0

❹ 위험 자산 V에 대한 유일한 무차익거래 가격

이 예제는 충분한 수의 리스크 요인을 사용하여 무차익거래 가격을 유도하였다는 점에서 3.1절의 예제와 유사하다. 차익거래 가격결정 이론은 반드시 완벽한 자산가격 복제를 요구하지는 않는다. 모델에 잔차가 있어도 된다. 하지만 앞의 예제처럼 충분한 개수의 리스크 요인이 있다면 잔차가 0이 되는 완벽한 복제도 가능하다.

3.6 마치며

이 장에서 제시된 일부 이론 중에서 1940년대부터 1970년대까지의 초기 이론과 모델은 여전히 금융 교과서의 중심 주제이자, 현재 금융 실무에서 사용되고 있다. 학생, 학자, 실무자 모두 이러한 규범적인 이론과 모델들에 대해 지적인 매력을 강하게 느낀다. 바로 '논리적으로 이치에 맞는다'라는 단순한 이유 때문이다. 파이썬을 사용하면 여기에서 제시된 모델의 수치적인 예들을 쉽게 도출하고 분석하고 시각화할 수 있다.

평균-분산 포트폴리오 이론이나 자본자산 가격결정 모형과 같은 이론과 모델은 매력적이고, 구현하기 쉽고, 수학적으로도 우아하지만 오늘날에도 여전히 대중적이라는 것은 다음과 같은 몇 가지 이유로 납득하기 어렵다. 첫째, 이 장에 제시된 대중적인 이론과 모델에 대한 의미 있는 경험적 증거가 거의 없다. 둘째, 몇몇 이론과 모델들은 심지어 이론적으로 여러 가지 면에서 서로 모순된다. 셋째, 금융 이론이 지속적으로 발전한 덕분에 이제는 대안적인 이론 및 모델을 활용할 수 있다. 넷째, 현대 컴퓨팅 및 경험적 금융은 거의 무제한의 데이터 소스 및 컴퓨팅 능력에 의존할 수 있어서 간결하고 인색하고 우아한 모델들과 결과의 관련성이 더욱 낮아지게 되었다.

다음 장에서는 실제 금융 데이터를 기반으로 이 장에 소개된 이론과 모델을 분석한다. 정량적 금융공학을 사용하는 데 있어 데이터가 부족했지만, 오늘날에는 학생들도 금융 이론과 모델을

포괄적으로 분석이 가능할 정도로 풍부한 금융 데이터와 오픈 소스 도구를 사용할 수 있다. 경험적 금융공학은 항상 이론적 금융의 중요한 자매 학문이었다. 지금까지는 금융 이론이 경험적 금융을 상당 부분 이끌어 왔다. 하지만 데이터 기반 금융이라는 새로운 영역에서는 이론보다는 데이터가 상대적으로 중요하게 될 것이다.

3.7 참고 문헌

- Bender, Jennifer et al. 2013. "Foundations of Factor Investing." *MSCI Research Insight*. `http://bit.ly/aiif_factor_invest`.
- Calvello, Angelo. 2020. "Fund Managers Must Embrace AI Disruption." *Financial Times*, January 15, 2020. `http://bit.ly/aiif_ai_disrupt`.
- Eichberger, Jürgen, and Ian R. Harper. 1997. *Financial Economics*. New York: Oxford University Press.
- Fishburn, Peter. 1968. "Utility Theory." *Management Science* 14 (5): 335–378.
- Fama, Eugene F. and Kenneth R. French. 2004. "The Capital Asset Pricing Model: Theory and Evidence." *Journal of Economic Perspectives* 18 (3): 25–46.
- Halevy, Alon, Peter Norvig, and Fernando Pereira. 2009. "The Unreasonable Effectiveness of Data." *IEEE Intelligent Systems*, Expert Opinion.
- Hilpisch, Yves. 2015. *Derivatives Analytics with Python: Data Analysis, Models, Simulation, Calibration, and Hedging*. Wiley Finance.
- Jacod, Jean, and Philip Protter. 2004. *Probability Essentials*. 2nd ed. Berlin: Springer.
- Johnstone, David and Dennis Lindley. 2013. "Mean-Variance and Expected Utility: The Borch Paradox." *Statistical Science* 28 (2): 223–237.
- Jones, Charles P. 2012. *Investments: Analysis and Management*. 12th ed. Hoboken: John Wiley & Sons.

- Karni, Edi. 2014. "Axiomatic Foundations of Expected Utility and Subjective Probability." In *Handbook of the Economics of Risk and Uncertainty*, edited by Mark J. Machina and W. Kip Viscusi, 1–39. Oxford: North Holland.
- Lintner, John. 1965. "The Valuation of Risk Assets and the Selection of Risky Investments in Stock Portfolios and Capital Budgets." *Review of Economics and Statistics* 47 (1): 13–37.
- Markowitz, Harry. 1952. "Portfolio Selection." *Journal of Finance* 7 (1): 77–91.
- Pratt, John W. 1964. "Risk Aversion in the Small and in the Large." *Econometrica* 32 (1/2): 122–136.
- Ross, Stephen A. 1971. "Portfolio and Capital Market Theory with Arbitrary Preferences and Distributions: The General Validity of the Mean-Variance Approach in Large Markets." *Working Paper* No. 12–72, Rodney L. White Center for Financial Research.

  _____. 1976. "The Arbitrage Theory of Capital Asset Pricing." *Journal of Economic* Theory 13: 341–360.
- Rubinstein, Mark. 2006. *A History of the Theory of Investments—My Annotated Bibliography*. Hoboken: Wiley Finance.
- Sharpe, William F. 1964. "Capital Asset Prices: A Theory of Market Equilibrium under Conditions of Risk." *Journal of Finance* 19 (3): 425–442.

  _____. 1966. "Mutual Fund Performance." *Journal of Business* 39 (1): 119–138.
- Varian, Hal R. 2010. *Intermediate Microeconomics: A Modern Approach*. 8th ed. NewYork & London: W.W. Norton & Company.
- von Neumann, John, and Oskar Morgenstern. 1944. *Theory of Games and Economic Behavior*. Princeton: Princeton University Press.

CHAPTER 4

데이터 기반 금융

인공지능이 새로운 전기(電氣)라면 빅데이터는 발전기를 움직이는 석유다.

– 카이푸 리Kai-Fu Lee (2018)

오늘날 분석가들은 위성사진과 신용카드 데이터와 같은 비전통적 정보를 면밀히 조사하거나, 경제 데이터나 기업 실적 발표 서류와 같은 전통적인 데이터로부터 새로운 통찰력을 얻기 위해 머신러닝과 자연어 처리 과정 같은 인공지능 기술을 사용한다.

– 로빈 위걸즈워스Robin Wigglesworth (2019)

이 장에서는 데이터 기반 금융data-driven finance의 핵심에 대해 설명한다. 이 책에서 말하는 데이터 기반 금융이란 주로 데이터에서 얻은 통찰력을 기반으로 하는 금융공학(이론, 모형, 응용 등)이다.

4.1절에서는 과학적 노력을 선도하면서 일반적으로 수용되는 과학적 방법론에 대해 설명한다. 4.2절은 계량경제학econometrics과 관련된 주제를 다룬다. 그리고 4.3절은 오늘날 프로그램 가능한 API를 사용하여 입수할 수 있는 데이터의 유형에 대해 설명한다. 4.4절에서는 3장의 규범적 이론들을 다시 살펴보고 실제 금융 시계열 데이터에 기반하여 이 이론을 분석해본다. 마지막으로 4.5절에서 금융 모형과 이론에서 가장 일반적인 두 가지 가정인 수익률의 정규분포와 선형 관계의 허상을 폭로하며 이 장을 마무리한다.

4.1 과학적 방법론

과학적 방법론은 모든 과학적 프로젝트를 이끌 때 일반적으로 수용되어야 하는 원리들을 말한다. 위키백과[1]에서 과학적 방법론을 다음과 같이 정의한다.

> 과학적 방법론은 17세기 이후 과학의 발전을 이끈 경험적 지식 습득 방법론이다. 과학적 방법론은 관찰 내용에 대해 엄격한 회의론을 적용하는 신중한 관찰을 포함한다. 이는 인지적 가정이 관찰 내용을 왜곡되게 해석할 수도 있다는 점을 감안하기 때문이다. 또한 그러한 관찰 결과를 기반으로 귀납법을 통해 가설을 형성하고 실험과 측정을 기반으로 가정에서 유도된 결과를 검증하고 실험적 발견에 기반하여 가설을 정교화하거나 제거하는 것도 포함한다. 이는 모든 과학적 활동에 적용되는 일련의 확정적 단계들과 구별되는 과학적 방법론의 원칙이다.

이러한 정의를 고려할 때 3장에서 논의한 규범적 금융 이론은 과학적 방법론과 극명한 대조를 이룬다. 규범적 금융 이론들은 중요한 결과를 도출하기 위한 주요 분석 방법으로 가정, 공리, 연역법에 의존한다.

- 기대효용 이론expected utility theory(EUT)에서는 투자자가 경제 상황과 상관없이 모두 같은 효용함수를 가지고 있으며 불확실한 조건으로 기대 수익률을 최대화한다고 가정한다.
- 평균-분산 포트폴리오 이론mean-variance portfolio(MVP)은 투자자가 단일 기간 동안 포트폴리오 기대 수익률과 변동성만을 가지고 의사결정한다는 전제로, 불확실한 조건일 때 어떤 행동을 하는지에 대해 서술한다.
- 자본자산 가격결정 모형capital asset pricing model(CAPM)은 분산 불가능한 시장 리스크만이 단일 기간 주식의 기대 수익률과 변동성을 설명할 수 있다고 가정한다.
- 차익거래 가격결정 이론arbitrage pricing theory(APT)은 특정 기간 동안 주식 수익률과 변동성을 몇 가지 리스크 요인만으로 설명할 수 있다고 가정한다. 물론 다른 이론과 비교하면 차익거래 가격결정 이론은 다소 광범위하여 해석의 폭이 넓다.

앞서 언급한 규범적 금융 이론의 특징은 실제 데이터나 관찰에 의존하지 않고 '펜과 종이'만을 사용하여 특정 가정과 원칙하에서 도출된다. 역사적으로 이 이론 중 다수는 출현한 지 한참 뒤에야 실제 데이터에 대해 엄격한 테스트를 거쳤다. 시간이 흘러가면서 얻을 수 있는 데이터가 많아지고 컴퓨팅 성능이 향상되었기 때문이다. 결국 데이터와 컴퓨터 성능이 통계 방법을 실제

---

1 *https://oreil.ly/AX8jv*

로 적용하기 위한 주요 요소이다. 이런 방법론을 금융 시장 데이터에 적용하는 수학, 통계 및 금융의 교차점에 있는 분야를 계량경제학이라고 하며, 다음 절의 주제가 된다.

4.2 계량경제학과 회귀분석

인베스토피아investopia에서 제공하는 계량경제학의 정의[2]는 다음과 같다.

> 계량경제학은 [금융] 데이터에 통계적, 수학적 모형을 정량적으로 적용하여 [금융] 이론을 개발하거나 금융공학의 가정을 검증하고 과거의 데이터로부터 미래의 경향을 예측하는 것이다. 계량경제학에서는 실제 [금융] 데이터를 통계적 검정에 적용하여 그 결과를 검증받은 금융 이론에 대조한다.

알렉산더(2008b)의 책에서는 계량경제학 분야를 광범위하게 상세히 소개한다. 이 책의 2장에서 자본자산 가격결정 모형과 차익거래 가격결정 이론에 대응하는 단일 요인 모형과 복수 요인 모형을 다룬다. 이 책은 시장 리스크 분석이라는 4개의 시리즈 중 한 권이다. 이 시리즈의 첫 번째 책(알렉산더, 2008a)에서는 이론적 배경과 주제, 방법론을 다룬다. 복잡한 금융 이론 및 이와 관련된 계량경제학적 연구를 다룬 또 다른 책으로는 캠벨(2018)의 책이 있다.

계량경제학의 주요 도구 중 하나는 일변량과 다변량 형태의 회귀분석이다. 회귀분석은 일반적으로 통계적 학습의 중심 도구이다. 그렇다면 전통적인 수학과 통계적 학습의 차이점은 무엇일까? 이 질문에 정해진 답은 없지만(결국, 통계학은 수학의 하위 분야라는 것이다), 이 책의 주제와 관련한 주요 차이점을 예를 들어 살펴보자.

첫 번째는 표준적인 수학적 방법이다. 수학 함수가 다음과 같이 주어졌다고 가정하자.

$$f: \mathbb{R} \rightarrow \mathbb{R}_+, x \mapsto 2 + \frac{1}{2}x$$

여러 가지 값 x_i, $i = 1, 2, \ldots, n$에 위 정의를 사용하여 함수의 값을 도출한다.

---

2 https://oreil.ly/QErpB

$$y_i = f(x_i), i = 1, 2, ..., n$$

다음 파이썬 코드로 위의 수치 예제를 풀 수 있다.

```
In [1]: import numpy as np
In [2]: def f(x):
            return 2 + 1 / 2 * x
In [3]: x = np.arange(-4, 5)
        x
Out[3]: array([-4, -3, -2, -1, 0, 1, 2, 3, 4])
In [4]: y = f(x)
        y
Out[4]: array([0. , 0.5, 1. , 1.5, 2. , 2.5, 3. , 3.5, 4. ])
```

두 번째는 통계적 학습에서 사용되는 방법이다. 앞서의 예제에서는 함수가 먼저 나오고 그 다음에 데이터가 나오지만, 통계적 학습에서는 그 순서가 반대다. 여기에서는 데이터가 먼저 주어지고 데이터 사이의 함수 관계를 찾아야 한다. 즉, x를 독립변수, y를 종속변수로 놓는다. 데이터는 다음과 같다.

$$(x_i, y_i), i = 1, 2, ..., n$$

문제는 다음 수식을 만족하는 파라미터 α, β를 찾는 것이다.

$$\hat{f}(x_i) \equiv \alpha + \beta x_i = \hat{y}_i \approx y_i, i = 1, 2, ..., n$$

다른 방식으로 쓰면 다음과 같이 잔차항 e_i, $i = 1, 2, ..., n$을 사용할 수도 있다.

$$\alpha + \beta x_i + \varepsilon_i = y_i, \ i = 1, 2, ..., n$$

최소자승회귀분석에서는 실젯값 y_i와 근사값 $\hat{y}_i$ 사이의 오차의 제곱평균값을 최소화하는 α, β를 선택한다. 그러면 다음과 같은 최소화 문제가 된다.

$$\min_{\alpha, \beta} \frac{1}{n} \sum_i^n (\hat{y}_i - y_i)^2$$

위와 같이 간단한 최소자승 문제에서 α, β의 최적값은 다음과 같은 수식으로 주어진다.

$$\begin{cases} \beta = \dfrac{\text{Cov}(x, y)}{\text{Var(x)}} \\ \alpha = \bar{y} - \beta\bar{x} \end{cases}$$

여기에서 Cov()는 공분산covariance, Var()는 분산variance, $\bar{x}$, $\bar{y}$는 각각 x 데이터와 y 데이터의 평균값이다.

수치 예제로 돌아가서 이 값을 코드로 구현하면 다음과 같다.

```
In [5]: x
Out[5]: array([-4, -3, -2, -1, 0, 1, 2, 3, 4])
In [6]: y
Out[6]: array([0. , 0.5, 1. , 1.5, 2. , 2.5, 3. , 3.5, 4. ])
In [7]: beta = np.cov(x, y, ddof=0)[0, 1] / x.var()  # ❶
        beta  # ❶
Out[7]: 0.49999999999999994
In [8]: alpha = y.mean() - beta * x.mean()  # ❷
        alpha  # ❷
Out[8]: 2.0
In [9]: y_ = alpha + beta * x  # ❸
In [10]: np.allclose(y_, y)  # ❹
Out[10]: True
```

❶ β는 공분산 행렬과 분산에서 계산

❷ α는 β와 평균값에서 계산

❸ α, β로부터 계산한 $\hat{y}_i$의 추정치 ($i = 1, 2, ..., n$)

❹ y_i 값과 추정치가 일치하는지 확인

앞의 예제와 1장의 예제는 최소자승 회귀분석 방법을 주어진 데이터셋에 직접 적용하는 방법을 설명한다. 최소자승 회귀분석이 계량경제학의 핵심 도구가 된 이유는 다음과 같다.

수백 년의 역사

최소자승 방법론은 회귀분석과 결합하여 200년 이상 사용했다.[3]

3 코프(2015) 참조.

단순성

최소자승 회귀분석 방법론의 기저에 깔린 수학은 이해하기도 쉽고 프로그래밍으로 구현하기도 쉽다.

확장성

기본적으로 최소자승 회귀분석 방법론을 적용할 수 있는 데이터 개수에 제한이 없다.

유연성

최소자승 회귀분석 방법론은 여러 가지 문제와 데이터셋에 적용할 수 있다.

속도

최소자승 회귀분석 방법론은 데이터가 많은 경우에도 빠르게 계산할 수 있다.

가용성

파이썬을 포함한 여러 가지 프로그래밍 언어에서 이미 효율적으로 구현할 수 있다.

최소자승 회귀분석 방법론을 사용하는 것은 일반적으로 아주 쉽고 단순하지만 몇 가지 가정을 내포한다. 대부분은 잔차residual에 대한 것들인데 현실적으로는 이 가정들이 항상 만족하는 것은 아니다.

선형성

계수와 잔차 모두 선형 파라미터 모형을 사용한다.

독립성

독립변수들은 서로 상관관계가 거의 없다.

0-평균

잔차의 평균값은 0에 가깝다.

무상관성

잔차는 독립변수와 상관관계가 거의 없다.

동질성

잔차의 표준편차는 거의 상수이다.

무자기상관성

잔차는 서로 상관관계가 거의 없다.

실제로 주어진 특정한 데이터셋에 대해 이 가정들이 맞는지 검증하는 것은 일반적으로 매우 쉬운 일이다.

4.3 데이터 입수

계량경제학은 회귀분석과 같은 통계적 방법뿐 아니라 금융 데이터에 의해서도 발전해왔다. 1950년대부터 1990년대까지 그리고 2000년대 초반까지도 이론적 혹은 경험적 금융 연구는 오늘날의 수준과 비교하여 매우 적은 양의 데이터에 기반했고, 그 데이터도 대부분 일간end-of-day (EOD) 데이터였다. 최근 10년간 대량의 금융 데이터를 빠르게 입수할 수 있게 되면서 상황은 극적으로 변화하게 되었다.

4.3.1 프로그래밍 가능한 API

데이터 기반 금융에서는 사용할 수 있는 데이터가 무엇인지뿐 아니라, 해당 데이터를 어떻게 입수하고 처리하는지도 중요하다. 오랫동안 금융 전문가들은 레피니티브Refinitiv (Eikon 단말 참조[4]), 또는 블룸버그Bloomberg (블룸버그 단말 참조[5])와 같은 회사의 데이터 단말에 의존해왔다. 신문, 잡지, 금융 보고서 등은 금융 정보의 원천 소스의 기능을 이러한 단말기들에게 내주고 있다. 하지만 한 명 혹은 여러 명의 금융 전문가만으로는 이러한 단말이 제공하는 데이터의 양과 다양성을 체계적으로 소화할 수 없다. 따라서 데이터 기반 금융에서 가장 중요한 혁신은 프로그래밍 가능한 API를 통해 컴퓨터가 이러한 데이터를 선택하여 받고 처리할 수 있게 하는 것이다.

---

4 *https://oreil.ly/gcBey*

5 *https://oreil.ly/Y1dEC*

이 절의 나머지 부분에서는 학계의 연구자 혹은 일반 금융 투자자들이 이러한 API를 사용하여 다양한 데이터를 얻을 수 있다는 것을 설명하는 데 할애할 것이다. 몇 가지 예를 제시하기 전에 [표 4-1]에서 일반적으로 사용되는 금융 관련 데이터의 종류를 나열했다. 이 표에서 구조적 데이터란 수치 데이터가 테이블 형태로 나타난 것을 말한다. 그리고 비구조적 데이터는 머릿말이나 문단 이외의 특별한 구조가 없는 표준적인 텍스트 데이터를 말한다. 일반적으로 대안 데이터는 금융 데이터로 치지 않는 데이터 유형을 뜻한다.

표 4-1 금융 데이터의 유형

시간	구조적 데이터	비구조적 데이터	대안 데이터
역사적	가격, 펀더멘털	뉴스, 텍스트	웹, 소셜미디어, 인공위성
실시간	가격, 거래량	뉴스, 공시	웹, 소셜미디어, 인공위성, 사물인터넷

4.3.2 역사적, 구조적 데이터

우선, 역사적이고 구조적인 데이터들을 프로그래밍으로 가져오자. 이를 위해 Eikon 데이터 API[6]를 사용하여 다음 파이썬 코드를 실행한다.[7]

Eikon 데이터 API를 사용하여 데이터에 접근하려면 Refinitiv Workspace[8]와 같은 애플리케이션이 실행되고 있어야 한다. 또한 파이썬 쪽에서도 API 접근 설정이 올바르게 되어 있어야 한다.

```
In [11]: import eikon as ek
         import configparser
In [12]: c = configparser.ConfigParser()
         c.read('../aiif.cfg')
         ek.set_app_key(c['eikon']['app_id'])
         2020-08-04 10:30:18,059 P[14938] [MainThread 4521459136] Error on handshake
         port 9000 : ReadTimeout(ReadTimeout())
```

이러한 조건들에 맞으면 함수를 하나만 호출해도 역사적 데이터를 가져올 수 있다. 예를 들어

6 *https://oreil.ly/uDMSk*

7 이 데이터 서비스는 유료다.

8 *https://oreil.ly/NPEav*

다음 파이썬 코드는 주어진 심볼과 시간 구간에 대해 주식의 일간 데이터를 가져온다.

```
In [14]: symbols = ['AAPL.O', 'MSFT.O', 'NFLX.O', 'AMZN.O']  # ❶
In [15]: data = ek.get_timeseries(symbols,
                                  fields='CLOSE',
                                  start_date='2019-07-01',
                                  end_date='2020-07-01')  # ❷
In [16]: data.info()  # ❸
         <class 'pandas.core.frame.DataFrame'>
         DatetimeIndex: 254 entries, 2019-07-01 to 2020-07-01
         Data columns (total 4 columns):
          #   Column  Non-Null Count  Dtype
         ---  ------  --------------  -----
          0   AAPL.O  254 non-null    float64
          1   MSFT.O  254 non-null    float64
          2   NFLX.O  254 non-null    float64
          3   AMZN.O  254 non-null    float64
         dtypes: float64(4)
         memory usage: 9.9 KB
In [17]: data.tail()  # ❹
Out[17]: CLOSE      AAPL.O MSFT.O NFLX.O  AMZN.O
         Date
         2020-06-25 364.84 200.34 465.91 2754.58
         2020-06-26 353.63 196.33 443.40 2692.87
         2020-06-29 361.78 198.44 447.24 2680.38
         2020-06-30 364.80 203.51 455.04 2758.82
         2020-07-01 364.11 204.70 485.64 2878.70
```

❶ 데이터를 가져올 주식 RIC(심볼) 리스트를 정의[9]

❷ 주어진 RIC 리스트에 대해 일간 데이터 가져오기

❸ 반환된 `DataFrame` 객체의 메타 정보

❹ `DataFrame` 객체의 마지막 부분

비슷한 방법으로 적절한 인수를 사용하면 1분봉 `OHLC`[10] 데이터도 얻을 수 있다.

9 옮긴이_ RIC는 reuters instrument code를 뜻한다.

10 옮긴이_ OHLC는 open, high, low, close의 약자로 시가, 고가, 저가, 종가를 한 번에 표현하는 차트이다.

```
In [18]: data = ek.get_timeseries('AMZN.O',
                                  fields='*',
                                  start_date='2020-08-03',
                                  end_date='2020-08-04',
                                  interval='minute')  # ❶
In [19]: data.info()
         <class 'pandas.core.frame.DataFrame'>
         DatetimeIndex: 911 entries, 2020-08-03 08:01:00 to 2020-08-04 00:00:00
         Data columns (total 6 columns):
          #  Column  Non-Null Count  Dtype
         --- ------  --------------  -----
          0  HIGH    911 non-null    float64
          1  LOW     911 non-null    float64
          2  OPEN    911 non-null    float64
          3  CLOSE   911 non-null    float64
          4  COUNT   911 non-null    float64
          5  VOLUME  911 non-null    float64
         dtypes: float64(6)
         memory usage: 49.8 KB
In [20]: data.head()
Out[20]: AMZN.O                 HIGH     LOW     OPEN    CLOSE COUNT VOLUME
         Date
         2020-08-03 08:01:00 3190.00 3176.03 3176.03 3178.17  18.0  383.0
         2020-08-03 08:02:00 3183.02 3176.03 3180.00 3177.01  15.0  513.0
         2020-08-03 08:03:00 3179.91 3177.05 3179.91 3177.05   5.0   14.0
         2020-08-03 08:04:00 3184.00 3179.91 3179.91 3184.00   8.0  102.0
         2020-08-03 08:05:00 3184.91 3182.91 3183.30 3184.00  12.0  403.0
```

❶ 단일 RIC에 대해 일분봉을 구한다.

Eikon 데이터 API를 사용하면 구조적 금융 시계열 데이터 이외의 데이터도 받을 수 있다. 예를 들어 다음과 같은 파이썬 코드를 사용하면 복수의 RIC 심볼 주식들에 대한 여러 가지 펀더멘털 데이터를 동시에 받을 수 있다.

```
In [21]: data_grid, err = ek.get_data(['AAPL.O', 'IBM', 'GOOG.O', 'AMZN.O'],
                                      ['TR.TotalReturnYTD', 'TR.WACCBeta',
                                       'YRHIGH', 'YRLOW',
                                       'TR.Ebitda', 'TR.GrossProfit'])  # ❶
In [22]: data_grid
Out[22]:  Instrument YTD Total Return  Beta      YRHIGH     YRLOW   EBITDA \
         0 AAPL.O           49.141271  1.221249  425.66  192.5800  7.647700e+10
```

```
1 IBM              -5.019570  1.208156  158.75    90.5600  1.898600e+10
2 GOOG.O           10.278829  1.067084 1586.99 1013.5361  4.757900e+10
3 AMZN.O           68.406897  1.338106 3344.29 1626.0318  3.025600e+10
  Gross Profit
0  98392000000
1  36488000000
2  89961000000
3 114986000000
```

❶ 복수의 RIC에 대해 복수의 필드값 추출

> **NOTE 프로그래밍 가능한 데이터 입수**
>
> 요즘에는 프로그래밍 방법으로 모든 구조적 금융 데이터를 구할 수 있다. 이 책에서는 금융 시계열 데이터가 주된 예이다. 하지만 펀더멘털 데이터와 같은 다른 종류의 구조적 데이터도 이와 같은 방법으로 구할 수 있다. 이렇게 되면 정량적 분석가나 트레이더, 포트폴리오 매니저와 같은 사람들의 작업을 아주 단순화할 수 있다.

4.3.3 실시간, 구조적 데이터

알고리즘 트레이딩나 시장 리스크 관리와 같은 많은 금융 분야에서는 실시간 구조적 데이터가 필요하다. 다음 파이썬 코드는 Oanda 트레이딩 플랫폼[11] API를 사용하여 미국 달러로 표시한 비트코인의 매도, 매수 가격과 타임스탬프 시각을 실시간으로 처리한다.

```
In [23]: import tpqoa
In [24]: oa = tpqoa.tpqoa('../aiif.cfg')  # ❶
In [25]: oa.stream_data('BTC_USD', stop=5)  # ❷
         2020-08-04T08:30:38.621075583Z 11298.8 11334.8
         2020-08-04T08:30:50.485678488Z 11298.3 11334.3
         2020-08-04T08:30:50.801666847Z 11297.3 11333.3
         2020-08-04T08:30:51.326269990Z 11296.0 11332.0
         2020-08-04T08:30:54.423973431Z 11296.6 11332.6
```

❶ Oanda API에 연결

❷ 주어진 심볼에 대해 정해진 개수의 데이터를 스트리밍

11 http://oanda.com

여기에서는 예시용으로 스트리밍된 데이터 필드를 출력했다. 예를 들어 특정한 금융 애플리케이션에서는 스트리밍으로 받은 데이터를 복잡하게 처리해서 시그널이나 통계를 생성할 수도 있다. 특히 평일날의 거래 시간 동안에는 금융상품의 가격 틱데이터가 꾸준히 증가하기 때문에 실시간이나 준실시간 처리를 하려면 금융기관의 데이터 처리 능력이 아주 강력해야 한다.

애플 주가를 보면 그 의미를 확실히 파악할 수 있다. 40년에 걸친 일간 데이터의 개수는 약 252 x 40 = 10,080개에 지나지 않는다. (애플은 1980년 12월 12일에 상장되었다.) 한편, 다음 파이썬 코드는 1시간 동안의 애플 주가 틱데이터를 수집한 것으로 그 데이터의 개수는 5만 개가 넘는다. 즉, 40년간의 일간 데이터의 5배가 넘는다는 뜻이다.

```
In [26]: data = ek.get_timeseries('AAPL.O',
                                  fields='*',
                                  start_date='2020-08-03 15:00:00',
                                  end_date='2020-08-03 16:00:00',
                                  interval='tick')  # ❶
In [27]: data.info()
         <class 'pandas.core.frame.DataFrame'>
         DatetimeIndex: 50000 entries, 2020-08-03 15:26:24.889000 to 2020-08-03
         15:59:59.762000
         Data columns (total 2 columns):
          #  Column  Non-Null Count  Dtype
         --- ------  --------------  -----
          0  VALUE   49953 non-null  float64
          1  VOLUME  50000 non-null  float64
         dtypes: float64(2)
         memory usage: 1.1 MB
In [28]: data.head()
Out[28]: AAPL.O           VALUE VOLUME
Date
2020-08-03 15:26:24.889  439.06  175.0
2020-08-03 15:26:24.889  439.08    3.0
2020-08-03 15:26:24.890  439.08  100.0
2020-08-03 15:26:24.890  439.08    5.0
2020-08-03 15:26:24.899  439.10   35.0
```

❶ 애플 주식의 틱데이터 추출

주요 개념 일간 데이터와 틱데이터

오늘날 적용되고 있는 대부분의 금융 이론은 기본적으로 사용할 수 있는 유일한 금융 데이터가 일간 데이터였던 시대에 나온 것들이다. 오늘날 금융기관은 물론 심지어 일반 트레이더와 투자자들도 실시간 데이터를 확보할 수 있다. 애플 주식을 예로 들면 1시간 동안에 40년간 누적된 일간 데이터 양의 4배에 달하는 틱데이터가 생성될 수 있음을 보여준다. 이는 금융 시장의 주체들에게 매우 어려운 주제일 뿐 아니라, 현존하는 금융 이론을 지금의 환경에 적용할 수 있는지에 대해 의문이 들게 한다.

4.3.4 역사적, 비구조적 데이터

금융 관련 뉴스나 회사 공시와 같은 비구조적 데이터는 금융 분야의 수많은 주요 데이터 소스로부터 나온다. 의심의 여지 없이 구조화되고 수치적인 데이터를 다루는 데는 기계가 사람보다 훨씬 월등하다. 최근 자연어 처리의 발전 덕분에 금융 관련 뉴스에서조차 기계가 더 빠르게, 더 잘 처리할 수 있게 되었다. 2020년에 데이터 서비스 제공자가 내놓은 뉴스는 일간 약 150만 건이다. 이렇게 방대한 텍스트 기반 데이터를 사람이 적절하게 처리할 수 없다는 것은 분명하다.

다행히도 요즘에는 비구조적인 데이터도 대부분 프로그래밍 가능한 API를 통해 얻을 수 있다. 다음 파이썬 코드는 Eikon 데이터 API를 통해 테슬라와 해당 회사의 제품에 대한 뉴스 기사를 검색한다. 하나의 기사만 선택해서 보면 다음 예제와 같다.

```
In [29]: news = ek.get_news_headlines('R:TSLA.O PRODUCTION',
                              date_from='2020-06-01',
                              date_to='2020-08-01',
                              count=7
                              )  # ❶

In [30]: news
Out[30]:                                    versionCreated \
2020-07-29 11:02:31.276 2020-07-29 11:02:31.276000+00:00
2020-07-28 00:59:48.000        2020-07-28 00:59:48+00:00
2020-07-23 21:20:36.090 2020-07-23 21:20:36.090000+00:00
2020-07-23 08:22:17.000        2020-07-23 08:22:17+00:00
2020-07-23 07:08:48.000        2020-07-23 07:46:56+00:00
2020-07-23 00:55:54.000        2020-07-23 00:55:54+00:00
2020-07-22 21:35:42.640 2020-07-22 22:13:26.597000+00:00
                                                          text \
2020-07-29 11:02:31.276 Tesla Launches Hiring Spree in China as It Pre...
2020-07-28 00:59:48.000 Tesla hiring in Shanghai as production ramps up
```

```
2020-07-23 21:20:36.090 Tesla speeds up Model 3 production in Shanghai
2020-07-23 08:22:17.000 UPDATE 1-'Please mine more nickel,' Musk urges...
2020-07-23 07:08:48.000 'Please mine more nickel,' Musk urges as Tesla...
2020-07-23 00:55:54.000 USA-Tesla choisit le Texas pour la production ...
2020-07-22 21:35:42.640 TESLA INC - THE REAL LIMITATION ON TESLA GROWT...
                                                             storyId \
2020-07-29 11:02:31.276 urn:newsml:reuters.com:20200729:nCXG3W8s9X:1
2020-07-28 00:59:48.000 urn:newsml:reuters.com:20200728:nL3N2EY3PG:8
2020-07-23 21:20:36.090 urn:newsml:reuters.com:20200723:nNRAcf1v8f:1
2020-07-23 08:22:17.000 urn:newsml:reuters.com:20200723:nL3N2EU1P9:1
2020-07-23 07:08:48.000 urn:newsml:reuters.com:20200723:nL3N2EU0HH:1
2020-07-23 00:55:54.000 urn:newsml:reuters.com:20200723:nL5N2EU03M:1
2020-07-22 21:35:42.640 urn:newsml:reuters.com:20200722:nFWN2ET120:2
                        sourceCode
2020-07-29 11:02:31.276 NS:CAIXIN
2020-07-28 00:59:48.000   NS:RTRS
2020-07-23 21:20:36.090 NS:SOUTHC
2020-07-23 08:22:17.000   NS:RTRS
2020-07-23 07:08:48.000   NS:RTRS
2020-07-23 00:55:54.000   NS:RTRS
2020-07-22 21:35:42.640   NS:RTRS
In [31]: storyId = news['storyId'][1]  # ❷
In [32]: from IPython.display import HTML
In [33]: HTML(ek.get_news_story(storyId)[:1148])  # ❸
Out[33]: <IPython.core.display.HTML object>
Jan 06, 2020
Tesla, Inc.TSLA registered record production and deliveries of 104,891 and
112,000 vehicles, respectively, in the fourth quarter of 2019.
Notably, the company's Model S/X and Model 3 reported record production and
deliveries in the fourth quarter. The Model S/X division recorded production
and delivery volume of 17,933 and 19,450 vehicles, respectively. The Model 3
division registered production of 86,958 vehicles, while 92,550 vehicles were
delivered.
In 2019, Tesla delivered 367,500 vehicles, reflecting an increase of 50%, year
over year, and nearly in line with the company's full-year guidance of 360,000
vehicles.
```

❶ 주어진 파라미터에 대응하는 복수의 뉴스 기사에 대한 메타데이터

❷ 전문을 읽어올 하나의 storyId 선택

❸ 선택된 뉴스의 전문을 가져와서 출력

4.3.5 실시간, 비구조적 데이터

역사적 비구조적 데이터를 얻는 것과 마찬가지 방법으로 프로그래밍 가능한 API를 사용하면 비구조적인 뉴스 데이터를 실시간으로 스트리밍하여 받을 수 있다. 이러한 API의 한 예로 다우존스Dow Jones의 DNAdata, news, analytics 뉴스 플랫폼[12]이 있다. [그림 4-1]은 '원자재 금융 뉴스'의 기사를 스트리밍하고 이 기사들을 실시간으로 자연어 처리하는 웹 애플리케이션의 스크린샷을 보여준다.

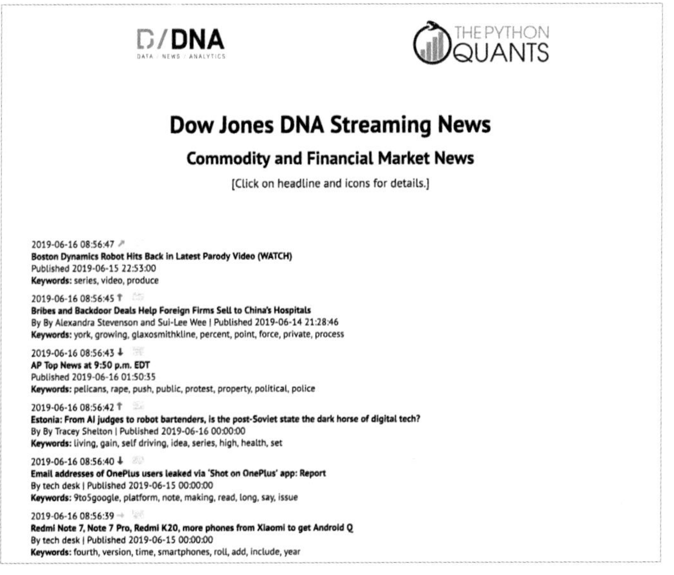

그림 4-1 DNA 기반의 뉴스 스트리밍 애플리케이션(다우존스)

이 뉴스 스트리밍 애플리케이션의 주요 특징은 다음과 같다.

전문

각 기사의 헤드라인을 클릭하면 전문을 볼 수 있다.

키워드 요약

키워드를 요약하여 스크린에 인쇄한다.

---

12 *https://oreil.ly/kVm18*

감성분석

감성분석 점수를 계산하여 화살표로 시각화한다. 자세한 내용은 화살표를 클릭하면 볼 수 있다.

워드 클라우드

워드 클라우드 그림을 생성하여 썸네일로 보여주고, 이 썸네일을 클릭하면 전체 화면이 나타난다(그림 4-2).

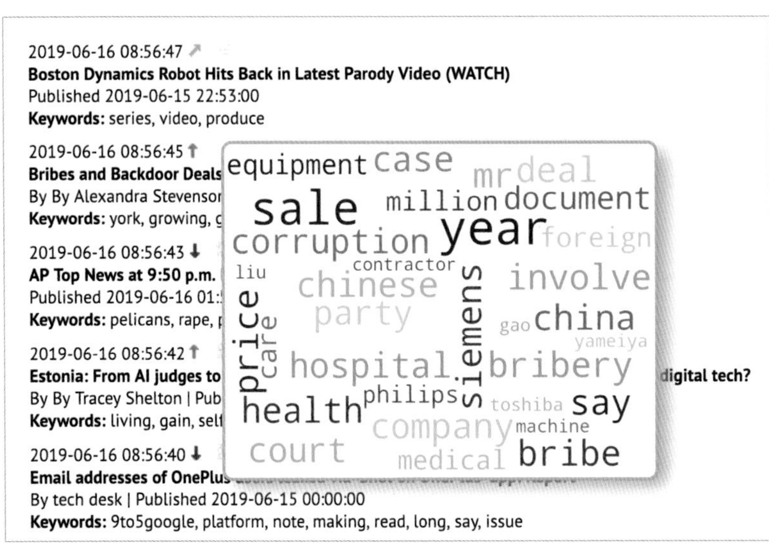

그림 4-2 뉴스 스트리밍 애플리케이션의 워드 클라우드 그림

4.3.6 대안 데이터

오늘날 금융기관들, 특히 헤지펀드는 거래와 투자에서 우위를 점하기 위해 여러 가지 대안 데이터를 체계적으로 사용한다. 블룸버그의 최근 기사[13]에 다음과 같은 대안 데이터들을 소개한다.

- 웹 스크래핑 데이터
- 크라우드crowd 기반 데이터
- 신용카드 및 판매 시스템 데이터

13 *http://bit.ly/aiif_alt_data*

- 소셜미디어 감성
- 검색 트렌드
- 웹 트래픽
- 공급 사슬 데이터
- 에너지 생산 데이터
- 소비자 프로필
- 인공위성 이미지
- 앱 설치
- 해양 선박 추적
- 웨어러블, 드론, 사물인터넷 센서

다음은 두 가지 예제로 대안 데이터의 사용에 대해 설명한다. 첫 번째 예제에서는 HTML로 되어 있는 애플의 보도자료를 읽어서 처리한다. 그다음 4.8절의 자연어 처리 도움 코드(helper code)를 사용한다. 이 코드에서는 일련의 URL를 정의하는 데 각 URL은 애플의 보도자료 HTML을 가리킨다. 예제 코드는 HTML 원본 코드를 읽어서 태그를 없애고 본문만 출력한다.

```
In [34]: import nlp
         import requests
In [35]: sources = [
             'https://nr.apple.com/dE0b1T5G3u', # iPad Pro
             'https://nr.apple.com/dE4c7T6g1K', # MacBook Air
             'https://nr.apple.com/dE4q4r8A2A', # Mac Mini
         ]
In [36]: html = [requests.get(url).text for url in sources]
In [37]: data = [nlp.clean_up_text(t) for t in html]
In [38]: data[0][536:1001]
Out[38]: ' display, powerful a12x bionic chip and face id introducing the new ipad pro
         with all-screen design and next-generation performance. new york apple today
         introduced the new ipad pro with all-screen design and next-generation
         performance, marking the biggest change to ipad ever. the all-new design
         pushes 11-inch and 12.9-inch liquid retina displays to the edges of ipad pro
         and integrates face id to securely unlock ipad with just a glance.1 the a12x
         bionic chip w'
```

❶ 자연어 처리 도움 함수를 임포트

❷ 보도자료 3개의 URL 정의

❸ 보도자료 3개의 원본 HTML 코드 데이터 확보

❹ HTML 태그 제거

❺ 보도자료 내용 출력

물론 대안 데이터를 이 절에서와 같이 광범위하게 정의하면 금융과 관련된 목적으로 검색하고 처리할 수 있는 데이터의 양이 무한히 많아진다. 결국 구글과 같은 검색 엔진의 업무가 중요해진다. 따라서 금융과 관련된 상황에서는 어떤 비정형 대안 데이터를 활용할 것인지 정확히 지정하는 것이 가장 중요하다.

두 번째 예제에서는 트위터의 데이터를 사용한다. 이를 위해 트위터는 플랫폼 자체에서 트윗을 접근할 수 있는 API를 제공한다. 다음 파이썬 코드는 트위터 API를 연결하여 자신의 홈 타임라인과 사용자 타임라인에서 가장 최근의 트윗 5개를 뽑아온다.

```
In [39]: from twitter import Twitter, OAuth
In [40]: t = Twitter(auth=OAuth(c['twitter']['access_token'],
                                c['twitter']['access_secret_token'],
                                c['twitter']['api_key'],
                                c['twitter']['api_secret_key']),
                     retry=True)  # ❶
In [41]: l = t.statuses.home_timeline(count=5)  # ❷
In [42]: for e in l:
             print(e['text'])  # ❷
The Bank of England is effectively subsidizing polluting industries in its
pandemic rescue program, a think tank sa… https://t.co/Fq5jl2CIcp
Cool shared task: mining scientific contributions (by @SeeTedTalk @SoerenAuer
and Jennifer D'Souza)
https://t.co/dm56DMUrWm
Twelve people were hospitalized in Wyoming on Monday after a hot air balloon
crash, officials said.
Three hot air… https://t.co/EaNBBRXVar
President Trump directed controversial Pentagon pick into new role with
similar duties after nomination failed https://t.co/ZyXpPcJkcQ
Company announcement: Revolut launches Open Banking for its 400,000 Italian...
https://t.co/OfvbgwbeJW #fintech
In [43]: l = t.statuses.user_timeline(screen_name='dyjh', count=5)  # ❸
In [44]: for e in l:
             print(e['text'])  # ❸
#Python for #AlgoTrading (focus on the process) &amp; #AI in #Finance (focus
on prediction methods) will complement eac… https://t.co/P1s8fXCp42
```

```
Currently putting finishing touches on #AI in #Finance (@OReillyMedia). Book
going into production shortly. https://t.co/JsOSA3sfBL
Chinatown Is Coming Back, One Noodle at a Time https://t.co/In5kXNeVc5
Alt data industry balloons as hedge funds strive for Covid edge via @FT ¦
"We remain of the view that alternative d… https://t.co/9HtUOjoEdz
@Wolf_Of_BTC Just follow me on Twitter (or LinkedIn). Then you will notice for
sure when it is out.
```

❶ 트위터 API 연결

❷ 홈 타임라인에서 가장 최근의 트윗 5개 추출

❸ 사용자 타임라인에서 가장 최근의 트윗 5개 추출

트위터 API는 검색 기능을 제공하므로 이를 이용하여 가장 최근의 트위터만을 뽑아서 처리할 수 있다.

```
In [45]: d = t.search.tweets(q='#Python', count=7)  # ❶
In [46]: for e in d['statuses']:
             print(e['text'])  # ❶
RT @KirkDBorne: #AI is Reshaping Programming — Tips on How to Stay on Top:
https://t.co/CFNu1i352C
—
Courses:
1: #MachineLearning — Jupyte…
RT @reuvenmlerner: Today, a #Python student's code didn't print:
x = 5
if x == 5:
print: ('yes!')
There was a typo, namely : after pr…
RT @GavLaaaaaaaa: Javascript Does Not Need a StringBuilder
https://t.co/aS7NzHLO65 #programming #softwareengineering #bigdata
#datascience…
RT @CodeFlawCo: It is necessary to publish regular updates on Twitter
#programmer #coder #developer #technology RT @pak_aims: Learning to C…
RT @GavLaaaaaaaa: Javascript Does Not Need a StringBuilder
https://t.co/aS7NzHLO65 #programming #softwareengineering #bigdata
#datascience…
```

❶ 해시태그 'Python'으로 검색한 결과 중 가장 최근의 7개 추출

또한 트위터 사용자로부터 더 많은 수의 트윗을 수집하여 워드 클라우드 형태로 요약할 수 있다(그림 4-3). 다음 파이썬 코드는 4.8절에 소개하는 NLP 도움 기능을 다시 사용한다.

```
In [47]: l = t.statuses.user_timeline(screen_name='elonmusk', count=50)  # ❶
In [48]: tl = [e['text'] for e in l]  # ❷
In [49]: tl[:5]  # ❸
Out[49]: ['@flcnhvy @Lindw0rm @cleantechnica True',
          '@Lindw0rm @cleantechnica Highly likely down the road',
          '@cleantechnica True fact',
          '@NASASpaceflight Scrubbed for the day. A Raptor turbopump spin start valve
           didn't open, triggering an automatic abo… https://t.co/QDdlNXFgJg',
          '@Erdayastronaut I'm in the Boca control room. Hop attempt in ~33 minutes.']
In [50]: wc = nlp.generate_word_cloud(' '.join(tl), 35,
                                      name='../../images/ch04/musk_twitter_wc.png'
                 )  # ❹
```

❶ 사용자 elonmusk의 최신 50개 트윗 추출

❷ 리스트 객체 안에 텍스트로 정리

❸ 마지막 5개 트윗 보여주기

❹ 워드 클라우드 생성 및 보여주기

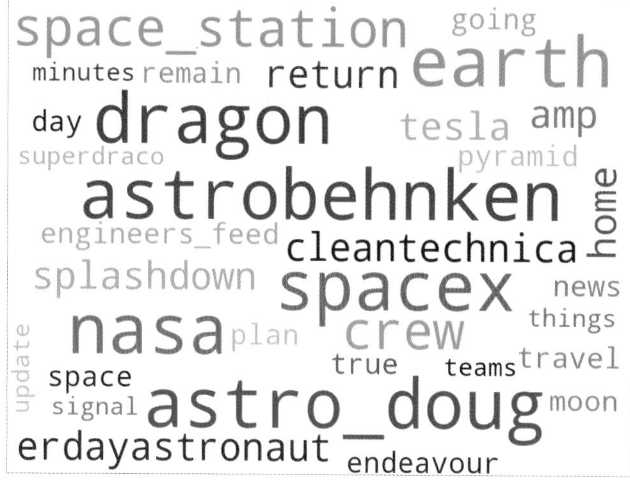

그림 4-3 대량 트윗로 만든 워드 클라우드

구조적인 금융 시계열 데이터를 넘어서는 데이터를 '관련된 금융 데이터'라고 정의하면 데이터 소스는 양, 종류, 속도의 모든 면에서 무한대에 가까워진다. 트위터 API에서 트윗을 추출하는 예제에서 볼 수 있듯이 이와 유사한 API 기반의 데이터 소스는 끝나지 않는 실시간 데이터를 생성해낸다. 따라서 정확하게 어떤 데이터를 지정할 것인지가 중요하다. 그렇지 않으면 금융 데이터에 쏟는 노력이 데이터의 양이나 노이즈에 의해 쉽게 변질된다.

4.4 규범적 이론의 재고

3장에서는 평균-분산 포트폴리오 이론이나 자본자산 가격결정모형과 같은 규범적 금융 이론을 소개했다. 오랫동안 학생들과 학자들은 그러한 이론을 배우고 공부하는 데 많은 제약을 받았다. 하지만 이전 절에서 설명한 것처럼 이제는 사용 가능한 모든 금융 데이터가 파이썬, NumPy, Pandas 등과 같은 강력한 데이터 분석용 오픈 소스 소프트웨어와 함께 제공됨에 따라 금융 이론을 실제 환경에서 테스트하는 것이 매우 쉽고 간단해졌다. 이제는 그런 테스트를 위해 소규모 팀과 큰 규모의 연구가 필요하지 않다. 일반적인 노트북, 인터넷 액세스, 표준 파이썬 환경만 있으면 충분한데, 그 내용을 이 절에서 다룬다. 그러나 데이터 기반 금융에 대해 설명하기에 앞서 기대효용 이론의 맥락에서 몇 가지 유명한 역설과 기업이 실제로 개인의 행동을 모형화하고 예측하는 방법에 대해 간략히 논의한다.

4.4.1 기대효용과 현실

경제학에서 리스크는 의사결정자가 알고 있는 미래의 가능한 경우와 그 경우가 될 확률을 설명한다. 이는 금융공학이나 기대효용 이론의 표준 가정이다. 다른 한편으로 경제학상의 불명확성이라는 것은 의사결정자가 알지 못하는 미래의 경우와 그 확률을 묘사한다. 불확실성은 이 두 가지의 서로 다른 의사결정 상황을 가정한다.

학자들은 오랫동안 이러한 불확실성하에서 개인(대리인)의 구체적 의사결정 행동을 분석해왔다. 예를 들어 기대효용 이론과 같은 이론들에서 예측한 내용과 비교하여, 불확실성을 맞닥뜨린 개인들은 실제로 어떤 행동하는지에 대한 수많은 연구와 실험을 수행했다. 예측과 다르게 행동하는 역설적 행위는 수 세기 동안 의사결정 이론과 연구에서 중요한 역할을 담당했다.

그중 한 가지인 상트페테르부르크의 역설St. Petersburg paradox은 효용함수와 기대효용 이론을 발견한 계기가 된다. 상트페테르부르크의 역설은 1738년에 다니엘 베르누이Daniel Bernoulli가 발표하고 그 해법을 만들었다. 이 역설은 다음과 같은 동전 던지기 게임에 기반한다. 이 게임의 참여자는 동전을 던지게 된다. 첫 번째에 앞면이 나오면 1이라는 보상을 받는다. 앞면이 나오면 동전을 다시 던지고, 뒷면이 나오면 게임이 끝난다.

동전을 다시 던져서 두 번째에도 앞면이 나오면 2라는 보상을 받고, 세 번째에도 앞면이 나오면 4라는 보상을, 네 번째에도 앞면이 나오면 8, 이런 식으로 보상을 받는다. 이때 가능한 모든 경우와 확률을 미리 계산할 수 있다.

이 게임의 기대보상은 무한급수로 표시되며 다음과 같이 그 합은 무한대이다.

$$\mathbf{E}(G) = \frac{1}{2} \cdot 1 + \frac{1}{4} \cdot 2 + \frac{1}{8} \cdot 4 + \frac{1}{16} \cdot 8 + \cdots = \sum_{k=1}^{\infty} \frac{1}{2^k} 2^{k-1} = \sum_{k=1}^{\infty} \frac{1}{2} = \infty$$

하지만 일반적으로 게임 참여자는 단지 게임을 하기 위해서 유한한 게임 비용을 지불하려는 의사결정을 한다. 보상을 크게 받을 확률이 매우 낮다는 것이 그 주요한 이유 중 하나이다. 예를 들어 다음과 같이 보상이 511인 경우 $P(x = W) = \frac{1}{512} = 0.001953125$로 매우 낮다.

$$W = 1 + 2 + 4 + 8 + 16 + 32 + 64 + 128 + 256 = 511$$

상대적으로 511 이하의 보상을 받을 확률은 매우 높다.

$$P(x \leq W) = \sum_{k=1}^{9} \frac{1}{2^k} = 0.998046875$$

다른 말로 하면 1,000번 게임을 해서 998번은 보상이 511 이하라는 뜻이다. 따라서 참여자는 이 게임에 참여하기 위해 511보다 많은 게임 비용을 지불하지 않을 것이다. 이 역설로부터 양의 값이지만 계속 감소하는 한계효용값을 가진 효용함수라는 것이 도입되었다. 효용함수는 가능한 양수의 값인 보상 x로부터 효용값 $u(x)$를 출력하는 함수다. 효용함수의 값이 계속 감소하려면 다음 조건을 만족해야 한다.

$$\frac{\partial u}{\partial x} > 0$$

$$\frac{\partial^2 u}{\partial x^2} < 0$$

3장에서 본 것처럼 이를 만족하는 함수는, $u(x) = \ln(x)$이다.

$$\frac{\partial u}{\partial x} = \frac{1}{x}$$

$$\frac{\partial^2 u}{\partial x^2} = -\frac{1}{x^2}$$

이 경우 기대효용값은 다음 무한수열에서 계산한 바와 같이 유한하다.

$$\mathbf{E}(u(G)) = \sum_{k=1}^{\infty} \frac{1}{2^k} u\left(2^{k-1}\right) = \sum_{k=1}^{\infty} \frac{\ln\left(2^{k-1}\right)}{2^k} = \left(\sum_{k=1}^{\infty} \frac{(k-1)}{2^k}\right) \cdot \ln(2) = \ln(2) < \infty$$

$\ln 2 = 0.693147$라는 효용값은 무한대의 기대보상에 비하면 매우 작은 값이다. 이렇게 베르누이 효용함수와 기대효용 이론을 사용하면 상트페테르부르크의 역설을 해결할 수 있다.

기대효용 이론에 대한 또 다른 역설로는 1953년도에 발표된 알레의 역설Allais paradox이 있다. 이 역설은 4가지 다른 게임에 대해 참여자가 순위를 매기는 실험에 기반한다. [표 4-2]에 4가지 게임 A, B, A′, B′ 를 나타내었다. 첫 번째 실험은 게임 A, B 중에서 선택하는 것이고, 두 번째 실험은 게임 A′와 B′ 중에서 선택하는 것이다. 독립성 공리에 의하면 [표 4-2]에서 첫 번째 행은 보상 기댓값이 같으므로 선택에 영향을 미치면 안 된다.

표 4-2 알레의 역설

확률	게임 A	게임 B	게임 A′	게임 B′
0.66	2,400	2,400	0	0
0.33	2,500	2,400	2,500	2,400
0.01	0	2,400	0	2,400

실제 실험에서 대부분 의사결정자는 A보다 B를, B′보다 A′를 선택했다. 효용함수로 이 상황을 $u_1 \equiv u(2400)$, $u_2 \equiv u(2500)$, $u_3 \equiv u(0)$라고 할 때 A보다 B를 선호한다는 사실로부터 다음과 같은 식을 도출할 수 있다.

$$\begin{aligned} u_1 &> 0.66 \cdot u_1 + 0.33 \cdot u_2 + 0.01 \cdot u_3 \\ 0.34 \cdot u_1 &> 0.33 \cdot u_2 + 0.01 \cdot u_3 \end{aligned}$$

이번에는 B′보다 A′를 선호한다는 사실로부터 다음과 같은 식을 도출한다.

$$\begin{aligned} 0.33 \cdot u_2 + 0.01 \cdot u_3 &> 0.33 \cdot u_1 + 0.01 \cdot u_1 \\ 0.34 \cdot u_1 &< 0.33 \cdot u_2 + 0.01 \cdot u_3 \end{aligned}$$

이 두 방정식은 명백히 서로 모순이라는 것이 알레의 역설이다. 이에 대한 한 가지 가능한 설명은 의사결정자는 일반적으로 기대효용 이론이 예측하는 것보다 확실성을 선호한다는 것이다. 대부분 사람은 5%의 확률로 1,000억을 받을 수 있는 게임에 참여하기보다는 10억을 확실하게 받는 것을 더 선호한다. 기대효용 이론에서 사용되는 대부분 효용함수를 기반으로 예측하면 후자를 선택하게 된다.

또 다른 설명은 의사결정을 프레이밍[framing]하는 것과 의사결정자들의 심리에 대한 것이다. 사람들은 대개 어떤 수술의 '사망률이 5%'라고 말하는 것보다 '성공률이 95%'라고 말하는 것을 더 잘 받아들인다. 단순히 단어 하나만 바꾸어도 기대효용 이론에 반하는 비일관적인 의사결정 행동을 하는 경우가 발생한다.

기대효용 이론의 한계점을 지적하는 또 다른 유명한 역설은 새비지[Savage]가 1954년과 1972년에 지적한 바와 같이 엘스버그가 1961년에 쓴 논문「엘스버그의 역설[Ellsberg paradox]」이다. 이 논문에서는 현실의 의사결정 상황에서 모호성의 중요성을 역설한다. 이 역설의 기본 전제는 두 개의 단지에 각각 100개의 공이 들어 있으며, 1번 단지에는 검은 공 50개와 붉은 공 50개가 있다는 것이다. 그리고 2번 단지에는 검은 공과 붉은 공이 있지만 각각 몇 개씩인지는 알 수 없다.

실험 참여자는 다음과 같은 4개의 게임에서 각각의 옵션 중 가장 가능성이 큰 경우를 선택한다.

- 게임 1 : 1번 단지에서 붉은 공, 1번 단지에서 검은 공, 둘 중 아무것이나 상관없음
- 게임 2 : 2번 단지에서 붉은 공, 2번 단지에서 검은 공, 둘 중 아무것이나 상관없음

- 게임 3 : 1번 단지에서 붉은 공, 2번 단지에서 붉은 공, 둘 중 아무것이나 상관없음
- 게임 4 : 1번 단지에서 검은 공, 2번 단지에서 검은 공, 둘 중 아무것이나 상관없음

대부분 참여자는 다음과 같이 선택했다.

- 게임 1 : 둘 중 아무것이나 상관없음
- 게임 2 : 둘 중 아무것이나 상관없음
- 게임 3 : 1번 단지에서 붉은 공
- 게임 4 : 1번 단지에서 검은 공

이러한 의사결정은 단지 이 실험뿐 아니라 다른 경우에서도 흔하게 관찰된다. 일명, 모호성 회피ambiguity aversion라 불리는 현상의 좋은 예시이다. 2번 단지의 검은 공과 붉은 공의 확률을 모르기 때문에 의사결정자는 모호한 것보다는 (확률을 아는) 리스크가 있는 상황을 더 선호한다는 것이다.

알레와 엘스버그의 두 가지 역설은 실험 참가자들이 실제로는 경제학에서 정립된 결정 이론의 예측과 상반된 행동을 하는 경우가 많다는 것을 보여준다. 다시 말해서, 의사결정자로서의 리스크나 모호함과 같은 부정확한 상황의 의사결정자로서의 인간은 일반적으로 신중하게 데이터를 수집한 다음, 계산된 숫자를 기반으로 의사결정하는 기계와 비교할 수 없다. 인간의 행동 대부분은 이론이 제시하는 것보다 훨씬 더 복잡하다. 인간의 행동을 설명하는 것이 얼마나 어렵고 복잡한가는 사폴스키Sapolsky (2018)의 책을 읽으면 잘 알 수 있다. 이 책은 생화학적 과정에서부터 유전학, 진화, 부족, 언어, 종교 등에 이르기까지 인간 행동의 여러 가지 측면을 통합적으로 다룬다.

기대효용 이론과 같은 표준 경제학 의사결정 이론이 실세계의 의사결정을 설명할 수 없다면 어떤 대안이 있을까? 알레의 역설이나 엘스버그의 역설의 기초를 다지는 경제학적 실험은 의사결정자가 특정한 통제 환경에서 어떻게 행동하는지를 배울 수 있는 좋은 출발점이 된다. 이런 실험들과 놀랍고도 역설적인 결과들은 많은 연구자가 해당 역설을 풀 수 있는 대안 이론이나 모형을 찾는 동기가 되었다. 퐁텐Fontaine과 레너드Leonard가 쓴 『2005년 경제사 실험The Experiment in Economics』은 경제학에서 실험의 역사적 역할에 관한 내용을 담고 있다. 예를 들어 엘스버그의 역설에서 기인하는 문제들을 다루는 일련의 문헌들이 나온다. 이 문헌에서는 여러 가지 주제 중 비가산확률nonadditive probability, 쇼케이 적분Choquet integral, 최소보상을 최대화max-min하거나 최대손

실을 최소화min-max하는 문제 등을 다룬다. 이러한 대안적 접근법은 특정한 의사결정 시나리오에서 기대효용 이론보다 우수한 것으로 입증되었다. 하지만 주류 금융학과는 거리가 멀다.

결국, 무엇이 실제로 유용하다는 것이 증명되었는가? 그 답은 데이터와 머신러닝 알고리즘에 있다. 수십억 명의 사용자가 이용하는 인터넷은 현실 세계에서 인간의 행동 또는 때때로 소비자행동론의 용어인 '현시 선호revealed preference'라 불리는 행동을 설명해주는 데이터들의 보물창고다. 웹에서 생성된 빅데이터는 단일 실험이 생성할 수 있는 것보다 훨씬 큰 규모다. 아마존, 페이스북, 구글, 트위터와 같은 회사는 사용자 행동(즉, 현시 선호)을 기록하고 이 데이터에 대해 훈련된 머신러닝 알고리즘이 생성한 통찰력을 활용함으로써 수십억 달러를 벌어들인다.

이때 취할 수 있는 기본 머신러닝 알고리즘은 지도 학습이다. 일반적으로 이러한 알고리즘들은 여러 가지 신경망을 적용하여 특정한 이론과 모형에서 자유롭다. 따라서 오늘날의 기업들이 사용자나 고객의 행동을 예측할 때는 모형 기반이 아닌 머신러닝 알고리즘을 주로 사용한다. 기대효용 이론과 같은 전통적 의사결정 이론이나 그 후속 이론들은 일반적으로 쓸모가 없다. 그러한 이론들이 2020년 초반까지도 여전히 대부분의 경제학 및 금융학 이론의 초석이 되고 있다는 점이 놀라울 따름이다. 전통적 의사결정 이론들을 자세히 다루는 수많은 경제학 교과서도 다를 바 없다. 금융 이론의 가장 근본적인 구성 요소가 의미 있는 실험적 지지를 받지 못하고 실용적인 쓸모도 없다면 그 위에 세워진 금융 모형도 마찬가지다. 이에 관한 내용은 다음 절과 장에서 더 자세히 다룬다.

주요 개념 데이터 기반 행동 예측

경제학의 표준 의사결정 이론은 불확실성하에서 명확한 결정을 내려야 할 상황에 처해 있으면서, 이론이 예측하는 바와 다르게 행동하는 사람들에게도 지적으로는 호소력이 있다. 반면에 빅데이터 및 모형이 없는 지도 학습 접근 방식은 실제로 사용자와 고객의 행동을 예측하는 데 유용하고 성공적인 것으로 입증되었다. 이는 금융학에서 투자자들이 어떤 이유로, 또 어떤 방식으로 의사결정을 하는지를 염두에 두지 않아도 된다는 것을 의미한다. 오히려 금융 시장의 상태를 설명하는 특징 데이터(새로운 정보)와 투자자들의 결정을 반영하는 라벨 데이터(결과)에 기초하여 간접 현시 선호도에 초점을 맞추어야 한다. 따라서 금융 시장에서 의사결정은 이론이나 모형 중심으로 보는 관점이 아닌 데이터 중심으로 이루어져야 한다. 예를 들어 금융 시장 투자자는 우리가 가정한 확률분포와 결합된 단순한 효용함수보다는 복잡한 신경망에 의해 훨씬 더 모형화가 잘될 수 있는 데이터 처리 유기체라 할 수 있다.

4.4.2 평균-분산 포트폴리오 이론

데이터 기반 투자자가 평균-분산 포트폴리오 이론을 이용하여 기술주 포트폴리오에 금 관련 ETF를 추가하고 싶어 한다고 가정하자. 아마도 해당 투자자는 트레이딩 플랫폼이나 데이터 제공자가 제공하는 API를 통해서 관련된 역사적 가격 데이터에 접근할 것이다. 이 책에서는 독자가 이 분석을 따라 할 수 있도록 별도의 장소에 CSV 데이터 파일을 제공했다. 다음 파이썬 코드는 해당 데이터 파일을 가져와서 투자자가 목표로 하는 주식 코드를 선택하고 가격 시계열 데이터의 로그 수익률을 계산한다. [그림 4-4]는 선택된 종목 코드에 대한 정규화된 가격 시계열의 비교를 보여준다.

```
In [51]: import numpy as np
         import pandas as pd
         from pylab import plt, mpl
         from scipy.optimize import minimize
         plt.style.use('seaborn')
         mpl.rcParams['savefig.dpi'] = 300
         mpl.rcParams['font.family'] = 'serif'
         np.set_printoptions(precision=5, suppress=True,
         formatter={'float': lambda x: f'{x:6.3f}'})
In [52]: url = 'http://hilpisch.com/aiif_eikon_eod_data.csv'  # ❶
In [53]: raw = pd.read_csv(url, index_col=0, parse_dates=True).dropna()  # ❶
In [54]: raw.info()  # ❶
         <class 'pandas.core.frame.DataFrame'>
         DatetimeIndex: 2516 entries, 2010-01-04 to 2019-12-31
         Data columns (total 12 columns):
         # Column Non-Null Count Dtype
         --- ------ -------------- -----
         0 AAPL.O 2516 non-null float64
         1 MSFT.O 2516 non-null float64
         2 INTC.O 2516 non-null float64
         3 AMZN.O 2516 non-null float64
         4   GS.N 2516 non-null float64
         5    SPY 2516 non-null float64
         6   .SPX 2516 non-null float64
         7   .VIX 2516 non-null float64
         8   EUR= 2516 non-null float64
         9   XAU= 2516 non-null float64
         10   GDX 2516 non-null float64
         11   GLD 2516 non-null float64
dtypes: float64(12)
```

```
memory usage: 255.5 KB
In [55]: symbols = ['AAPL.O', 'MSFT.O', 'INTC.O', 'AMZN.O', 'GLD']  # ❷
In [56]: rets = np.log(raw[symbols] / raw[symbols].shift(1)).dropna()  # ❸
In [57]: (raw[symbols] / raw[symbols].iloc[0]).plot(figsize=(10, 6));  # ❹
```

❶ 역사적 일간 데이터를 가져온다.

❷ 투자할 종목 코드를 표시한다.

❸ 모든 시계열에 대해 로그 수익률을 계산한다.

❹ 선택된 종목 코드에 대해 정규화된 시계열을 그린다.

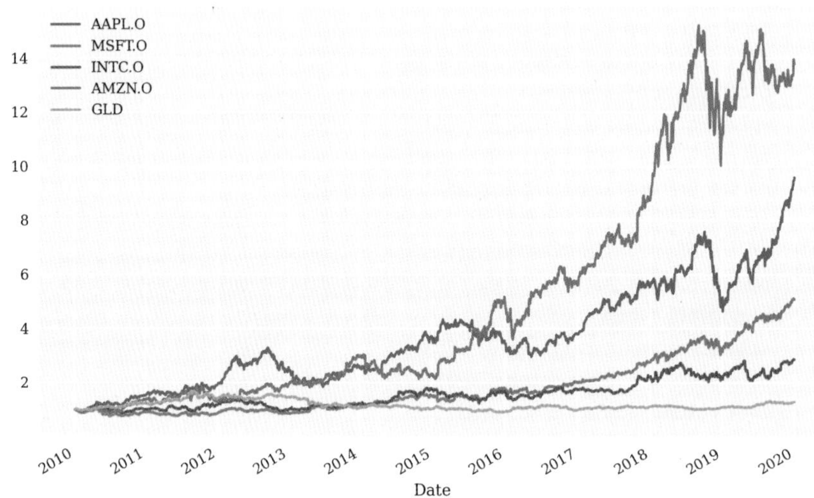

그림 4-4 정규화된 시계열 데이터

데이터 기반 투자자는 먼저 전체 기간 데이터를 사용하여 동일 가중 포트폴리오의 성능을 기준 성능으로 보기를 원할 것이다. 이를 위해 다음과 같은 파이썬 코드를 사용하여 주어진 종목 가중치에 대해 포트폴리오 수익률과 변동성과 샤프 비율을 계산하는 종목 코드를 만든다.

```
In [58]: weights = len(rets.columns) * [1 / len(rets.columns)]  # ❶
In [59]: def port_return(rets, weights):
             return np.dot(rets.mean(), weights) * 252  # ❷
In [60]: port_return(rets, weights)  # ❷
```

```
Out[60]: 0.15694764653018106
In [61]: def port_volatility(rets, weights):
             return np.dot(weights, np.dot(rets.cov() * 252 , weights)) ** 0.5  # ❸
In [62]: port_volatility(rets, weights)  # ❸
Out[62]: 0.16106507848480675
In [63]: def port_sharpe(rets, weights):
             return port_return(rets, weights) / port_volatility(rets, weights)  # ❹
In [64]: port_sharpe(rets, weights)  # ❹
Out[64]: 0.97443622172255
```

❶ 동일 가중 포트폴리오

❷ 포트폴리오 수익률

❸ 포트폴리오 변동성

❹ 포트폴리오 샤프 비율(0 단기 금리 가정)

또한 투자자는 몬테카를로 시뮬레이션을 통해 여러 가지 무작위 포트폴리오 가중치에 해당하는 포트폴리오의 수익률과 리스크 그리고 샤프 비율을 분석하길 원한다. 공매도는 배제하고 포트폴리오의 가중치를 100%로 채운다고 가정하자. 다음 파이썬 코드로 시뮬레이션과 결과 시각화를 구현한다(그림 4-5).

```
In [65]: w = np.random.random((1000, len(symbols)))  # ❶
         w = (w.T / w.sum(axis=1)).T  # ❶
In [66]: w[:5]  # ❶
Out[66]: array([[ 0.184, 0.157, 0.227, 0.353, 0.079],
                [ 0.207, 0.282, 0.258, 0.023, 0.230],
                [ 0.313, 0.284, 0.051, 0.340, 0.012],
                [ 0.238, 0.181, 0.145, 0.191, 0.245],
                [ 0.246, 0.256, 0.315, 0.181, 0.002]])
In [67]: pvr = [(port_volatility(rets[symbols], weights),
                 port_return(rets[symbols], weights))
                 for weights in w]  # ❷
         pvr = np.array(pvr)  # ❷
In [68]: psr = pvr[:, 1] / pvr[:, 0]  # ❸
In [69]: plt.figure(figsize=(10, 6))
         fig = plt.scatter(pvr[:, 0], pvr[:, 1],
                           c=psr, cmap='coolwarm')
         cb = plt.colorbar(fig)
         cb.set_label('Sharpe ratio')
```

```
        plt.xlabel('expected volatility')
        plt.ylabel('expected return')
        plt.title(' | '.join(symbols));
```

❶ 100%를 채운 포트폴리오 가중치를 시뮬레이션

❷ 해당 포트폴리오의 수익률과 변동성 계산

❸ 샤프 비율 계산

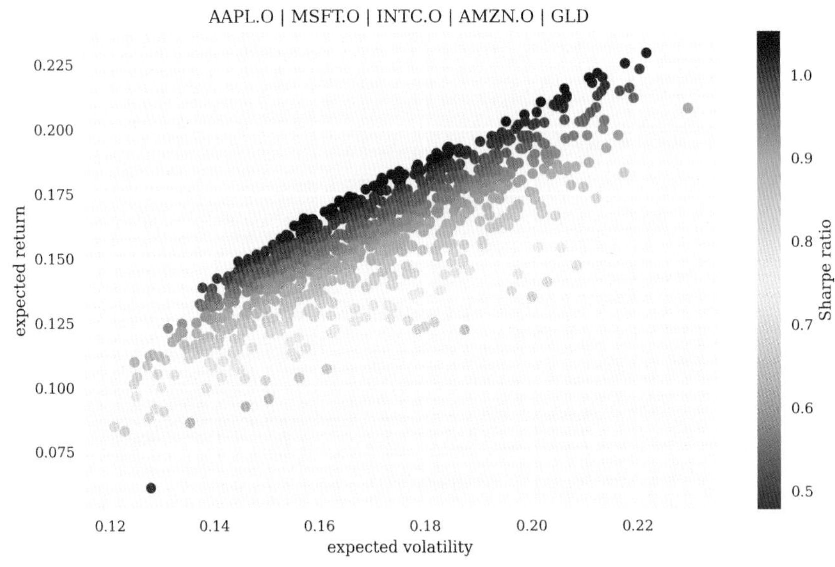

그림 4-5 시뮬레이션된 포트폴리오 수익률, 변동성, 샤프 비율

이제 데이터 기반 투자자는 2011년 초 시점으로 포트폴리오의 성능을 백테스팅하기를 원한다. 최적의 포트폴리오 구성은 2010년 시계열 데이터를 기반으로 계산한다. 마찬가지로 2012년 초의 포트폴리오 구성은 2011년의 데이터로 만든다. 이를 위해 다음 파이썬 코드로 샤프 비율을 최대화하는 각 연도의 포트폴리오 가중치를 구한다.

```
In [70]: bnds = len(symbols) * [(0, 1),]  # ❶
         bnds  # ❶
```

```
Out[70]: [(0, 1), (0, 1), (0, 1), (0, 1), (0, 1)]
In [71]: cons = {'type': 'eq', 'fun': lambda weights: weights.sum() - 1}  # ❷
In [72]: opt_weights = {}
         for year in range(2010, 2019):
             rets_ = rets[symbols].loc[f'{year}-01-01':f'{year}-12-31']  # ❸
             ow = minimize(lambda weights: -port_sharpe(rets_, weights),
                           len(symbols) * [1 / len(symbols)],
                           bounds=bnds,
                           constraints=cons)['x']  # ❹
             opt_weights[year] = ow  # ❹
In [73]: opt_weights  # ❺
Out[73]: {2010: array([ 0.366, 0.000, 0.000, 0.056, 0.578]),
          2011: array([ 0.543, 0.000, 0.077, 0.000, 0.380]),
          2012: array([ 0.324, 0.000, 0.000, 0.471, 0.205]),
          2013: array([ 0.012, 0.305, 0.219, 0.464, 0.000]),
          2014: array([ 0.452, 0.115, 0.419, 0.000, 0.015]),
          2015: array([ 0.000, 0.000, 0.000, 1.000, 0.000]),
          2016: array([ 0.150, 0.260, 0.000, 0.058, 0.533]),
          2017: array([ 0.231, 0.203, 0.031, 0.109, 0.426]),
          2018: array([ 0.000, 0.295, 0.000, 0.705, 0.000])}
```

❶ 단일 주식의 가중치 한계를 설정

❷ 모든 가중치의 합이 100%가 되도록 설정

❸ 해당 연도의 데이터를 선택

❹ 샤프 비율이 최대화되는 포트폴리오 가중치 계산

❺ 계산된 가중치를 저장

해당 연도의 데이터로 구한 최적 가중치는 평균-분산 포트폴리오 이론이 많은 경우 특정한 주식이 포함되지 않거나 100%로 채워지는 극단적인 경우가 자주 도출된다. 물론 이런 경우에 각 자산의 최소 가중치를 설정하는 방법으로 이 현상을 줄일 수도 있다. 어쨌든 평균-분산 포트폴리오 이론의 특성상 전년도 실현 통계치와 상관계수를 사용하면 리밸런싱이 상당히 커지는 것을 볼 수 있다.

백테스팅 결과를 완성하기 위해 다음 코드로 전년도 실현 데이터로 계산한 포트폴리오 기대 수익률과 실제 데이터로 계산한 포트폴리오 실현 수익률을 비교했다.

```
In [74]: res = pd.DataFrame()
         for year in range(2010, 2019):
             rets_ = rets[symbols].loc[f'{year}-01-01':f'{year}-12-31']
             epv = port_volatility(rets_, opt_weights[year])  # ❶
             epr = port_return(rets_, opt_weights[year])  # ❶
             esr = epr / epv  # ❶
             rets_ = rets[symbols].loc[f'{year + 1}-01-01':f'{year + 1}-12-31']
             rpv = port_volatility(rets_, opt_weights[year])  # ❷
             rpr = port_return(rets_, opt_weights[year])  # ❷
             rsr = rpr / rpv  # ❷
             res = res.append(pd.DataFrame({'epv': epv, 'epr': epr, 'esr': esr,
                                            'rpv': rpv, 'rpr': rpr, 'rsr': rsr},
                                           index=[year + 1]))
In [75]: res
Out[75]:          epv      epr      esr      rpv       rpr       rsr
         2011 0.157440 0.303003 1.924564 0.160622  0.133836  0.833235
         2012 0.173279 0.169321 0.977156 0.182292  0.161375  0.885256
         2013 0.202460 0.278459 1.375378 0.168714  0.166897  0.989228
         2014 0.181544 0.368961 2.032353 0.197798  0.026830  0.135645
         2015 0.160340 0.309486 1.930190 0.211368 -0.024560 -0.116194
         2016 0.326730 0.778330 2.382179 0.296565  0.103870  0.350242
         2017 0.106148 0.090933 0.856663 0.079521  0.230630  2.900235
         2018 0.086548 0.260702 3.012226 0.157337  0.038234  0.243004
         2019 0.323796 0.228008 0.704174 0.207672  0.275819  1.328147
In [76]: res.mean()
Out[76]: epv 0.190920
         epr 0.309689
         esr 1.688320
         rpv 0.184654
         rpr 0.123659
         rsr 0.838755
dtype: float64
```

❶ 기대 포트폴리오 통계

❷ 실제 포트폴리오 통계

[그림 4-6]에서 기대변동성과 실현변동성을 비교했다. 평균-분산 포트폴리오 이론은 포트폴리오 변동성을 예측하는 데에는 좋은 성능을 보인다. 이는 두 시계열의 높은 상관관계로 증명된다.

```
In [77]: res[['epv', 'rpv']].corr()
Out[77]:          epv      rpv
        epv 1.000000 0.765733
        rpv 0.765733 1.000000
In [78]: res[['epv', 'rpv']].plot(kind='bar', figsize=(10, 6),
                                  title='Expected vs. Realized Portfolio Volatility');
```

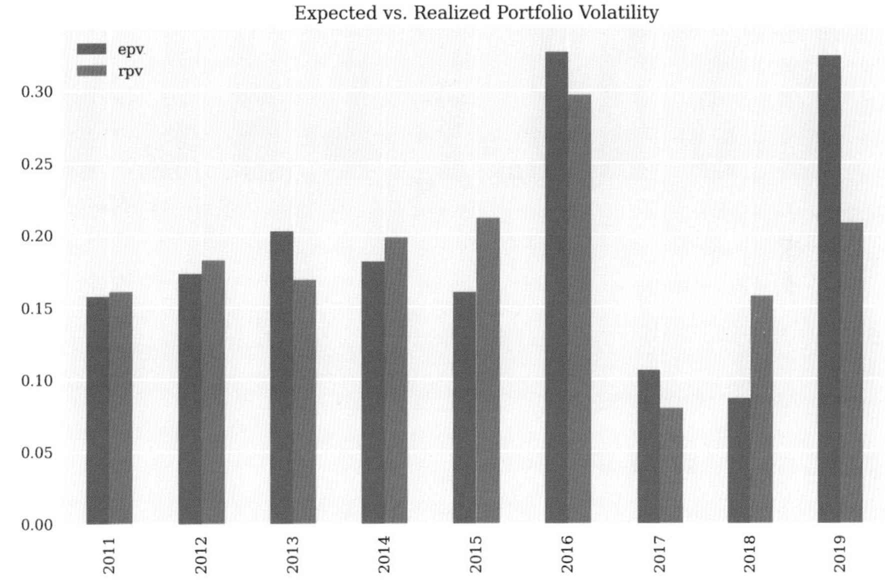

그림 4-6 기대변동성과 실현변동성

하지만 기대 수익률과 실현 수익률의 경우에는 반대의 결과가 나왔다(그림 4-7). 평균-분산 포트폴리오이론은 포트폴리오 수익률을 예측하는 데 실패했다. 이는 두 시계열의 음수 상관관계로도 증명된다.

```
In [81]: res[['esr', 'rsr']].corr()
Out[81]:           esr       rsr
        esr  1.000000 -0.698607
        rsr -0.698607  1.000000
In [82]: res[['esr', 'rsr']].plot(kind='bar', figsize=(10, 6),
                                  title='Expected vs. Realized Sharpe Ratio');
```

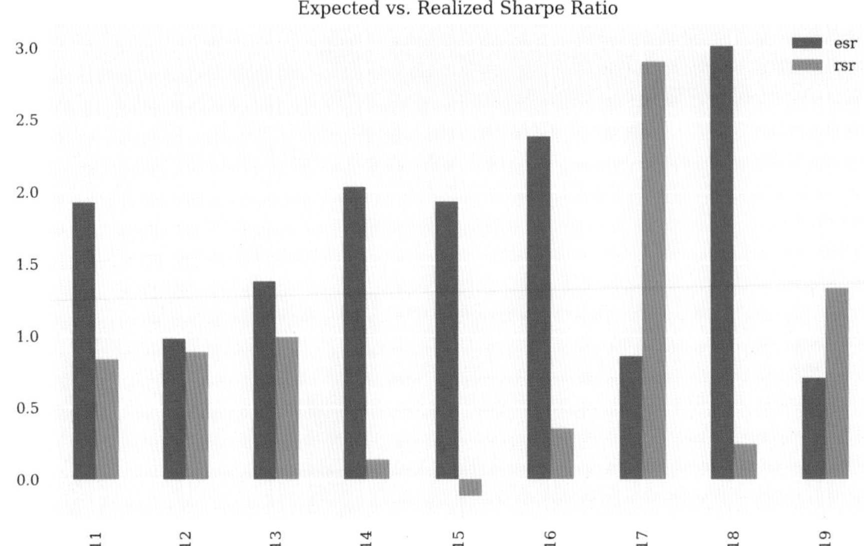

그림 4-8 기대 수익률과 실현 수익률

> **CAUTION 평균-분산 포트폴리오 이론의 예측력**
>
> 실제 데이터에 적용된 평균-분산 포트폴리오 이론은 실질적인 한계점을 드러낸다. 추가 제약 없이 최적 포트폴리오 구성 및 리밸런싱을 하면 극단적 결과가 나올 수 있다. 포트폴리오 수익률과 샤프 비율에 관한 예측력은 수치 예제에서 상당히 낮지만 포트폴리오 리스크에 관한 예측력은 허용 가능한 수준으로 보인다. 그러나 투자자들은 일반적으로 샤프 비율과 같은 리스크 조정 성능 측정에 관심이 있으며 예제에서도 평균-분산 포트폴리오 이론은 샤프 비율과 같은 통계치에 대한 예측을 맞추지 못했다.

4.4.3 자본자산 가격결정 모형

자본자산 가격결정 모형capital asset pricing model(CAPM)을 현실에 적용할 때도 비슷한 방법을 적용할 수 있다. 데이터 기반 기술을 사용하는 투자자가 앞서 4개의 기술주에 대한 기대 수익률을 자본자산 가격결정 모형으로 계산하기를 원한다고 가정하자. 다음 파이썬 코드는 주어진 해에 대해 모든 주식의 베타를 결정하고 그다음 해의 주식 기대 수익률은 주어진 베타와 시장 포트폴리오의 성능을 이용하여 계산한다. 시장 포트폴리오는 S&P 500 지수를 사용한다.

```
In [83]: r = 0.005  # ❶
In [84]: market = '.SPX'  # ❷
In [85]: rets = np.log(raw / raw.shift(1)).dropna()
In [86]: res = pd.DataFrame()
In [87]: for sym in rets.columns[:4]:
             print('\n' + sym)
             print(54 * '=')
             for year in range(2010, 2019):
                 rets_ = rets.loc[f'{year}-01-01':f'{year}-12-31']
                 muM = rets_[market].mean() * 252
                 cov = rets_.cov().loc[sym, market]  # ❸
                 var = rets_[market].var()  # ❸
                 beta = cov / var  # ❸
                 rets_ = rets.loc[f'{year + 1}-01-01':f'{year + 1}-12-31']
                 muM = rets_[market].mean() * 252
                 mu_capm = r + beta * (muM - r)  # ❹
                 mu_real = rets_[sym].mean() * 252  # ❺
                 res = res.append(pd.DataFrame({'symbol': sym,
                                                'mu_capm': mu_capm,
                                                'mu_real': mu_real},
                                                index=[year + 1]),
                                 sort=True)  # ❻
                 print('{} | beta: {:.3f} | mu_capm: {:6.3f} | mu_real: {:6.3f}'
                     .format(year + 1, beta, mu_capm, mu_real))  # ❻
```

❶ 무위험 단기 이자율 설정

❷ 시장 포트폴리오 정의

❸ 개별 주식의 베타 계산

❹ 전년도 베타와 현재 연도의 시장 기대 수익률에서 개별 주식의 수익률 계산

❺ 포트폴리오 성능

❻ 현재 연도의 실현 수익률 계산

❼ 모든 결과 수집 및 출력

실행 결과는 다음과 같다.

```
AAPL.O
======================================================
2011 | beta: 1.052 | mu_capm: -0.000 | mu_real:  0.228
2012 | beta: 0.764 | mu_capm:  0.098 | mu_real:  0.275
2013 | beta: 1.266 | mu_capm:  0.327 | mu_real:  0.053
2014 | beta: 0.630 | mu_capm:  0.070 | mu_real:  0.320
2015 | beta: 0.833 | mu_capm: -0.005 | mu_real: -0.047
2016 | beta: 1.144 | mu_capm:  0.103 | mu_real:  0.096
2017 | beta: 1.009 | mu_capm:  0.180 | mu_real:  0.381
2018 | beta: 1.379 | mu_capm: -0.091 | mu_real: -0.071
2019 | beta: 1.252 | mu_capm:  0.316 | mu_real:  0.621
MSFT.O
======================================================
2011 | beta: 0.890 | mu_capm:  0.001 | mu_real: -0.072
2012 | beta: 0.816 | mu_capm:  0.104 | mu_real:  0.029
2013 | beta: 1.109 | mu_capm:  0.287 | mu_real:  0.337
2014 | beta: 0.876 | mu_capm:  0.095 | mu_real:  0.216
2015 | beta: 0.955 | mu_capm: -0.007 | mu_real:  0.178
2016 | beta: 1.249 | mu_capm:  0.113 | mu_real:  0.113
2017 | beta: 1.224 | mu_capm:  0.217 | mu_real:  0.321
2018 | beta: 1.303 | mu_capm: -0.086 | mu_real:  0.172
2019 | beta: 1.442 | mu_capm:  0.364 | mu_real:  0.440
INTC.O
======================================================
2011 | beta: 1.081 | mu_capm: -0.000 | mu_real:  0.142
2012 | beta: 0.842 | mu_capm:  0.108 | mu_real: -0.163
2013 | beta: 1.081 | mu_capm:  0.280 | mu_real:  0.230
2014 | beta: 0.883 | mu_capm:  0.096 | mu_real:  0.335
2015 | beta: 1.055 | mu_capm: -0.008 | mu_real: -0.052
2016 | beta: 1.009 | mu_capm:  0.092 | mu_real:  0.051
2017 | beta: 1.261 | mu_capm:  0.223 | mu_real:  0.242
2018 | beta: 1.163 | mu_capm: -0.076 | mu_real:  0.017
2019 | beta: 1.376 | mu_capm:  0.347 | mu_real:  0.243
AMZN.O
======================================================
2011 | beta: 1.102 | mu_capm: -0.001 | mu_real: -0.039
2012 | beta: 0.958 | mu_capm:  0.122 | mu_real:  0.374
2013 | beta: 1.116 | mu_capm:  0.289 | mu_real:  0.464
2014 | beta: 1.262 | mu_capm:  0.135 | mu_real: -0.251
2015 | beta: 1.473 | mu_capm: -0.013 | mu_real:  0.778
2016 | beta: 1.122 | mu_capm:  0.102 | mu_real:  0.104
```

```
2017 ¦ beta: 1.118 ¦ mu_capm:  0.199 ¦ mu_real:  0.446
2018 ¦ beta: 1.300 ¦ mu_capm: -0.086 ¦ mu_real:  0.251
2019 ¦ beta: 1.619 ¦ mu_capm:  0.408 ¦ mu_real:  0.207
```

[그림 4-9]는 전년도의 베타 및 올해의 시장 포트폴리오 성능을 감안할 때 단일 종목의 기대 수익률과 올해 주식의 실현 수익률을 비교한 것이다. 베타만을 기반으로 한 CAPM은 주식의 실적을 예측하는 데 그다지 유용하지 않다는 사실을 알 수 있다.

```
In [88]: sym = 'AMZN.O'
In [89]: res[res['symbol'] == sym].corr()
Out[89]:           mu_capm   mu_real
         mu_capm  1.000000 -0.004826
         mu_real -0.004826  1.000000
In [90]: res[res['symbol'] == sym].plot(kind='bar',
                                         figsize=(10, 6), title=sym);
```

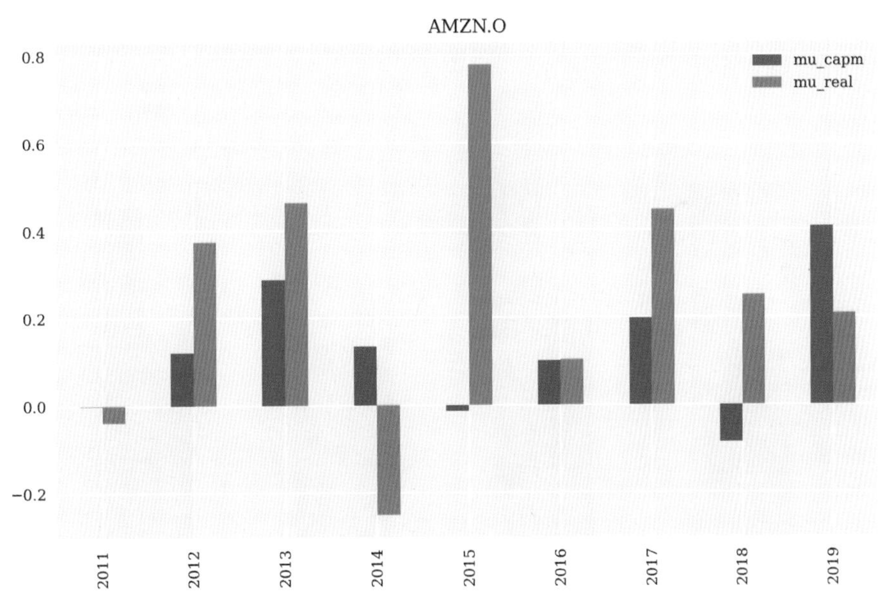

그림 4-9 CAPM으로 계산한 개별 주식의 기대 수익률과 실현 수익률

[그림 4-10]은 CAPM이 예상한 주식 수익률의 평균을 실현 수익률의 평균과 비교한 것이다. 여기에서도 CAPM이 잘 작동하지 않는다. 특히 CAPM으로 예측하면 주식에 따른 기대 수익률이 예측치들의 평균값과 크게 다르지 않다. 대부분 12.2%에서 14.4% 사이이다. 그러나 주식의 평균 실현 수익률은 9.4%에서 29.2% 사이의 높은 변화를 보인다. 즉, 시장 포트폴리오 성능과 베타만으로는 기술주의 실제 수익률을 설명할 수 없다.

```
In [91]: grouped = res.groupby('symbol').mean()
         grouped
Out[91]:         mu_capm  mu_real
         symbol
         AAPL.O 0.110855 0.206158
         AMZN.O 0.128223 0.259395
         INTC.O 0.117929 0.116180
         MSFT.O 0.120844 0.192655
In [92]: grouped.plot(kind='bar', figsize=(10, 6), title='Average Values');
```

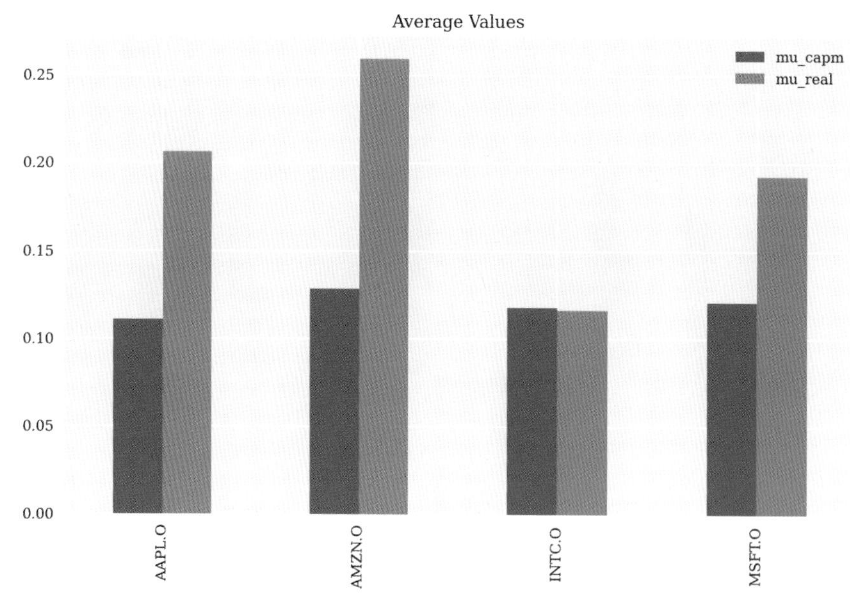

그림 4-10 다양한 주식을 CAPM으로 계산한 기대 수익률과 실현 수익률

CAUTION CAPM의 예측력

시장 포트폴리오에 비해 주식의 미래 실적에 관한 CAPM의 예측력은 특정 종목에 대해 상당히 낮거나 심지어 아예 존재하지 않는다. 아마도 CAPM과 평균-분산 포트폴리오 이론의 주요 가정이 같기 때문일 것이다. 즉, 여기에서 주요 가정은 투자자들이 포트폴리오 및 주식의 기대 수익률과 예상 변동성에만 신경을 쓴다는 사실을 말한다. 모형화의 관점으로 본다면, 사람들은 단일 위험 요소가 주식 수익의 변동을 설명하기에 충분한지 또는 주식 수익률과 시장 포트폴리오 성능 사이에 비선형적인 관계가 있는지 의문을 가질 수 있다.

4.4.4 차익거래 가격결정 이론

자본자산 가격결정 모형의 예측력은 이전 수치 예제의 결과를 고려할 때 상당히 제한적인 것으로 보인다. 이때 시장 포트폴리오 성능만으로도 주식 수익률의 변동을 설명하기에 충분한지의 여부에 관해 주요한 의문을 가지게 되는데, 차익거래 가격결정 이론arbitrage pricing theory(APT)의 대답은 '그렇지 않다'이다. 주식 수익률의 변동성을 설명하는 요인이 더 많을 수 있기 때문이다. 3.5절에서 여러 요인과 주식 수익률 사이의 선형 관계에 의존하는 차익거래 가격결정 이론에 대해 설명했다.

데이터 기반 투자자는 자본자산 가격결정 모형이 시장 포트폴리오 성능에 따른 주식 수익률을 높은 신뢰도로 예측하기에는 충분하지 않다는 것을 인식한다. 따라서 투자자들은 주식 수익률을 예측할 수 있는 세 가지 요소를 시장 포트폴리오에 추가한다.

- (VIX 지수로 표현되는) 시장변동성: `.VIX`
- (EUR/USD 환율로 표현되는) 환율: `EUR=`
- (금 가격으로 표현되는) 원자재 가격: `XAU=`

다음 파이썬 코드는 4가지 요인을 사용한 다변량 회귀분석으로 주식의 미래 성능을 설명하는 단순한 차익거래 가격결정 이론 접근 방식을 구현한다.

```
In [93]: factors = ['.SPX', '.VIX', 'EUR=', 'XAU=']  # ❶
In [94]: res = pd.DataFrame()
In [95]: np.set_printoptions(formatter={'float': lambda x: f'{x:5.2f}'})
In [96]: for sym in rets.columns[:4]:
             print('\n' + sym)
             print(71 * '=')
             for year in range(2010, 2019):
                 rets_ = rets.loc[f'{year}-01-01':f'{year}-12-31']
```

```
        reg = np.linalg.lstsq(rets_[factors],
                              rets_[sym], rcond=-1)[0]  # ❷
        rets_ = rets.loc[f'{year + 1}-01-01':f'{year + 1}-12-31']
        mu_apt = np.dot(rets_[factors].mean() * 252, reg)  # ❸
        mu_real = rets_[sym].mean() * 252  # ❹
        res = res.append(pd.DataFrame({'symbol': sym,
                         'mu_apt': mu_apt, 'mu_real': mu_real},
                         index=[year + 1]))
        print('{} | fl: {} | mu_apt: {:6.3f} | mu_real: {:6.3f}'
            .format(year + 1, reg.round(2), mu_apt, mu_real))
```

❶ 4가지 요인

❷ 다변량 회귀분석

❸ 차익거래 가격결정 모형으로 예측한 주식 수익률

❹ 주식의 실현 수익률

코드 실행 결과는 다음과 같다.

```
AAPL.O
======================================================================
2011 | fl: [ 0.91 -0.04 -0.35  0.12] | mu_apt:  0.011 | mu_real:  0.228
2012 | fl: [ 0.76 -0.02 -0.24  0.05] | mu_apt:  0.099 | mu_real:  0.275
2013 | fl: [ 1.67  0.04 -0.56  0.10] | mu_apt:  0.366 | mu_real:  0.053
2014 | fl: [ 0.53 -0.00  0.02  0.16] | mu_apt:  0.050 | mu_real:  0.320
2015 | fl: [ 1.07  0.02  0.25  0.01] | mu_apt: -0.038 | mu_real: -0.047
2016 | fl: [ 1.21  0.01 -0.14 -0.02] | mu_apt:  0.110 | mu_real:  0.096
2017 | fl: [ 1.10  0.01 -0.15 -0.02] | mu_apt:  0.170 | mu_real:  0.381
2018 | fl: [ 1.06 -0.03 -0.15  0.12] | mu_apt: -0.088 | mu_real: -0.071
2019 | fl: [ 1.37  0.01 -0.20  0.13] | mu_apt:  0.364 | mu_real:  0.621
MSFT.O
======================================================================
2011 | fl: [ 0.98  0.01  0.02 -0.11] | mu_apt: -0.008 | mu_real: -0.072
2012 | fl: [ 0.82  0.00 -0.03 -0.01] | mu_apt:  0.103 | mu_real:  0.029
2013 | fl: [ 1.14  0.00 -0.07 -0.01] | mu_apt:  0.294 | mu_real:  0.337
2014 | fl: [ 1.28  0.05  0.04  0.07] | mu_apt:  0.149 | mu_real:  0.216
2015 | fl: [ 1.20  0.03  0.05  0.01] | mu_apt: -0.016 | mu_real:  0.178
2016 | fl: [ 1.44  0.03 -0.17 -0.02] | mu_apt:  0.127 | mu_real:  0.113
2017 | fl: [ 1.33  0.01 -0.14  0.00] | mu_apt:  0.216 | mu_real:  0.321
2018 | fl: [ 1.10 -0.02 -0.14  0.22] | mu_apt: -0.087 | mu_real:  0.172
2019 | fl: [ 1.51  0.01 -0.16 -0.02] | mu_apt:  0.378 | mu_real:  0.440
```

```
INTC.O
==================================================================
2011 | fl: [ 1.17  0.01  0.05 -0.13] | mu_apt: -0.010 | mu_real:  0.142
2012 | fl: [ 1.03  0.04  0.01  0.03] | mu_apt:  0.122 | mu_real: -0.163
2013 | fl: [ 1.06 -0.01 -0.10  0.01] | mu_apt:  0.267 | mu_real:  0.230
2014 | fl: [ 0.96  0.02  0.36 -0.02] | mu_apt:  0.063 | mu_real:  0.335
2015 | fl: [ 0.93 -0.01 -0.09  0.02] | mu_apt:  0.001 | mu_real: -0.052
2016 | fl: [ 1.02  0.00 -0.05  0.06] | mu_apt:  0.099 | mu_real:  0.051
2017 | fl: [ 1.41  0.02 -0.18  0.03] | mu_apt:  0.226 | mu_real:  0.242
2018 | fl: [ 1.12 -0.01 -0.11  0.17] | mu_apt: -0.076 | mu_real:  0.017
2019 | fl: [ 1.50  0.01 -0.34  0.30] | mu_apt:  0.431 | mu_real:  0.243
AMZN.O
==================================================================
2011 | fl: [ 1.02 -0.03 -0.18 -0.14] | mu_apt: -0.016 | mu_real: -0.039
2012 | fl: [ 0.98 -0.01 -0.17 -0.09] | mu_apt:  0.117 | mu_real:  0.374
2013 | fl: [ 1.07 -0.00  0.09  0.00] | mu_apt:  0.282 | mu_real:  0.464
2014 | fl: [ 1.54  0.03  0.01 -0.08] | mu_apt:  0.176 | mu_real: -0.251
2015 | fl: [ 1.26 -0.02  0.45 -0.11] | mu_apt: -0.044 | mu_real:  0.778
2016 | fl: [ 1.06 -0.00 -0.15 -0.04] | mu_apt:  0.099 | mu_real:  0.104
2017 | fl: [ 0.94 -0.02  0.12 -0.03] | mu_apt:  0.185 | mu_real:  0.446
2018 | fl: [ 0.90 -0.04 -0.25  0.28] | mu_apt: -0.085 | mu_real:  0.251
2019 | fl: [ 1.99  0.05 -0.37  0.12] | mu_apt:  0.506 | mu_real:  0.207
```

[그림 4-11]은 차익거래 가격결정 모형이 예상한 주식 수익률과 시간이 지남에 따라 실현된 주식 수익률 비교를 나타낸다. 단일 요인 자본자산 가격결정 모형과 비교하면 거의 개선되지 않은 것으로 보인다.

```
In [97]: sym = 'AMZN.O'
In [98]: res[res['symbol'] == sym].corr()
Out[98]:            mu_apt   mu_real
        mu_apt   1.000000 -0.098281
        mu_real -0.098281  1.000000
In [99]: res[res['symbol'] == sym].plot(kind='bar',
                                         figsize=(10, 6), title=sym);
```

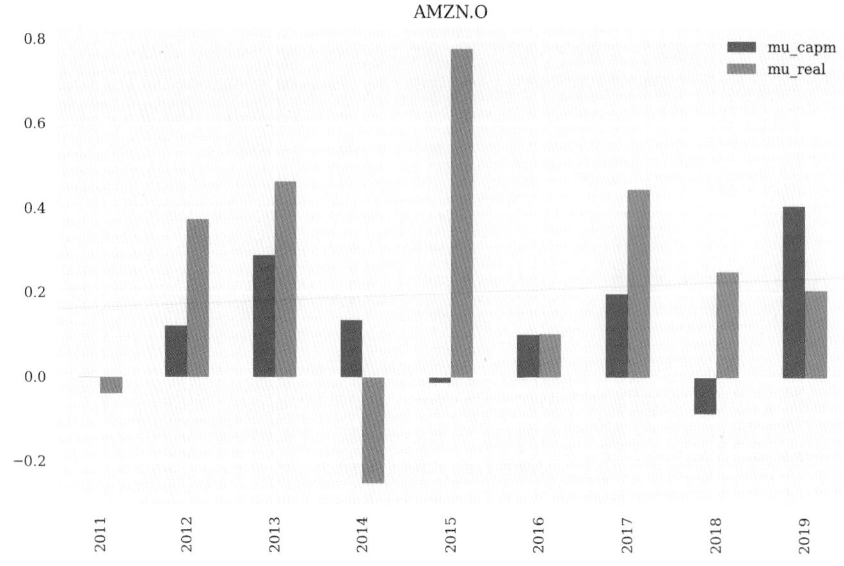

그림 4-11 차익거래 가격결정 모형으로 예측한 주식 수익률과 실현 수익률

다음 코드로 생성한 [그림 4-12]에서도 같은 그래프가 나타난다. 여기에서는 여러 가지 주식의 평균값을 비교한다. 평균적인 차익거래 가격결정 모형에서 변화된 부분이 거의 없으며 실현 수익률과 큰 차이를 보인다.

```
In [100]: grouped = res.groupby('symbol').mean()
          grouped
Out[100]:            mu_apt  mu_real
          symbol
          AAPL.O 0.116116 0.206158
          AMZN.O 0.135528 0.259395
          INTC.O 0.124811 0.116180
          MSFT.O 0.128441 0.192655
In [101]: grouped.plot(kind='bar', figsize=(10, 6), title='Average Values');
```

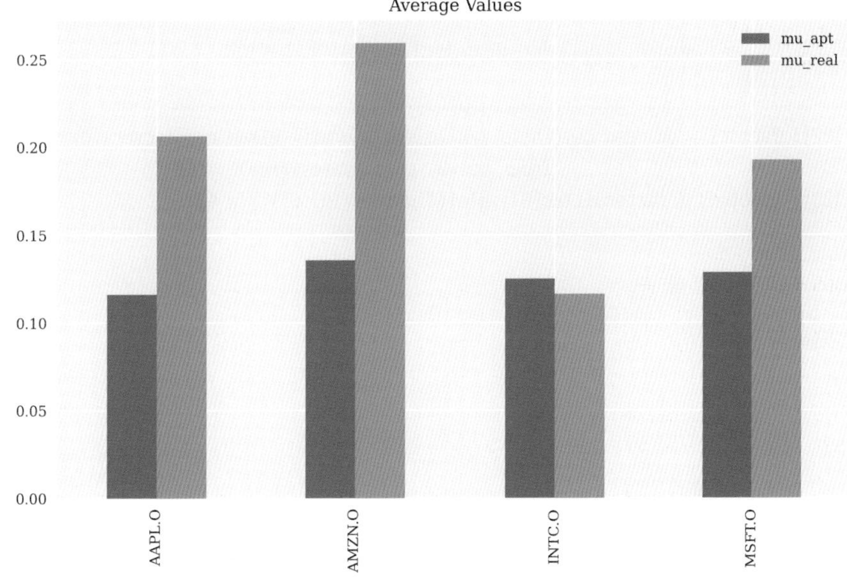

그림 4-12 차익거래 가격결정 모형에 따른 평균 예측 수익률과 실현 수익률

물론 이때는 어떤 리스크 요인을 선택하는지가 가장 중요하다. 따라서 데이터 기반 투자자는 주식 수익률과 전형적으로 관련된 리스크 요인을 찾아내야 한다. 벤더(2013)의 연구에 따르면 새로운 리스크 요인을 선택할 수도 있다. 특별히 투자자들이 선택한 요인들을 [표 4-3]에 제시했다.

표 4-3 차익거래 가격결정 모형을 위한 리스크 요인

요인	설명	RIC
Market	MSCI World Gross Return Daily USD (PUS = Price Return)	.dMIWO00000GUS
Size	MSCI World Equal Weight Price Net Index EOD	.dMIWO0000ENUS
Volatility	MSCI World Minimum Volatility Net Return	.dMIWO0000YNUS
Value	MSCI World Value Weighted Gross (NUS for Net)	.dMIWO000PkGUS
Risk	MSCI World Risk Weighted Gross USD EOD	.dMIWO000PlGUS
Growth	MSCI World Quality Net Return USD	.MIWO0000vNUS
Momentum	MSCI World Momentum Gross Index USD EOD	.dMIWO0000NGUS

다음 파이썬 코드는 저자의 웹사이트에 저장된 요인 데이터를 시계열로 표시한 것이다(그림 4-13). 대충 훑어만 보아도 상관관계가 매우 높다는 것을 알 수 있다.

```
In [102]: factors = pd.read_csv('http://hilpisch.com/aiif_eikon_eod_factors.csv',
                                index_col=0, parse_dates=True)  # ❶
In [103]: (factors / factors.iloc[0]).plot(figsize=(10, 6));  # ❷
```

❶ 리스크 요인 시계열 데이터

❷ 정규화 및 시각화

그림 4-13 정규화된 요인 시계열 시각화

상관관계가 높아 보인다는 인상은 실제로 요인 수익률의 상관관계 행렬을 계산해보면 확실해지는데, 모든 상관관계 계수가 약 0.75 이상이 나온다.

```
In [104]: start = '2017-01-01'  # ❶
          end = '2020-01-01'  # ❶
In [105]: retsd = rets.loc[start:end].copy()  # ❷
          retsd.dropna(inplace=True)  # ❷
In [106]: retsf = np.log(factors / factors.shift(1))  # ❸
          retsf = retsf.loc[start:end]  # ❸
          retsf.dropna(inplace=True)  # ❸
```

```
        retsf = retsf.loc[retsd.index].dropna()  # ❸
In [107]: retsf.corr()  # ❹
Out[107]:               market      size volatility     value      risk    growth \
          market      1.000000 0.935867   0.845010 0.964124 0.947150 0.959038
          size        0.935867 1.000000   0.791767 0.965739 0.983238 0.835477
          volatility  0.845010 0.791767   1.000000 0.778294 0.865467 0.818280
          value       0.964124 0.965739   0.778294 1.000000 0.958359 0.864222
          risk        0.947150 0.983238   0.865467 0.958359 1.000000 0.858546
          growth      0.959038 0.835477   0.818280 0.864222 0.858546 1.000000
          momentum    0.928705 0.796420   0.819585 0.818796 0.825563 0.952956

                      momentum
          market      0.928705
          size        0.796420
          volatility  0.819585
          value       0.818796
          risk        0.825563
          growth      0.952956
          momentum    1.000000
```

❶ 시작일과 종료일 선택

❷ 관련 데이터 선택

❸ 요인의 로그 수익률 계산 및 처리

❹ 요인의 상관관계 행렬

다음 파이썬 코드는 새로운 요인들을 사용해서 요인계수를 도출한다. 데이터의 절반을 사용해서 요인계수를 계산하고 나머지 데이터는 주식 수익률을 예측하는 데 사용한다. 실현 수익률도 계산한다. 두 가지를 [그림 4-14]에서 비교했다. 요인들의 상관관계가 높을 것이라는 예측 때문에 차익거래 가격결정 모형의 설명도 자본자산 가격결정 모형에 비해 그다지 높지 않다.

```
In [108]: res = pd.DataFrame()
In [109]: np.set_printoptions(formatter={'float': lambda x: f'{x:5.2f}'})
In [110]: split = int(len(retsf) * 0.5)
          for sym in rets.columns[:4]:
              print('\n' + sym)
              print(74 * '=')
              retsf_, retsd_ = retsf.iloc[:split], retsd.iloc[:split]
              reg = np.linalg.lstsq(retsf_, retsd_[sym], rcond=-1)[0]
              retsf_, retsd_ = retsf.iloc[split:], retsd.iloc[split:]
              mu_apt = np.dot(retsf_.mean() * 252, reg)
```

```
        mu_real = retsd_[sym].mean() * 252
        res = res.append(pd.DataFrame({'mu_apt': mu_apt,
                                       'mu_real': mu_real}, index=[sym,]),
                         sort=True)
        print('fl: {} | apt: {:.3f} | real: {:.3f}'
          .format(reg.round(1), mu_apt, mu_real))
AAPL.O
==========================================================================
fl: [ 2.30 2.80 -0.70 -1.40 -4.20 2.00 -0.20] | apt: 0.115 | real: 0.301
MSFT.O
==========================================================================
fl: [ 1.50 0.00 0.10 -1.30 -1.40 0.80 1.00] | apt: 0.181 | real: 0.304
INTC.O
==========================================================================
fl: [-3.10 1.60 0.40 1.30 -2.60 2.50 1.10] | apt: 0.186 | real: 0.118
AMZN.O
==========================================================================
fl: [ 9.10 3.30 -1.00 -7.10 -3.10 -1.80 1.20] | apt: 0.019 | real: 0.050
In [111]: res.plot(kind='bar', figsize=(10, 6));
```

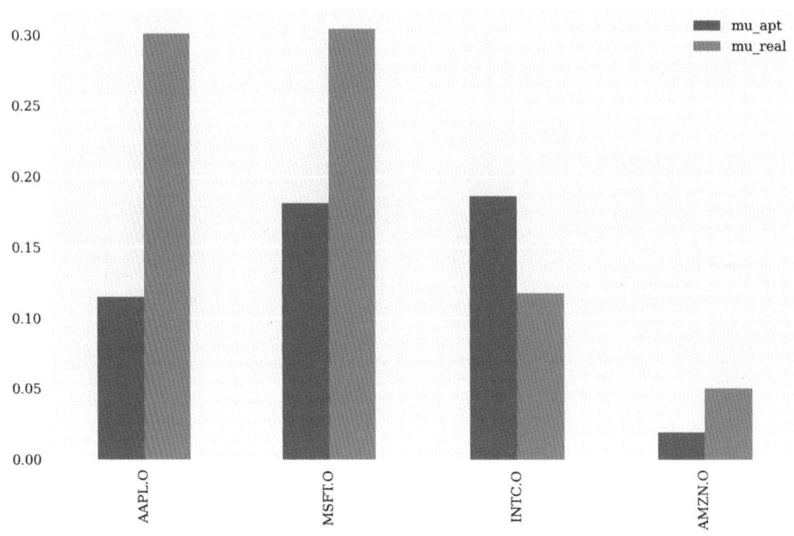

그림 4-14 새로운 요인을 사용하여 계산한 주식의 기대 수익률과 실현 수익률 비교

데이터 기반 투자자는 차익거래 가격결정 모형을 아주 무시하지는 않는다. 따라서 추가 테스트를 통해 차익거래 가격결정 모형의 설명력을 좀 더 명확히 알아보자. 이를 위해 요인계수를 사용하여 차익거래 가격결정 모형이 시간 경과에 따른 주가 변동을 정확하게 설명할 수 있는지의 여부를 테스트한다. 실제로 차익거래 가격결정 모형은 절대실적을 정확하게 예측하지는 못하지만(10% 포인트 하락) 대부분은 주가 이동 방향을 정확하게 예측한다(그림 4-15). 기대 수익률과 실현 수익률 사이의 상관관계도 약 85%로 매우 높다. 그러나 분석에서는 실현요인 수익률을 사용하여 APT 예측을 생성하는데, 이 예측은 관련 거래일 하루 전에는 실제로 사용할 수 없다.

```
In [112]: sym
Out[112]: 'AMZN.O'
In [113]: rets_sym = np.dot(retsf_, reg)  # ❶
In [114]: rets_sym = pd.DataFrame(rets_sym,
                                  columns=[sym + '_apt'],
                                  index=retsf_.index)  # ❷
In [115]: rets_sym[sym + '_real'] = retsd_[sym]  # ❸
In [116]: rets_sym.mean() * 252  # ❹
Out[116]: AMZN.O_apt  0.019401
          AMZN.O_real 0.050344
          dtype: float64
In [117]: rets_sym.std() * 252 ** 0.5  # ❺
Out[117]: AMZN.O_apt  0.270995
          AMZN.O_real 0.307653
          dtype: float64
In [118]: rets_sym.corr()  # ❻
Out[118]:             AMZN.O_apt AMZN.O_real
          AMZN.O_apt   1.000000    0.832218
          AMZN.O_real  0.832218    1.000000
In [119]: rets_sym.cumsum().apply(np.exp).plot(figsize=(10, 6));
```

❶ 실현요인 수익률을 사용하여 일간 주식 수익률을 예측

❷ 데이터프레임에 결과를 저장하고 컬럼 및 인덱스 데이터를 추가

❸ 실현주식 수익률을 데이터프레임에 추가

❹ 연율화 수익률 계산

❺ 연율화 변동성 계산

❻ 상관계수 계산

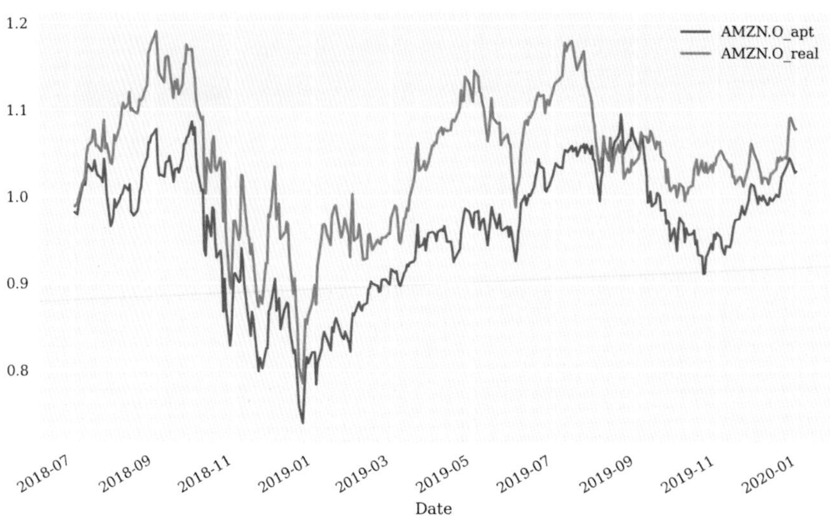

그림 4-15 차익거래 가격결정 모형으로 예측한 주식 성능과 실제 성능의 시간에 따른 비교

APT는 실현요인 수익률이 주어졌을 때 주가의 방향을 어떻게 예측하는가? 다음 파이썬 코드는 75% 이상의 정확도를 보여준다.

```
In [120]: rets_sym['same'] = (np.sign(rets_sym[sym + '_apt']) ==
              np.sign(rets_sym[sym + '_real']))
In [121]: rets_sym['same'].value_counts()
Out[121]: True 288
          False 89
          Name: same, dtype: int64
In [122]: rets_sym['same'].value_counts()[True] / len(rets_sym)
Out[122]: 0.7639257294429708
```

4.5 핵심 가정 깨부수기

앞 절에서는 인기 있는 규범적 금융 이론들이 현실에서는 어떻게 실패하는지를 실제의 수치 예제를 통해서 제시했다. 이 절에서는 그러한 실패 원인이 인기 있는 금융 이론들의 핵심적인 가정들이 타당하지 않기 때문이라는 주장을 펼친다. 즉, 이 이론들의 핵심 가정은 금융 시장의 현실을 제대로 반영하지 않기 때문이라는 것에 대해 논한다. 분석 대상이 되는 두 가지 가정은 정규분포 수익률과 선형관계이다.

4.5.1 정규분포 수익률 가정

정규분포는 1차 모멘트(기댓값)와 2차 모멘트(표준편차)만으로 분포를 정확히 묘사한다.

샘플 데이터셋

예를 들어 다음 파이썬 코드로 생성된 표준 정규분포 숫자들을 생각해보자.[14] [그림 4-16]은 전형적인 종 모양의 히스토그램을 보여준다.

```
In [1]: import numpy as np
        import pandas as pd
        from pylab import plt, mpl
        np.random.seed(100)
        plt.style.use('seaborn')
        mpl.rcParams['savefig.dpi'] = 300
        mpl.rcParams['font.family'] = 'serif'
In [2]: N = 10000
In [3]: snrn = np.random.standard_normal(N)  # ❶
        snrn -= snrn.mean()  # ❷
        snrn /= snrn.std()  # ❸
In [4]: round(snrn.mean(), 4)  # ❷
Out[4]: -0.0
In [5]: round(snrn.std(), 4)  # ❸
Out[5]: 1.0
In [6]: plt.figure(figsize=(10, 6))
        plt.hist(snrn, bins=35);
```

❶ 표준 정규분포 숫자 생성

❷ 1차 모멘트는 0

❸ 2차 모멘트는 1

14 NumPy의 무작위 숫자 생성기로 생성한 숫자는 준무작위(pseudorandom) 숫자이지만 이 책에서는 무작위 숫자로 가정한다.

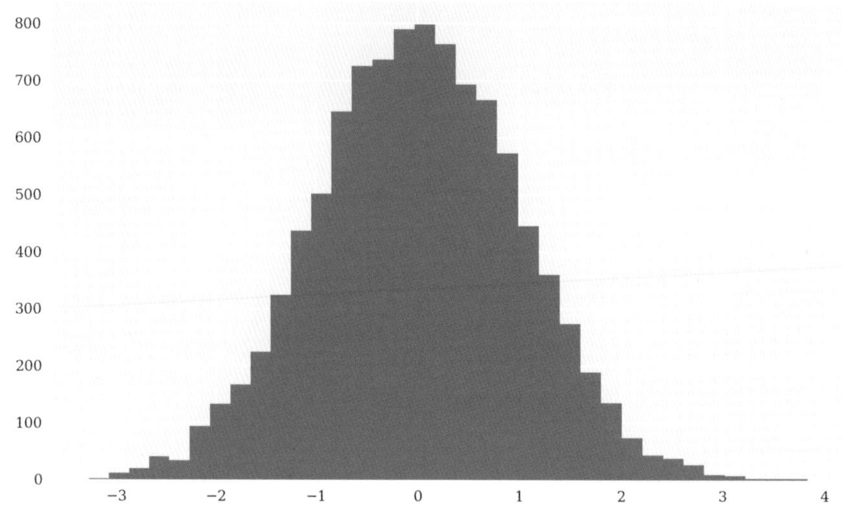

그림 4-16 표준 정규분포 숫자 히스토그램

이제 동일한 1차 및 2차 모멘트값을 갖지만 [그림 4-17]처럼 전혀 다른 분포를 가진 무작위 숫자를 생각하자. 모멘트는 같지만 이 분포는 3가지 숫자만으로 구성된다.

```
In [7]: numbers = np.ones(N) * 1.5  # ❶
        split = int(0.25 * N)  # ❶
        numbers[split:3 * split] = -1  # ❶
        numbers[3 * split:4 * split] = 0  # ❶
In [8]: numbers -= numbers.mean()  # ❷
        numbers /= numbers.std()  # ❸
In [9]: round(numbers.mean(), 4)  # ❷
Out[9]: 0.0
In [10]: round(numbers.std(), 4)  # ❸
Out[10]: 1.0
In [11]: plt.figure(figsize=(10, 6))
         plt.hist(numbers, bins=35);
```

❶ 3값으로 된 무작위 숫자 생성

❷ 1차 모멘트는 0

❸ 2차 모멘트는 1

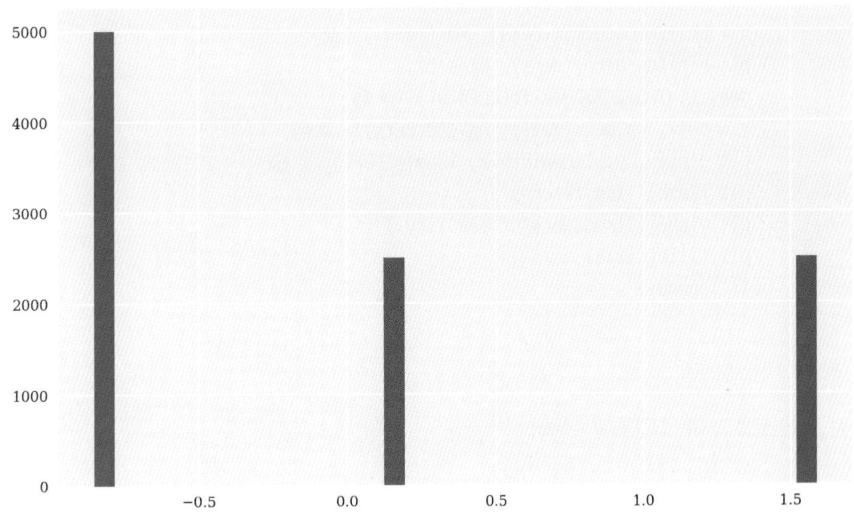

그림 4-17 1차 및 2차 모멘트가 각각 0, 1인 분포

CAUTION 1차 및 2차 모멘트

확률분포의 1차 및 2차 모멘트는 정규분포만 정확하게 표현할 수 있다. 두 모멘트가 같지만 분포의 모양이 다른 무한하게 많은 분포가 있을 수 있다.

실제 금융 수익률을 테스트하기 위해 다음과 같이 히스토그램으로 나타내고, 여기에 같은 모멘트를 가진 정규분포의 확률밀도함수를 그리는 파이썬 함수를 만든다.

```
In [12]: import math
         import scipy.stats as scs
         import statsmodels.api as sm
In [13]: def dN(x, mu, sigma):
             ''' Probability density function of a normal random variable x.
             '''
             z = (x - mu) / sigma
             pdf = np.exp(-0.5 * z ** 2) / math.sqrt(2 * math.pi * sigma ** 2)
             return pdf
In [14]: def return_histogram(rets, title=''):
             ''' Plots a histogram of the returns.
             '''
```

```
plt.figure(figsize=(10, 6))
x = np.linspace(min(rets), max(rets), 100)
plt.hist(np.array(rets), bins=50,
density=True, label='frequency')  # ❶
y = dN(x, np.mean(rets), np.std(rets))  # ❷
plt.plot(x, y, linewidth=2, label='PDF')  # ❷
plt.xlabel('log returns')
plt.ylabel('frequency/probability')
plt.title(title)
plt.legend()
```

❶ 데이터의 히스토그램

❷ 같은 모멘트를 가지는 정규분포의 확률밀도함수

[그림 4-18]에서 히스토그램과 표준정규분포의 확률밀도함수는 비슷한 모양을 나타내는 것을 확인할 수 있다.

```
In [15]: return_histogram(snrn)
```

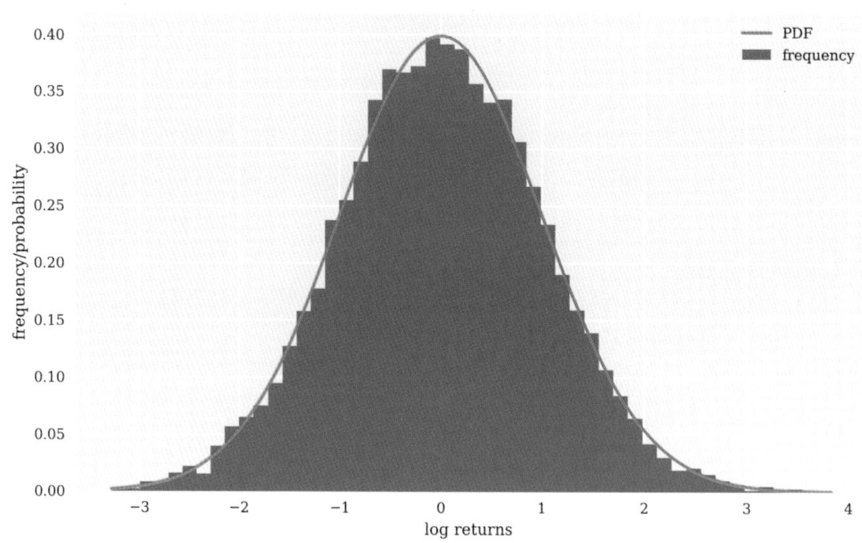

그림 4-18 표준 정규분포의 확률밀도함수와 데이터의 히스토그램

하지만 [그림 4-19]에서는 확률밀도함수와 데이터의 히스토그램의 모양이 전혀 비슷하지 않다는 것을 알 수 있다.

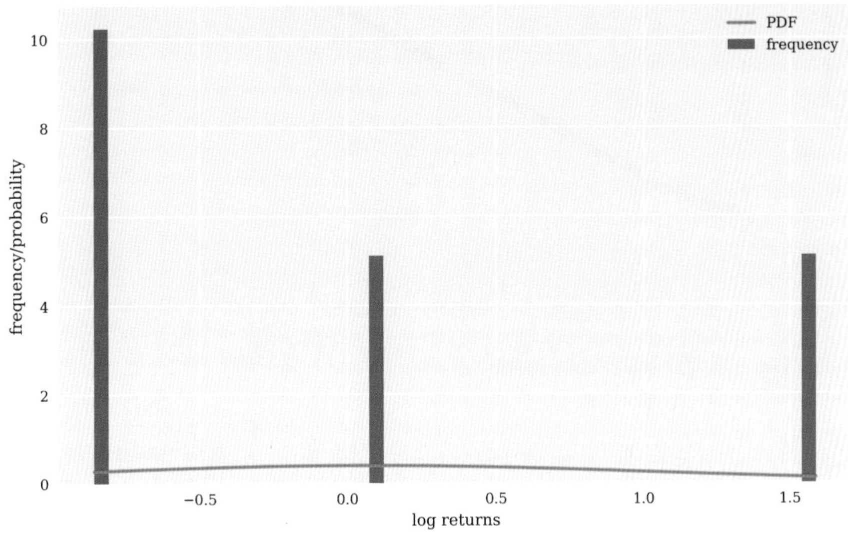

그림 4-19 이산분포 데이터와 해당 정규분포의 확률밀도함수

데이터와 정규분포를 비교하는 또 다른 방법은 Q-Q 플롯Quantile-Quantile plot이다. [그림 4-20]처럼 정규분포를 이루는 숫자의 경우에는 Q-Q 플롯상에서 직선을 이룬다.

```
In [17]: def return_qqplot(rets, title=''):
             ''' Generates a Q-Q plot of the returns.
             '''
             fig = sm.qqplot(rets, line='s', alpha=0.5)
             fig.set_size_inches(10, 6)
             plt.title(title)
             plt.xlabel('theoretical quantiles')
             plt.ylabel('sample quantiles')
In [18]: return_qqplot(snrn)
```

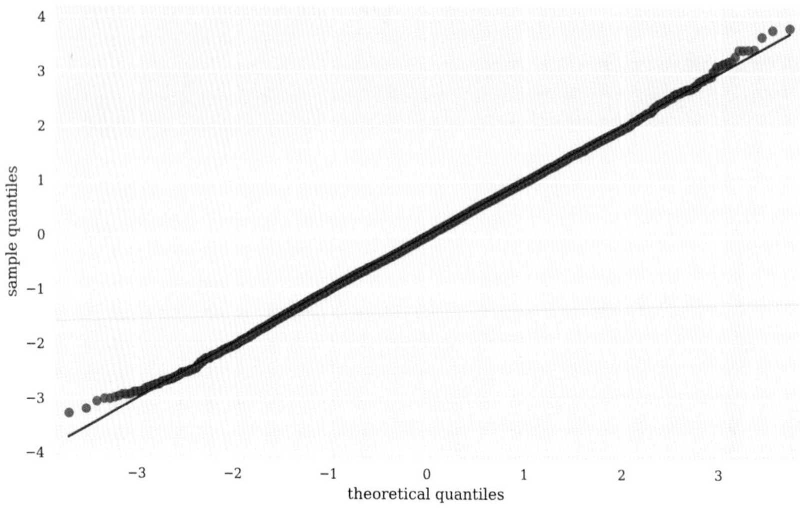

그림 4-20 정규분포를 이루는 데이터의 Q-Q 플롯

[그림 4-21]의 이산분포 데이터에 대한 Q-Q 플롯은 [그림 4-20]과 비교하면 전혀 다른 모양을 그리는 것을 알 수 있다.

```
In [19]: return_qqplot(numbers)
```

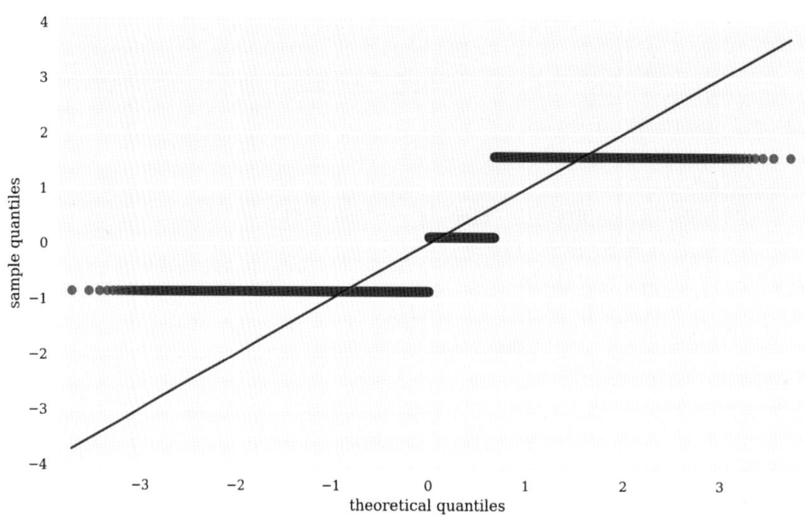

그림 4-21 이산분포의 Q-Q 플롯

마지막으로 통계적 검정statistical test을 통해 데이터가 정규분포인지 아닌지를 확인할 수 있다.

다음 파이썬 함수는 3가지 검정을 실시한다.

- 정규분포 왜도skew 검정
- 정규분포 첨도kurtosis 검정
- 정규분포 왜도와 첨도의 동시 검정

검정의 유의확률이 0.05보다 작으면 보통 정규분포가 아니라는 것을 뜻한다. 즉, 데이터가 정규분포라는 가정을 기각한다. 앞서 예로 든 두 가지 데이터에 대한 유의확률들은 그러한 결과를 보여준다.

```
In [20]: def print_statistics(rets):
             print('RETURN SAMPLE STATISTICS')
             print('---------------------------------------------')
             print('Skew of Sample Log Returns {:9.6f}'.format(
             scs.skew(rets)))
             print('Skew Normal Test p-value {:9.6f}'.format(
             scs.skewtest(rets)[1]))
             print('---------------------------------------------')
             print('Kurt of Sample Log Returns {:9.6f}'.format(
             scs.kurtosis(rets)))
             print('Kurt Normal Test p-value {:9.6f}'.format(
             scs.kurtosistest(rets)[1]))
             print('---------------------------------------------')
             print('Normal Test p-value {:9.6f}'.format(
             scs.normaltest(rets)[1]))
             print('---------------------------------------------')
In [21]: print_statistics(snrn)
         RETURN SAMPLE STATISTICS
         ---------------------------------------------
         Skew of Sample Log Returns 0.016793
         Skew Normal Test p-value 0.492685
         ---------------------------------------------
         Kurt of Sample Log Returns -0.024540
         Kurt Normal Test p-value 0.637637
         ---------------------------------------------
         Normal Test p-value 0.707334
         ---------------------------------------------
In [22]: print_statistics(numbers)
         RETURN SAMPLE STATISTICS
         ---------------------------------------------
```

```
Skew of Sample Log Returns 0.689254
Skew Normal Test p-value 0.000000
---------------------------------------------
Kurt of Sample Log Returns -1.141902
Kurt Normal Test p-value 0.000000
---------------------------------------------
Normal Test p-value 0.000000
---------------------------------------------
```

현실의 수익률 데이터

다음 파이썬 코드는 이 장의 앞부분에 나온 것처럼 웹상에 저장된 일간 데이터를 이용하여 데이터에 포함된 모든 금융 시계열의 로그 수익률을 계산한다. [그림 4-22]는 히스토그램으로 표시된 S&P 500 주가지수의 로그 수익률이 표본기대치와 표준편차를 가진 확률밀도함수와 비교할 때 훨씬 더 높은 피크값 및 팻 테일fat-tail 현상을 나타낸다는 것을 보여준다. 이 두 가지 사실은 여러 가지 다른 금융상품에서 일관되게 관찰할 수 있다.

```
In [23]: raw = pd.read_csv('http://hilpisch.com/aiif_eikon_eod_data.csv',
                           index_col=0, parse_dates=True).dropna()
In [24]: rets = np.log(raw / raw.shift(1)).dropna()
In [25]: symbol = '.SPX'
In [26]: return_histogram(rets[symbol].values, symbol)
```

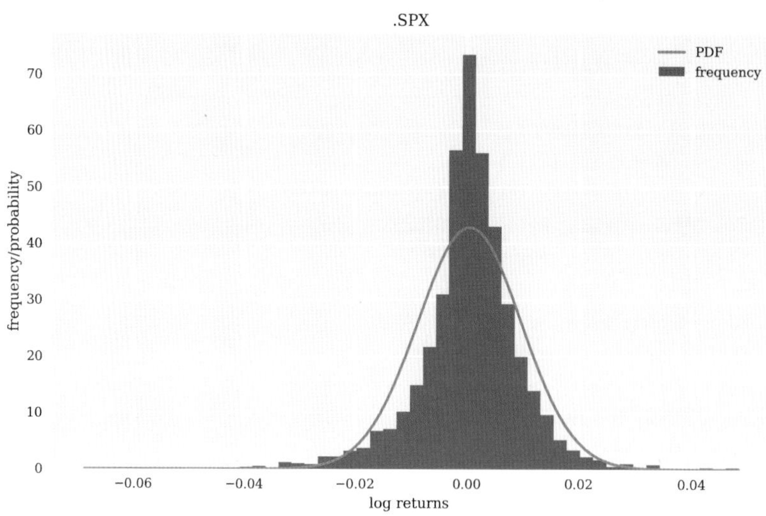

그림 4-22 S&P500의 수익률과 정규분포의 비교

[그림 4-23]에 나온 S&P 500 로그 수익률에 대한 Q-Q 플롯에서도 비슷한 내용이 발견된다. 특히 Q-Q 플롯의 왼쪽 부분에서는 점들이 직선 아래에, 오른쪽 부분에서는 점들이 직선 위에 있는데, 이는 팻-테일 현상을 잘 보여주고 있다.

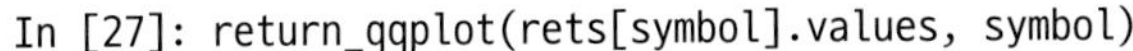

```
In [27]: return_qqplot(rets[symbol].values, symbol)
```

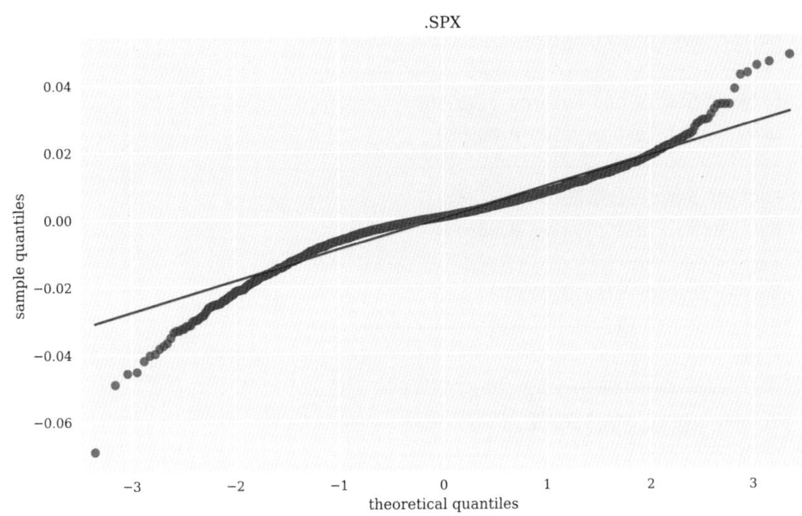

그림 4-23 S&P 500 로그 수익률에 대한 Q-Q 플롯

다음 파이썬 코드는 데이터셋에서 선택한 실제 금융 수익률의 정규성에 대한 통계적 검정을 수행한다. 실제 금융 수익률은 보통 이 정규성 검정을 통과하지 못한다. 따라서 금융 수익률에 대한 정규성 가정은 현실을 거의 설명하지 못한다고 결론지어도 무방하다.

```
In [28]: symbols = ['.SPX', 'AMZN.O', 'EUR=', 'GLD']
In [29]: for sym in symbols:
             print('\n{}'.format(sym))
             print(45 * '=')
             print_statistics(rets[sym].values)
         .SPX
         =============================================
         RETURN SAMPLE STATISTICS
         ---------------------------------------------
```

```
Skew of Sample Log Returns -0.497160
Skew Normal Test p-value 0.000000
--------------------------------------------
Kurt of Sample Log Returns 4.598167
Kurt Normal Test p-value 0.000000
--------------------------------------------
Normal Test p-value 0.000000
--------------------------------------------
AMZN.O
============================================
RETURN SAMPLE STATISTICS
--------------------------------------------
Skew of Sample Log Returns 0.135268
Skew Normal Test p-value 0.005689
--------------------------------------------
Kurt of Sample Log Returns 7.344837
Kurt Normal Test p-value 0.000000
--------------------------------------------
Normal Test p-value 0.000000
--------------------------------------------
EUR=
============================================
RETURN SAMPLE STATISTICS
--------------------------------------------
Skew of Sample Log Returns -0.053959
Skew Normal Test p-value 0.268203
--------------------------------------------
Kurt of Sample Log Returns 1.780899
Kurt Normal Test p-value 0.000000
--------------------------------------------
Normal Test p-value 0.000000
--------------------------------------------
GLD
============================================
RETURN SAMPLE STATISTICS
--------------------------------------------
Skew of Sample Log Returns -0.581025
Skew Normal Test p-value 0.000000
--------------------------------------------
Kurt of Sample Log Returns 5.899701
Kurt Normal Test p-value 0.000000
--------------------------------------------
Normal Test p-value 0.000000
--------------------------------------------
```

CAUTION 정규성 가정

정규성 가정은 물리학을 포함해서 현실 세계의 여러 현상에 대해 좋은 근사치이지만 금융 수익률에 대해서는 적절하지도 않고 때로는 위험할 수도 있다. 금융 수익률 데이터의 샘플 데이터셋은 통계적 정규성 검정을 통과한 적이 거의 없기 때문이다. 하지만 다른 여러 분야에서 유용함이 입증되었다는 사실을 제외하고도, 금융 모형화에서 정규성 가정이 유용하게 사용되고 있는 이유는 우아하고 상대적으로 간단한 수학적 모형화, 계산, 증명을 가능하게 해주기 때문이다.

4.5.2 선형관계

금융 모형과 이론에서 정규성 가정만큼 광범위하게 퍼져 있는 것이 변수 간의 선형관계 가정이다. 이 절에서는 자본자산 가격결정 모형에서 주식의 베타와 기대(혹은 실현)수익률 간의 선형관계 가정에 대해 고려할 것이다. 즉, 시장 수익률이 양수일 경우 베타가 커질수록 주식의 기대 수익률도 이에 선형적으로 비례해서 커진다고 한다.

앞 절에서 나온 기술주에 대한 베타 계산법, 자본자산 가격결정 모형으로 계산한 기대 수익률, 실현 수익률을 다시 떠올려보자. 독자의 편의를 위해 해당 파이썬 코드를 아래에 다시 제시한다. 다만 이번에는 결과 데이터프레임에 베타값도 추가한다.

```
In [30]: r = 0.005
In [31]: market = '.SPX'
In [32]: res = pd.DataFrame()
In [33]: for sym in rets.columns[:4]:
             for year in range(2010, 2019):
                 rets_ = rets.loc[f'{year}-01-01':f'{year}-12-31']
                 muM = rets_[market].mean() * 252
                 cov = rets_.cov().loc[sym, market]
                 var = rets_[market].var()
                 beta = cov / var
                 rets_ = rets.loc[f'{year + 1}-01-01':f'{year + 1}-12-31']
                 muM = rets_[market].mean() * 252
                 mu_capm = r + beta * (muM - r)
                 mu_real = rets_[sym].mean() * 252
                 res = res.append(pd.DataFrame({'symbol': sym,
                                                'beta': beta,
                                                'mu_capm': mu_capm,
                                                'mu_real': mu_real},
                                               index=[year + 1]),
                                  sort=True)
```

다음 분석은 베타를 독립변수로 놓고 자본자산 가격결정모형으로 구한 기대 수익률을 종속변수로하는 선형 회귀분석의 결정계수 R^2 값을 계산한 것이다. 결정계수 R^2 값은 모형이 얼마나 잘 예측을 수행하는지 측정하는 값이다. [그림 4-24]에서 확인할 수 있듯이 선형 회귀분석은 CAPM으로 구한 기대 수익률 변화의 10% 정도밖에 설명하지 못한다.

```
In [34]: from sklearn.metrics import r2_score
In [35]: reg = np.polyfit(res['beta'], res['mu_capm'], deg=1)
         res['mu_capm_ols'] = np.polyval(reg, res['beta'])
In [36]: r2_score(res['mu_capm'], res['mu_capm_ols'])
Out[36]: 0.09272355783573516
In [37]: res.plot(kind='scatter', x='beta', y='mu_capm', figsize=(10, 6))
         x = np.linspace(res['beta'].min(), res['beta'].max())
         plt.plot(x, np.polyval(reg, x), 'g--', label='regression')
         plt.legend();
```

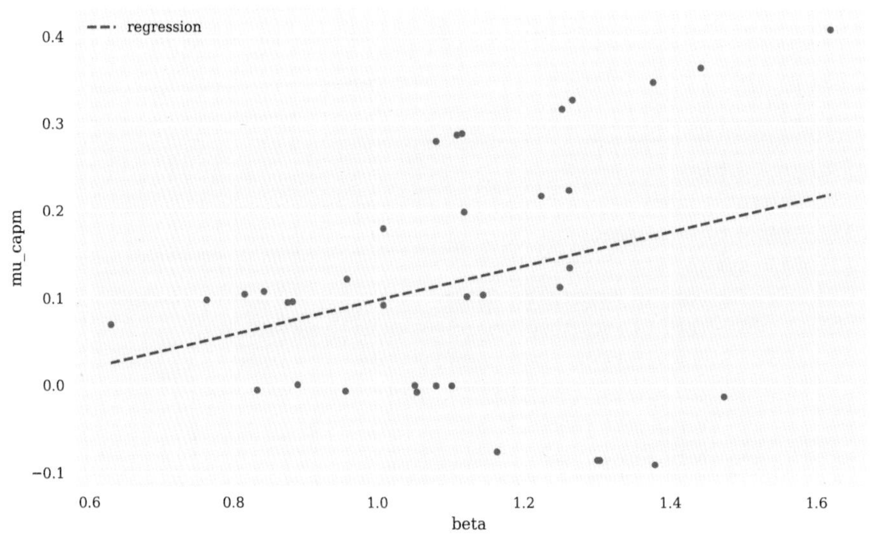

그림 4-24 베타와 CAPM으로 구한 기대 수익률의 선형관계

실현 수익률의 경우에는 선형 회귀분석의 설명력이 더 낮아져서 4.5% 정도밖에 되지 않는다(그림 4-25). 선형 회귀분석에서는 회귀분석 직선이 양의 기울기를 나타내는 것에서 보듯이 베타와 주식 수익률은 양의 비례관계 즉, '시장 수익률이 양수인 경우 베타가 커질수록 주식의

기대 수익률도 이에 선형적으로 비례해서 커지는 관계'라는 것을 보여준다. 하지만 주식 수익률의 변동분 중 극히 일부밖에는 설명하지 못한다.

```
In [38]: reg = np.polyfit(res['beta'], res['mu_real'], deg=1)
         res['mu_real_ols'] = np.polyval(reg, res['beta'])
In [39]: r2_score(res['mu_real'], res['mu_real_ols'])
Out[39]: 0.04466919444752959
In [40]: res.plot(kind='scatter', x='beta', y='mu_real', figsize=(10, 6))
         x = np.linspace(res['beta'].min(), res['beta'].max())
         plt.plot(x, np.polyval(reg, x), 'g--', label='regression')
         plt.legend();
```

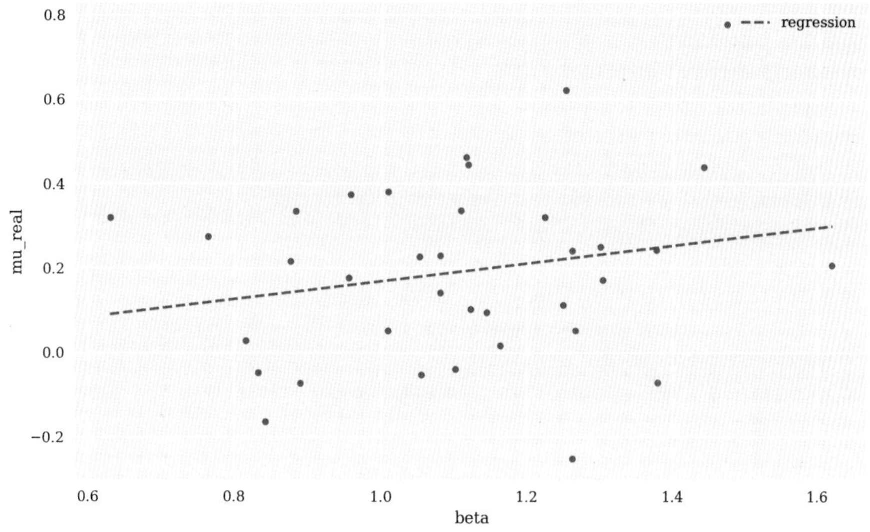

그림 4-25 베타와 CAPM으로 구한 실현 수익률의 선형관계

CAUTION **선형관계**

물리적 세계에서는 정규성 가정과 마찬가지로 선형관계들을 종종 관찰할 수 있다. 하지만 금융의 경우에는 변수들이 서로 선형관계를 명확하게 가지는 경우가 거의 없다. 모형화의 관점에서 선형관계는 정규성 가정과 마찬가지로 우아하고 간단한 수학적 모형, 계산, 증명을 끌어낸다. 또한 금융 계량경제학에서 가장 표준적인 도구인 선형 회귀분석도 데이터의 선형관계를 다루는 데 아주 적합하다. 이러한 이유로 정규성 가정과 선형관계 가정은 금융 모형화와 이론의 가장 편리한 기본 도구로 사용되고 있다.

4.6 파이썬 코드

다음 파이썬 코드는 자연어 처리 작업을 단순화하기 위한 도움 함수들을 포함한다.

```
#
# NLP Helper Functions
#
# Artificial Intelligence in Finance
# (c) Dr Yves J Hilpisch
# The Python Quants GmbH
#
import re
import nltk
import string
import pandas as pd
from pylab import plt
from wordcloud import WordCloud
from nltk.corpus import stopwords
from nltk.corpus import wordnet as wn
from lxml.html.clean import Cleaner
from sklearn.feature_extraction.text import TfidfVectorizer
plt.style.use('seaborn')

cleaner = Cleaner(style=True, links=True, allow_tags=[''],
                  remove_unknown_tags=False)
stop_words = stopwords.words('english')
stop_words.extend(['new', 'old', 'pro', 'open', 'menu', 'close'])

def remove_non_ascii(s):
    ''' Removes all non-ascii characters.
    '''
    return ''.join(i for i in s if ord(i) < 128)

def clean_up_html(t):
    t = cleaner.clean_html(t)
    t = re.sub('[\n\t\r]', ' ', t)
    t = re.sub(' +', ' ', t)
    t = re.sub('<.*?>', '', t)
    t = remove_non_ascii(t)
    return t

def clean_up_text(t, numbers=False, punctuation=False):
    ''' Cleans up a text, e.g. HTML document,
    from HTML tags and also cleans up the
```

```
    text body.
    '''
    try:
        t = clean_up_html(t)
    except:
        pass
    t = t.lower()
    t = re.sub(r"what's", "what is ", t)
    t = t.replace('(ap)', '')
    t = re.sub(r"\'ve", " have ", t)
    t = re.sub(r"can't", "cannot ", t)
    t = re.sub(r"n't", " not ", t)
    t = re.sub(r"i'm", "i am ", t)
    t = re.sub(r"\'s", "", t)
    t = re.sub(r"\'re", " are ", t)
    t = re.sub(r"\'d", " would ", t)
    t = re.sub(r"\'ll", " will ", t)
    t = re.sub(r'\s+', ' ', t)
    t = re.sub(r"\\", "", t)
    t = re.sub(r"\'", "", t)
    t = re.sub(r"\"", "", t)
    if numbers:
        t = re.sub('[^a-zA-Z ?!]+', '', t)
    if punctuation:
        t = re.sub(r'\W+', ' ', t)
    t = remove_non_ascii(t)
    t = t.strip()
    return t

def nltk_lemma(word):
    ''' If one exists, returns the lemma of a word.
    I.e. the base or dictionary version of it.
    '''
    lemma = wn.morphy(word)
    if lemma is None:
        return word
    else:
        return lemma

def tokenize(text, min_char=3, lemma=True, stop=True,
             numbers=False):
    ''' Tokenizes a text and implements some
    transformations.
    '''
```

```
    tokens = nltk.word_tokenize(text)
    tokens = [t for t in tokens if len(t) >= min_char]
    if numbers:
        tokens = [t for t in tokens if t[0].lower()
                  in string.ascii_lowercase]
    if stop:
        tokens = [t for t in tokens if t not in stop_words]
    if lemma:
        tokens = [nltk_lemma(t) for t in tokens]
    return tokens

def generate_word_cloud(text, no, name=None, show=True):
    ''' Generates a word cloud bitmap given a
    text document (string).
    It uses the Term Frequency (TF) and
    Inverse Document Frequency (IDF)
    vectorization approach to derive the
    importance of a word -- represented
    by the size of the word in the word cloud.

    Parameters
    ==========
    text: str
    text as the basis
    no: int
    number of words to be included
    name: str
    path to save the image
    show: bool
    whether to show the generated image or not
    '''
    tokens = tokenize(text)
    vec = TfidfVectorizer(min_df=2,
                          analyzer='word',
                          ngram_range=(1, 2),
                          stop_words='english'
            )
    vec.fit_transform(tokens)
    wc = pd.DataFrame({'words': vec.get_feature_names(),
                       'tfidf': vec.idf_})
    words = ' '.join(wc.sort_values('tfidf', ascending=True)['words'].head(no))
    wordcloud = WordCloud(max_font_size=110,
                          background_color='white',
                          width=1024, height=768,
```

```
                              margin=10, max_words=150).generate(words)
    if show:
        plt.figure(figsize=(10, 10))
        plt.imshow(wordcloud, interpolation='bilinear')
        plt.axis('off')
        plt.show()
    if name is not None:
        wordcloud.to_file(name)

def generate_key_words(text, no):
    try:
        tokens = tokenize(text)
        vec = TfidfVectorizer(min_df=2,
                              analyzer='word',
                              ngram_range=(1, 2),
                              stop_words='english'
              )
        vec.fit_transform(tokens)
        wc = pd.DataFrame({'words': vec.get_feature_names(),
                           'tfidf': vec.idf_})
        words = wc.sort_values('tfidf', ascending=False)['words'].values
        words = [ a for a in words if not a.isnumeric()][:no]
    except:
        words = list()
    return words
```

4.7 마치며

수 세기 동안 데이터의 생성과 분석을 철저히 해온 덕분에 과학이 발전할 수 있었다. 하지만 금융 분야는 수익률의 정규성이나 선형관계 같은 가정에 의존하는 금융 시장의 단순화된 수학적 모형에 기반한 규범적 이론들의 규정을 받아왔다. 이제는 보편적이고 포괄적인 금융 데이터의 사용이 가능해짐에 따라 이론 중심의 접근에서 데이터 기반 금융으로 점차 바뀌고 있다. 인기 있는 금융 모형과 이론이 실제 금융 데이터와 맞지 않다는 것은 몇 가지 금융 데이터의 예제를 들면서 살펴봤다. 이러한 이론들은 우아하기는 하지만 지나치게 단순해서 금융 시장의 복잡성과 변화하는 특성 그리고 비선형성을 다루기는 어렵다.

4.8 참고 문헌

- Allais, M. 1953. "Le Comportement de l'Homme Rationnel devant le Risque: Critique des Postulats et Axiomes de l'Ecole Americaine." *Econometrica* 21 (4): 503–546.
- Alexander, Carol. 2008a. *Quantitative Methods in Finance*. Market Risk Analysis I, West Sussex: John Wiley & Sons.

  ______. 2008b. *Practical Financial Econometrics*. Market Risk Analysis II, West Sussex: John Wiley & Sons.
- Bender, Jennifer et al. 2013. "Foundations of Factor Investing." *MSCI Research Insight*. `http://bit.ly/aiif_factor_invest`.
- Campbell, John Y. 2018. *Financial Decisions and Markets: A Course in Asset Pricing*. Princeton and Oxford: Princeton University Press.
- Ellsberg, Daniel. 1961. "Risk, Ambiguity, and the Savage Axioms." *Quarterly Journal of Economics* 75 (4): 643–669.
- Fontaine, Philippe and Robert Leonard. 2005. *The Experiment in the History of Economics*. London and New York: Routledge.
- Kopf, Dan. 2015. "The Discovery of Statistical Regression." *Priceonomics*, November 6, 2015. `http://bit.ly/aiif_ols`.
- Lee, Kai-Fu. 2018. *AI Superpowers: China, Silicon Valley, and the New World Order*. Boston and New York: Houghton Mifflin Harcourt.
- Sapolsky, Robert M. 2018. *Behave: The Biology of Humans at Our Best and Worst*. New York: Penguin Books.
- Savage, Leonard J. (1954) 1972. *The Foundations of Statistics*. 2nd ed. New York: Dover Publications.
- Wigglesworth, Robin. 2019. "How Investment Analysts Became Data Miners." Financial Times, November 28, 2019. `https://oreil.ly/QJGtd`.

CHAPTER 5

머신러닝

> 데이터주의Dataism는 우주가 데이터의 흐름으로 구성되며, 어떤 현상이나 실제의 가치는 데이터 처리에 대한 기여도에 따라 결정된다고 주장한다. (중략) 따라서 데이터주의는 인간과 기계 사이의 장벽을 허물고, 전자 알고리즘이 마침내 생화학적 알고리즘을 해독하고 그를 능가할 것으로 기대한다.
>
> – 유발 노아 하라리Yuval Noah Harari (2015)

> 머신러닝은 과학적 방법론으로 생성, 검정, 폐기 또는 정제하는 과정을 따른다. 하지만 과학자가 평생 가설 몇 백 개를 제안하고 시험하지만 머신러닝 시스템은 같은 일을 1초 안에 할 수 있다. 즉 머신러닝은 과학적 발견을 자동화하는 것이다. 따라서 머신러닝은 기업에 혁명을 일으키고 있는 것만큼 과학에서도 혁명을 일으키고 있다
>
> – 페드로 도밍고스Pedro Domingos (2015)

이 장에서는 과정으로서의 머신러닝에 대해 설명한다. 예를 들기 위해 특정 알고리즘과 특정 데이터를 사용하지만, 이 장에서 논의하는 개념과 접근법은 본질적으로 어디에나 적용할 수 있다. 이 장의 목표는 머신러닝의 가장 중요한 요소를 이해하기 쉽고 시각화하기 쉬운 방식으로 제시하는 것이다. 이 장에서는 대부분 기술적인 세부 사항을 생략하고 본질적인 부분만 설명하는 접근법을 사용한다. 그런 점에서 나중에 좀 더 현실적인 머신러닝 애플리케이션을 만들기 위한 일종의 청사진을 제공한다고 할 수 있다.

5.1절은 기계가 학습한다는 개념에 대해 간단히 설명한다. 그다음 5.2절에서는 나중에 사용될 샘플 데이터를 임포트하고 전처리한다. 샘플 데이터는 EUR/USD 환율 시계열 데이터에 기반한다. 5.3절에서는 선형회귀분석과 신경망을 구현하고 성공의 척도로 평균제곱오차를 사용한다. 5.4절에서는 모형 용량이 추정 문제 영역에서 더 성공적인 모형을 만드는 데 어떤 역할을 하는지 설명한다.

그리고 5.5절에서는 머신러닝 과정에서 데이터 일부분을 사용한 모델의 성능 측정 방법을 설명한다. 5.6절은 모형의 편향bias와 변동variance이라는 개념을 논하고 추정 문제에서 이들이 나타내는 전형적인 특징을 다룬다. 마지막으로 5.7절에서 너무 큰 모형 용량으로 인한 과최적화를 방지하기 위한 교차검증이라는 개념을 설명하며 이 장을 마무리한다.

반데르플라스VanderPlas(2017)의 책 5장에서는 이 장에서 다룬 것과 비슷한 주제를 `scikit-learn` 파이썬 패키지를 주로 사용해서 다룬다. 숄레(2017)의 책 4장에서도 비슷한 내용을 다루며 케라스 딥러닝 패키지를 주로 사용했다. 그리고 굿펠로(2016)의 책 5장에서도 이와 관련된 중요한 개념과 머신러닝 전반에 대한 좀 더 기술적이며 수학적인 내용을 다룬다.

5.1 학습

미첼(1997)은 알고리즘이나 컴퓨터 프로그램에 의한 학습을 정형화되고 추상적인 수준에서 다음과 같이 정의했다.

> 컴퓨터 프로그램이 어떤 작업에서 성능을 측정할 수 있다고 할 때 경험으로 인해 작업의 수행 성능이 향상된다면 그 프로그램은 해당 경험으로부터 학습한다고 말할 수 있다.

수행해야 할 작업의 종류(예를 들어 추정 문제인가 분류 문제인가)가 정해지면 성능을 측정하는 척도를 평균제곱오차나 정확도 비율 등으로 정할 수 있다. 그다음으로는 학습이 이루어지고 해당 작업을 알고리즘으로 수행한 성능의 향상도를 측정한다. 해야 할 작업의 종류는 보통 주어진 데이터에 따라 정해지는 데 지도 학습에서는 특징 데이터와 라벨 데이터가 주어지고 비지도 학습에서는 특징 데이터만 주어진다.

> **NOTE 학습 작업 대 학습해야 할 대상이 되는 작업**
>
> 알고리즘이나 컴퓨터 프로그램을 통한 학습을 정의할 때 학습이라는 작업과 학습의 대상이 되는 작업을 구분하는 것이 중요하다. 학습이라고 함은 추정이든 분류이든 어떤 특정한 작업을 가장 잘 수행하는 방법을 배우는 것이다.

5.2 데이터

이 절에서는 다음 절에서 사용할 샘플 데이터를 소개한다. 샘플 데이터는 실제 EUR/USD 환율 시계열에 기반하여 만든다. 우선 CSV 파일에서 데이터를 임포트하고 월간 간격으로 샘플링하여 시리즈 객체에 저장한다.

```
In [1]: import numpy as np
        import pandas as pd
        from pylab import plt, mpl
        np.random.seed(100)
        plt.style.use('seaborn')
        mpl.rcParams['savefig.dpi'] = 300
        mpl.rcParams['font.family'] = 'serif'
In [2]: url = 'http://hilpisch.com/aiif_eikon_eod_data.csv'
In [3]: raw = pd.read_csv(url, index_col=0, parse_dates=True)['EUR=']  # ❶
In [4]: raw.head()
Out[4]: Date
        2010-01-01 1.4323
        2010-01-04 1.4411
        2010-01-05 1.4368
        2010-01-06 1.4412
        2010-01-07 1.4318
        Name: EUR=, dtype: float64
In [5]: raw.tail()
Out[5]: Date
        2019-12-26 1.1096
        2019-12-27 1.1175
        2019-12-30 1.1197
        2019-12-31 1.1210
        2020-01-01 1.1210
        Name: EUR=, dtype: float64
In [6]: l = raw.resample('1M').last()  # ❷
In [7]: l.plot(figsize=(10, 6), title='EUR/USD monthly');
```

❶ 금융 시계열 데이터를 임포트

❷ 월간 간격으로 샘플링

[그림 5-1]은 이 금융 시계열을 보여준다.

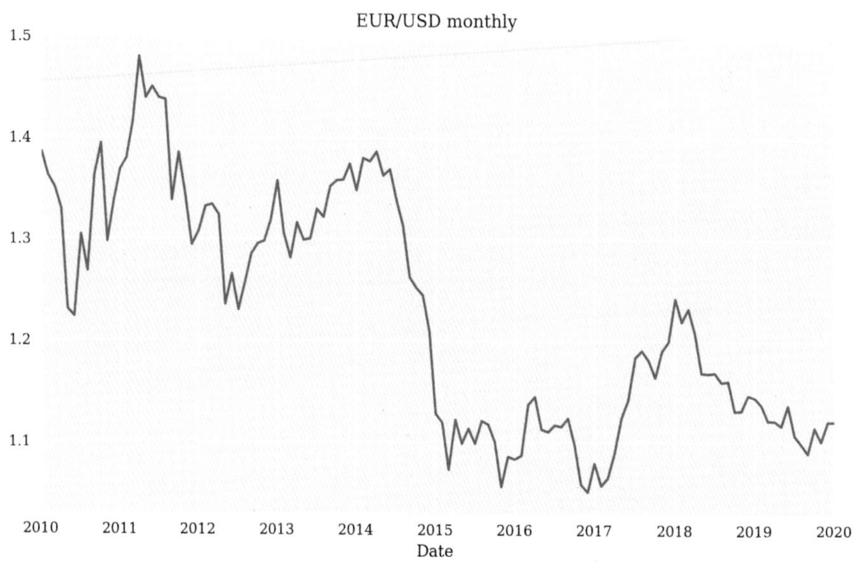

그림 5-1 EUR/USD 환율 시계열 (월간)

특징 데이터를 하나만 갖도록 만들기 위해 다음 파이썬 코드로 합성 특징벡터를 생성한다. 이렇게 하면 2차원에서 시각화하는 것이 간단해진다. 물론 합성 특징(독립변수)은 실제 EUR/USD 환율(라벨 데이터, 종속변수)에 대한 설명력을 가지는 것은 아니다. 다음으로는 이 라벨 데이터가 순차적이고 시간에 의존하는 데이터라는 사실도 추상화한다. 이 장에서는 샘플 데이터가 단순한 1차원 특징 데이터와 1차원 라벨벡터로 되어 있다고 가정하자. [그림 5-2]의 샘플 데이터를 보면 우리가 풀어야 할 문제가 추정 문제라는 것을 알 수 있다.

```
In [8]: l = l.values  # ❶
        l -= l.mean()  # ❷
In [9]: f = np.linspace(-2, 2, len(l))  # ❸
In [10]: plt.figure(figsize=(10, 6))
         plt.plot(f, l, 'ro')
```

```
plt.title('Sample Data Set')
plt.xlabel('features')
plt.ylabel('labels');
```

❶ 라벨 데이터를 ndarray 객체로 변환

❷ 평균값을 제거

❸ 합성 특징을 ndarray 객체로 생성

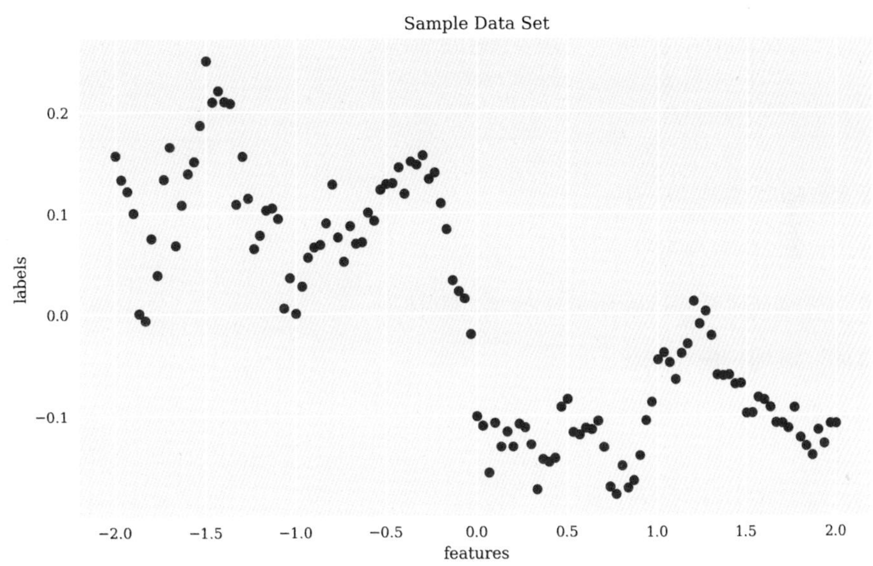

그림 5-2 샘플 데이터셋

5.3 성공

추정 문제의 성공 측도는 일반적으로 1장에서 소개한 평균제곱오차다. 벤치마크로 라벨 데이터가 주어졌을 때 이 데이터의 일부에 대한 평균제곱오차에 근거해서 성공 여부를 판단한다. 1장처럼 이 절과 다음 절에서도 회귀분석과 신경망이라는 두 개의 알고리즘을 고려할 것이다.

먼저 회귀분석이다. 적용 방법은 다음 파이썬 코드에서 보여지는 것처럼 단순하다. 5차의 회귀분석 결과는 [그림 5-3]에 나타냈으며 평균제곱오차값도 계산했다.

```
In [11]: def MSE(l, p):
             return np.mean((l - p) ** 2)  # ❶
In [12]: reg = np.polyfit(f, l, deg=5)  # ❷
         reg  # ❷
Out[12]: array([-0.01910626, -0.0147182 , 0.10990388, 0.06007211, -0.20833598,
                -0.03275423])
In [13]: p = np.polyval(reg, f)  # ❸
In [14]: MSE(l, p)  # ❹
Out[14]: 0.0034166422957371025
In [15]: plt.figure(figsize=(10, 6))
         plt.plot(f, l, 'ro', label='sample data')
         plt.plot(f, p, '--', label='regression')
         plt.legend();
```

❶ 평균제곱오차를 계산하는 함수

❷ 5차항을 포함하는 회귀분석

❸ 주어진 최적인수를 사용하여 회귀분석 모형에 의한 예측

❹ 예측값에 대한 평균제곱오차

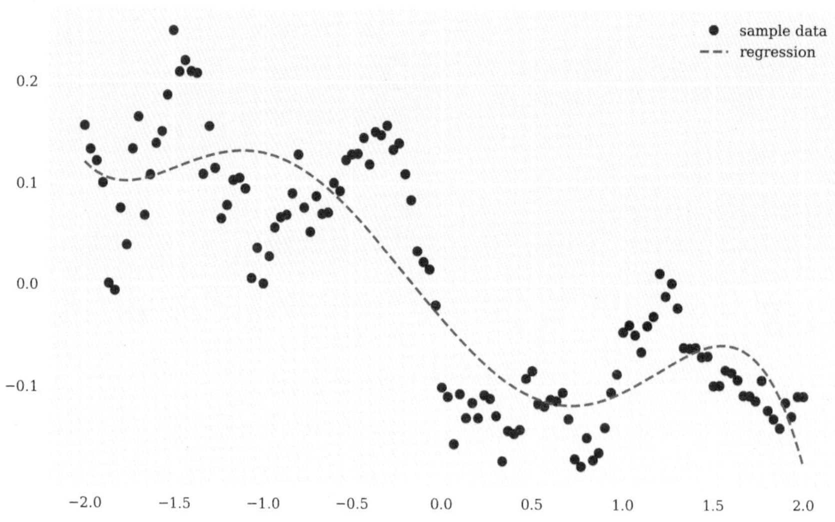

그림 5-3 샘플 데이터와 회귀분석 결과

회귀분석은 일반적으로 분석적 방법으로 해결되므로 반복 학습이 일어나지 않는다. 하지만 데이터를 알고리즘에 점점 더 많이 노출하는 방법으로 반복 학습 과정을 시뮬레이션할 수 있다. 다음 파이썬 코드는 처음에는 몇 개의 데이터만 사용하여 회귀분석을 하다가, 학습에 사용하는 데이터의 수를 점점 늘리는 방법으로 최종적으로는 전체 데이터셋을 사용하게끔 한다. 회귀분석 단계에서는 데이터 일부분만 사용하지만 예측 단계에서는 전체 데이터를 모두 사용하도록 구현했다. 일반적으로 학습에 사용되는 데이터의 수가 증가할수록 평균제곱오차는 크게 감소한다.

```
In [16]: for i in range(10, len(f) + 1, 20):
             reg = np.polyfit(f[:i], l[:i], deg=3)  # ❶
             p = np.polyval(reg, f)  # ❷
             mse = MSE(l, p)  # ❸
             print(f'{i:3d} | MSE={mse}')
          10 | MSE=248628.10681642237
          30 | MSE=731.9382249304651
          50 | MSE=12.236088505004465
          70 | MSE=0.7410590619743301
          90 | MSE=0.0057430617304093275
         110 | MSE=0.006492800939555582
```

❶ 데이터 일부분을 사용하는 회귀분석 단계

❷ 전체 데이터를 사용하는 예측 단계

❸ 평균제곱오차

두 번째는 신경망이다. 샘플 데이터에 적용하는 방법은 1장에서 나온 것과 비슷하다. [그림 5-4]에 신경망이 어떻게 샘플 데이터를 근사화하는지 보였다.

```
In [17]: import tensorflow as tf
         tf.random.set_seed(100)
In [18]: from keras.layers import Dense
         from keras.models import Sequential
         Using TensorFlow backend.
In [19]: model = Sequential()
         model.add(Dense(256, activation='relu', input_dim=1))  # ❶
         model.add(Dense(1, activation='linear'))  # ❶
         model.compile(loss='mse', optimizer='rmsprop')
```

```
In [20]: model.summary()
         Model: "sequential_1"

         _________________________________________________________________
         Layer (type) Output Shape Param #
         =================================================================
         dense_1 (Dense) (None, 256) 512

         _________________________________________________________________
         dense_2 (Dense) (None, 1) 257
         =================================================================
         Total params: 769
         Trainable params: 769
         Non-trainable params: 0

         _________________________________________________________________
In [21]: %time model.fit(f, l, epochs=1500, verbose=False)  # ❷
         CPU times: user 5.89 s, sys: 761 ms, total: 6.66 s
         Wall time: 4.43 s
Out[21]: <keras.callbacks.callbacks.History at 0x7fc05d599d90>
In [22]: p = model.predict(f).flatten()  # ❸
In [23]: MSE(l, p)  # ❹
Out[23]: 0.0020217512014360102
In [24]: plt.figure(figsize=(10, 6))
         plt.plot(f, l, 'ro', label='sample data')
         plt.plot(f, p, '--', label='DNN approximation')
         plt.legend();
```

❶ 단일 은닉층을 가진 얕은 신경망

❷ 학습 단계의 에포크 수가 많다.

❸ 마찬가지로 `flatten`한 `ndarray` 객체를 사용하는 예측 단계

❹ 예측 결과에 대한 평균제곱오차

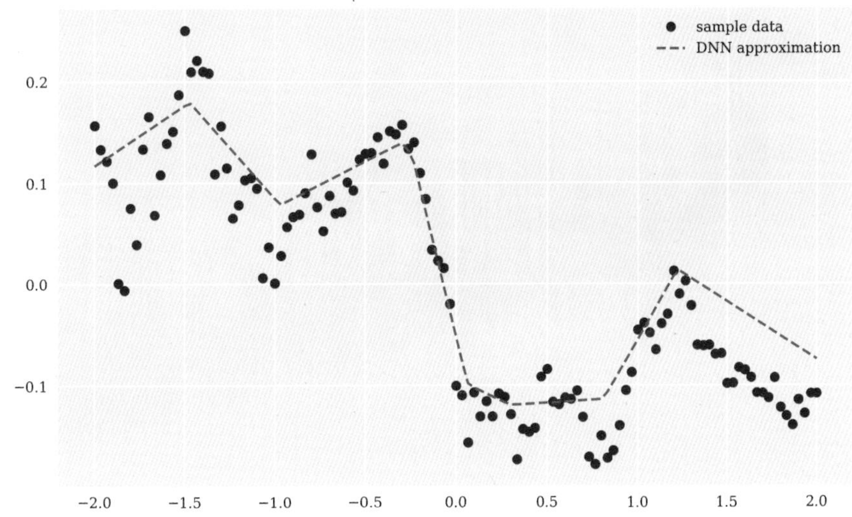

그림 5-4 샘플 데이터와 신경망을 사용한 근사화

Keras 패키지를 사용하여 매 학습 단계의 평균제곱오차를 저장할 수 있다. [그림 5-5]는 신경망이 학습되면서 평균제곱오차가 평균적으로 감소하는 모습을 보여준다.

```
In [25]: import pandas as pd
In [26]: res = pd.DataFrame(model.history.history)
In [27]: res.tail()
Out[27]:          loss
         1495 0.001547
         1496 0.001520
         1497 0.001456
         1498 0.001356
         1499 0.001325
In [28]: res.iloc[100:].plot(figsize=(10, 6))
         plt.ylabel('MSE')
         plt.xlabel('epochs');
```

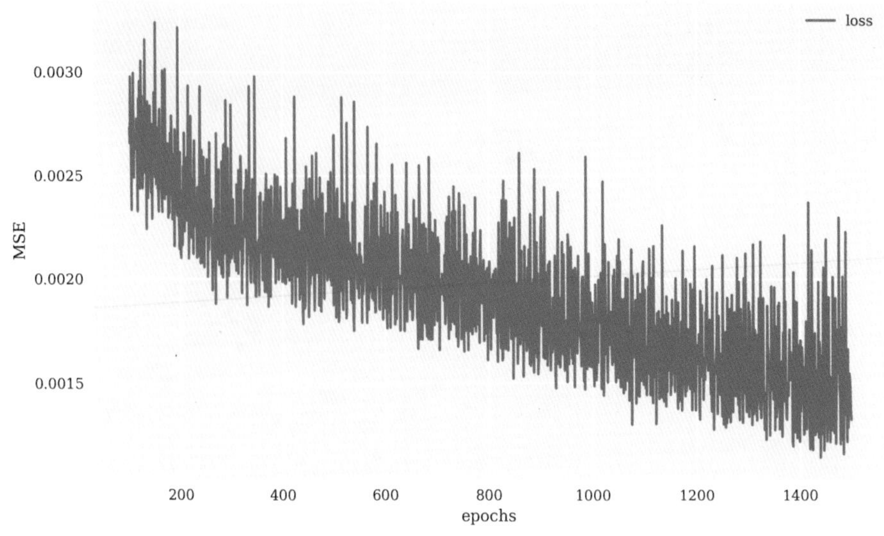

그림 5-5 학습 에포크 수에 대한 평균제곱오차

5.4 용량

모형 또는 알고리즘의 용량은 해당 모형이나 알고리즘이 기본적으로 어떤 함수나 관계를 학습할 수 있는지를 정한다. 회귀분석의 경우 1차 모형은 하나의 파라미터만 정의하므로 1차함수까지만 학습할 수 있다. 차수 파라미터를 3차로 정의하면 상수 함수, 1차 함수, 2차 함수, 3차 함수까지 학습할 수 있다. 파라미터 차수가 높아질수록 회귀분석 모형의 용량이 커진다.

다음 파이썬 코드는 1차에서 시작하여 2차씩 차수를 증가한다. 차수가 증가할수록 평균제곱오차값은 단조 감소한다. [그림 5-6]은 모든 차수에 대한 회귀분석 곡선을 보여준다.

```
In [29]: reg = {}
         for d in range(1, 12, 2):
             reg[d] = np.polyfit(f, l, deg=d)  # ❶
             p = np.polyval(reg[d], f)
             mse = MSE(l, p)
             print(f'{d:2d} | MSE={mse}')
          1 | MSE=0.005322474034260403
```

```
         3 ¦ MSE=0.004353110724143185
         5 ¦ MSE=0.0034166422957371025
         7 ¦ MSE=0.0027389501772354025
         9 ¦ MSE=0.001411961626330845
        11 ¦ MSE=0.0012651237868752322
In [30]: plt.figure(figsize=(10, 6))
         plt.plot(f, l, 'ro', label='sample data')
  for d in reg:
      p = np.polyval(reg[d], f)
      plt.plot(f, p, '--', label=f'deg={d}')
  plt.legend();
```

❶ 회귀분석 차수

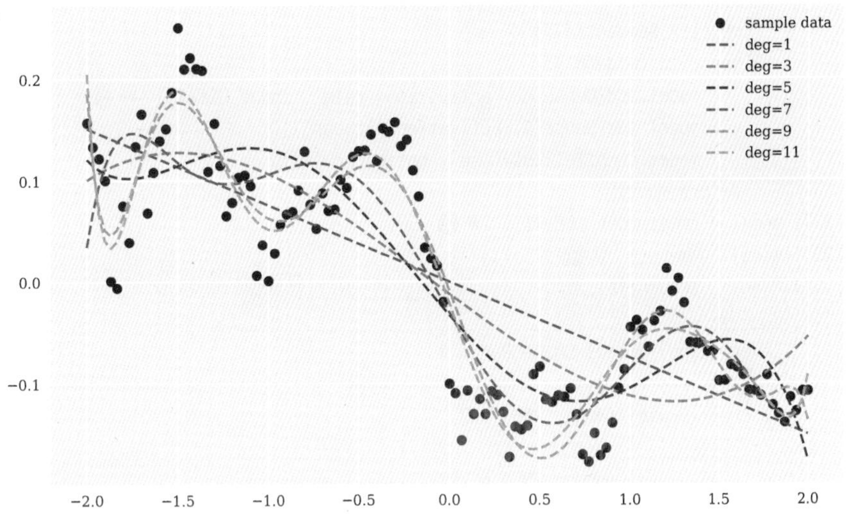

그림 5-6 서로 다른 차수에 대한 회귀분석 결과

신경망의 용량은 여러 가지 하이퍼파라미터에 의존하는 데 그중 두 가지는 다음과 같다.

- 은닉층의 개수
- 각 은닉층에 있는 유닛의 개수

이 두 가지 하이퍼파라미터는 신경망에서 학습 가능한 파라미터의 수를 정한다. 앞 절의 신경망 모형은 상대적으로 적은 수의 학습 가능한 파라미터를 가지고 있었다. 예를 들어 여기에 같은 크기의 은닉층을 하나 더 더하면 학습 가능한 파라미터의 수는 큰 폭으로 증가한다. 학습 에포크의 수가 증가하지만 더 큰 용량을 가진 신경망에 대해 평균제곱오차는 큰 폭으로 감소하고, 시각적으로 살펴본 근사치의 모습도 [그림 5-7]에서 보는 것처럼 많이 개선된다.

```
In [31]: def create_dnn_model(hl=1, hu=256):
             ''' Function to create Keras DNN model.
             Parameters
             ==========
             hl: int
                 number of hidden layers
             hu: int
                 number of hidden units (per layer)
             '''
             model = Sequential()
             for _ in range(hl):
                 model.add(Dense(hu, activation='relu', input_dim=1))  # ❶
                 model.add(Dense(1, activation='linear'))
                 model.compile(loss='mse', optimizer='rmsprop')
             return model
In [32]: model = create_dnn_model(3)  # ❷
In [33]: model.summary()  # ❸
         Model: "sequential_2"
         _________________________________________________________________
         Layer (type) Output Shape Param #
         =================================================================
         dense_3 (Dense) (None, 256) 512
         _________________________________________________________________
         dense_4 (Dense) (None, 256) 65792
         _________________________________________________________________
         dense_5 (Dense) (None, 256) 65792
         _________________________________________________________________
         dense_6 (Dense) (None, 1) 257
         =================================================================
         Total params: 132,353
         Trainable params: 132,353
         Non-trainable params: 0
         _________________________________________________________________
```

```
In [34]: %time model.fit(f, l, epochs=2500, verbose=False)
         CPU times: user 34.9 s, sys: 5.91 s, total: 40.8 s
         Wall time: 15.5 s
Out[34]: <keras.callbacks.callbacks.History at 0x7fc03fc18890>
In [35]: p = model.predict(f).flatten()
In [36]: MSE(l, p)
Out[36]: 0.00046612284916401614
In [37]: plt.figure(figsize=(10, 6))
         plt.plot(f, l, 'ro', label='sample data')
         plt.plot(f, p, '--', label='DNN approximation')
         plt.legend();
```

❶ 신경망에 더 많은 은닉층을 더할 수 있도록 변경

❷ 은닉층 3개를 갖는 깊은 신경망

❸ 학습 가능한 파라미터의 수가 증가(용량 증가)함을 보여줌

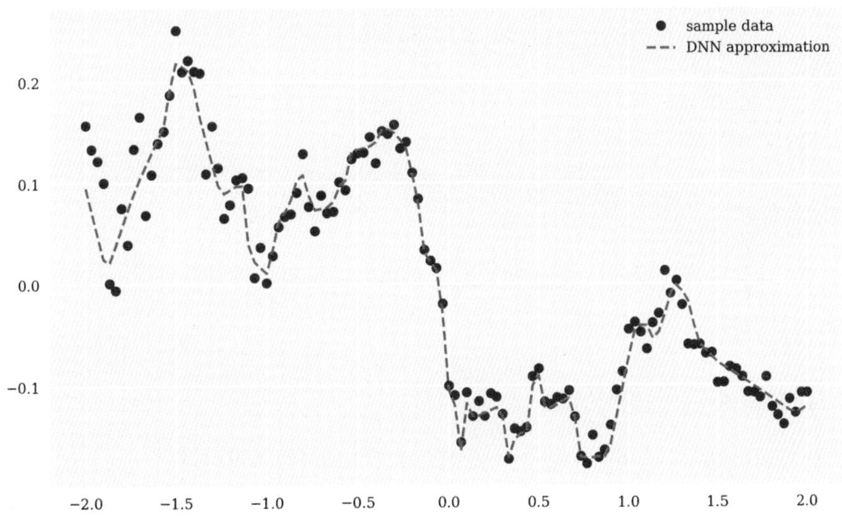

그림 5-7 샘플 데이터와 깊은 신경망을 사용한 근사화(더 큰 용량)

5.5 성능 측정

앞 절에서는 전체 샘플 데이터에 대한 추정 알고리즘의 성능에 초점을 맞추었다. 일반적으로 모형이나 알고리즘의 용량은 동일한 데이터에 대한 학습 성능과 평가 성능에 직접적으로 영향을 미친다. 하지만 머신러닝에서는 너무 단순한 경우이다. 특정한 데이터로 학습한 모형이나 알고리즘을, 해당 모형이나 알고리즘이 이전에는 전혀 본 적 없는 새로운 데이터에 적용하는 것이야말로 더 복잡하고 흥미로운 사례이다.

이러한 일반화는 과거의 주가 기록을 이용하여 미래의 주가를 예측하거나 현존하는 채무자 데이터를 이용하여 잠재적 채무자의 등급을 '신뢰할 만함', 또는 '신뢰할 만하지 않음'으로 분류하는 일에 적용할 수 있다.

예측이라는 용어는 추정 문제에서는 여러 가지 의미로 쓰이지만 진정한 의미의 예측은 학습에 사용된 적이 없는 데이터가 특징으로 주어졌을 때도 라벨값을 알아낼 수 있어야 한다. 즉, 미래의 주가를 예측하는 것은 진정한 의미의 예측 문제라고 할 수 있다.

일반적으로 데이터셋이 주어지면 이를 서로 다른 목적을 가진 몇 개의 데이터셋으로 나눈다.

학습 데이터셋

학습 데이터셋은 알고리즘을 학습시키기 위한 것이다.

검증 데이터셋

검증 데이터셋은 학습 중간에 학습 성능을 검증하기 위한 것으로 학습 데이터셋과는 달라야 한다.

테스트 데이터셋

테스트 데이터셋은 학습이 완료된 다음에 학습된 알고리즘에 적용한다.

검증 데이터셋을 학습된 알고리즘에 적용하여 얻은 통찰은 (예를 들어 모형의 하이퍼 파라미터를 조정한다든가 하여) 학습 자체에 반영될 수도 있다. 하지만 학습이 완료된 알고리즘에 테스트 데이터를 적용한 결과는 학습 자체나 하이퍼파라미터에 반영되지 않는다.

다음 파이썬 코드는 샘플 데이터의 25%를 테스트에 사용하도록 선택한다. 모형이나 알고리즘은 학습이 완료되기 전까지는 이 데이터를 볼 수 없다. 마찬가지로, 샘플 데이터의 또 다른 25%는 검증용으로 남겨둔다. 이 데이터는 학습 단계에서 성능을 모니터링하기 위해 사용된다. 나머지 50%는 학습 자체에 사용된다.[1] 샘플 데이터가 주어지면 데이터를 모두 섞어서 이러한 데이터셋들이 무작위로 선택되도록 만든다.

```
In [38]: te = int(0.25 * len(f))  # ❶
         va = int(0.25 * len(f))  # ❷
In [39]: np.random.seed(100)
         ind = np.arange(len(f))  # ❸
         np.random.shuffle(ind)  # ❸
In [40]: ind_te = np.sort(ind[:te])  # ❹
         ind_va = np.sort(ind[te:te + va])  # ❹
         ind_tr = np.sort(ind[te + va:])  # ❹
In [41]: f_te = f[ind_te]  # ❺
         f_va = f[ind_va]  # ❺
         f_tr = f[ind_tr]  # ❺
In [42]: l_te = l[ind_te]  # ❻
         l_va = l[ind_va]  # ❻
         l_tr = l[ind_tr]  # ❻
```

❶ 테스트 데이터셋의 데이터 개수

❷ 검증 데이터셋의 데이터 개수

❸ 전체 데이터에 대한 무작위 인덱스

❹ 정렬된 인덱스 적용

❺ 결과로 나온 특징 데이터셋

❻ 결과로 나온 라벨 데이터셋

CAUTION 무작위 샘플링

학습, 검증, 테스트 데이터를 만들 때는 데이터가 순서가 정해지거나 시간이 정해진 데이터가 아니라면, 무작위로 섞어서 샘플을 만드는 기법을 자주 사용한다. 하지만 다루어야 할 데이터가 금융 시계열과 같은 것이라면 이러한 방법을 피해야 한다. 이런 방법을 쓰면, 시간 구조가 깨지고 시간적으로 미래의 값을 학습해서 과거의 값을 예측한다든가 하는 현상이 발생할 수도 있기 때문이다.

1 종종 주어진 데이터셋을 60%, 20%, 20% 비율로 학습 데이터, 검증 데이터, 테스트 데이터로 나누는 방법을 기본 공식처럼 사용한다.

다음 파이썬 코드는 여러 가지 차수 파라미터에 대해 학습 데이터와 검증 데이터를 사용해서 회귀분석을 실시하고 두 데이터셋에 대한 평균제곱오차를 계산한다. 차수가 증가할수록 학습 데이터에 대한 평균제곱오차는 계속 감소하지만, 검증 데이터에 대한 평균제곱오차는 종종 특정한 차수값에 대해서 가장 작은 값을 보이다가 다시 증가하는 모습을 보이기도 한다. 이러한 현상을 과최적화overfitting라고 한다. [그림 5-8]은 학습 데이터와 검증 데이터에 대해 여러 가지 차수의 경우를 비교한 것이다.

```
In [43]: reg = {}
         mse = {}
         for d in range(1, 22, 4):
             reg[d] = np.polyfit(f_tr, l_tr, deg=d)
             p = np.polyval(reg[d], f_tr)
             mse_tr = MSE(l_tr, p)  # ❶
             p = np.polyval(reg[d], f_va)
             mse_va = MSE(l_va, p)  # ❷
             mse[d] = (mse_tr, mse_va)
             print(f'{d:2d} ¦ MSE_tr={mse_tr:7.5f} ¦ MSE_va={mse_va:7.5f}')
          1 ¦ MSE_tr=0.00574 ¦ MSE_va=0.00492
          5 ¦ MSE_tr=0.00375 ¦ MSE_va=0.00273
          9 ¦ MSE_tr=0.00132 ¦ MSE_va=0.00243
         13 ¦ MSE_tr=0.00094 ¦ MSE_va=0.00183
         17 ¦ MSE_tr=0.00060 ¦ MSE_va=0.00153
         21 ¦ MSE_tr=0.00046 ¦ MSE_va=0.00837
In [44]: fig, ax = plt.subplots(2, 1, figsize=(10, 8), sharex=True)
         ax[0].plot(f_tr, l_tr, 'ro', label='training data')
         ax[1].plot(f_va, l_va, 'go', label='validation data')
         for d in reg:
            p = np.polyval(reg[d], f_tr)
            ax[0].plot(f_tr, p, '--', label=f'deg={d} (tr)')
            p = np.polyval(reg[d], f_va)
            plt.plot(f_va, p, '--', label=f'deg={d} (va)')
         ax[0].legend()
         ax[1].legend();
```

❶ 학습 데이터에 대한 평균제곱오차

❷ 검증 데이터에 대한 평균제곱오차

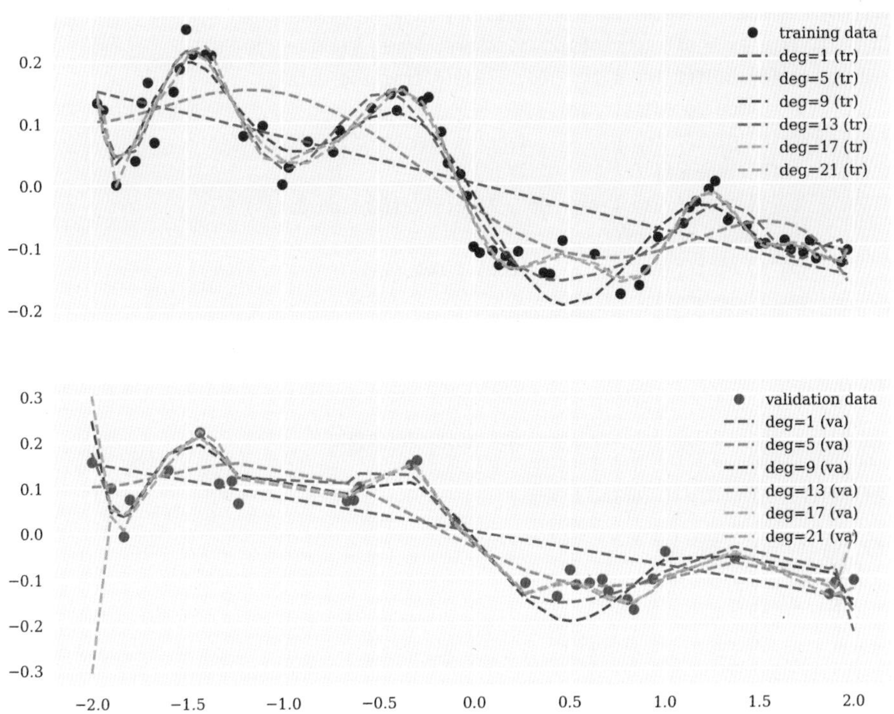

그림 5-8 학습 데이터와 검증 데이터의 회귀 곡선

Keras와 신경망 모형을 사용하면 각 학습 단계마다 검증 데이터의 성능을 모니터할 수 있다. 또한 콜백 함수라는 것을 이용하면 학습 데이터의 성능에 더 이상 진전이 보이지 않은 경우 정해진 학습 횟수 이전에도 조기에 학습을 중지할 수도 있다. 다음 파이썬 코드는 이러한 콜백 함수를 사용한 것이다. [그림 5-9]는 학습 데이터와 검증 데이터에 대한 신경망의 예측 결과를 보여준다.

```
In [45]: from keras.callbacks import EarlyStopping
In [46]: model = create_dnn_model(2, 256)
In [47]: callbacks = [EarlyStopping(monitor='loss',  # ❶
                                    patience=100,  # ❷
                                    restore_best_weights=True)]  # ❸
In [48]: %%time
         model.fit(f_tr, l_tr, epochs=3000, verbose=False,
                   validation_data=(f_va, l_va),  # ❹
                   callbacks=callbacks)  # ❺
         CPU times: user 8.07 s, sys: 1.33 s, total: 9.4 s
         Wall time: 4.81 s
```

```
Out[48]: <keras.callbacks.callbacks.History at 0x7fc0438b47d0>
In [49]: fig, ax = plt.subplots(2, 1, sharex=True, figsize=(10, 8))
         ax[0].plot(f_tr, l_tr, 'ro', label='training data')
         p = model.predict(f_tr)
         ax[0].plot(f_tr, p, '--', label=f'DNN (tr)')
         ax[0].legend()
         ax[1].plot(f_va, l_va, 'go', label='validation data')
         p = model.predict(f_va)
         ax[1].plot(f_va, p, '--', label=f'DNN (va)')
         ax[1].legend();
```

❶ 학습 데이터에 대한 평균제곱오차 값에 기반하여 학습 중지

❷ 특정 값 이상의 향상을 정해진 학습 횟수 내에 보이지 못하면 중지

❸ 학습이 중지되면 최고의 가중치값을 복원

❹ 검증 데이터셋 설정

❺ `fit()` 메서드에 콜백 함수 설정

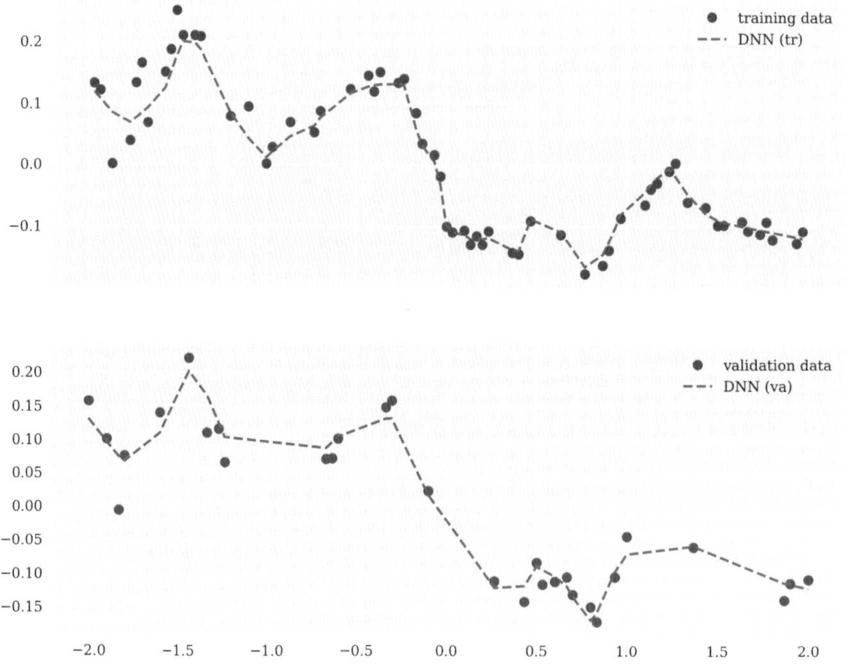

그림 5-9 학습 및 검증 데이터에 대한 신경망 예측

Keras는 두 데이터셋에 대해 모형 학습이 발생하는 에포크에 대한 평균제곱오차의 변화를 분석할 수도 있다. [그림 5-10]은 학습 에포크 수가 증가하면서 평균제곱오차가 감소하지만 평균적으로 감소할 뿐 단계마다 단조롭게 감소하는 것은 아니라는 것을 보여준다.

```
In [50]: res = pd.DataFrame(model.history.history)
In [51]: res.tail()
Out[51]:      val_loss     loss
         1375 0.000854 0.000544
         1376 0.000685 0.000473
         1377 0.001326 0.000942
         1378 0.001026 0.000867
         1379 0.000710 0.000500
In [52]: res.iloc[35::25].plot(figsize=(10, 6))
         plt.ylabel('MSE')
         plt.xlabel('epochs');
```

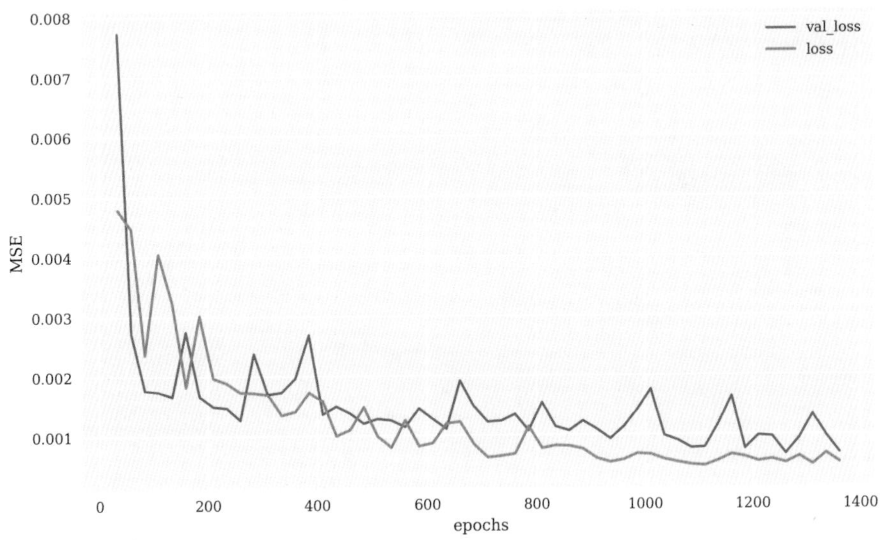

그림 5-10 학습 데이터와 검증 데이터를 적용한 신경망의 평균제곱오차의 값

회귀분석도 차수를 선택할 때, 높기는 하지만 너무 높지는 않은 값, 예를 들어 9차와 같은 값을 선택할 수 있다. 신경망 모형의 경우에는 학습이 끝나면 최적의 값을 자동으로 제공한다. [그림 5-10]에서 두 가지 모형의 예측을 서로 비교하고 있다. 샘플 데이터의 특징상 신경망의 테스트 데이터 성능이 더 좋다는 것은 그다지 놀라운 것이 아니다.

```
In [53]: p_ols = np.polyval(reg[5], f_te)
         p_dnn = model.predict(f_te).flatten()
In [54]: MSE(l_te, p_ols)
Out[54]: 0.0038960346771028356
In [55]: MSE(l_te, p_dnn)
Out[55]: 0.000705705678438721
In [56]: plt.figure(figsize=(10, 6))
         plt.plot(f_te, l_te, 'ro', label='test data')
         plt.plot(f_te, p_ols, '--', label='OLS prediction')
```

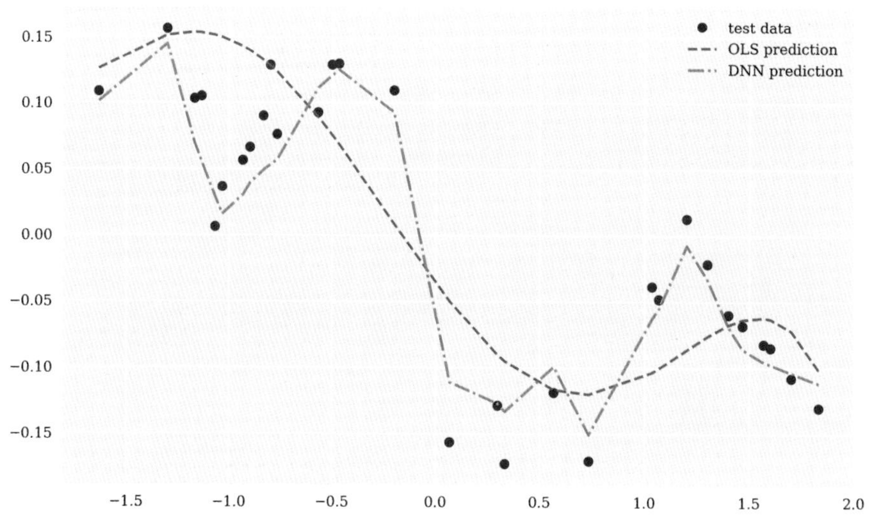

그림 5-11 회귀분석과 신경망 모형의 예측값 비교

5.6 편향과 분산

머신러닝 알고리즘을 금융에 적용할 때 일반적으로 발생하는 중요 문제는 과적합 문제다. 검증 데이터나 테스트 데이터에 대한 모형의 성능이 학습 데이터에 대한 성능보다 낮을 때는 과적합이 발생한다. 회귀분석의 예제는 이 문제를 시각적으로 그리고 수치적으로 설명해준다.

다음 파이썬 코드는 더 적은 개수의 학습 데이터와 검증 데이터로 1차 및 고차 회귀분석을 구현하고 있다. [그림 5-12]에 나타난 1차 선형 회귀분석의 결과는 학습 데이터에 대해 높은 편향bias를 보인다. 즉, 정확한 값에 비해 예측값의 오차가 크다. 고차 분석의 경우에는 높은 분산variance을 보인다. 모든 학습 데이터를 정확히 맞추었지만 값 자체가 크게 변동했다.

```
In [57]: f_tr = f[:20:2]  # ❶
         l_tr = l[:20:2]  # ❶
In [58]: f_va = f[1:20:2]  # ❷
         l_va = l[1:20:2]  # ❷
In [59]: reg_b = np.polyfit(f_tr, l_tr, deg=1)  # ❸
In [60]: reg_v = np.polyfit(f_tr, l_tr, deg=9, full=True)[0]  # ❹
In [61]: f_ = np.linspace(f_tr.min(), f_va.max(), 75)  # ❺
In [62]: plt.figure(figsize=(10, 6))
         plt.plot(f_tr, l_tr, 'ro', label='training data')
         plt.plot(f_va, l_va, 'go', label='validation data')
         plt.plot(f_, np.polyval(reg_b, f_), '--', label='high bias')
         plt.plot(f_, np.polyval(reg_v, f_), '--', label='high variance')
         plt.ylim(-0.2)
         plt.legend(loc=2);
```

❶ 더 적은 개수의 특징 데이터

❷ 더 적은 개수의 라벨 데이터

❸ 높은 회귀분석 편향(1차 분석)

❹ 높은 회귀분석 분산(고차 분석)

❺ 플롯을 위해 더 많은 데이터 사용

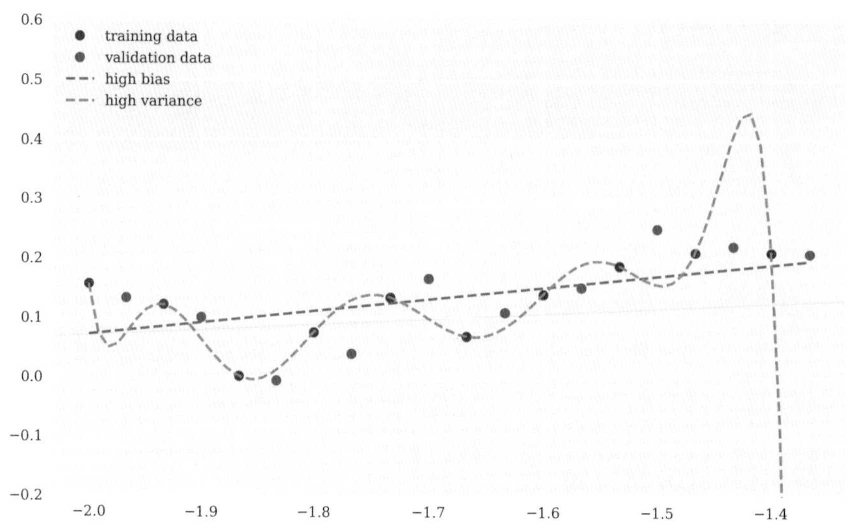

그림 5-12 회귀분석의 높은 편향과 높은 분산

[그림 5-12]를 보면 편향이 높은 경우가 분산이 높은 경우보다 학습 데이터에 대한 성능이 좋지 않다는 것을 알 수 있다. 하지만 분산이 높은 경우에는 대부분 과적합이 되어 검증 데이터에 대한 성능이 좋지 않다. 모든 경우에 대한 결괏값을 비교하면 이를 알 수 있다. 다음 파이썬 코드는 평균제곱오차뿐 아니라 결정계수 R^2도 구한다.

```
In [63]: from sklearn.metrics import r2_score
In [64]: def evaluate(reg, f, l):
             p = np.polyval(reg, f)
             bias = np.abs(l - p).mean()  # ❶
             var = p.var()  # ❷
             msg = f'MSE={MSE(l, p):.4f} | R2={r2_score(l, p):9.4f} | '
             msg += f'bias={bias:.4f} | var={var:.4f}'
             print(msg)
In [65]: evaluate(reg_b, f_tr, l_tr)  # ❸
         MSE=0.0026 | R2= 0.3484 | bias=0.0423 | var=0.0014
In [66]: evaluate(reg_b, f_va, l_va)  # ❹
         MSE=0.0032 | R2= 0.4498 | bias=0.0460 | var=0.0014
In [67]: evaluate(reg_v, f_tr, l_tr)  # ❺
         MSE=0.0000 | R2= 1.0000 | bias=0.0000 | var=0.0040
In [68]: evaluate(reg_v, f_va, l_va)  # ❻
         MSE=0.8752 | R2=-149.2658 | bias=0.3565 | var=0.7539
```

❶ 평균절대차이mean absolute difference로 구한 모형 편향

❷ 모형 예측값의 분산으로 구한 모형 분산

❸ 높은 편향을 가진 모형의 학습 데이터에 대한 성능

❹ 높은 편향을 가진 모형의 검증 데이터에 대한 성능

❺ 높은 분산을 가진 모형의 학습 데이터에 대한 성능

❻ 높은 분산을 가진 모형의 검증 데이터에 대한 성능

코드 수행 결과를 보면 높은 편향을 가진 모형의 경우 학습 데이터와 검증 데이터에 대해 비슷한 결과를 보인다. 하지만 높은 분산을 가진 모형의 경우 학습 데이터에 대해서는 완벽한 결과를 보이는 반면, 검증 데이터에 대해서는 저조한 결과를 보였다.

5.7 교차검증

과최적화를 피하는 표준 방법론은 교차검증cross-validation이라는 것으로 복수의 학습과 검증을 반복한다. `scikit-learn` 패키지는 교차검증을 실시하는 표준적인 방법을 제공한다. 어떤 `scikit-learn` 모형 객체가 되었든 `cross_val_score` 함수만 적용하면 된다.

다음 코드는 전체 샘플 데이터에 회귀분석 모형을 적용한 것이다. 가장 높은 차수의 회귀분석 모형에 대해 5배수 교차검증을 구현했다. 교차검증 점수는 평균적으로 가장 높은 차수에서 더 낮아진다. 특히 데이터의 최초 20% ([그림 5-3]의 왼쪽 데이터 참고) 혹은 마지막 20% (그림 5-3]의 오른쪽 데이터 참고가 사용되었을 때 저조한 성능이 나왔다. 이와 유사하게 중간 부분의 20%가 사용되면 가장 좋은 성능이 나왔다.

```
In [69]: from sklearn.model_selection import cross_val_score
         from sklearn.preprocessing import PolynomialFeatures
         from sklearn.linear_model import LinearRegression
         from sklearn.pipeline import make_pipeline
In [70]: def PolynomialRegression(degree=None, **kwargs):
             return make_pipeline(PolynomialFeatures(degree),
                                  LinearRegression(**kwargs))  # ❶
In [71]: np.set_printoptions(suppress=True,
                    formatter={'float': lambda x: f'{x:12.2f}'})  # ❷
```

```
In [72]: print('\nCross-validation scores')
         print(74 * '=')
         for deg in range(0, 10, 1):
             model = PolynomialRegression(deg)
             cvs = cross_val_score(model, f.reshape(-1, 1), l, cv=5)  # ❸
             print(f'deg={deg} | ' + str(cvs.round(2)))
         Cross-validation scores
         ==========================================================================
         deg=0 | [    -6.07   -7.34 -0.09 -6.32      -8.69]
         deg=1 | [    -0.28   -1.40  0.16 -1.66      -4.62]
         deg=2 | [    -3.48   -2.45  0.19 -1.57     -12.94]
         deg=3 | [    -0.00   -1.24  0.32 -0.48     -43.62]
         deg=4 | [  -222.81   -2.88  0.37 -0.32    -496.61]
         deg=5 | [  -143.67   -5.85  0.49  0.12   -1241.04]
         deg=6 | [ -4038.96 -14.71  0.49 -0.33    -317.32]
         deg=7 | [ -9937.83 -13.98  0.64  0.22  -18725.61]
         deg=8 | [ -3514.36 -11.22 -0.15 -6.29 -298744.18]
         deg=9 | [ -7454.15   -0.91  0.15 -0.41  -13580.75]
```

❶ 회귀분석 모형 클래스 생성

❷ numpy 디폴트 출력 설정 변경

❸ 5배수 교차검증 실시

Keras는 cross_val_score 함수와 같이 scikit-learn 기능을 적용할 수 있는 모델 객체를 사용할 수 있도록 래퍼 클래스를 제공한다. 다음 예제는 신경망 모형에 교차검증을 적용할 수 있도록 KerasRegressor 클래스를 사용한다. 교차검증 점수는 신경망 모형의 경우에 회귀분석에 사용한 모형 점수보다 높다. 이 예제에서는 신경망의 용량이 그리 큰 역할을 하지 않는다.

```
In [73]: np.random.seed(100)
         tf.random.set_seed(100)
         from keras.wrappers.scikit_learn import KerasRegressor
In [74]: model = KerasRegressor(build_fn=create_dnn_model,
                                verbose=False, epochs=1000,
                                hl=1, hu=36)  # ❶
In [75]: %time cross_val_score(model, f, l, cv=5)  # ❷
         CPU times: user 18.6 s, sys: 2.17 s, total: 20.8 s
         Wall time: 14.6 s
Out[75]: array([ -0.02, -0.01, -0.00, -0.00,
                 -0.01])
```

```
In [76]: model = KerasRegressor(build_fn=create_dnn_model,
                                verbose=False, epochs=1000,
                                hl=3, hu=256)  # ❸
In [77]: %time cross_val_score(model, f, l, cv=5)  # ❹
         CPU times: user 1min 5s, sys: 11.6 s, total: 1min 16s
         Wall time: 30.1 s
Out[77]: array([ -0.08, -0.00, -0.00, -0.00,
                -0.05])
```

❶ 용량이 작은 신경망의 래퍼 클래스

❷ 용량이 작은 신경망의 교차검증

❸ 용량이 큰 신경망의 래퍼 클래스

❹ 용량이 큰 신경망의 교차검증

주요 개념 과최적화 피하기

과최적화는 학습 데이터에 대한 성능이 검증 데이터 및 테스트 데이터에 대한 성능보다 더 높게 나오는 현상인데 일반적으로 머신러닝에서, 그중에서도 금융 관련 분야에서는 피해야 한다. 교차검증과 같은 적합한 성능 측정 및 분석을 통해 과최적화를 피하고 적절한 모형 용량을 찾을 수 있다.

5.8 마치며

이 장에서는 머신러닝 수행 과정의 청사진을 제시했고 그 주요 요소는 다음과 같다.

학습

머신러닝은 무엇을 뜻하는가?

데이터

어떤 데이터와 어떤 특징 데이터, 라벨 데이터를 사용하는가?

성공

데이터에 의해 간접적으로 정의된 (추정 혹은 분류) 문제가 있을 때 성공의 척도로 타당한 것은 무엇인가?

용량

모형 용량은 어떤 역할을 하고 주어진 문제에 적합한 용량은 무엇인가?

성능 측정

학습된 모형의 목적이 정해져 있을 때 모형의 성능은 어떻게 측정해야 하는가?

편향과 분산

높은 편향과 높은 분산을 가진 모형 중 어떤 것이 주어진 문제에 더 적합한 모형인가?

교차검증

시계열 방식의 데이터가 아닌 경우 교차검증을 통해 모형의 학습 성능과 검증의 성능을 비교하면 어떻게 다른가?

이 청사진은 이후에 나오는 현실의 금융 데이터를 분석할 때 적용된다. 더 자세한 배경과 머신러닝에 대한 내용을 알고 싶다면 다음의 참고 문헌을 참조하라.

5.9 참고 문헌

- Chollet, François. 2017. *Deep Learning with Python*. Shelter Island: Manning.
- Domingos, Pedro. 2015. *The Master Algorithm: How the Quest for the Ultimate Learning Machine Will Remake Our World*. New York: Basic Books.
- Ian Goodfellow, Yoshua Bengio, and Aaron Courville. 2016. *Deep Learning*. Cambridge: MIT Press. `http://deeplearningbook.org`.
- Harari, Yuval Noah. 2015. *Homo Deus: A Brief History of Tomorrow*. London: Harvill Secker.
- Mitchell, Tom M. 1997. *Machine Learning*. New York: McGraw-Hill.
- Jake VanderPlas. 2017. *Python Data Science Handbook*. Sebastopol: O'Reilly.

CHAPTER 6

인공지능 우선 금융

> 연산은 수학자들이 함수라고 부르는 것을 구현하여 정보를 받아들이고 변환하는 것이다. 당신이 전 세계의 모든 금융 데이터를 입력받아서 가장 매수하기 좋은 주식을 출력하는 함수를 가지고 있다면 금세 엄청난 부자가 될 것이다.
>
> – 막스 테그마크Max Tegmark

이 장에서부터는 지난 장까지 공부한 데이터 기반 금융과 머신러닝 방법론을 결합하기 시작한다. 이는 신경망을 사용하여 최초로 통계적 비효율성을 발견하기 위한 노력의 시작일 뿐이다. 6.1절은 효율적 시장 가설과 금융 시계열 데이터에 기반한 회귀분석으로 이를 설명한다. 6.2절에서는 회귀분석과 함께 신경망을 최초로 적용하여 금융상품 가격의 미래 방향(시장의 방향)을 예측해본다. 이 분석에는 수익률 데이터만 사용한다. 6.3절에서는 추가 특징으로 전형적인 금융지표 등을 사용한다. 이렇게 하여 얻은 첫 번째 결과는 통계적 비효율성이 존재할 수도 있다는 것을 암시한다. 이는 6.4절에서 확인할 수 있다. 여기에서는 일간 데이터가 아닌 일중 데이터를 다룬다. 마지막으로 특정 부분의 인공지능과 결합한 빅데이터의 효율성을 논하고, 인공지능 우선이자 이론 기반이 아닌 금융공학이 전통적인 금융공학 이론의 오류에서 벗어나는 길을 열어줄 수도 있다는 것을 이야기하며 이 장을 마무리한다.

6.1 효율적 시장

가장 강력한 실증적 지지를 받는 가설 중의 하나는 효율적 시장 가설efficient market hypothesis (EMH) 이라는 것이다. 랜덤워크 가설random walk hypothesis이라고도 불린다.[1]

이 가설을 간단히 말하면 금융상품의 특정 시점의 가격은 그 당시에 입수 가능한 모든 정보를 반영하고 있다는 것이다. 효율적 시장 가설이 옳다면 주가가 너무 높다거나 너무 낮다거나 하는 논의는 아무런 의미가 없어진다. 효율적 시장 가설에 따르면 주가는 항상 주어진 가용한 정보를 고려할 때 매우 타당한 수준에 있다.

1960년대에 효율적 시장 가설에 대해 최초로 논의한 다음부터 효율적 시장이라는 개념을 다듬고 형식화하려는 노력이 많이 있었다. 마이클 젠슨Michael C. Jensen (1978)의 책에서 정의한 내용은 오늘까지도 사용되고 있는데, 효율적 시장을 다음과 같이 정의했다.

> 정보 집합 θ_t를 기반으로 매매하여 경제적 수익을 얻는 것이 불가능하면 그 시장은 정보 집합 θ_t에 대해 효율적이라고 한다. 여기에서 경제적 수익은 모든 비용을 뺀 위험 조정 수익을 말한다.

젠슨은 이를 기반으로 시장 효율성을 다음과 같이 구분했다.

약형**weak form **효율적 시장 가설

정보 집합 θ_t가 시장의 과거 가격과 수익률만 포함한다.

준강형**semi strong form **효율적 시장 가설

정보 집합 θ_t가 과거 가격과 수익률뿐 아니라 금융 리포트, 뉴스 기사, 일기예보 등 시장에 발표된 모든 정보를 포함한다.

강형**strong form **효율적 시장 가설

정보 집합 θ_t가 (발표되지 않은 미공개 정보를 포함하여) 모든 정보를 포함한다.

어떤 효율적 시장 가설을 가정하더라도 그 영향력은 막강하다. 효율적 시장 가설에 대한 파마

---

1 사실 랜덤워크 가설은 효율적 시장 가설보다 더 강력한 것이지만 이 책에서는 같은 것으로 취급한다. 코플랜드(2005)의 책 10장을 참조하라.

Fama(1965)의 선구자적 논문에서 파마는 다음과 같은 결론을 맺는다.

> 오랜 세월 동안 경제학자, 통계학자, 금융을 가르치는 사람들은 주가 움직임 모형을 개발하고 검증하는 데 관심을 가져왔다. 이러한 연구로부터 발전된 중요한 모형 중의 하나가 바로 랜덤워크 이론이다. 이 이론은 주가 움직임을 묘사하고 예측하는 다른 많은 방법론, 특히 학계가 아닌 곳에서 인기 있는 방법론에 대해 진지하게 의문을 제기했다. 예를 들어 랜덤워크 이론이 현실을 정확하게 반영하고 있다면 주가를 예측한다는 다양한 '기술적' 분석이나 '차티스트' 방법들은 아무런 가치가 없게 된다.

효율적 시장 가설이 맞다면, 시장을 넘어서는 수익률을 얻고자 하는 목적을 가진 어떤 종류의 연구나 데이터 분석도 실제로는 쓸모가 없다는 뜻이다. 다른 한편, 수조 원을 굴리는 자산운용업계는 철저한 리서치와 자본의 액티브한 운용을 통해 시장을 넘어서는 수익률을 약속해왔다. 특히 헤지펀드 산업은 시장을 넘어서고, 심지어 시장과 독립적인 알파를 가져다준다는 약속을 기반으로 한다.

이러한 약속을 지키고 살아남는 것이 얼마나 어려운지는 프리킨Preqin의 최근 연구 데이터에서 보여준다.[2] 이 연구는 프리킨 올-스트래티지 헤지펀드 지수가 2018년에 −3.42% 하락했다는 것을 보여준다. 그해 헤지펀드의 약 40%는 5% 이상의 손실을 보았다.

주가(또는 기타 금융상품의 가격)가 표준적인 랜덤워크를 따른다면 수익률은 평균값이 0인 정규분포를 나타내야 한다. 주가는 50%의 확률로 오르고 50%의 확률로 내려야 한다. 그러한 맥락에서 내일의 주가에 대한 최고의 예측값은 오늘의 주가이어야 한다. 이를 랜덤워크의 마르코프 특성Markov property이라고 한다. 다시 말해서 주식의 미래 가격의 분포가 과거 가격의 기록이 아닌 현재의 가격 수준에만 의존한다는 것이다. 따라서 랜덤워크 이론에 따르면 역사적인 주가(수익률)를 분석하는 것은 미래의 주가를 예측하는 데 아무런 쓸모가 없다.

이러한 배경지식을 가지고 다음과 같이 효율적 시장 가설을 (어느 정도) 검증하는 코드를 구현할 수 있다.[3] 금융 시계열 가격 데이터를 몇 스텝 지연시킨 다음에, 지연된 가격 데이터를 회귀분석의 특징 데이터로 사용하여 회귀분석을 통해 현재의 가격을 라벨 데이터로써 예측해본다. 이는 본질적으로 과거의 가격을 사용하여 미래의 가격을 예측하고자 하는 기술적 분석과 비슷

2 *https://oreil.ly/C38Tl*

3 'Hilpisch, Yves. 2018. Python for Finance: Mastering Data-Driven Finance. 2nd ed. Sebastopol: O'Reilly' 5장 참조.

하다.

다음 파이썬 코드는 거래 가능한 것과 거래 불가능한 것을 포함한 여러 가지 금융상품의 가격 데이터를 지연시킨 분석을 구현한 것이다. 우선 데이터를 임포트하여 시각화한다(그림 6-1).

```
In [1]: import numpy as np
        import pandas as pd
        from pylab import plt, mpl
        plt.style.use('seaborn')
        mpl.rcParams['savefig.dpi'] = 300
        mpl.rcParams['font.family'] = 'serif'
        pd.set_option('precision', 4)
        np.set_printoptions(suppress=True, precision=4)
In [2]: url = 'http://hilpisch.com/aiif_eikon_eod_data.csv'  # ❶
In [3]: data = pd.read_csv(url, index_col=0, parse_dates=True).dropna()  # ❶
In [4]: (data / data.iloc[0]).plot(figsize=(10, 6), cmap='coolwarm');  # ❷
```

❶ 데이터를 데이터프레임 객체로 읽는다.

❷ 정규화된 시계열 데이터를 그린다.

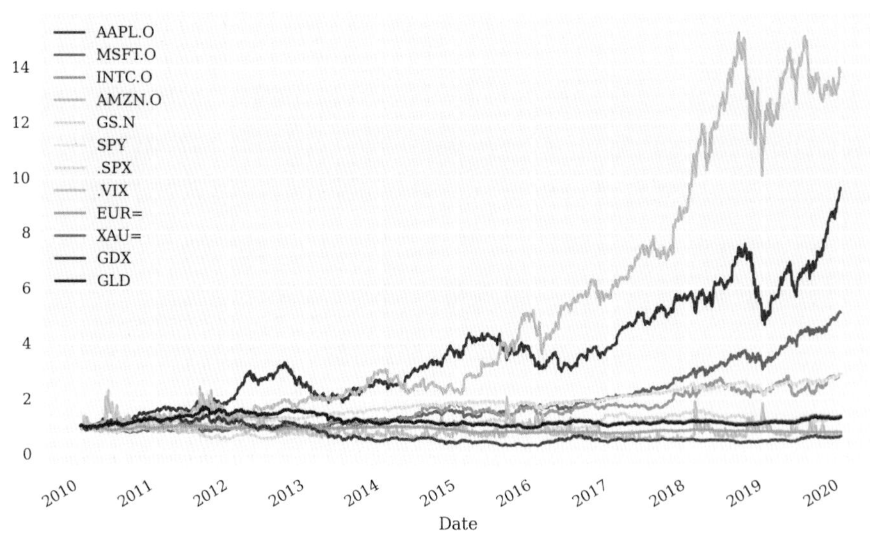

그림 6-1 정규화된 시계열 데이터 (일간 데이터)

이제 모든 금융 시계열에 대한 가격 데이터를 시간 지연시켜 데이터프레임 객체에 저장한다.

```
In [5]: lags = 7  # ❶
In [6]: def add_lags(data, ric, lags):
            cols = []
            df = pd.DataFrame(data[ric])
            for lag in range(1, lags + 1):
                col = 'lag_{}'.format(lag)  # ❷
                df[col] = df[ric].shift(lag)  # ❸
                cols.append(col)  # ❹
            df.dropna(inplace=True)  # ❺
     return df, cols
In [7]: dfs = {}
        for sym in data.columns:
             df, cols = add_lags(data, sym, lags)  # ❻
             dfs[sym] = df  # ❼
In [8]: dfs[sym].head(7)  # ❽
Out[8]:               GLD  lag_1  lag_2  lag_3  lag_4  lag_5  lag_6  lag_7
        Date
        2010-01-13 111.54 110.49 112.85 111.37 110.82 111.51 109.70 109.80
        2010-01-14 112.03 111.54 110.49 112.85 111.37 110.82 111.51 109.70
        2010-01-15 110.86 112.03 111.54 110.49 112.85 111.37 110.82 111.51
        2010-01-19 111.52 110.86 112.03 111.54 110.49 112.85 111.37 110.82
        2010-01-20 108.94 111.52 110.86 112.03 111.54 110.49 112.85 111.37
        2010-01-21 107.37 108.94 111.52 110.86 112.03 111.54 110.49 112.85
        2010-01-22 107.17 107.37 108.94 111.52 110.86 112.03 111.54 110.49
```

❶ 시간 지연 수(거래 당일)

❷ 컬럼 이름 생성

❸ 가격 데이터 지연

❹ 리스트 객체에 컬럼 이름 추가

❺ 모든 불완전한 데이터 행 제거

❻ 시간 지연된 데이터 생성

❼ 사전 객체에 결과 저장

❽ 시간 지연된 가격 데이터 샘플 표시

세 번째로 데이터가 준비되면 회귀분석을 수행하는 것은 쉽다. [그림 6-2]는 평균 최적 회귀분석 결과를 보여준다. 의심할 여지 없이, 시간이 하루 지연된 가격 데이터의 설명력이 가장 높다. 가중치가 1에 가까우므로 금융상품의 내일의 가격을 가장 잘 예측하는 것은 오늘의 가격이다. 각각의 금융 시계열에 대해 단일 회귀분석을 수행해도 동일한 결과가 나온다.

```
In [9]: regs = {}
        for sym in data.columns:
            df = dfs[sym]  # ❶
            reg = np.linalg.lstsq(df[cols], df[sym], rcond=-1)[0]  # ❷
            regs[sym] = reg  # ❸
In [10]: rega = np.stack(tuple(regs.values()))  # ❹
In [11]: regd = pd.DataFrame(rega, columns=cols, index=data.columns)  # ❺
In [12]: regd  # ❺
Out[12]:          lag_1   lag_2   lag_3   lag_4   lag_5   lag_6   lag_7
         AAPL.O 1.0106 -0.0592  0.0258  0.0535 -0.0172  0.0060 -0.0184
         MSFT.O 0.8928  0.0112  0.1175 -0.0832 -0.0258  0.0567  0.0323
         INTC.O 0.9519  0.0579  0.0490 -0.0772 -0.0373  0.0449  0.0112
         AMZN.O 0.9799 -0.0134  0.0206  0.0007  0.0525 -0.0452  0.0056
         GS.N   0.9806  0.0342 -0.0172  0.0042 -0.0387  0.0585 -0.0215
         SPY    0.9692  0.0067  0.0228 -0.0244 -0.0237  0.0379  0.0121
         .SPX   0.9672  0.0106  0.0219 -0.0252 -0.0318  0.0515  0.0063
         .VIX   0.8823  0.0591 -0.0289  0.0284 -0.0256  0.0511  0.0306
         EUR=   0.9859  0.0239 -0.0484  0.0508 -0.0217  0.0149 -0.0055
         XAU=   0.9864  0.0069  0.0166 -0.0215  0.0044  0.0198 -0.0125
         GDX    0.9765  0.0096 -0.0039  0.0223 -0.0364  0.0379 -0.0065
         GLD    0.9766  0.0246  0.0060 -0.0142 -0.0047  0.0223 -0.0106
In [13]: regd.mean().plot(kind='bar', figsize=(10, 6));  # ❻
```

❶ 현재 시계열 데이터

❷ 회귀분석 수행

❸ 사전 객체에 최적 회귀분석 파라미터 저장

❹ 단일 ndarray 객체에 최적 결과 융합

❺ 결과를 데이터프레임에 저장

❻ 모든 지연에 대한 평균 회귀분석 파라미터(가중치)를 시각화

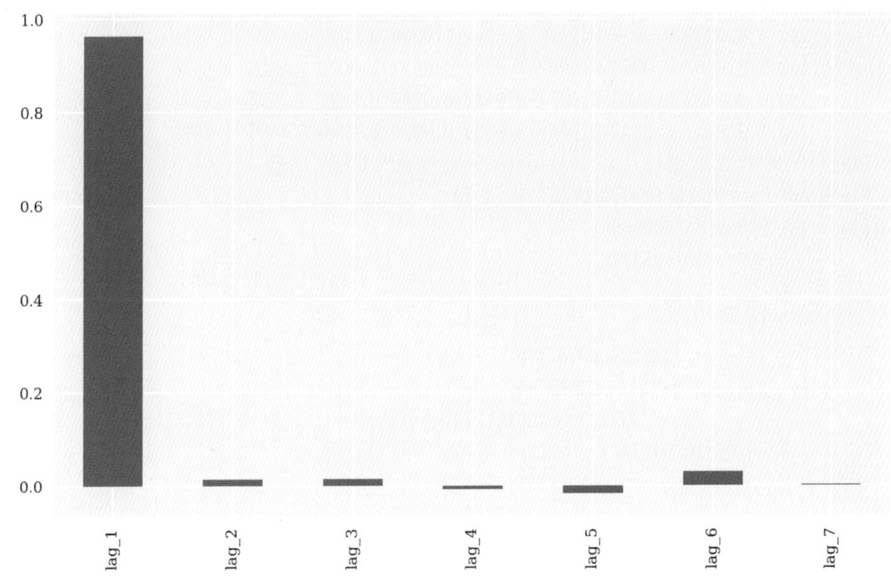

그림 6-2 모든 지연 가격에 대한 평균 회귀분석 파라미터

이 분석은 아주 엄밀한 것은 아니지만 적어도 약형 효율적 시장 가설을 강하게 지지하는 것으로 보인다. 이 회귀분석이 몇 가지 가정들을 어겼다는 것에 주의하자. 그중 하나는 특징 데이터가 라벨 데이터와는 강한 상관관계를 보이고 특징 데이터끼리는 상관관계가 있으면 안 된다는 점이다. 그런데 시간 지연 가격 데이터는 서로 상관관계가 강하다. 다음 파이썬 코드는 상관계수 데이터를 보이는 데 이 데이터는 모든 특징 간에 완벽에 가까운 상관관계를 가진다. 따라서 (시간 지연이 1인) 단 하나의 특징 데이터만 있어도 회귀분석 접근법에 기반한 근사화와 예측을 수행하기에 충분하다. 또한 강한 상관관계가 있다고 분석 결과가 더 나아지지는 않는다. 기본을 어긴 가정 중 또 다른 것은 시계열 데이터의 정상성stationarity으로 역시 다음 코드로 검정을 실시할 수 있다.[4]

```
In [14]: dfs[sym].corr()  # ❶
Out[14]:          GLD  lag_1  lag_2  lag_3  lag_4  lag_5  lag_6  lag_7
         GLD   1.0000 0.9972 0.9946 0.9920 0.9893 0.9867 0.9841 0.9815
         lag_1 0.9972 1.0000 0.9972 0.9946 0.9920 0.9893 0.9867 0.9842
         lag_2 0.9946 0.9972 1.0000 0.9972 0.9946 0.9920 0.9893 0.9867
```

4 금융 시계열의 정상성에 대해서는 체이(2005)의 책 2장 1절 참조. 체이는 '시계열의 기본은 정상성이다'라고 말한다.

```
        lag_3 0.9920 0.9946 0.9972 1.0000 0.9972 0.9946 0.9920 0.9893
        lag_4 0.9893 0.9920 0.9946 0.9972 1.0000 0.9972 0.9946 0.9920
        lag_5 0.9867 0.9893 0.9920 0.9946 0.9972 1.0000 0.9972 0.9946
        lag_6 0.9841 0.9867 0.9893 0.9920 0.9946 0.9972 1.0000 0.9972
        lag_7 0.9815 0.9842 0.9867 0.9893 0.9920 0.9946 0.9972 1.0000
In [15]: from statsmodels.tsa.stattools import adfuller  # ❷
In [16]: adfuller(data[sym].dropna())  # ❷
Out[16]: (-1.9488969577009954,
          0.3094193074034718,
          0,
          2515,
          {'1%': -3.4329527780962255,
           '5%': -2.8626898965523724,
           '10%': -2.567382133955709},
          8446.683102944744)
```

❶ 지연된 시계열의 상관계수 표시

❷ Augmented Dickey-Fuller를 사용한 정상성 검정

요약하자면 효율적 시장 가설을 설립하면 액티브 혹은 알고리즘에 기반한 포트폴리오 운용이나 매매는 경제학적으로 말이 안 된다. 주식이나 평균-분산 포트폴리오 이론에 기반한 효율적 포트폴리오를 운용하고 장기적으로 보유하면 적어도 시장 수익률만큼 나온다는 것이다. 자본자산 가격결정 모형이나 평균-분산 포트폴리오 이론에 따르면 투자자가 더 높은 리스크를 안을수록 기대 수익률은 더 높아져야 한다. 사실 코플랜드(2005)의 책 10장에서는 자본자산 가격결정 모형과 효율적 시장 가설은 금융 시장에 대한 동일 가설이라고 주장한다. 효율적 시장 가설이 기각되면 자본자산 가격결정 모형도 기각되어야 한다.

6.2 수익률 데이터에 기반한 시장 예측

2장에서 보았듯이 머신러닝과 특히 딥러닝 알고리즘은 최근 몇 년간 통계적 또는 수학적 방법이 입증된 분야에서 획기적인 발전을 이루었다. 그렇다면 금융 시장은 어떠한가? 머신러닝과 딥러닝 알고리즘이 회귀분석과 같은 전통적인 금융 계량경제학 방법이 입증하지 못한 경우에도 비효율성을 발견할 수 있을까? 물론 이 질문들에 대해 아직은 명료하게 대답할 수 없다.

하지만 몇 가지 구체적인 예제를 통해 가능한 대답을 찾을 수도 있다. 이를 위해 앞 절과 같은 데이터를 사용하여 로그 수익률을 구한다. 기본 아이디어는 다음 날의 시계열 방향을 구하는데 회귀분석의 수행성과를 신경망의 수행성과와 비교하는 것이다. 이 단계의 목표는 경제적 비효율성이 아닌 통계적 비효율성을 구하는 것이다. 모형이 미래 가격 방향을 어느 정도로 (예를 들어 55%나 60% 정도로) 예측할 수 있다면 통계적 비효율성을 증명할 수 있다. 거래비용 등을 고려한 매매 전략을 통해 통계적 비효율성이 수익성 있게 이용되는 경우에만 경제적 비효율성이 나타난다.

분석의 첫 번째 단계는 시간 지연된 로그 수익률 데이터를 생성하는 것이다. 정규화되고 시간 지연된 로그 수익률 데이터에 대해 정상성 검정을 실시하고 서로 상관관계가 있는지 검정한다. 다음 분석은 시계열 데이터에만 적용될 수 있는 것으로 약형 시장 비효율성을 다룬다.

```
In [17]: rets = np.log(data / data.shift(1))  # ❶
In [18]: rets.dropna(inplace=True)
In [19]: dfs = {}
         for sym in data:
             df, cols = add_lags(rets, sym, lags)  # ❷
             mu, std = df[cols].mean(), df[cols].std()  # ❸
             df[cols] = (df[cols] - mu) / std  # ❸
             dfs[sym] = df
In [20]: dfs[sym].head()  # ❹
Out[20]:                GLD   lag_1   lag_2   lag_3   lag_4   lag_5   lag_6   lag_7
         Date
         2010-01-14  0.0044  0.9570 -2.1692  1.3386  0.4959 -0.6434  1.6613 -0.1028
         2010-01-15 -0.0105  0.4379  0.9571 -2.1689  1.3388  0.4966 -0.6436  1.6614
         2010-01-19  0.0059 -1.0842  0.4385  0.9562 -2.1690  1.3395  0.4958 -0.6435
         2010-01-20 -0.0234  0.5967 -1.0823  0.4378  0.9564 -2.1686  1.3383  0.4958
         2010-01-21 -0.0145 -2.4045  0.5971 -1.0825  0.4379  0.9571 -2.1680  1.3384
In [21]: adfuller(dfs[sym]['lag_1'])  # ❺
Out[21]: (-51.568251505825536,
            0.0,
            0,
            2507,
            {'1%': -3.4329610922579095,
             '5%': -2.8626935681060375,
             '10%': -2.567384088736619},
            7017.165474260225)
In [22]: dfs[sym].corr()  # ❻
```

```
Out[22]:          GLD   lag_1   lag_2       lag_3   lag_4       lag_5   lag_6   lag_7
        GLD    1.0000 -0.0297  0.0003  1.2635e-02 -0.0026 -5.9392e-03  0.0099 -0.0013
        lag_1 -0.0297  1.0000 -0.0305  8.1418e-04  0.0128 -2.8765e-03 -0.0053  0.0098
        lag_2  0.0003 -0.0305  1.0000 -3.1617e-02  0.0003  1.3234e-02 -0.0043 -0.0052
        lag_3  0.0126  0.0008 -0.0316  1.0000e+00 -0.0313 -6.8542e-06  0.0141 -0.0044
        lag_4 -0.0026  0.0128  0.0003 -3.1329e-02  1.0000 -3.1761e-02  0.0002  0.0141
        lag_5 -0.0059 -0.0029  0.0132 -6.8542e-06 -0.0318  1.0000e+00 -0.0323  0.0002
        lag_6  0.0099 -0.0053 -0.0043  1.4115e-02  0.0002 -3.2289e-02  1.0000 -0.0324
        lag_7 -0.0013  0.0098 -0.0052 -4.3869e-03  0.0141  2.1707e-04 -0.0324  1.0000
```

❶ 가격 데이터로부터 로그 수익률 유도

❷ 로그 수익률 데이터를 시간 지연

❸ 모든 특징 데이터에 대해 가우스 정규화[5] 수행

❹ 시간 지연된 수익률 데이터 표본 표시

❺ 시계열 데이터의 정상성 검정

❻ 특징 데이터의 상관계수 표시

우선 회귀분석을 구현해서 예측값을 구한다. 분석은 전체 데이터셋에 대해 실시한다. 이 분석은 표본 내in-sample에서 알고리즘이 어느 정도 성능을 가지는지를 보여준다. 다음 날의 가격에 대한 회귀분석의 예측 정확도는 1개의 예외만 제외하고 모두 50%를 약간씩 넘는다.

```
In [23]: from sklearn.metrics import accuracy_score
In [24]: %%time
         for sym in data:
             df = dfs[sym]
             reg = np.linalg.lstsq(df[cols], df[sym], rcond=-1)[0]  # ❶
             pred = np.dot(df[cols], reg)  # ❷
             acc = accuracy_score(np.sign(df[sym]), np.sign(pred))  # ❸
             print(f'OLS | {sym:10s} | acc={acc:.4f}')
         OLS | AAPL.O | acc=0.5056
         OLS | MSFT.O | acc=0.5088
         OLS | INTC.O | acc=0.5040
         OLS | AMZN.O | acc=0.5048
         OLS | GS.N   | acc=0.5080
         OLS | SPY    | acc=0.5080
```

5 이 방식을 또 다른 말로 z-스코어(score) 정규화라고도 한다.

```
OLS ¦ .SPX    ¦ acc=0.5167
OLS ¦ .VIX    ¦ acc=0.5291
OLS ¦ EUR=    ¦ acc=0.4984
OLS ¦ XAU=    ¦ acc=0.5207
OLS ¦ GDX     ¦ acc=0.5307
OLS ¦ GLD     ¦ acc=0.5072
CPU times: user 201 ms, sys: 65.8 ms, total: 267 ms
Wall time: 60.8 ms
```

❶ 회귀분석 단계

❷ 예측 단계

❸ 예측 정확도

다음으로 같은 분석을 `scikit-learn` 패키지의 신경망 모형을 사용하여 실시한다. 예측 정확도는 50%를 유의하게 넘어서고 가끔은 60%도 넘는다.

```
In [25]: from sklearn.neural_network import MLPRegressor
In [26]: %%time
         for sym in data.columns:
             df = dfs[sym]
             model = MLPRegressor(hidden_layer_sizes=[512],
                                  random_state=100,
                                  max_iter=1000,
                                  early_stopping=True,
                                  validation_fraction=0.15,
                                  shuffle=False)  # ❶
             model.fit(df[cols], df[sym])  # ❷
             pred = model.predict(df[cols])  # ❸
             acc = accuracy_score(np.sign(df[sym]), np.sign(pred))  # ❹
             print(f'MLP ¦ {sym:10s} ¦ acc={acc:.4f}')
         MLP ¦ AAPL.O ¦ acc=0.6005
         MLP ¦ MSFT.O ¦ acc=0.5853
         MLP ¦ INTC.O ¦ acc=0.5766
         MLP ¦ AMZN.O ¦ acc=0.5510
         MLP ¦ GS.N   ¦ acc=0.6527
         MLP ¦ SPY    ¦ acc=0.5419
         MLP ¦ .SPX   ¦ acc=0.5399
         MLP ¦ .VIX   ¦ acc=0.6579
         MLP ¦ EUR=   ¦ acc=0.5642
         MLP ¦ XAU=   ¦ acc=0.5522
```

```
MLP ¦ GDX    ¦ acc=0.6029
MLP ¦ GLD    ¦ acc=0.5259
CPU times: user 1min 37s, sys: 6.74 s, total: 1min 44s
Wall time: 14 s
```

❶ 모형 인스턴스

❷ 모형 학습

❸ 예측 단계

❹ 정확도 계산

세 번째로는 같은 분석을 Keras 패키지의 신경망 모형을 사용하여 다시 실시한다. 정확도 결과는 MLPRegressor의 경우와 비슷하지만 평균적으로 더 높다.

```
In [27]: import tensorflow as tf
         from keras.layers import Dense
         from keras.models import Sequential
         Using TensorFlow backend.
In [28]: np.random.seed(100)
         tf.random.set_seed(100)
In [29]: def create_model(problem='regression'):  # ❶
             model = Sequential()
             model.add(Dense(512, input_dim=len(cols),
                             activation='relu'))
             if problem == 'regression':
                 model.add(Dense(1, activation='linear'))
                 model.compile(loss='mse', optimizer='adam')
             else:
                 model.add(Dense(1, activation='sigmoid'))
                 model.compile(loss='binary_crossentropy', optimizer='adam')
             return model
In [30]: %%time
         for sym in data.columns[:]:
             df = dfs[sym]
             model = create_model()  # ❷
             model.fit(df[cols], df[sym], epochs=25, verbose=False)  # ❸
             pred = model.predict(df[cols])  # ❹
             acc = accuracy_score(np.sign(df[sym]), np.sign(pred))  # ❺
             print(f'DNN ¦ {sym:10s} ¦ acc={acc:.4f}')
         DNN ¦ AAPL.O ¦ acc=0.6292
```

```
DNN | MSFT.O | acc=0.5981
DNN | INTC.O | acc=0.6073
DNN | AMZN.O | acc=0.5781
DNN | GS.N   | acc=0.6196
DNN | SPY    | acc=0.5829
DNN | .SPX   | acc=0.6077
DNN | .VIX   | acc=0.6392
DNN | EUR=   | acc=0.5845
DNN | XAU=   | acc=0.5881
DNN | GDX    | acc=0.5829
DNN | GLD    | acc=0.5666
CPU times: user 34.3 s, sys: 5.34 s, total: 39.6 s
Wall time: 23.1 s
```

❶ 모형 생성 함수

❷ 모형 인스턴스 생성

❸ 모형 학습

❹ 예측 단계

❺ 정확도 계산

이 단순한 예제는 다음 날의 주가 변동을 예측하는 데 있어서 표본 내 데이터 분석in-sample analysis에서 신경망의 성능이 신경망의 성능이 회귀분석을 능가한다는 것을 보여준다. 하지만 두 모형에서 표본 외out-of-sample 분석에서도 마찬가지 결과가 나올까?

이를 위해 위 분석을 반복한다. 하지만 이번에는 전체 데이터의 80%를 학습 단계에서 사용하고 나머지 20%를 사용하여 성능을 테스트한다. 회귀분석을 먼저 해보면 표본 외 분석 결과는 앞서와 마찬가지로 50% 정도 수준의 정확도를 보인다.

```
In [31]: split = int(len(dfs[sym]) * 0.8)
In [32]: %%time
         for sym in data.columns:
             df = dfs[sym]
             train = df.iloc[:split]  # ❶
             reg = np.linalg.lstsq(train[cols], train[sym], rcond=-1)[0]
             test = df.iloc[split:]  # ❷
             pred = np.dot(test[cols], reg)
             acc = accuracy_score(np.sign(test[sym]), np.sign(pred))
```

```
    print(f'OLS | {sym:10s} | acc={acc:.4f}')
OLS | AAPL.O | acc=0.5219
OLS | MSFT.O | acc=0.4960
OLS | INTC.O | acc=0.5418
OLS | AMZN.O | acc=0.4841
OLS | GS.N   | acc=0.4980
OLS | SPY    | acc=0.5020
OLS | .SPX   | acc=0.5120
OLS | .VIX   | acc=0.5458
OLS | EUR=   | acc=0.4482
OLS | XAU=   | acc=0.5299
OLS | GDX    | acc=0.5159
OLS | GLD    | acc=0.5100
CPU times: user 200 ms, sys: 60.6 ms, total: 261 ms
Wall time: 61.7 ms
```

❶ 학습 데이터 생성

❷ 검증 데이터 생성

MLPRegressor 모형의 표본 외 성능은 표본 내 성능보다 매우 저조해서 회귀분석과 거의 비슷하다.

```
In [34]: %%time
         for sym in data.columns:
             df = dfs[sym]
             train = df.iloc[:split]
             model = MLPRegressor(hidden_layer_sizes=[512],
                                  random_state=100,
                                  max_iter=1000,
                                  early_stopping=True,
                                  validation_fraction=0.15,
                                  shuffle=False)
             model.fit(train[cols], train[sym])
             test = df.iloc[split:]
             pred = model.predict(test[cols])
             acc = accuracy_score(np.sign(test[sym]), np.sign(pred))
             print(f'MLP | {sym:10s} | acc={acc:.4f}')
         MLP | AAPL.O | acc=0.4920
         MLP | MSFT.O | acc=0.5279
         MLP | INTC.O | acc=0.5279
         MLP | AMZN.O | acc=0.4641
```

```
MLP ¦ GS.N ¦ acc=0.5040
MLP ¦ SPY ¦ acc=0.5259
MLP ¦ .SPX ¦ acc=0.5478
MLP ¦ .VIX ¦ acc=0.5279
MLP ¦ EUR= ¦ acc=0.4980
MLP ¦ XAU= ¦ acc=0.5239
MLP ¦ GDX ¦ acc=0.4880
MLP ¦ GLD ¦ acc=0.5000
CPU times: user 1min 39s, sys: 4.98 s, total: 1min 44s
Wall time: 13.7 s
```

Keras 패키지의 Sequential 모형도 표본 외 성능은 50% 기준치를 겨우 몇 퍼센트 넘을 뿐이다.

```
In [35]: %%time
         for sym in data.columns:
             df = dfs[sym]
             train = df.iloc[:split]
             model = create_model()
             model.fit(train[cols], train[sym], epochs=50, verbose=False)
             test = df.iloc[split:]
             pred = model.predict(test[cols])
             acc = accuracy_score(np.sign(test[sym]), np.sign(pred))
             print(f'DNN ¦ {sym:10s} ¦ acc={acc:.4f}')
         DNN ¦ AAPL.O ¦ acc=0.5179
         DNN ¦ MSFT.O ¦ acc=0.5598
         DNN ¦ INTC.O ¦ acc=0.4821
         DNN ¦ AMZN.O ¦ acc=0.4920
         DNN ¦ GS.N   ¦ acc=0.5179
         DNN ¦ SPY    ¦ acc=0.4861
         DNN ¦ .SPX   ¦ acc=0.5100
         DNN ¦ .VIX   ¦ acc=0.5378
         DNN ¦ EUR=   ¦ acc=0.4661
         DNN ¦ XAU=   ¦ acc=0.4602
         DNN ¦ GDX    ¦ acc=0.4841
         DNN ¦ GLD    ¦ acc=0.5378
         CPU times: user 50.4 s, sys: 7.52 s, total: 57.9 s
         Wall time: 32.9 s
```

NOTE 약형 시장 효율성

약형 시장 효율성이라는 이름과 달리 시계열 관련 데이터만 통계적 비효율을 식별하는 데 사용할 수 있다는 점에서 시장 효율성 중에서 증명이 가장 어려운 형태이다. 준강형 시장 효율성을 사용하면 공개적으로 사용 가능한 데이터의 다른 소스를 추가하여 예측 정확도를 향상시킬 수 있다.

이 절에서 선택한 접근법에 기반해 볼 때, 시장은 적어도 약한 형태에서는 효율적인 것으로 보인다. 회귀분석 또는 신경망을 기반으로 과거 수익 패턴을 분석하는 것만으로는 통계적 비효율성을 발견하기에 충분하지 않을 수 있다.

이 절에서 선택한 접근법에는 예측 결과를 개선하기 위해 조정할 수 있는 두 가지 요소가 있다.

특징

순수한 가격 및 수익률 데이터 외에도 기술 지표(예: 단순 이동 평균)와 같은 다른 특징을 데이터에 추가할 수 있다. 기술적 분석에 따르면 이런 지표가 예측 정확도를 높인다.

기간

일간 데이터를 사용하는 대신 일중 데이터를 사용하면 더 높은 예측 정확도를 얻을 수도 있다. 여기에서 희망적인 것은 시장 참여자들이 이용 가능한 모든 정보를 고려함으로써 최종 거래에 가장 많은 주의를 기울이는 일간end of day에 비해 그렇지 않은 일중during the day에 통계적 비효율성을 발견할 가능성이 더 크다는 점이다.

이어지는 절에서 이러한 요소에 대해 더 자세히 다룬다.

6.3 더 많은 특징을 사용한 시장 예측

주식 매매를 할 때는 기술적 지표를 사용하여 관찰된 패턴을 기반으로 매수 또는 매도 신호를 만드는 오랜 전통이 있다. 이런 기술적 지표는 기본적으로 어떤 종류의 것이든 신경망의 훈련을 위한 특징으로 사용될 수 있다.

다음 파이썬 코드는 이동 평균값, 이동 최솟값 및 이동 최댓값, 운동량momentum 및 이동분산을 특징으로 사용한다.

```
In [36]: url = 'http://hilpisch.com/aiif_eikon_eod_data.csv'
In [37]: data = pd.read_csv(url, index_col=0, parse_dates=True).dropna()
In [38]: def add_lags(data, ric, lags, window=50):
             cols = []
             df = pd.DataFrame(data[ric])
             df.dropna(inplace=True)
             df['r'] = np.log(df / df.shift())
             df['sma'] = df[ric].rolling(window).mean()  # ❶
             df['min'] = df[ric].rolling(window).min()  # ❷
             df['max'] = df[ric].rolling(window).max()  # ❸
             df['mom'] = df['r'].rolling(window).mean()  # ❹
             df['vol'] = df['r'].rolling(window).std()  # ❺
             df.dropna(inplace=True)
             df['d'] = np.where(df['r'] > 0, 1, 0)  # ❻
             features = [ric, 'r', 'd', 'sma', 'min', 'max', 'mom', 'vol']
             for f in features:
                 for lag in range(1, lags + 1):
                     col = f'{f}_lag_{lag}'
                     df[col] = df[f].shift(lag)
                     cols.append(col)
             df.dropna(inplace=True)
             return df, cols
In [39]: lags = 5
In [40]: dfs = {}
         for ric in data:
             df, cols = add_lags(data, ric, lags)
             dfs[ric] = df.dropna(), cols
```

❶ 이동평균

❷ 이동최소

❸ 이동최대

❹ 운동량(수익률의 평균)

❺ 수익률의 이동분산

❻ 방향

TIP 기술적 지표 특성

위의 예에서 알 수 있듯이, 기본적으로 투자 또는 일중 매매에 사용되는 모든 전통적인 기술적 지표를 머신러닝 알고리즘을 훈련시키는 기능으로 사용할 수 있다. 그런 점에서 인공지능과 머신러닝은 기술적 지표를 쓸모 없게 만드는 것이 아니라 오히려 머신러닝 중심의 매매 전략 도출을 풍부하게 할 수 있다.

MLPClassifier 모형의 표본 내 성능은 새로운 특징을 고려하여 학습을 위한 정규화를 했을 때 훨씬 향상되었다. Keras의 Sequential 모형의 표본 내 성능은 훈련 종료 시 약 70%에 달한다. 경험상 에포크 수나 신경망의 용량을 늘리면 이 값은 더 커진다.

```
In [41]: from sklearn.neural_network import MLPClassifier
In [42]: %%time
         for ric in data:
             model = MLPClassifier(hidden_layer_sizes=[512],
                                   random_state=100,
                                   max_iter=1000,
                                   early_stopping=True,
                                   validation_fraction=0.15,
                                   shuffle=False)
             df, cols = dfs[ric]
             df[cols] = (df[cols] - df[cols].mean()) / df[cols].std()
             model.fit(df[cols], df['d'])
             pred = model.predict(df[cols])
             acc = accuracy_score(df['d'], pred)
             print(f'IN-SAMPLE | {ric:7s} | acc={acc:.4f}')
         IN-SAMPLE | AAPL.O | acc=0.5510
         IN-SAMPLE | MSFT.O | acc=0.5376
         IN-SAMPLE | INTC.O | acc=0.5607
         IN-SAMPLE | AMZN.O | acc=0.5559
         IN-SAMPLE | GS.N   | acc=0.5794
         IN-SAMPLE | SPY    | acc=0.5729
         IN-SAMPLE | .SPX   | acc=0.5941
         IN-SAMPLE | .VIX   | acc=0.6940
         IN-SAMPLE | EUR=   | acc=0.5766
         IN-SAMPLE | XAU=   | acc=0.5672
         IN-SAMPLE | GDX    | acc=0.5847
         IN-SAMPLE | GLD    | acc=0.5567
         CPU times: user 1min 1s, sys: 4.5 s, total: 1min 6s
         Wall time: 9.05 s
In [43]: %%time
         for ric in data:
             model = create_model('classification')
             df, cols = dfs[ric]
             df[cols] = (df[cols] - df[cols].mean()) / df[cols].std()  # ❶
             model.fit(df[cols], df['d'], epochs=50, verbose=False)
             pred = np.where(model.predict(df[cols]) > 0.5, 1, 0)
             acc = accuracy_score(df['d'], pred)
             print(f'IN-SAMPLE | {ric:7s} | acc={acc:.4f}')
```

```
IN-SAMPLE ¦ AAPL.O ¦ acc=0.7156
IN-SAMPLE ¦ MSFT.O ¦ acc=0.7156
IN-SAMPLE ¦ INTC.O ¦ acc=0.7046
IN-SAMPLE ¦ AMZN.O ¦ acc=0.6640
IN-SAMPLE ¦ GS.N   ¦ acc=0.6855
IN-SAMPLE ¦ SPY    ¦ acc=0.6696
IN-SAMPLE ¦ .SPX   ¦ acc=0.6579
IN-SAMPLE ¦ .VIX   ¦ acc=0.7489
IN-SAMPLE ¦ EUR=   ¦ acc=0.6737
IN-SAMPLE ¦ XAU=   ¦ acc=0.7143
IN-SAMPLE ¦ GDX    ¦ acc=0.6826
IN-SAMPLE ¦ GLD    ¦ acc=0.7078
CPU times: user 1min 5s, sys: 7.06 s, total: 1min 12s
Wall time: 44.3 s
```

❶ 특징 데이터의 정규화

이러한 성능이 표본 외 예측 정확도에서도 재현되는가? 다음 파이썬 코드는 이전에 사용한 학습/검정 데이터 분할을 사용하여 분석을 반복한다. 불행히도 상황은 좀 더 복잡하다. 결과 수치는 지연된 반환 데이터만 특징으로 사용한 접근 방식과 비교할 때 실질적인 개선을 보여주지 않는다. 선택된 지표의 경우 50% 벤치마크와 비교하여 예측 정확도가 50%에서 약간 더 나갈 뿐이고, 다른 경우에는 `MLPClassifier` 모델의 경우에는 사례에서 보듯, 정확도는 여전히 50% 미만이다.

```
In [44]: def train_test_model(model):
             for ric in data:
                 df, cols = dfs[ric]
                 split = int(len(df) * 0.85)
                 train = df.iloc[:split].copy()
                 mu, std = train[cols].mean(), train[cols].std()  # ❶
                 train[cols] = (train[cols] - mu) / std
                 model.fit(train[cols], train['d'])
                 test = df.iloc[split:].copy()
                 test[cols] = (test[cols] - mu) / std
                 pred = model.predict(test[cols])
                 acc = accuracy_score(test['d'], pred)
                 print(f'OUT-OF-SAMPLE ¦ {ric:7s} ¦ acc={acc:.4f}')
In [45]: model_mlp = MLPClassifier(hidden_layer_sizes=[512],
                                   random_state=100,
```

```
                                    max_iter=1000,
                                    early_stopping=True,
                                    validation_fraction=0.15,
                                    shuffle=False)
In [46]: %time train_test_model(model_mlp)
         OUT-OF-SAMPLE | AAPL.O | acc=0.4432
         OUT-OF-SAMPLE | MSFT.O | acc=0.4595
         OUT-OF-SAMPLE | INTC.O | acc=0.5000
         OUT-OF-SAMPLE | AMZN.O | acc=0.5270
         OUT-OF-SAMPLE | GS.N   | acc=0.4838
         OUT-OF-SAMPLE | SPY    | acc=0.4811
         OUT-OF-SAMPLE | .SPX   | acc=0.5027
         OUT-OF-SAMPLE | .VIX   | acc=0.5676
         OUT-OF-SAMPLE | EUR=   | acc=0.4649
         OUT-OF-SAMPLE | XAU=   | acc=0.5514
         OUT-OF-SAMPLE | GDX    | acc=0.5162
         OUT-OF-SAMPLE | GLD    | acc=0.4946
         CPU times: user 44.9 s, sys: 2.64 s, total: 47.5 s
         Wall time: 6.37 s
```

❶ 학습 데이터를 사용한 정규화

표본 내 성능이 우수하고 표본 외 성능이 그리 좋지 않다는 점은 신경망의 과적합이 중요한 역할을 한다는 것을 시사한다. 과적합을 피하기 위한 한 가지 접근법은 동일한 유형의 여러 훈련된 모델을 결합하여 더욱 강력한 메타 모델과 더 나은 표본 외 예측을 도출하는 앙상블ensemble 방법을 사용하는 것이다. 앙상블 방법 중 하나는 배깅bagging이라고 해서 `scikit-learn`은 `BaggingClassifier` 클래스[6]의 형태로 이 접근 방식을 구현한다. 복수의 모형을 사용하여 전체 학습 데이터셋 또는 모든 특징에 노출되지 않고 각 모델을 모두 교육할 수 있다. 이는 과적합을 피하는 데 도움이 된다.

다음 파이썬 코드는 동일한 유형 복수의 기본 추정기(`MLPClassifier`)를 기반으로 배깅 모형 접근 방식을 구현한다. 예측 정확도는 지속적으로 50%를 상회한다. 일부 정확도 값은 55% 이상으로 매우 높은 것으로 알 수 있다. 전반적으로 배깅은 적어도 어느 정도 과적합을 방지하고 예측 성능을 눈에 띄게 개선하는 것으로 보인다.

6 *https://oreil.ly/gQLFZ*

```
In [47]: from sklearn.ensemble import BaggingClassifier
In [48]: base_estimator = MLPClassifier(hidden_layer_sizes=[256],
                                        random_state=100,
                                        max_iter=1000,
                                        early_stopping=True,
                                        validation_fraction=0.15,
                                        shuffle=False)  # ❶
In [49]: model_bag = BaggingClassifier(base_estimator=base_estimator,  # ❶
                                       n_estimators=35,  # ❷
                                       max_samples=0.25,  # ❸
                                       max_features=0.5,  # ❹
                                       bootstrap=False,  # ❺
                                       bootstrap_features=True,  # ❻
                                       n_jobs=8,  # ❼
                                       random_state=100
                                       )
In [50]: %time train_test_model(model_bag)
         OUT-OF-SAMPLE | AAPL.O | acc=0.5243
         OUT-OF-SAMPLE | MSFT.O | acc=0.5703
         OUT-OF-SAMPLE | INTC.O | acc=0.5027
         OUT-OF-SAMPLE | AMZN.O | acc=0.5270
         OUT-OF-SAMPLE | GS.N   | acc=0.5243
         OUT-OF-SAMPLE | SPY    | acc=0.5595
         OUT-OF-SAMPLE | .SPX   | acc=0.5514
         OUT-OF-SAMPLE | .VIX   | acc=0.5649
         OUT-OF-SAMPLE | EUR=   | acc=0.5108
         OUT-OF-SAMPLE | XAU=   | acc=0.5378
         OUT-OF-SAMPLE | GDX    | acc=0.5162
         OUT-OF-SAMPLE | GLD    | acc=0.5432
         CPU times: user 2.55 s, sys: 494 ms, total: 3.05 s
         Wall time: 11.1 s
```

❶ 기본 모형

❷ 사용된 기본 모형의 개수

❸ 기본 모형이 사용하는 최대 학습 데이터의 비율

❹ 기본 모형이 사용하는 최대 특징 개수

❺ 데이터 재사용 여부

❻ 특징 재사용 여부

❼ 병렬 작업 수

NOTE 일간 시장의 효율성

효율적 시장 가설은 일간 데이터가 기본적으로 이용 가능한 유일한 시계열 데이터였던 1960년대와 1970년대로 거슬러 올라간다. 그 당시(그리고 오늘날에도)를 되돌아보면, 시장 참여자들은 거래 종료가 가까울수록 포지션에 세심한 주의를 기울였고 거래가 이루어졌다고 가정할 수 있다. 이것은 주식의 경우에 더욱 관련이 깊었다. 하지만 24시간 내내 거래되는 통화의 경우에는 그렇지 않을 수도 있다.

6.4 일중 시장 예측

이 장에서 결정적인 증거가 나오지는 않았지만 지금까지 구현한 분석은 시장이 일간 기준으로 약하게 효율적이라는 방향을 가리키고 있다. 그렇다면 일중 시장은 어떨까? 더 일관된 통계적 비효율성이 발견되고 있는가? 이 질문에 대한 답을 얻으려면 다른 데이터셋이 필요하다. 다음 파이썬 코드는 종말 데이터셋과 동일한 지표로 구성되었지만 시간당 종가를 포함하는 데이터셋을 사용한다. 거래 시간은 종목마다 다를 수 있으므로 데이터셋은 불완전하다. 하지만 시계열별로 분석을 시행하기 때문에 큰 문제가 되지 않는다.

시간별 데이터에 대한 기술적 구현은 기본적으로 이전과 동일하므로 같은 코드에 의존한다.

```
In [51]: url = 'http://hilpisch.com/aiif_eikon_id_data.csv'
In [52]: data = pd.read_csv(url, index_col=0, parse_dates=True)
In [53]: data.info()
         <class 'pandas.core.frame.DataFrame'>
         DatetimeIndex: 5529 entries, 2019-03-01 00:00:00 to 2020-01-01 00:00:00
         Data columns (total 12 columns):
         # Column Non-Null Count Dtype
         --- ------ -------------- -----
          0  AAPL.O 3384 non-null float64
          1  MSFT.O 3378 non-null float64
          2  INTC.O 3275 non-null float64
          3  AMZN.O 3381 non-null float64
          4  GS.N   1686 non-null float64
          5  SPY    3388 non-null float64
          6  .SPX   1802 non-null float64
          7  .VIX   2959 non-null float64
          8  EUR=   5429 non-null float64
          9  XAU=   5149 non-null float64
         10  GDX    3173 non-null float64
         11  GLD    3351 non-null float64
```

```
         dtypes: float64(12)
         memory usage: 561.5 KB
In [54]: lags = 5
In [55]: dfs = {}
         for ric in data:
             df, cols = add_lags(data, ric, lags)
             dfs[ric] = df, cols
```

단일 신경망의 경우 일중 예측 정확도도 50% 근처에 분포한다. 몇몇 정확도 값은 55% 이상이라는 점이다. 배깅 모형의 경우는 좀 더 일관적인 표본 외 성능을 보이지만 대부분 관측 성능은 50%를 약간 넘는 수준이다.

```
In [56]: %time train_test_model(model_mlp)
         OUT-OF-SAMPLE | AAPL.O | acc=0.5420
         OUT-OF-SAMPLE | MSFT.O | acc=0.4930
         OUT-OF-SAMPLE | INTC.O | acc=0.5549
         OUT-OF-SAMPLE | AMZN.O | acc=0.4709
         OUT-OF-SAMPLE | GS.N   | acc=0.5184
         OUT-OF-SAMPLE | SPY    | acc=0.4860
         OUT-OF-SAMPLE | .SPX   | acc=0.5019
         OUT-OF-SAMPLE | .VIX   | acc=0.4885
         OUT-OF-SAMPLE | EUR=   | acc=0.5130
         OUT-OF-SAMPLE | XAU=   | acc=0.4824
         OUT-OF-SAMPLE | GDX    | acc=0.4765
         OUT-OF-SAMPLE | GLD    | acc=0.5455
         CPU times: user 1min 4s, sys: 5.05 s, total: 1min 9s
         Wall time: 9.56 s
In [57]: %time train_test_model(model_bag)
         OUT-OF-SAMPLE | AAPL.O | acc=0.5660
         OUT-OF-SAMPLE | MSFT.O | acc=0.5431
         OUT-OF-SAMPLE | INTC.O | acc=0.5072
         OUT-OF-SAMPLE | AMZN.O | acc=0.5110
         OUT-OF-SAMPLE | GS.N   | acc=0.5020
         OUT-OF-SAMPLE | SPY    | acc=0.5120
         OUT-OF-SAMPLE | .SPX   | acc=0.4677
         OUT-OF-SAMPLE | .VIX   | acc=0.5092
         OUT-OF-SAMPLE | EUR=   | acc=0.5242
         OUT-OF-SAMPLE | XAU=   | acc=0.5255
         OUT-OF-SAMPLE | GDX    | acc=0.5085
         OUT-OF-SAMPLE | GLD    | acc=0.5374
         CPU times: user 2.64 s, sys: 439 ms, total: 3.08 s
         Wall time: 12.4 s
```

NOTE 일중 시장 효율성

시장이 일간 기준으로 약형 효율성을 보여도 일중으로는 비효율적일 수 있다. 이러한 통계적 비효율성은 매수/매도 압력이나 시장의 과민 반응, 기술적으로 나오는 매수 혹은 매도 주문 등의 일시적인 불균형 때문이다. 이러한 통계적 비효율성을 발견했을 때 이를 특정한 매매 전략을 통해 수익으로 연결할 수 있는지가 핵심적인 질문이다.

6.5 마치며

할레비Halevy (2009)는 논문에서 경제학자들은 물리학이 부러워서 배가 아플 지경이라고 지적했다. 즉, 물리학자들이 복잡한 현실 세계의 현상들을 공식으로 설명하는 것처럼 경제학자들은 수학적으로 우아한 방법으로 인간의 행동을 설명하기를 원한다는 것이다. 그러한 물리학 공식 중 가장 널리 알려진 것 중의 하나는 알베르트 아인슈타인의 공식 $E = mc^2$이다. 이 공식은 에너지의 질량과 빛의 제곱 속도가 같다는 뜻이다.

수십 년 동안 경제와 금융 분야 연구자들은 경제와 금융 현상을 설명하기 위해 간단하고 우아한 방정식을 도출하고 증명하는 물리적 접근을 모방하려고 노력해왔다. 그러나 3장과 4장에서 볼 수 있듯이 정규분포, 선형관계와 같은 단순화된 가정조차 성립하지 않는 실제 금융 세계에서는 많은 우아한 금융 이론이 지지받지 못하고 있다.

같은 논문에서 할레비는 자연어 처리와 같이 단순하고 우아한 이론이 도출되거나 성립하지 않는 분야가 있을 수 있다고 설명한다. 복잡한 이론과 데이터에 의해 주도되는 모형에만 의지해야 할 수도 있다. 자연어 처리의 경우 웹은 빅데이터의 보고이다. 이 빅데이터는 자연어 처리나 번역 같은 작업을 할 때 머신러닝이나 딥러닝으로 학습할 필요가 있다.

금융은 물리학보다 자연어와 더 공통점이 있는 분야일 것이다. 아마도 매일의 환율 변동이나 주가와 같은 중요한 금융 현상을 설명하는 간단하고 우아한 공식은 없을 것이다.[7] 어쩌면 오늘날 금융 연구원들과 학자들 모두 프로그래밍 방식으로 이용할 수 있는 빅 데이터에서만 진실이 발견될지도 모른다.

이 장에서는 진실을 밝혀내고 금융의 성배를 발견하기 위한 탐구의 시작을 제시한다. 즉 시장

7 물론 단순한 공식으로 모형화할 수 있는 금융의 측면도 있다. 예를 들어 기간 $T = 2$(년), 이자율 $r = 0.01$일 때 연속 할인율 D는 다음 공식으로 구할 수 있다. $D(r, T) = exp(-rT) = exp(-0.01 \cdot 2) = 0.9802$

이 그렇게 효율적이지 않다는 것을 증명하는 것이다. 이 장에서 제시하는 단순한 신경망 접근법에서 학습용 특징은 시계열뿐이고 라벨은 시장의 상승 여부가 된다. 목표는 미래의 시장 방향을 예측하는 데 있어 통계적 비효율성을 발견하는 것이다. 이는 실행 가능한 매매 전략을 통해 이러한 통계적 비효율성을 경제적으로 활용하기 위한 첫 번째 단계다.

아그라왈(2018)의 책은 많은 예를 들어 예측 자체는 동전의 한 면에 불과하다고 설명한다. 특정한 예측이 어떻게 다루어지는지를 상세히 명시하는 의사결정 및 구현 규칙도 마찬가지로 중요하다. 알고리즘 거래도 마찬가지다. 예측 신호는 시작에 불과하다. 적절한 거래를 최적으로 수행하고, 거래를 능동적으로 감시하며, 손절 주문 및 수익 실현과 같은 적절한 위험 제어 조치를 구현하는 것이야말로 어려운 부분이다.

이 장에서는 통계적 비효율성을 발견하기 위해 데이터와 신경망에만 의존한다. 관련된 이론도 없고, 시장 참여자들이 어떻게 행동할지 등에 대한 가정도 없다. 연구자가 중요하다고 생각하는 특징 데이터를 준비하는 것에 가장 많이 신경을 썼다. 우리가 수행한 접근 방식의 암묵적인 가정 중 하나는 시계열 관련 데이터만을 사용하여 통계적 비효율성을 발견할 수 있다는 것이다. 즉, 시장은 약하게 효율적이지 않다는 것으로, 세 가지 시장 효율성 가설 중에서 가장 반증하기 어려운 형태의 가설이다.

이 책에서는 금융 데이터에만 의존하여 일반 머신러닝 및 딥러닝 알고리즘과 모형을 적용하는 것을 인공지능 우선 금융으로 간주한다. 이론은 필요 없고, 인간 행동에 대한 모델링도 없으며, 분포나 관계의 본질에 대한 가정도 필요 없다. 단지 데이터와 알고리즘만으로 이루어진다. 이런 점에서 인공지능 우선 금융은 이론 없는 금융공학 또는 모형 없는 금융공학으로 간주할 수 있다.

6.6 참고 문헌

- Agrawal, Ajay, Joshua Gans, and Avi Goldfarb. 2018. *Prediction Machines: The Simple Economics of Artificial Intelligence*. Boston: Harvard Business Review Press.
- Copeland, Thomas, Fred Weston, and Kuldeep Shastri. 2005. *Financial*

Theory and Corporate Policy. 4th ed. Boston: Pearson.

- Fama, Eugene. 1965. "Random Walks in Stock Market Prices." *Financial Analysts Journal* (September/October): 55–59.
- Halevy, Alon, Peter Norvig, and Fernando Pereira. 2009. "The Unreasonable Effectiveness of Data." *IEEE Intelligent Systems*, Expert Opinion.
- Hilpisch, Yves. 2018. *Python for Finance: Mastering Data-Driven Finance*. 2nd ed. Sebastopol: O'Reilly.
- Jensen, Michael. 1978. "Some Anomalous Evidence Regarding Market Efficiency." *Journal of Financial Economics* 6 (2/3): 95–101.
- Tegmark, Max. 2017. *Life 3.0: Being Human in the Age of Artificial Intelligence*. United Kingdom: Penguin Random House.
- Tsay, Ruey S. 2005. *Analysis of Financial Time Series*. Hoboken: Wiley.

Part III

통계적 비효율성

Part III

통계적 비효율성

'시장에는 패턴이 있고 우리가 그것을 찾아낼 수 있어'라고 사이먼이 말했다.

– 그레고리 주커만Gregory Zuckerman (2019)

3부의 목표는 통계적 비효율성을 발견하게 하려고 신경망과 강화 학습을 금융 시장(데이터)에 적용하는 것이다. 이 책에서는 예측 모형이나 알고리즘이 시장 위로 움직일지 아래로 움직일지 예측할 수 있을 때 통계적 비효율성이 있다고 한다. 알고리즘 트레이딩에서는 이러한 예측 알고리즘이 알파를 생성하거나 시장을 뛰어넘는 수익률을 올리기 위한 전제 조건이다.

3부는 밀집 신경망, 재귀 신경망, 강화 학습의 배경지식과 세부 내용, 예제를 설명하는 3개의 장으로 구성되어 있다.

- 7장에서는 밀집 신경망을 좀 더 자세히 다루고 금융 시장 방향 예측 문제에 이를 적용한다. 역사적 데이터를 특징 데이터와 라벨 데이터를 생성한다. 그런 다음에는 이러한 데이터셋을 사용한 지도 학습을 통해 밀집 신경망을 교육한다. 이때 금융 시장의 통계적 비효율성을 확인하는 데 초점을 둔다. 일부 예제에서 밀집 신경망의 표본 외 예측 정확도는 60% 이상에 달한다.
- 8장은 재귀 신경망에 대한 것으로 재귀 신경망은 텍스트 데이터나 시계열 데이터와 같은 계열성 데이터를 위해 설계된 신경망이다. 재귀 신경망은 특수한 종류의 기억장치를 더해서 이전 정보를 네트워크에 되먹임할 수 있다. 이 방법론은 7장에서 사용한 것과 유사하게 금융 시장 데이터로부터 통계적 비효율성을 발견하는 것을 목표로 한다. 수치 예제에서 재귀 신경망의 표본 외 예측 정확도 역시 60% 이상 도달했다.
- 9장에서는 인공지능의 주요 성공 스토리 중의 하나인 강화 학습을 논한다. 이 장에서는 강화 학습 에이전트를 OpenAI Gym과 이 장에서 개발한 금융 시장 환경에 적용해본다. 강화 학습을 위해 선택한 알고리즘은 QLQ-learning 알고리즘으로 트레이딩 봇의 학습에도 적용된다. 자동 트레이딩 봇은 뛰어난 표본외 금융 성능을 보유주고 트레이딩 봇은 괄목할 만한 표본 외 금융 성능을 나타낸다. 이는 일반적으로 단순한 예측 정확도보다 더 중요한 척도이다. 그런 의미에서 9장은 통계적 비효율성의 경제적 이용과 관련된 4부의 내용과 자연스럽게 연결된다.
- 합성곱 신경망convolutional neural network(CNN)도 꽤 중요한 신경망이지만 4부에서는 자세히 논의하지 않는다. 부록 C에서 CNN의 적용에 대해 간단히 설명한다. 많은 경우에 CNN은 4부에서 DNN과 RNN이 적용된 문제에도 적용할 수 있다.
- 4부의 접근법은 알고리즘과 테크닉에 관련된 세부 내용은 생략하고 실제로 사용하는 방법만 서술한다. 이 분야의 기술적인 세부 사항과 배경지식을 참고할 수 있는 수많은 책 형태의 우수한 리소스 및 다른 자료들이 있기 때문에 이렇게 해도 무방하리라 생각한다. 일반적으로 중요하고 적절한 많은 참고 문헌을 추가했다.

CHAPTER 7

밀집 신경망

> 주가의 움직임을 최근 주가 기록으로 예측한다면 성공하지 못할 것이다. 주가의 기록은 그다지 많은 정보를 포함하고 있지 않기 때문이다.
>
> – 프랑수아 숄레François Chollet (2017)

이번 장에서는 밀집 신경망dense neural network (DNN)의 중요한 측면들에 대해 다룬다. 이전 장에서 이미 여러 가지 유형의 신경망을 사용했다. 특히 `scikit-learn` 패키지의 `MLPClassifier` 및 `MLPRegressor` 모형, `Keras` 패키지의 분류 및 추정용 `Sequential` 모형은 밀집 신경망(DNN)이다. 이 장에서는 밀집 신경망에 좀 더 자유도freedom와 유연성flexibility을 추가할 수 있는 `Keras` 패키지를 주로 다룬다.[1]

7.1절에서는 이 장의 다른 절에서 사용할 외환 데이터셋(FX)을 소개한다. 7.2절에서는 새로운 데이터에 대한 기준적인 표본 내 예측을 생성한다. 7.3절에서는 학습 데이터와 테스트 데이터의 데이터 정규화data normalization를 소개한다. 7.4절과 7.5절에서는 과최적화를 막는 인기 있는 방법인 드롭아웃dropout과 규제화regularization를 논의한다. 7.6절에서는 6장에서 이미 사용한 과최적화를 막기 위한 방법인 배깅을 다시 설명한다. 마지막으로 `Keras` 패키지의 밀집 신경망에서 쓸 수 있는 서로 다른 최적화 방법의 성능을 비교하며 이 장을 마무리한다.

1 Keras 패키지의 자세한 내용과 배경지식을 알고 싶다면 숄레(2017)의 책을 참조한다. 신경망과 이와 관련된 모형의 복잡한 처리를 알고 싶다면 굿펠로(2016)의 책을 참조한다.

이 장의 도입 인용문의 비관적인 어구와 달리 이 장과 3부 전체의 주목표는 금융 시장에 신경망을 적용함으로써 통계적 비효율성을 발견하는 것이다. 이 장에서 제시된 수치적인 결과는 예측 정확도의 경우, 특정 사례에서 60% 예측 정확도를 보여줌으로써 어느 정도 희망이 있다는 것을 보장한다.

7.1 데이터

6장에서 EUR/USD 환율의 일중 가격 시계열에 대한 통계적 비효율성의 힌트를 발견했다. 이 장과 다음 장에서는 환율자산 클래스, 특히 EUR/USD 환율에 초점을 맞춘다. 여러 가지 이유로 환율의 통계적 비효율성을 경제적으로 이용하는 것은 VIX 변동성 지수와 같은 변동성 상품 등의 다른 자산 클래스를 이용하는 것보다 복잡하지 않다. 환율의 경우에는 복잡한 데이터를 자유롭게 얻을 수 있다. 다음 데이터는 레피니티브 아이콘Refinitiv Eikon 데이터 API로부터 얻은 것이다. 이 데이터에는 시가, 고가, 저가, 종가 데이터가 있다. [그림 7-1]은 종가 데이터를 시각화하여 보여준다.

```
In [1]: import os
        import numpy as np
        import pandas as pd
        from pylab import plt, mpl
        plt.style.use('seaborn')
        mpl.rcParams['savefig.dpi'] = 300
        mpl.rcParams['font.family'] = 'serif'
        pd.set_option('precision', 4)
        np.set_printoptions(suppress=True, precision=4)
        os.environ['PYTHONHASHSEED'] = '0'
In [2]: url = 'http://hilpisch.com/aiif_eikon_id_eur_usd.csv'  # ❶
In [3]: symbol = 'EUR_USD'
In [4]: raw = pd.read_csv(url, index_col=0, parse_dates=True)  # ❶
In [5]: raw.head()
Out[5]:                       HIGH    LOW   OPEN  CLOSE
        Date
        2019-10-01 00:00:00 1.0899 1.0897 1.0897 1.0899
        2019-10-01 00:01:00 1.0899 1.0896 1.0899 1.0898
        2019-10-01 00:02:00 1.0898 1.0896 1.0898 1.0896
        2019-10-01 00:03:00 1.0898 1.0896 1.0897 1.0898
```

```
        2019-10-01 00:04:00 1.0898 1.0896 1.0897 1.0898
In [6]: raw.info()
        <class 'pandas.core.frame.DataFrame'>
        DatetimeIndex: 96526 entries, 2019-10-01 00:00:00 to 2019-12-31 23:06:00
        Data columns (total 4 columns):
        # Column Non-Null Count Dtype
        --- ------ -------------- -----
         0   HIGH  96526 non-null float64
         1   LOW   96526 non-null float64
         2   OPEN  96526 non-null float64
         3   CLOSE 96526 non-null float64
        dtypes: float64(4)
        memory usage: 3.7 MB
        In [7]: data = pd.DataFrame(raw['CLOSE'].loc[:])  # ❷
        data.columns = [symbol]  # ❷
In [8]: data = data.resample('1h', label='right').last().ffill()  # ❷
In [9]: data.info()
        <class 'pandas.core.frame.DataFrame'>
        DatetimeIndex: 2208 entries, 2019-10-01 01:00:00 to 2020-01-01 00:00:00
        Freq: H
        Data columns (total 1 columns):
        # Column Non-Null Count Dtype
        --- ------  -------------- -----
         0  EUR_USD 2208 non-null float64
        dtypes: float64(1)
        memory usage: 34.5 KB
In [10]: data.plot(figsize=(10, 6));  # ❷
```

❶ 데이터를 데이터프레임 객체로 읽는다.

❷ 종가를 선택하고 다시 샘플링한 후에 그린다.

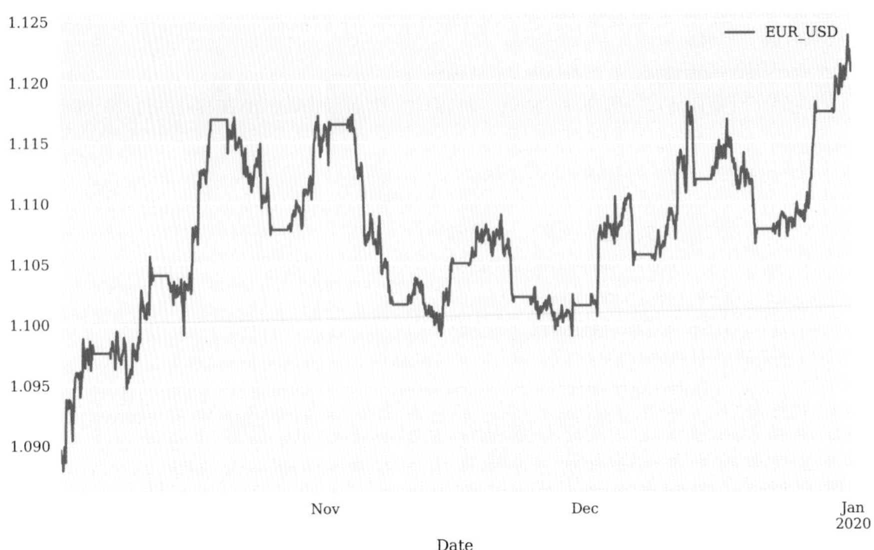

그림 7-1 EUR/USD 환율의 일중 종가

7.2 기준적 예측

새로운 데이터를 기반으로 6장에서 했던 예측 방법론을 반복한다. 먼저 시간 지연된 특징 데이터를 만든다.

```
In [11]: lags = 5
In [12]: def add_lags(data, symbol, lags, window=20):  # ❶
             cols = []
             df = data.copy()
             df.dropna(inplace=True)
             df['r'] = np.log(df / df.shift())
             df['sma'] = df[symbol].rolling(window).mean()
             df['min'] = df[symbol].rolling(window).min()
             df['max'] = df[symbol].rolling(window).max()
             df['mom'] = df['r'].rolling(window).mean()
             df['vol'] = df['r'].rolling(window).std()
             df.dropna(inplace=True)
             df['d'] = np.where(df['r'] > 0, 1, 0)
             features = [symbol, 'r', 'd', 'sma', 'min', 'max', 'mom', 'vol']
```

```
            for f in features:
                for lag in range(1, lags + 1):
                    col = f'{f}_lag_{lag}'
                    df[col] = df[f].shift(lag)
                    cols.append(col)
            df.dropna(inplace=True)
            return df, cols
In [13]: data, cols = add_lags(data, symbol, lags)
```

❶ 6장에서 만든 함수를 약간 변형

두 번째로 라벨 데이터를 살펴보자. 사용 가능한 데이터에서 발생할 수 있는 분류 작업의 큰 문제는 클래스 불균형이다. 이진 라벨값을 가진 데이터에서 특정한 클래스가 다른 클래스에 비해 빈도가 잦은 경우를 말한다. 이렇게 되면 신경망은 손실을 줄이고 정확도를 높이기 위해 높은 빈도를 가진 클래스를 더 자주 예측하게 된다. 밀집 신경망 학습 과정에서 적절한 가중치를 주면 두 가지 클래스가 같은 중요성을 가지게 된다. [2]

```
In [14]: len(data)
Out[14]: 2183
In [15]: c = data['d'].value_counts()  # ❶
         c  # ❶
Out[15]: 0 1445
         1 738
         Name: d, dtype: int64
In [16]: def cw(df):  # ❷
             c0, c1 = np.bincount(df['d'])
             w0 = (1 / c0) * (len(df)) / 2
             w1 = (1 / c1) * (len(df)) / 2
             return {0: w0, 1: w1}
In [17]: class_weight = cw(data)  # ❷
In [18]: class_weight  # ❷
Out[18]: {0: 0.755363321799308, 1: 1.4789972899728998}
In [19]: class_weight[0] * c[0]  # ❸
Out[19]: 1091.5
In [20]: class_weight[1] * c[1]  # ❸
Out[20]: 1091.5
```

2 Keras에서 클래스 불균형을 해결하는 방법을 블로그(*https://oreil.ly/3X1Qk*)에서 설명한다.

❶ 두 클래스의 빈도 표시

❷ 같은 비중을 가지도록 적절한 가중치 계산

❸ 계산된 가중치로 인해 두 클래스는 같은 비중을 가진다.

세 번째로 Keras 패키지의 밀집 신경망 모형을 생성하여 전체 데이터셋에 대해 모형을 학습시킨다. 기준 표본 내 성능은 약 60%이다.

```
In [21]: import random
         import tensorflow as tf
         from keras.layers import Dense
         from keras.models import Sequential
         from keras.optimizers import Adam
         from sklearn.metrics import accuracy_score
         Using TensorFlow backend.
In [22]: def set_seeds(seed=100):
             random.seed(seed)  # ❶
             np.random.seed(seed)  # ❷
             tf.random.set_seed(seed)  # ❸
In [23]: optimizer = Adam(lr=0.001)  # ❹
In [24]: def create_model(hl=1, hu=128, optimizer=optimizer):
             model = Sequential()
             model.add(Dense(hu, input_dim=len(cols),
                         activation='relu'))  # ❺
             for _ in range(hl):
                 model.add(Dense(hu, activation='relu'))  # ❻
             model.add(Dense(1, activation='sigmoid'))  # ❼
             model.compile(loss='binary_crossentropy',  # ❽
                           optimizer=optimizer,  # ❾
                           metrics=['accuracy'])  # ❿
             return model
In [25]: set_seeds()
         model = create_model(hl=1, hu=128)
In [26]: %%time
         model.fit(data[cols], data['d'], epochs=50,
                   verbose=False, class_weight=cw(data))
         CPU times: user 6.44 s, sys: 939 ms, total: 7.38 s
         Wall time: 4.07 s
Out[26]: <keras.callbacks.callbacks.History at 0x7fbfc2ee6690>
```

```
In [27]: model.evaluate(data[cols], data['d'])
         2183/2183 [==============================] - 0s 24us/step
Out[27]: [0.582192026280068, 0.6087952256202698]
In [28]: data['p'] = np.where(model.predict(data[cols]) > 0.5, 1, 0)
In [29]: data['p'].value_counts()
Out[29]: 1 1340
         0 843
         Name: p, dtype: int64
```

❶ 파이썬 무작위수 시드값

❷ NumPy 무작위수 시드값

❸ TensorFlow 무작위수 시드값

❹ 디폴트 최적화[3]

❺ 첫 번째 층

❻ 추가 은닉층

❼ 출력층

❽ 손실 함수[4]

❾ 최적화

❿ 추가 지표 수집

표본 외 성능도 비슷하다. 그리고 여전히 60%를 넘는다. 이 정도만 해도 훌륭한 것으로 간주할 수 있다.

```
In [30]: split = int(len(data) * 0.8)  # ❶
In [31]: train = data.iloc[:split].copy()  # ❷
In [32]: test = data.iloc[split:].copy()  # ❸
In [33]: set_seeds()
         model = create_model(hl=1, hu=128)
```

3 *https://oreil.ly/atpu8*

4 *https://oreil.ly/cVGVf*

```
In [34]: %%time
         model.fit(train[cols], train['d'],
                   epochs=50, verbose=False,
                   validation_split=0.2, shuffle=False,
                   class_weight=cw(train))
         CPU times: user 4.72 s, sys: 686 ms, total: 5.41 s
         Wall time: 3.14 s
Out[34]: <keras.callbacks.callbacks.History at 0x7fbfc3231250>
In [35]: model.evaluate(train[cols], train['d'])  # ❹
         1746/1746 [==============================] - 0s 13us/step
Out[35]: [0.612861613500842, 0.5853379368782043]
In [36]: model.evaluate(test[cols], test['d'])  # ❺
         437/437 [==============================] - 0s 16us/step
Out[36]: [0.5946959675858714, 0.6247139573097229]
In [37]: test['p'] = np.where(model.predict(test[cols]) > 0.5, 1, 0)
In [38]: test['p'].value_counts()
Out[38]: 1 291
         0 146
         Name: p, dtype: int64
```

❶ 전체 데이터를 분할

❷ 학습 데이터

❸ 테스트 데이터

❹ 표본 내 성능 계산

❺ 표본 외 성능 계산

[그림 7-2]는 학습 에포크의 학습 및 검증 데이터에 대한 정확도를 표시한다.

```
In [39]: res = pd.DataFrame(model.history.history)
In [40]: res[['accuracy', 'val_accuracy']].plot(figsize=(10, 6), style='--');
```

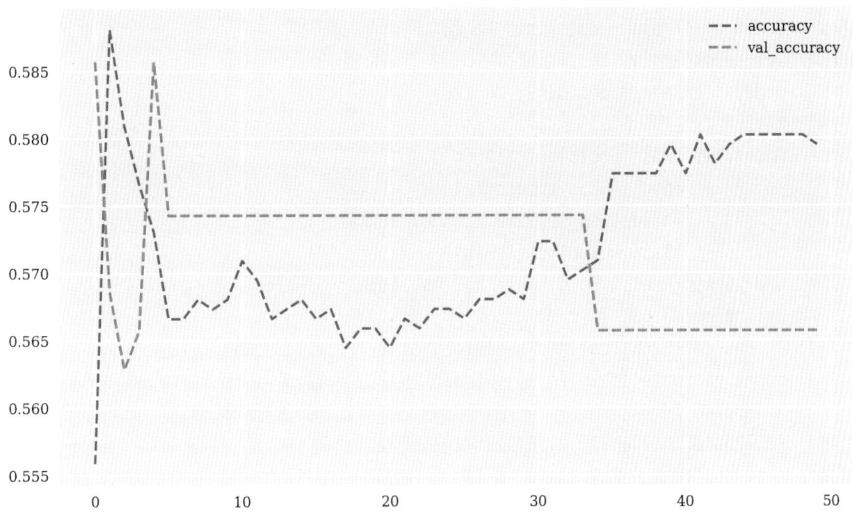

그림 7-2 학습 및 검증 정확도 값

이 절에서의 분석은 Keras 밀집 신경망 모형을 좀 더 정교하게 사용하는 단계를 구축하기 위한 기반이다. 이 결과는 시장 예측에 대한 기준치가 된다. 이어지는 절에서 표본 외 모형 성능을 향상시키고 모형이 학습 데이터에 대해 과최적화가 되는 것을 막기 위한 여러 가지 다른 요소들을 추가한다.

7.3 데이터 정규화

7.2절에서 시간 지연된 특징값을 그대로 사용했다. 6장에서는 학습 데이터의 각 특징값에서 학습 데이터의 평균값을 빼고 표준편차로 나누어 정규화했다. 이러한 정규화 방법을 가우스 정규화Gaussian normalization라고 하며, 항상 그렇지는 않지만 신경망을 학습할 때 중요한 요소가 된다는 것은 여러 번 증명되었다. 다음 파이썬 코드와 그 결과는 정규화된 특징 데이터를 사용하면 표본 내 성능이 향상되는 것을 보여준다. 표본 외 성능도 약간 증가한다. 하지만 특징 데이터 정규화를 통해 표본 외 성능이 향상된다는 보장은 없다.

```
In [41]: mu, std = train.mean(), train.std()  # ❶
In [42]: train_ = (train - mu) / std  # ❷
In [43]: set_seeds()
         model = create_model(hl=2, hu=128)
In [44]: %%time
         model.fit(train_[cols], train['d'],
                   epochs=50, verbose=False,
                   validation_split=0.2, shuffle=False,
                   class_weight=cw(train))
         CPU times: user 5.81 s, sys: 879 ms, total: 6.69 s
         Wall time: 3.53 s
Out[44]: <keras.callbacks.callbacks.History at 0x7fbfa51353d0>
In [45]: model.evaluate(train_[cols], train['d'])  # ❸
         1746/1746 [==============================] - 0s 14us/step
Out[45]: [0.4253406366728084, 0.887170672416687]
In [46]: test_ = (test - mu) / std  # ❹
In [47]: model.evaluate(test_[cols], test['d'])  # ❺
         437/437 [==============================] - 0s 24us/step
Out[47]: [1.1377735263422917, 0.681922197341919]
In [48]: test['p'] = np.where(model.predict(test_[cols]) > 0.5, 1, 0)
In [49]: test['p'].value_counts()
Out[49]: 0 281
         1 156
         Name: p, dtype: int64
```

❶ 모든 특징 데이터의 평균과 표준편차를 계산

❷ 가우스 정규화 방법에 기반하여 학습 데이터를 정규화

❸ 표본 내 성능 계산

❹ 가우스 정규화 방법에 기반하여 테스트 데이터를 정규화

❺ 표본 외 성능 계산

이때 자주 발생하는 문제는 과최적화다. 시각화가 잘된 [그림 7-3]에서 잘 보여주듯이 학습 성능은 지속적으로 향상되는 데 비해 검증 성능은 천천히 하락한다.

```
In [50]: res = pd.DataFrame(model.history.history)
In [51]: res[['accuracy', 'val_accuracy']].plot(figsize=(10, 6), style='--');
```

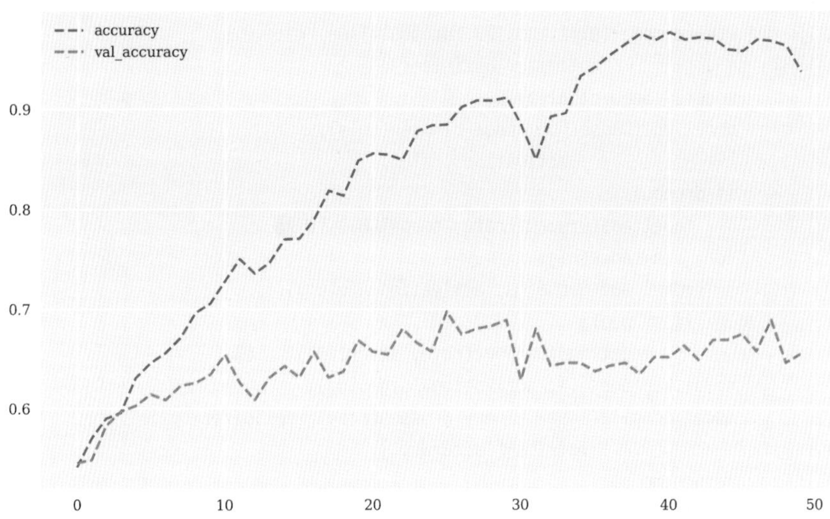

그림 7-3 학습 및 검증 성능값(특징 데이터 정규화)

과최적화를 피할 수 있는 3가지 방법으로 드롭아웃dropout, 규제화regularization, 배깅bagging이 있다. 이어지는 절에서는 이 방법들을 소개한다. 그리고 최적화 방법 선택의 영향은 이 장 끝부분에서 논한다.

7.4 드롭아웃

드롭아웃dropout이라는 개념은 신경망이 훈련 단계에서 모든 은닉 유닛을 사용하면 안 된다는 것이다. 인간의 뇌와 유사하게 이전에 배운 정보를 정기적으로 잊는 것과 같다. 말하자면 인간의 뇌를 '열린 마음open minded'으로 놓아준다는 것이다. 이상적으로 신경망은 비슷하게 행동해야 한다. 즉, 학습 데이터에 대한 과최적화를 피하기 위해서는 밀집 신경망의 연결이 너무 강하면 안 된다.

기술적으로 Keras 모형은 은닉층 사이에 드롭아웃을 관리하는 층을 추가로 가질 수 있다. 주 파라미터는 은닉층의 유닛 중 사용되지 않는 비율이다. 사용되지 않는 유닛은 무작위로 선택된다. 시드값을 고정하면 무작위 선택을 방지할 수 있다. 표본 내 성능이 감소하고 표본 외 성능도 살짝 감소한다. 하지만 두 성능 차이가 감소하는데 이것이 바람직한 현상이다.

```
In [52]: from keras.layers import Dropout
In [53]: def create_model(hl=1, hu=128, dropout=True, rate=0.3,
                          optimizer=optimizer):
             model = Sequential()
             model.add(Dense(hu, input_dim=len(cols),
                             activation='relu'))
             if dropout:
                 model.add(Dropout(rate, seed=100))  # ❶
             for _ in range(hl):
                 model.add(Dense(hu, activation='relu'))
                 if dropout:
                     model.add(Dropout(rate, seed=100))  # ❶
             model.add(Dense(1, activation='sigmoid'))
             model.compile(loss='binary_crossentropy', optimizer=optimizer,
                           metrics=['accuracy'])
             return model
In [54]: set_seeds()
         model = create_model(hl=1, hu=128, rate=0.3)
In [55]: %%time
         model.fit(train_[cols], train['d'],
                   epochs=50, verbose=False,
                   validation_split=0.15, shuffle=False,
                   class_weight=cw(train))
         CPU times: user 5.46 s, sys: 758 ms, total: 6.21 s
         Wall time: 3.53 s
Out[55]: <keras.callbacks.callbacks.History at 0x7fbfa6386550>
In [56]: model.evaluate(train_[cols], train['d'])
         1746/1746 [==============================] - 0s 20us/step
Out[56]: [0.4423361133190911, 0.7840778827667236]
In [57]: model.evaluate(test_[cols], test['d'])
         437/437 [==============================] - 0s 34us/step
Out[57]: [0.5875822428434883, 0.6430205702781677]
```

❶ 각 층의 뒤에 드롭아웃층을 추가

[그림 7-4]에서 보이듯이 이제는 학습 정확도와 검증 정확도가 예전처럼 빠르게 발생하지 않는다.

```
In [58]: res = pd.DataFrame(model.history.history)
In [59]: res[['accuracy', 'val_accuracy']].plot(figsize=(10, 6), style='--');
```

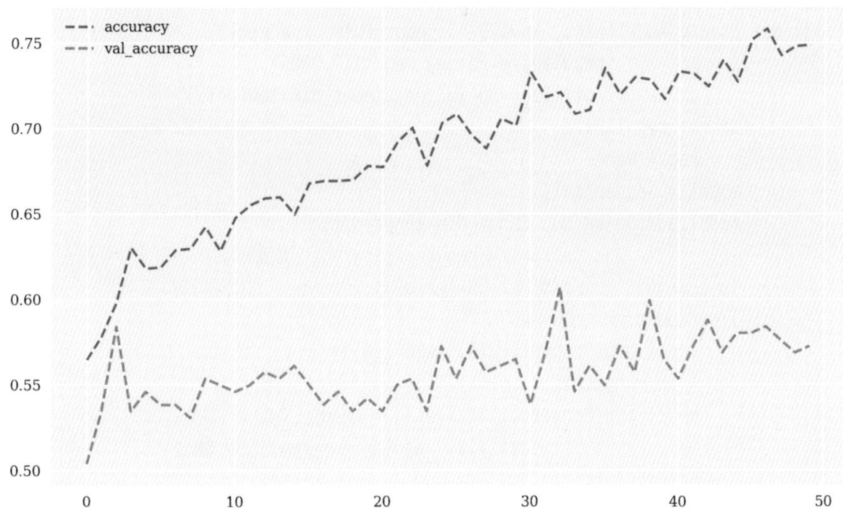

그림 7-4 학습 및 검증 정확도 (드롭아웃이 있는 경우)

> **NOTE 의도적인 망각**
>
> Keras 패키지의 Sequential 모형에서 드롭아웃은 모든 인간의 경험을 흉내 낸다. 그래서 이전에 기억한 정보를 잊는다. 드롭아웃은 훈련 중에 특정한 은닉층의 은닉 유닛들을 비활성화시킨다. 이렇게 하면 대체로 학습 데이터에 신경망이 과최적화되는 것을 막을 수 있다.

7.5 규제화

과최적화를 피하는 또 다른 방법은 규제화regularization다. 규제화를 하면 신경망에서 손실 함수를 계산할 때 너무 큰 가중치에 대해 벌점을 주게 된다. 이렇게 하면 밀집 신경망의 특정한 연결이 너무 강해지고 주된 역할을 하는 상황을 피할 수 있다. 규제화는 Keras 밀집 신경망의 Dense 층의 파라미터로 들어갈 수 있다. 또한 선택된 규제화 파라미터에 따라 학습 및 테스트 정확도가 서로 너무 달라지지 않게 된다. 보통 두 가지 규제화 방법을 사용한다. 하나는 선형 놈linear norm, l1이고 다른 하나는 유클리드Euclidean norm, l2에 기반한다. 다음 파이썬 코드는 모형 생성 함수에 규제화를 추가한 것이다.

```
In [60]: from keras.regularizers import l1, l2
In [61]: def create_model(hl=1, hu=128, dropout=False, rate=0.3,
                          regularize=False, reg=l1(0.0005),
                          optimizer=optimizer, input_dim=len(cols)):
             if not regularize:
                 reg = None
             model = Sequential()
             model.add(Dense(hu, input_dim=input_dim,
                             activity_regularizer=reg,  # ❶
                             activation='relu'))
             if dropout:
                 model.add(Dropout(rate, seed=100))
             for _ in range(hl):
                 model.add(Dense(hu, activation='relu',
                                 activity_regularizer=reg))  # ❶
                 if dropout:
                     model.add(Dropout(rate, seed=100))
             model.add(Dense(1, activation='sigmoid'))
             model.compile(loss='binary_crossentropy', optimizer=optimizer,
                           metrics=['accuracy'])
             return model
In [62]: set_seeds()
         model = create_model(hl=1, hu=128, regularize=True)
In [63]: %%time
         model.fit(train_[cols], train['d'],
                   epochs=50, verbose=False,
                   validation_split=0.2, shuffle=False,
                   class_weight=cw(train))
         CPU times: user 5.49 s, sys: 1.05 s, total: 6.54 s
         Wall time: 3.15 s
Out[63]: <keras.callbacks.callbacks.History at 0x7fbfa6b8e110>
In [64]: model.evaluate(train_[cols], train['d'])
         1746/1746 [==============================] - 0s 15us/step
Out[64]: [0.5307255412568205, 0.7691867351531982]
In [65]: model.evaluate(test_[cols], test['d'])
         437/437 [==============================] - 0s 22us/step
Out[65]: [0.8428352184644826, 0.6590389013290405]
```

❶ 각 층에 규제화층을 추가

[그림 7-5]은 규제화가 있을 때의 학습 및 검정 정확도를 표시한다. 성능지표가 이전보다 훨씬 가까워졌다.

```
In [66]: res = pd.DataFrame(model.history.history)
In [67]: res[['accuracy', 'val_accuracy']].plot(figsize=(10, 6), style='--');
```

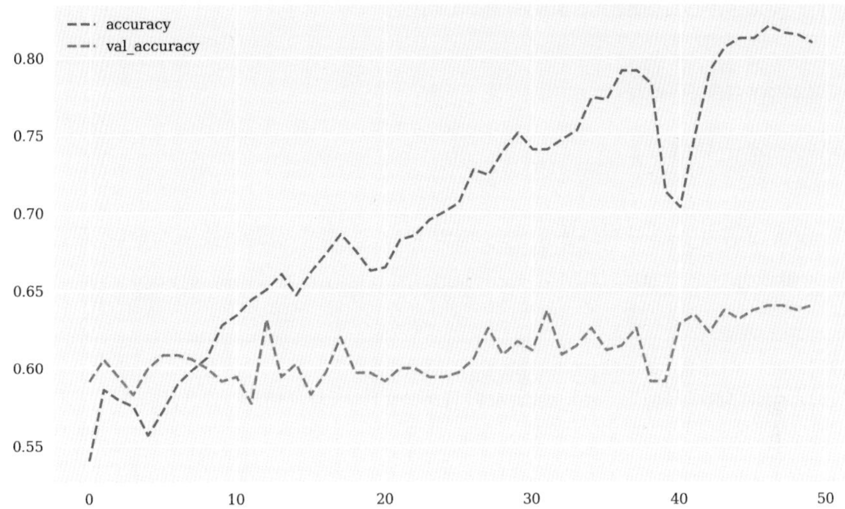

그림 7-5 학습 및 검증 정확도 (규제화가 있는 경우)

물론 드롭아웃과 규제화를 동시에 사용할 수도 있다. 이렇게 하면 두 방법이 서로 결합해서 과적화를 더 잘 피하게 해주고, 표본 내 성능과 표본 외 성능을 비슷하게 만들어준다. 이 경우는 두 성능 간의 차이가 가장 적다.

```
In [68]: set_seeds()
         model = create_model(hl=2, hu=128,
                              dropout=True, rate=0.3,  # ❶
                              regularize=True, reg=l2(0.001),  # ❷
                 )
In [69]: %%time
         model.fit(train_[cols], train['d'],
                   epochs=50, verbose=False,
                   validation_split=0.2, shuffle=False,
                   class_weight=cw(train))
         CPU times: user 7.06 s, sys: 958 ms, total: 8.01 s
         Wall time: 4.28 s
Out[69]: <keras.callbacks.callbacks.History at 0x7fbfa701cb50>
```

```
In [70]: model.evaluate(train_[cols], train['d'])
         1746/1746 [==============================] - 0s 18us/step
Out[70]: [0.5007762827004764, 0.7691867351531982]
In [71]: model.evaluate(test_[cols], test['d'])
         437/437 [==============================] - 0s 23us/step
Out[71]: [0.6191965124699835, 0.6864988803863525]
```

❶ 모델 생성에 드롭아웃 추가

❷ 모델 생성에 규제화 추가

[그림 7-6]에 드롭아웃과 규제화를 합쳤을 때의 학습 및 검증 정확도를 표시했다. 학습 에포크의 학습 정확도와 검증 정확도 사이의 차이가 평균적으로 4% 정도밖에 되지 않는다.

```
In [72]: res = pd.DataFrame(model.history.history)
In [73]: res[['accuracy', 'val_accuracy']].plot(figsize=(10, 6), style='--');
```

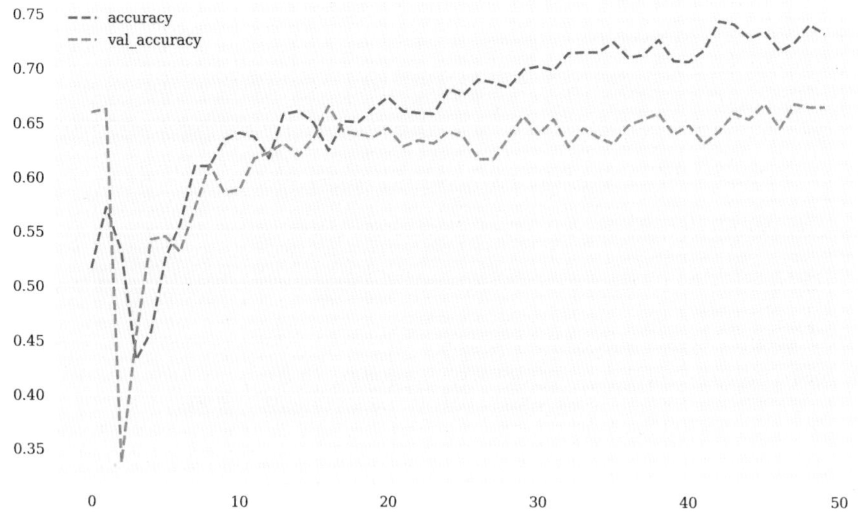

그림 7-6 학습 및 검증 정확도 (드롭아웃과 규제화가 있는 경우)

NOTE 너무 큰 가중치에 벌점 주기

규제화는 신경망에서 너무 큰 가중치에 벌점을 줌으로써 과최적화를 막는다. 하나의 연결 가중치는 신경망 전체를 지배할 정도로 커질 수 없다. 벌점은 가중치를 비슷한 수준으로 유지한다.

7.6 배깅

6장에서 이미 배깅 방법을 사용하여 과최적화를 피했지만 그때는 `scikit-learn MLPRegressor` 모형에 대해서만 사용했다. `Keras`의 밀집 신경망 분류 모형에 대해서도 `scikit-learn`에 접근할 수 있도록 `KerasClassifier`라는 래퍼 클래스가 존재한다. 다음 파이썬 코드는 `Keras`의 밀집 신경망 모형을 이 래퍼 클래스를 사용하여 `scikit-learn`의 `BaggingClassifier`에 결합시킨다. 표본 내 성능과 표본 외 성능은 모두 70% 정도로 상대적으로 높다. 하지만 이 결과는 앞서 말한 클래스 불균형에 의한 것으로 이 모형은 0을 예측하는 경우가 많다.

```
In [75]: from sklearn.ensemble import BaggingClassifier
         from keras.wrappers.scikit_learn import KerasClassifier
In [76]: max_features = 0.75
In [77]: set_seeds()
         base_estimator = KerasClassifier(build_fn=create_model,
                                  verbose=False, epochs=20, hl=1, hu=128,
                                  dropout=True, regularize=False,
                                  input_dim=int(len(cols) * max_features))  # ❶
In [78]: model_bag = BaggingClassifier(base_estimator=base_estimator,
                                  n_estimators=15,
                                  max_samples=0.75,
                                  max_features=max_features,
                                  bootstrap=True,
                                  bootstrap_features=True,
                                  n_jobs=1,
                                  random_state=100,
                          )  # ❷
In [79]: %time model_bag.fit(train_[cols], train['d'])
         CPU times: user 40 s, sys: 5.23 s, total: 45.3 s
         Wall time: 26.3 s
Out[79]: BaggingClassifier(base_estimator=<keras.wrappers.scikit_learn.KerasClassifier
                  object at 0x7fbfa7cc7b90>,
                  bootstrap_features=True, max_features=0.75, max_samples=0.75,
                  n_estimators=15, n_jobs=1, random_state=100)
```

```
In [80]: model_bag.score(train_[cols], train['d'])
Out[80]: 0.720504009163803
In [81]: model_bag.score(test_[cols], test['d'])
Out[81]: 0.6704805491990846
In [82]: test['p'] = model_bag.predict(test_[cols])
In [83]: test['p'].value_counts()
Out[83]: 0 408
         1 29
         Name: p, dtype: int64
```

❶ Keras Sequential인 기본 추정 모형 인스턴스 생성

❷ 기본 추정 모형을 사용한 BaggingClassifier 인스턴스 생성

NOTE 분산 학습

배깅은 서로 다른 신경망(혹은 다른 모형)이 학습 데이터셋의 일부분 혹은 특정 특징만 선택해 학습하도록 하여, 복수의 신경망으로 학습을 분산시킨다. 이렇게 하면 하나의 신경망이 전체 학습 데이터에 대해 과최적화가 되는 리스크를 피할 수 있다. 예측은 선택적으로 학습된 경망들이 모여서 집단적으로 하게 된다.

7.7 최적화

Keras 패키지는 Sequential 모형과 결합하여 사용할 수 있는 다양한 최적화 방법을 제공한다.[5] 각 최적화 방법은 학습 시간과 예측 정확도에서 서로 다른 성능을 보인다. 다음 파이썬 코드는 여러 가지 최적화 방법을 사용하여 기준 성능과 비교한다. 모든 경우에 대해 디폴트 파라미터를 사용했다. 표본 외 성능은 그다지 변하지 않지만 표본 내 성능은 최적화 방법에 따라 많이 달라진다.

```
In [84]: import time
In [85]: optimizers = ['sgd', 'rmsprop', 'adagrad', 'adadelta',
                       'adam', 'adamax', 'nadam']
In [86]: %%time
         for optimizer in optimizers:
             set_seeds()
             model = create_model(hl=1, hu=128,
```

5 *https://oreil.ly/atpu8*

```
                    dropout=True, rate=0.3,
                    regularize=False, reg=l2(0.001),
                    optimizer=optimizer
                    ) # ❶
t0 = time.time()
model.fit(train_[cols], train['d'],
          epochs=50, verbose=False,
          validation_split=0.2, shuffle=False,
          class_weight=cw(train))  # ❷
t1 = time.time()
t = t1 - t0
acc_tr = model.evaluate(train_[cols], train['d'], verbose=False)[1]  # ❸
acc_te = model.evaluate(test_[cols], test['d'], verbose=False)[1]  # ❹
out = f'{optimizer:10s} | time[s]: {t:.4f} | in-sample={acc_tr:.4f}'
out += f' | out-of-sample={acc_te:.4f}'
print(out)
sgd       | time[s]: 2.8092 | in-sample=0.6363 | out-of-sample=0.6568
rmsprop   | time[s]: 2.9480 | in-sample=0.7600 | out-of-sample=0.6613
adagrad   | time[s]: 2.8472 | in-sample=0.6747 | out-of-sample=0.6499
adadelta  | time[s]: 3.2068 | in-sample=0.7279 | out-of-sample=0.6522
adam      | time[s]: 3.2364 | in-sample=0.7365 | out-of-sample=0.6545
adamax    | time[s]: 3.2465 | in-sample=0.6982 | out-of-sample=0.6476
nadam     | time[s]: 4.1275 | in-sample=0.7944 | out-of-sample=0.6590
CPU times: user 35.9 s, sys: 4.55 s, total: 40.4 s
Wall time: 23.1 s
```

❶ 주어진 최적화 방법으로 밀집 신경망 모형 생성

❷ 주어진 최적화 방법으로 모형 학습

❸ 표본 내 성능 계산

❹ 표본 외 성능 계산

7.8 마치며

이 장에서는 Keras 패키지를 사용하여 밀집 신경망의 세계를 깊이 있게 탐구했다. Keras 패키지는 밀집 신경망을 구성하는 데 자유도를 많이 제공한다. 이 장에서 나온 표본 내 성능 및 표본 외 성능은 예측 정확도의 측정에서 60% 이상의 일관된 값을 보여준다는 점에서 희망적이었다. 하지만 예측 정확도는 동전의 한 면일 뿐이다. 적절한 매매 전략이 존재해야 하고 그 예측 신호로부터 경제적인 이익을 얻는 것이 가능해야 한다. 알고리즘 트레이딩 측면에서 엄청나게 중요한 이러한 주제들은 4부에서 논의할 것이다. 8장과 9장에서는 다른 형태의 신경망(재귀 신경망이나 합성곱 신경망)이나 다른 학습 테크닉(강화 학습)을 사용하는 방법에 대해 설명한다.

7.9 참고 문헌

Keras 패키지는 텐서플로를 백엔드 엔진으로 강력하고 복잡한 딥러닝 패키지다. 또한 Keras 패키지는 빠르게 발전하고 있다. 프로젝트 페이지(*http://keras.io*)를 통해 최신의 정보를 습득하고 Keras에 관한 참고 문헌은 다음을 참고하길 바란다.

- Chollet, Francois. 2017. *Deep Learning with Python*. Shelter Island: Manning.
- Ian Goodfellow, Yoshua Bengio, and Aaron Courville. 2016. *Deep Learning*. Cambridge: MIT Press. *http://deeplearningbook.org*.

CHAPTER 8

재귀 신경망

역사는 반복되지는 않지만 과거와 비슷하게 흘러간다.

– 마크 트웨인Mark Twain (추정)

내 인생은 일련의 사건과 사고처럼 보이지만 일정한 패턴을 지녔다.

– 브누아 망델브로Benoît Mandelbrot

이 장에서는 재귀 신경망recurrent neural networks (RNN)에 대해 설명한다. 이 유형의 신경망은 텍스트나 시계열 같은 계열성 데이터에 대해 학습한다. 이 장에서 살펴볼 내용은 앞에서와 마찬가지로 실용적인 접근법이며, Keras 패키지를 사용한 파이썬 예제 코드를 활용한다.[1]

8.1절과 8.2절에서는 샘플 수치 데이터를 사용한 예제로 재귀 신경망을 소개한다. 그리고 재귀 신경망을 적용하여 계열성 데이터를 예측하는 것을 설명한다. 8.3절은 금융 시계열 데이터를 사용하는 추정 방법론으로, 시계열을 예측하는 데 재귀 신경망을 이용한다. 8.4절에서는 추정 방법론으로 금융상품의 미래 가격 방향을 예측하기 위해 수익률 데이터를 사용한다. 8.5절에서는 가격과 수익률뿐 아니라, 여러 가지 금융 분야 특징들을 mix에 추가하여 시장의 방향을 예측한다. 이 절에서는 얕은 재귀 신경망을 사용하고 각각 추정 방법과 분류 방법을 사용하는 법, 그리고 깊은 재귀 신경망을 사용하고 분류 방법을 쓰는 3개의 서로 다른 방법론을 사용한다.

---

1 재귀 신경망에 대해 기술적으로 자세한 사항은 굿펠로(2016)의 책 10장을 참조한다. 실제적인 구현에 대해서는 숄레(2017)의 책 6장을 참조한다.

재귀 신경망을 금융 시계열 데이터에 적용하면 60% 이상의 표본 외 예측 정확도로 시장의 방향을 예측할 수 있다. 하지만 이 결과는 7장에서 밀집 신경망을 사용한 결과를 따라가지 못한다. 재귀 신경망은 이 책의 주된 목표인 금융 시계열 데이터에 특화되어 있다고 알려져 있기 때문에 이는 뜻밖의 결과이다.

8.1 첫 번째 예제

재귀 신경망의 학습과 사용법을 설명하기 위해 정수 계열 데이터에 기반한 간단한 예제를 생각해보자. 먼저 다음과 같이 필요한 라이브러리를 임포트하고 스타일을 설정한다.

```
In [1]: import os
        import random
        import numpy as np
        import pandas as pd
        import tensorflow as tf
        from pprint import pprint
        from pylab import plt, mpl
        plt.style.use('seaborn')
        mpl.rcParams['savefig.dpi'] = 300
        mpl.rcParams['font.family'] = 'serif'
        pd.set_option('precision', 4)
        np.set_printoptions(suppress=True, precision=4)
        os.environ['PYTHONHASHSEED'] = '0'
In [2]: def set_seeds(seed=100):  # ❶
            random.seed(seed)
            np.random.seed(seed)
            tf.random.set_seed(seed)
        set_seeds()  # ❶
```

❶ 모든 시드값을 설정하는 함수

두 번째로 간단한 샘플 데이터를 적절한 형태로 변형한다.

```
In [3]: a = np.arange(100)  # ❶
        a
Out[3]: array([ 0, 1, 2, 3, 4, 5, 6, 7, 8, 9, 10, 11, 12, 13, 14, 15, 16,
```

```
            17, 18, 19, 20, 21, 22, 23, 24, 25, 26, 27, 28, 29, 30, 31, 32, 33,
            34, 35, 36, 37, 38, 39, 40, 41, 42, 43, 44, 45, 46, 47, 48, 49, 50,
            51, 52, 53, 54, 55, 56, 57, 58, 59, 60, 61, 62, 63, 64, 65, 66, 67,
            68, 69, 70, 71, 72, 73, 74, 75, 76, 77, 78, 79, 80, 81, 82, 83, 84,
            85, 86, 87, 88, 89, 90, 91, 92, 93, 94, 95, 96, 97, 98, 99])
In [4]: a = a.reshape((len(a), -1))  # ❷
In [5]: a.shape  # ❷
Out[5]: (100, 1)
In [6]: a[:5]  # ❷
Out[6]: array([[0],
               [1],
               [2],
               [3],
               [4]])
```

❶ 샘플 데이터

❷ 2차원으로 변형

TimeseriesGenerator를 사용하면 원 데이터를 재귀 신경망의 학습에 적절한 객체 형태로 변형할 수 있다. 핵심은 원 데이터에 적절한 시간 지연을 주어 모형이 다음 값을 예측하도록 하는 것이다. 예를 들어 시간 지연 값 0, 1, 2을 사용하여 3이라는 값을 예측하게 한다. 같은 방법으로 1, 2, 3을 이용하여 4를 예측한다.

```
In [7]: from keras.preprocessing.sequence import TimeseriesGenerator
        Using TensorFlow backend.
In [8]: lags = 3
In [9]: g = TimeseriesGenerator(a, a, length=lags, batch_size=5)
In [10]: pprint(list(g)[0]) # ❶
       (array([[[0],
                [1],
                [2]],
               [[1],
                [2],
                [3]],
               [[2],
                [3],
                [4]],
               [[3],
                [4],
                [5]],
```

```
[[4],
 [5],
 [6]]]),
array([[3],
       [4],
       [5],
       [6],
       [7]]))
```

❶ TimeseriesGenerator는 시간 지연된 계열성 데이터의 배치 데이터를 생성한다.

재귀 신경망의 생성도 밀집 신경망과 비슷하다. 다음 파이썬 코드는 SimpleRNN 유형(숄레의 책 6장 참조. 또는 재귀층을 다루는 웹페이지[2] 참조)의 단일 은닉층을 사용한다. 상대적으로 적은 은닉 유닛을 사용해도 전체 학습 가능한 파라미터의 수는 꽤 많아진다. .fit_generator() 메서드는 TimeseriesGenerator로 생성한 입력 제너레이터 객체를 받는다.

```
In [11]: from keras.models import Sequential
         from keras.layers import SimpleRNN, LSTM, Dense
In [12]: model = Sequential()
         model.add(SimpleRNN(100, activation='relu',
                             input_shape=(lags, 1)))  # ❶
         model.add(Dense(1, activation='linear'))
         model.compile(optimizer='adagrad', loss='mse',
                       metrics=['mae'])
In [13]: model.summary()  # ❷
         Model: "sequential_1"

         _________________________________________________________________
         Layer (type) Output Shape Param #
         =================================================================
         simple_rnn_1 (SimpleRNN) (None, 100) 10200

         _________________________________________________________________
         dense_1 (Dense) (None, 1) 101
         =================================================================
         Total params: 10,301
         Trainable params: 10,301
         Non-trainable params: 0

         _________________________________________________________________
In [14]: %%time
```

2 https://oreil.ly/kpuqA

```
        model.fit_generator(g, epochs=1000, steps_per_epoch=5,
                            verbose=False)  # ❸
        CPU times: user 17.4 s, sys: 3.9 s, total: 21.3 s
        Wall time: 30.8 s
Out[14]: <keras.callbacks.callbacks.History at 0x7f7f079058d0>
```

❶ SimpleRNN 유형의 단일 은닉층

❷ 생성된 shallow 재귀 신경망의 요약

❸ 제너레이터 객체에 기반한 재귀 신경망 학습

재귀 신경망을 학습할 때의 성능지표는 조금 이상한 모습을 보이기도 한다(그림 8-1).

```
In [15]: res = pd.DataFrame(model.history.history)
In [16]: res.tail(3)
Out[16]:       loss    mae
        997 0.0001 0.0109
        998 0.0007 0.0211
        999 0.0001 0.0101
In [17]: res.iloc[10:].plot(figsize=(10, 6), style=['--', '--']);
```

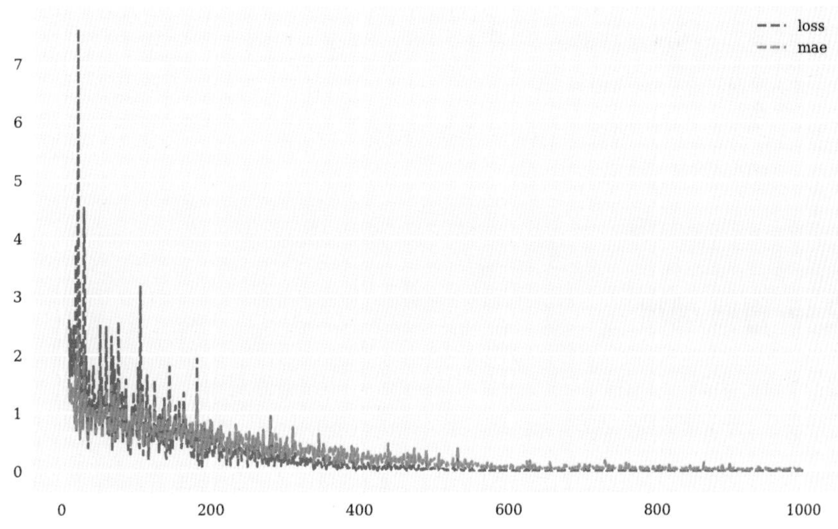

그림 8-1 재귀 신경망 훈련 시 성능지표

다음 파이썬 코드는 학습된 재귀 신경망을 가지고 표본 내 및 표본 외 예측을 한다.

```
In [18]: x = np.array([21, 22, 23]).reshape((1, lags, 1))
         y = model.predict(x, verbose=False)  # ❶
         int(round(y[0, 0]))
Out[18]: 24
In [19]: x = np.array([87, 88, 89]).reshape((1, lags, 1))
         y = model.predict(x, verbose=False)  # ❶
         int(round(y[0, 0]))
Out[19]: 90
In [20]: x = np.array([187, 188, 189]).reshape((1, lags, 1))
         y = model.predict(x, verbose=False)  # ❷
         int(round(y[0, 0]))
Out[20]: 190
In [21]: x = np.array([1187, 1188, 1189]).reshape((1, lags, 1))
         y = model.predict(x, verbose=False)  # ❸
         int(round(y[0, 0]))
Out[21]: 1194
```

❶ 표본 내 예측

❷ 표본 외 예측

❸ 표본 외 장기 예측

이렇게 간단한 경우에는 장기 표본 외 예측에 대한 결과도 일반적으로 좋다. 하지만 지금 푸는 문제는 회귀분석으로도 완벽하게 풀 수 있는 것이었다. 따라서 이 재귀 신경망의 성능에 비하면 훈련에 너무 큰 노력을 기울인 것이라 할 수 있다.

8.2 두 번째 예제

첫 번째 예제는 회귀분석이나 심지어 사람이 풀기에도 너무 쉬운 문제를 사용하여 재귀 신경망을 훈련했다. 두 번째 예제는 조금 더 어렵다. 입력 데이터는 2차 및 3차항으로 변형하고 거기에 백색잡음을 더한다. [그림 8-2]는 구간 $[-2\pi, 2\pi]$에 대한 시계열을 보여준다.

```
In [22]: def transform(x):
             y = 0.05 * x ** 2 + 0.2 * x + np.sin(x) + 5  # ①
             y += np.random.standard_normal(len(x)) * 0.2  # ②
             return y
In [23]: x = np.linspace(-2 * np.pi, 2 * np.pi, 500)
         a = transform(x)
In [24]: plt.figure(figsize=(10, 6))
         plt.plot(x, a);
```

① 결정론적 변형

② 무작위적 변형

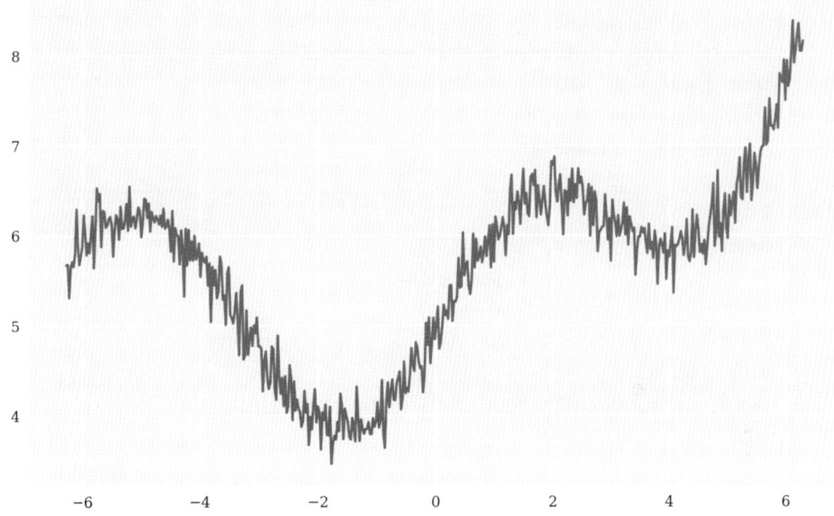

그림 8-2 시계열 데이터 예제

아까와 마찬가지로 원 데이터를 변형한 다음에는 `TimeseriesGenerator`를 적용해서 단일 은닉층을 가진 재귀 신경망을 훈련시킨다.

```
In [25]: a = a.reshape((len(a), -1))
In [26]: a[:5]
Out[26]: array([[5.6736],
                [5.68 ],
                [5.3127],
```

```
                [5.645 ],
                [5.7118]])
In [27]: lags = 5
In [28]: g = TimeseriesGenerator(a, a, length=lags, batch_size=5)
In [29]: model = Sequential()
         model.add(SimpleRNN(500, activation='relu', input_shape=(lags, 1)))
         model.add(Dense(1, activation='linear'))
         model.compile(optimizer='rmsprop', loss='mse', metrics=['mae'])
In [30]: model.summary()
         Model: "sequential_2"
         _________________________________________________________________
         Layer (type) Output Shape Param #
         =================================================================
         simple_rnn_2 (SimpleRNN) (None, 500) 251000
         _________________________________________________________________
         dense_2 (Dense) (None, 1) 501
         =================================================================
         Total params: 251,501
         Trainable params: 251,501
         Non-trainable params: 0
         _________________________________________________________________
In [31]: %%time
         model.fit_generator(g, epochs=500,
                             steps_per_epoch=10,
                             verbose=False)
         CPU times: user 1min 6s, sys: 14.6 s, total: 1min 20s
         Wall time: 23.1 s
Out[31]: <keras.callbacks.callbacks.History at 0x7f7f09c11810>
```

다음 파이썬 코드는 구간 $[-6\pi, 6\pi]$의 값을 예측했다. 이 구간은 훈련에 사용한 구간의 3배 크기로 훈련 구간의 왼쪽과 오른쪽에서 각각 표본 외 예측을 하게 된다. [그림 8-3]은 표본 외 구간에 대해서도 예측이 훌륭하게 이루어졌음을 보여준다.

```
In [32]: x = np.linspace(-6 * np.pi, 6 * np.pi, 1000)  # ❶
         d = transform(x)
In [33]: g_ = TimeseriesGenerator(d, d, length=lags, batch_size=len(d))  # ❶
In [34]: f = list(g_)[0][0].reshape((len(d) - lags, lags, 1))  # ❶
In [35]: y = model.predict(f, verbose=False)  # ❷
In [36]: plt.figure(figsize=(10, 6))
         plt.plot(x[lags:], d[lags:], label='data', alpha=0.75)
         plt.plot(x[lags:], y, 'r.', label='pred', ms=3)
         plt.axvline(-2 * np.pi, c='g', ls='--')
```

```
plt.axvline(2 * np.pi, c='g', ls='--')
plt.text(-15, 22, 'out-of-sample')
plt.text(-2, 22, 'in-sample')
plt.text(10, 22, 'out-of-sample')
plt.legend();
```

❶ 샘플 데이터 확장

❷ 표본 내 및 표본 외 예측

NOTE 예제의 단순성

앞의 두 예제는 일부러 단순한 것으로 골랐다. 예제에서 제기된 두 가지 문제는 삼각기저 함수 등을 사용하면 회귀분석으로 더 효율적인 풀이가 가능하다. 하지만 재귀 신경망의 경우에는 복잡한 금융 시계열 데이터를 학습시키는 것도 본질적으로는 같다. 그러한 맥락에서 회귀분석은 재귀 신경망의 능력을 따라잡지 못한다.

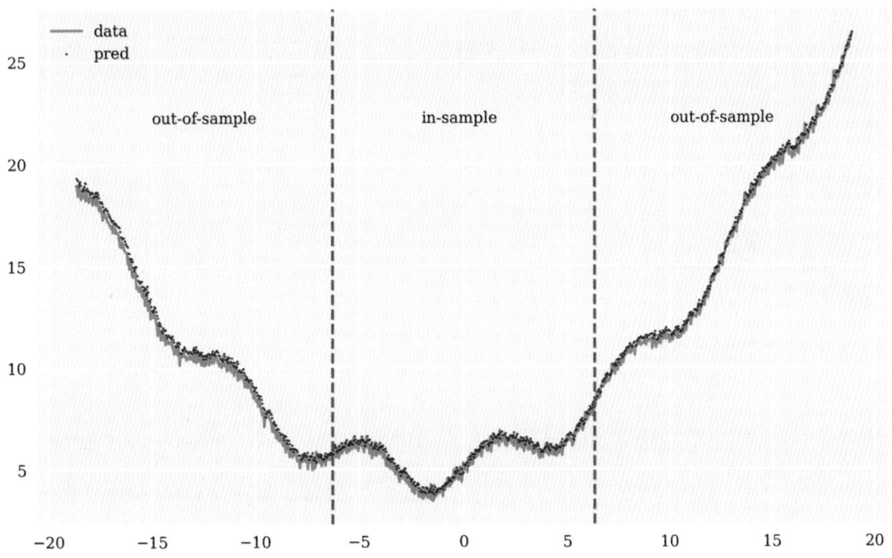

그림 8-3 재귀 신경망을 이용한 표본 내 및 표본 외 예측

8.3 금융 가격 시계열

재귀 신경망을 실제 금융 시계열 데이터에 적용하는 첫 번째 예제로 일중 EUR/USD 환율을 고려해보자. 앞서 소개한 두 가지 예제와 같은 방법으로 앞의 두 절에 소개된 접근법을 사용하여 금융 시계열에 재귀 신경망을 훈련시킨다. 학습시키는 것은 매우 간단하다. 우선 데이터를 임포트해서 샘플링한다. 또한 데이터를 정규화하고 적절한 `ndarray` 객체로 변형한다.

```
In [37]: url = 'http://hilpisch.com/aiif_eikon_id_eur_usd.csv'
In [38]: symbol = 'EUR_USD'
In [39]: raw = pd.read_csv(url, index_col=0, parse_dates=True)
In [40]: def generate_data():
             data = pd.DataFrame(raw['CLOSE'])  # ❶
             data.columns = [symbol]  # ❷
             data = data.resample('30min', label='right').last().ffill()  # ❸
             return data
In [41]: data = generate_data()
In [42]: data = (data - data.mean()) / data.std()  # ❹
In [43]: p = data[symbol].values  # ❺
In [44]: p = p.reshape((len(p), -1))  # ❺
```

❶ 단일 컬럼 선택

❷ 컬럼 이름 변경

❸ 데이터 리샘플링

❹ 가우스 정규화 실시

❺ 데이터를 2차원으로 변형

두 번째로, 제너레이터 객체에 기반해서 재귀 신경망을 훈련시킨다. `create_rnn_model()`는 SimpleRNN 또는 LSTM^long short-term memory 유형의 재귀 신경망을 생성한다. LSTM에 대해서는 숄레의 책(2017, 6장) 또는 케라스 홈페이지[3]를 참조한다.

```
In [45]: lags = 5
In [46]: g = TimeseriesGenerator(p, p, length=lags, batch_size=5)
In [47]: def create_rnn_model(hu=100, lags=lags, layer='SimpleRNN',
```

3 *https://oreil.ly/kpuqA*

```
                     features=1, algorithm='estimation'):
            model = Sequential()
            if layer is 'SimpleRNN':
                model.add(SimpleRNN(hu, activation='relu',
                                    input_shape=(lags, features)))  # ❶
            else:
                model.add(LSTM(hu, activation='relu',
                               input_shape=(lags, features)))  # ❶
            if algorithm == 'estimation':
                model.add(Dense(1, activation='linear'))  # ❷
                model.compile(optimizer='adam', loss='mse', metrics=['mae'])
            else:
                model.add(Dense(1, activation='sigmoid'))  # ❷
                model.compile(optimizer='adam', loss='mse', metrics=['accuracy'])
            return model
In [48]: model = create_rnn_model()
In [49]: %%time
         model.fit_generator(g, epochs=500, steps_per_epoch=10,
                             verbose=False)
         CPU times: user 20.8 s, sys: 4.66 s, total: 25.5 s
         Wall time: 11.2 s
Out[49]: <keras.callbacks.callbacks.History at 0x7f7ef6716590>
```

❶ SimpleRNN 또는 LSTM층 추가

❷ 추정 혹은 분류에 따른 출력층 추가

세 번째로는 표본 내 추정을 해본다. [그림 8-4]에서 보이듯이 재귀 신경망은 정규화된 금융 시계열 데이터의 구조를 잡아낼 수 있다. 시각화 결과로만 볼 때는 예측 정확도가 높아 보인다.

```
In [50]: y = model.predict(g, verbose=False)
In [51]: data['pred'] = np.nan
         data['pred'].iloc[lags:] = y.flatten()
In [52]: data[[symbol, 'pred']].plot(
                  figsize=(10, 6), style=['b', 'r-.'],
                  alpha=0.75);
```

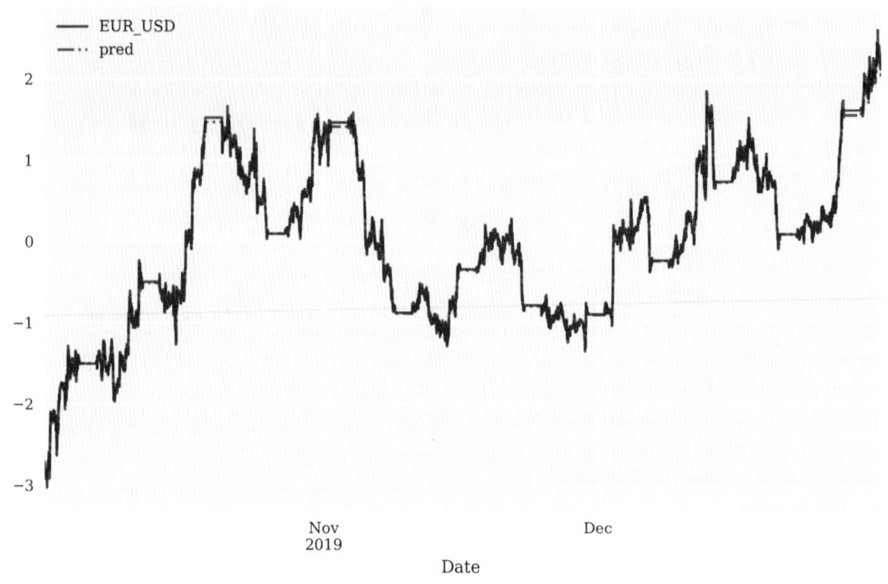

그림 8-4 재귀 신경망을 사용한 금융 시계열의 표본 내 예측(전체 데이터 사용)

하지만 이 시각화 결과는 좀 더 주의 깊게 살펴봐야 한다. [그림 8-4]를 확대해서 50개의 원 데이터 및 예측치만 표시한 [그림 8-5]를 보자. 기본적으로 재귀 신경망의 예측값은 이전 값과 같으며 한 단계 옆으로 옮긴 것이다. 즉, 이 결과로 보아 금융 시계열의 예측값은 바로 한 단계 과거의 값일 뿐이다.

```
In [53]: data[[symbol, 'pred']].iloc[50:100].plot(
             figsize=(10, 6), style=['b', 'r-.'],
             alpha=0.75);
```

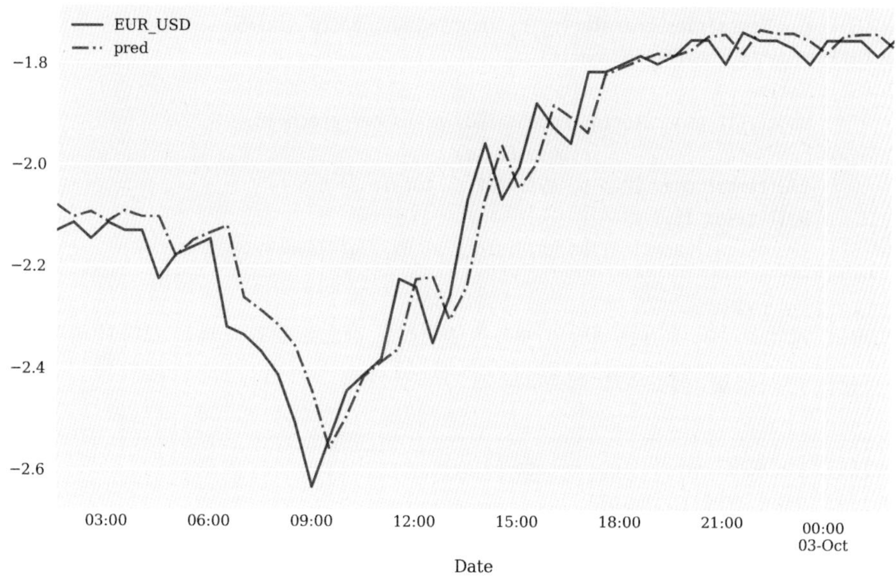

그림 8-5 재귀 신경망을 사용한 금융 시계열의 표본 내 예측 (데이터 일부만 표시)

> **NOTE 재귀 신경망과 효율적 시장**
>
> 재귀 신경망을 금융 시계열에 적용해 예측한 결과는 6장에서 효율적 시장 가설을 설명하기 위해 회귀분석을 사용했던 결과와 일치한다. 평균제곱오차 관점에서 오늘의 가격이 내일의 가격에 대한 최고의 예측값이었는데 재귀 신경망을 적용해도 더 나아지지는 않는다.

8.4 금융 수익률 시계열

앞 절의 분석에서 보듯이 가격 대신 수익률 데이터를 예측하는 것이 더 쉬울 수도 있다. 따라서 다음 코드는 로그 수익률에 기반하여 앞에서 했던 분석을 반복한다.

```
In [54]: data = generate_data()
In [55]: data['r'] = np.log(data / data.shift(1))
In [56]: data.dropna(inplace=True)
In [57]: data = (data - data.mean()) / data.std()
In [58]: r = data['r'].values
```

```
In [59]: r = r.reshape((len(r), -1))
In [60]: g = TimeseriesGenerator(r, r, length=lags, batch_size=5)
In [61]: model = create_rnn_model()
In [62]: %%time
         model.fit_generator(g, epochs=500, steps_per_epoch=10,
                             verbose=False)
         CPU times: user 20.4 s, sys: 4.2 s, total: 24.6 s
         Wall time: 11.3 s
Out[62]: <keras.callbacks.callbacks.History at 0x7f7ef47a8dd0>
```

[그림 8-6]에서 보듯이 재귀 신경망의 예측은 절대적인 값으로 보았을 때는 그다지 좋지 않지만, 시장의 방향(부호) 예측은 잘 예측하는 것 같아 보인다.

```
In [63]: y = model.predict(g, verbose=False)
In [64]: data['pred'] = np.nan
         data['pred'].iloc[lags:] = y.flatten()
         data.dropna(inplace=True)
In [65]: data[['r', 'pred']].iloc[50:100].plot(
                  figsize=(10, 6), style=['b', 'r-.'],
                  alpha=0.75);
         plt.axhline(0, c='grey', ls='--')
```

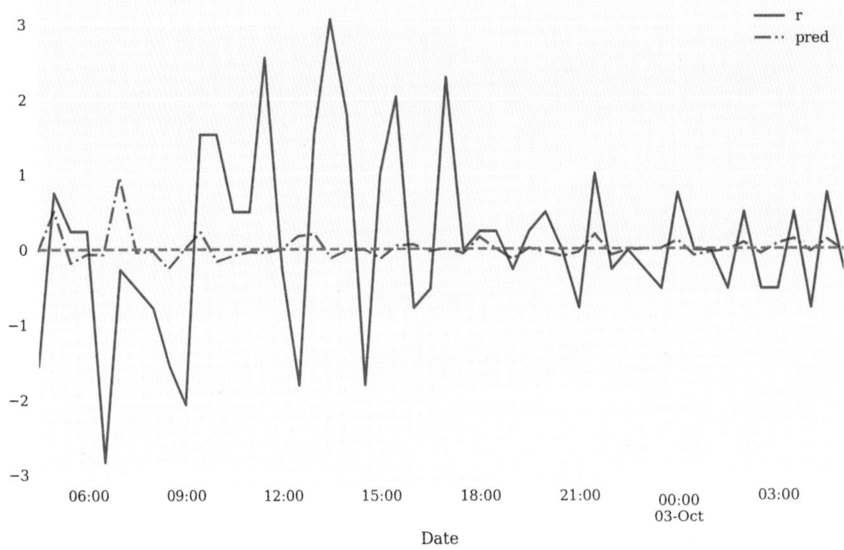

그림 8-6 재귀 신경망을 사용한 금융 수익률 시계열의 표본 내 예측(데이터 일부만 표시)

[그림 8-6]이 나타내듯이 높은 정확도 점수는 재귀 신경망이 가격 시계열보다는 수익률 시계열을 더 잘 예측한다는 가정을 뒷받침한다.

```
In [66]: from sklearn.metrics import accuracy_score
In [67]: accuracy_score(np.sign(data['r']), np.sign(data['pred']))
Out[67]: 0.6806532093445226
```

하지만 실제적인 관점에서는 우선 학습 데이터와 테스트 데이터를 분리해야 한다. 표본 외 예측 정확도는 전체 데이터를 사용한 표본 내 데이터만큼 높지는 않지만, 당면한 문제에서는 여전히 매우 높은 편이다.

```
In [68]: split = int(len(r) * 0.8)  # ❶
In [69]: train = r[:split]  # ❶
In [70]: test = r[split:]  # ❶
In [71]: g = TimeseriesGenerator(train, train, length=lags, batch_size=5)  # ❷
In [72]: set_seeds()
         model = create_rnn_model(hu=100)
In [73]: %%time
         model.fit_generator(g, epochs=100, steps_per_epoch=10, verbose=False)  # ❷
         CPU times: user 5.67 s, sys: 1.09 s, total: 6.75 s
         Wall time: 2.95 s
Out[73]: <keras.callbacks.callbacks.History at 0x7f7ef5482dd0>
In [74]: g_ = TimeseriesGenerator(test, test, length=lags, batch_size=5)  # ❸
In [75]: y = model.predict(g_)  # ❸
In [76]: accuracy_score(np.sign(test[lags:]), np.sign(y))  # ❸
Out[76]: 0.6708428246013668
```

❶ 데이터를 학습 데이터와 테스트 데이터로 분리

❷ 모형을 학습 데이터로 학습

❸ 테스트 데이터로 테스트

8.5 금융 특징

재귀 신경망은 가격 데이터나 수익률 데이터에만 적용할 수 있는 것은 아니다. 특징 데이터를 추가로 포함하면 재귀 신경망의 예측 성능을 향상시킬 수 있다. 다음 파이썬 코드는 데이터셋에 전형적인 금융 특징들을 추가한다.

```
In [77]: data = generate_data()
In [78]: data['r'] = np.log(data / data.shift(1))
In [79]: window = 20
         data['mom'] = data['r'].rolling(window).mean()  # ❶
         data['vol'] = data['r'].rolling(window).std()  # ❷
In [80]: data.dropna(inplace=True)
```

❶ 이동 모멘텀 특징 추가

❷ 이동 변동성 특징 추가

8.5.1 추정

추정의 경우 표본 외 정확도는 놀라울 정도로 극심한 하강을 보인다. 다른 말로 하면 이러한 특정 사례에는 금융 특징을 추가해도 성능이 향상되는 것을 볼 수 없다.

```
In [81]: split = int(len(data) * 0.8)
In [82]: train = data.iloc[:split].copy()
In [83]: mu, std = train.mean(), train.std()  # ❶
In [84]: train = (train - mu) / std  # ❷
In [85]: test = data.iloc[split:].copy()
In [86]: test = (test - mu) / std  # ❸
In [87]: g = TimeseriesGenerator(train.values, train['r'].values,
                                 length=lags, batch_size=5)  # ❹
In [88]: set_seeds()
         model = create_rnn_model(hu=100, features=len(data.columns),
                                  layer='SimpleRNN')
In [89]: %%time
         model.fit_generator(g, epochs=100, steps_per_epoch=10,
                             verbose=False)  # ❹
         CPU times: user 5.24 s, sys: 1.08 s, total: 6.32 s
         Wall time: 2.73 s
Out[89]: <keras.callbacks.callbacks.History at 0x7f7ef313c950>
In [90]: g_ = TimeseriesGenerator(test.values, test['r'].values,
                                  length=lags, batch_size=5)  # ❺
In [91]: y = model.predict(g_).flatten()  # ❺
In [92]: accuracy_score(np.sign(test['r'].iloc[lags:]), np.sign(y))  # ❺
Out[92]: 0.37299771167048057
```

❶ 학습 데이터의 1차 및 2차 모멘트 계산

❷ 학습 데이터에 가우스 정규화 적용

❸ 학습 데이터에서 얻은 통계치로 테스트 데이터에 가우스 정규화 적용

❹ 학습 데이터를 사용한 훈련

❺ 테스트 데이터를 사용한 테스트

8.5.2 분류

지금의 Keras 재귀 신경망 모형은 추정 방법론으로 금융상품 가격의 미래 방향을 예측하는 것이었다. 하지만 이 문제에는 분류 방법론이 더 적당하다. 다음 파이썬 코드는 이진 라벨 데이터를 사용하여 가격의 움직임 방향을 직접 분류 예측한다. 또한 이번에는 LSTM층을 사용한다. 소수의 은닉 유닛을 사용하고 몇 안 되는 훈련 기간에도 꽤 높은 표본 외 정확도를 보인다. 또한 클래스 가중치를 적절히 조정하여 클래스 불균형 문제도 해결한다. 예측 정확도는 65% 수준으로 상당히 높다.

```
In [93]: set_seeds()
         model = create_rnn_model(hu=50,
                                  features=len(data.columns),
                                  layer='LSTM',
                                  algorithm='classification')  # ❶
In [94]: train_y = np.where(train['r'] > 0, 1, 0)  # ❷
In [95]: np.bincount(train_y)  # ❸
Out[95]: array([2374, 1142])
In [96]: def cw(a):
             c0, c1 = np.bincount(a)
             w0 = (1 / c0) * (len(a)) / 2
             w1 = (1 / c1) * (len(a)) / 2
             return {0: w0, 1: w1}
In [97]: g = TimeseriesGenerator(train.values, train_y,
                                 length=lags, batch_size=5)
In [98]: %%time
         model.fit_generator(g, epochs=5, steps_per_epoch=10,
                             verbose=False, class_weight=cw(train_y))
         CPU times: user 1.25 s, sys: 159 ms, total: 1.41 s
         Wall time: 947 ms
Out[98]: <keras.callbacks.callbacks.History at 0x7f7ef43baf90>
```

```
In [99]: test_y = np.where(test['r'] > 0, 1, 0)  # ❹
In [100]: g_ = TimeseriesGenerator(test.values, test_y,
                                   length=lags, batch_size=5)
In [101]: y = np.where(model.predict(g_, batch_size=None) > 0.5, 1, 0).flatten()
In [102]: np.bincount(y)
Out[102]: array([492, 382])
In [103]: accuracy_score(test_y[lags:], y)
Out[103]: 0.6498855835240275
```

❶ 분류를 위한 재귀 신경망 모형

❷ 이진 학습 라벨

❸ 학습 라벨의 클래스 빈도

❹ 이진 테스트 라벨

8.5.3 심층 재귀 신경망

마지막으로 여러 개의 은닉층을 가지는 심층 재귀 신경망을 살펴보자. 심층 재귀 신경망도 쉽게 생성할 수 있다. 한 가지 차이점은 최종 은닉층을 제외하고는 return_sequences 파라미터를 True 값으로 설정해야 한다는 점이다. 다음 파이썬 함수는 과최적화를 피하기 위한 드롭아웃층을 추가하여 심층 재귀 신경망을 생성한다. 예측 정확도는 앞 절의 결과와 비슷하다.

```
In [104]: from keras.layers import Dropout
In [105]: def create_deep_rnn_model(hl=2, hu=100, layer='SimpleRNN',
                                    optimizer='rmsprop', features=1,
                                    dropout=False, rate=0.3, seed=100):
              if hl <= 2: hl = 2  # ❶
              if layer == 'SimpleRNN':
                  layer = SimpleRNN
              else:
                  layer = LSTM
              model = Sequential()
              model.add(layer(hu, input_shape=(lags, features),
                              return_sequences=True,
                             ))  # ❷
              if dropout:
                  model.add(Dropout(rate, seed=seed))  # ❸
              for _ in range(2, hl):
```

```
                model.add(layer(hu, return_sequences=True))
                if dropout:
                    model.add(Dropout(rate, seed=seed))  # ❸
            model.add(layer(hu))  # ❹
            model.add(Dense(1, activation='sigmoid'))  # ❺
            model.compile(optimizer=optimizer,
                          loss='binary_crossentropy',
                          metrics=['accuracy'])
            return model
In [106]: set_seeds()
          model = create_deep_rnn_model(
                      hl=2, hu=50, layer='SimpleRNN',
                      features=len(data.columns),
                      dropout=True, rate=0.3)  # ❶
In [107]: %%time
          model.fit_generator(g, epochs=200, steps_per_epoch=10,
                              verbose=False, class_weight=cw(train_y))
          CPU times: user 14.2 s, sys: 2.85 s, total: 17.1 s
          Wall time: 7.09 s
Out[107]: <keras.callbacks.callbacks.History at 0x7f7ef6428790>
In [108]: y = np.where(model.predict(g_, batch_size=None) > 0.5, 1, 0).flatten()
In [109]: np.bincount(y)
Out[109]: array([550, 324])
In [110]: accuracy_score(test_y[lags:], y)
Out[110]: 0.6430205949656751
```

❶ 최소한 두 개의 은닉층이 있도록 보장

❷ 첫 번째 은닉층

❸ 드롭아웃층

❹ 최종 은닉층

❺ 분류 모형

8.6 마치며

이 장에서는 Keras 패키지의 재귀 신경망을 소개하고 이러한 신경망을 금융 시계열에 적용했다. 파이썬 수준에서 재귀 신경망을 사용하는 것은 밀집 신경망을 사용하는 것과 별반 다르지 않다. 한 가지 차이가 있다면 학습 데이터와 테스트 데이터가 반드시 계열 형식으로 주어져야 한다는 것이다. 이것도 계열성 데이터 제너레이터 객체를 만드는 `TimeseriesGenerator` 함수를 사용하면 쉽게 구현할 수 있다.

이 장의 예제는 금융 가격 시계열과 금융 수익률 시계열을 사용했다. 또한 모멘텀과 같은 금융 특징도 추가해봤다. 모형 생성을 위한 함수는 `SimpleRNN` 또는 `LSTM` 은닉층을 선택할 수 있고 최적화 방법도 선택할 수 있다. 또한 추정 모형을 사용할 것인지 분류 모형을 사용할 것인지도 선택할 수 있다.

시장 방향을 예측하는 표본 외 예측의 경우 분류 예제에서는 성능이 높게 나왔지만, 추정 예제에서는 그다지 높지 않았다.

8.7 참고 문헌

- Chollet, Francois. 2017. *Deep Learning with Python*. Shelter Island: Manning.
- Ian Goodfellow, Yoshua Bengio, and Aaron Courville. 2016. *Deep Learning*. Cambridge: MIT Press. *http://deeplearningbook.org*.

CHAPTER 9

강화 학습

> 우리의 에이전트는 사람처럼 가장 커다란 장기적인 보상에 이르는 전략을 성공적으로 얻기 위해 스스로 학습한다. 시행착오를 통해 학습하는 패러다임은 오로지 보상과 벌칙에 의한 것으로, 강화 학습이라고 알려져 있다.[1]
>
> – 딥마인드DeepMind (2016)

7장과 8장에서 적용한 학습 알고리즘은 지도 학습의 범주에 속한다. 지도 학습에는 특징 데이터와 라벨 데이터가 있어서 알고리즘이 특징 데이터와 라벨 데이터 간의 관계를 학습해서 추정 문제나 분류 문제를 풀게 된다. 1장에서 보았던 간단한 예제처럼 강화 학습reinforcement learning (RL)은 다르게 동작한다. 일단 시작할 때 특징 데이터나 라벨 데이터를 줄 필요가 없다. 데이터는 학습 에이전트가 목표로 하는 환경과 상호작용하면서 만들어진다. 이 장에서는 강화 학습을 자세히 다루고 기본 개념과 특히 이 분야에서 가장 인기 있는 알고리즘인 QLQ-learning에 대해 소개한다. 강화 학습은 신경망으로 대체할 수가 없기 때문에 중요한 역할을 하게 된다.

9.1절에서는 환경environment, 상태state, 에이전트agent와 같은 강화 학습의 근본적인 개념들을 설명한다. 9.1절은 강화 학습을 위한 개발 환경인 OpenAI Gym과 카트폴CartPole을 예제로 소개한다. 2장에서 간단히 소개했듯이 카트폴 환경에서는 카트cart를 좌우로 움직여서 카트 위에 있는 막대기pole의 균형을 잡는 것을 학습해야 한다. 9.3절에서는 차원 축소와 몬테카를로 시뮬레이션을 통해 카트폴 문제 풀이 방법을 다룬다. 신경망과 같은 표준 지도 학습 알고리즘은 지연 보

---

1 https://oreil.ly/h-EFL

상이라는 개념이 없기 때문에 카트폴과 같은 문제를 풀기에는 적합하지 않다. 이 문제는 9.4절에서 다룬다. 9.5절에서는 지연 보상을 고려하여 카트폴 문제를 풀 수 있는 QL 에이전트에 대해 논한다. 9.6절에서는 QL 에이전트를 단순한 금융 시장 환경에 적용한다. 이 설정에서 에이전트의 성능이 좋지는 않지만, 예제에서는 QL 에이전트가 매매하는 법을 학습하여 트레이딩 봇이 될 수 있다는 것을 보여준다. QL 에이전트의 학습 성능을 향상시키기 위해 9.7절에서는 환경의 상태를 서술하는 데 하나 이상의 특징 데이터를 쓸 수 있는 향상된 금융 시장 환경을 제시한다. 9.8절에서는 이렇게 향상된 환경을 기반으로, 더 나은 트레이딩 봇의 역할을 수행하는 개선된 QL 에이전트를 적용해본다.

9.1 기본 개념

이 절에서는 다음과 같은 강화 학습의 기본 개념에 대해 간단하게 설명한다.

환경

환경environment은 풀고자 하는 문제를 말한다. 환경은 플레이하는 컴퓨터 게임일 수도 있고 매매하는 금융 시장일 수도 있다.

상태

상태state는 환경의 현재 상황을 묘사하는 것과 관련된 모든 파라미터를 말한다. 컴퓨터 게임에서는 픽셀 단위의 전체 화면이 될 수 있다. 금융 시장에서는 현재와 과거의 모든 가격 및 이동평균선 거시경제 변수 등의 금융지표 등이 될 수 있다.

에이전트

에이전트agent라는 용어는 환경과 상호작용하면서 학습하는 강화 학습 알고리즘의 모든 요소를 말한다. 게임에서는 게임을 플레이하는 플레이어를 나타낼 수 있다. 금융 시장에서는 시장이 오를 것인지 내릴 것인지 베팅하는 트레이더를 나타낼 수 있다.

행위

에이전트는 (제한된 수의) 허용 가능한 행위action 중 하나를 선택하여 실행한다. 컴퓨터 게임에서는 오른쪽 또는 왼쪽으로 움직이는 것이 허용 가능 행위가 될 수 있으며, 금융 시장에서는 매도 혹은 매수가 행위가 된다.

스텝

에이전트의 행위가 주어지면 환경의 상태가 바뀐다. 이러한 상태 변화의 단계를 스텝이라고 한다. 스텝의 개념은 두 순간 간의 균질적이거나 비균질적인 시간 구간이다. 컴퓨터 게임에서는 게임 클락game clock이라고 불리는 순간적이고 균질적인 시간 구간으로 나뉘어 게임 환경의 실시간 상호작용이 이루어진다. 금융 시장 환경과 상호작용하는 자동 트레이딩 봇에서는 좀더 길고 비균질적인 시간 구간을 사용할 수도 있다.

보상

에이전트가 선택한 행위에 따라 보상 혹은 벌칙을 준다. 컴퓨터 게임에서는 포인트가 전형적인 보상이다. 금융 시장에서는 이익(혹은 손실)이 표준적인 보상(혹은 벌칙)이다.

목표

목표는 에이전트가 최대화하려고 노력하는 것을 말한다. 컴퓨터 게임에서는 에이전트가 도달할 수 있는 스코어값이다. 금융 트레이딩 봇에서는 누적된 매매 손익일 수 있다.

정책

정책policy이라는 것은 특정한 환경 상태에서 에이전트가 어떤 행위를 취하는가를 결정하는 규칙이다. 예를 들어 컴퓨터 게임에서 현재 화면을 구성하는 모든 픽셀로 표시된 어떤 특정 상태가 되면, 정책은 에이전트가 '오른쪽으로 이동'하는 행위action를 선택하도록 지정할 수도 있다. 세 번 연속 가격이 오르는 것을 관찰한 트레이딩 봇은 정책에 따라 시장에서 매도하기로 결정할 수도 있다.

에피소드

에피소드episode는 환경의 초기 상태로부터 최종적으로 성공 혹은 실패가 될 때까지 겪는 일련의 스텝 집합을 말한다. 게임에서는 게임의 시작부터 게임이 승리나 패배로 끝날 때까지를 말한다. 금융 시장에서는 시작부터 끝까지 혹은 파산까지를 뜻할 수 있다.

서턴Sutton과 바르토Barto의 책(2018)은 강화 학습을 자세히 소개한다. 이 책은 구체적인 여러 가지 예를 들어 앞서 설명한 개념들을 매우 상세히 설명한다. 다음 절에서는 강화 학습에 대한 실용적이고 구현 중심implementation-oriented적인 접근법을 택하였다. 파이썬 코드 기반 예제로 앞의 개념들을 설명한다.

9.2 OpenAI Gym

강화 학습은 2장에서 다룬 성공 스토리의 중요한 역할을 한다. 이는 강화 학습이 알고리즘으로 인기를 얻게 된 요인이다. OpenAI는 인공지능과 특히 강화 학습에서의 연구를 돕기 위한 기관이다. OpenAI는 OpenAI Gym[2]이라고 불리는 일련의 오픈 소스 환경을 개발했다. 이는 표준화된 API로 강화 학습 에이전트를 훈련시킬 수 있다.

여러 가지 환경 중 고전적인 강화 학습 문제를 시뮬레이션하는 카트폴이라는 환경[3]이 있다. 이 환경에서는 카트 위에 막대기가 있어서 카트를 좌우로 움직임으로써 막대기가 균형을 잡고 쓰러지지 않도록 하는 정책을 배우는 것을 목표로 한다. 환경의 상태는 카트 위치, 카트 속도, 폴 각도, 폴 끝 속도라는 4개의 물리적 측정 파라미터로 주어진다. [그림 9-1]은 이 환경을 시각화하여 보여준다.

2 https://gym.openai.com

3 https://oreil.ly/f6tAK

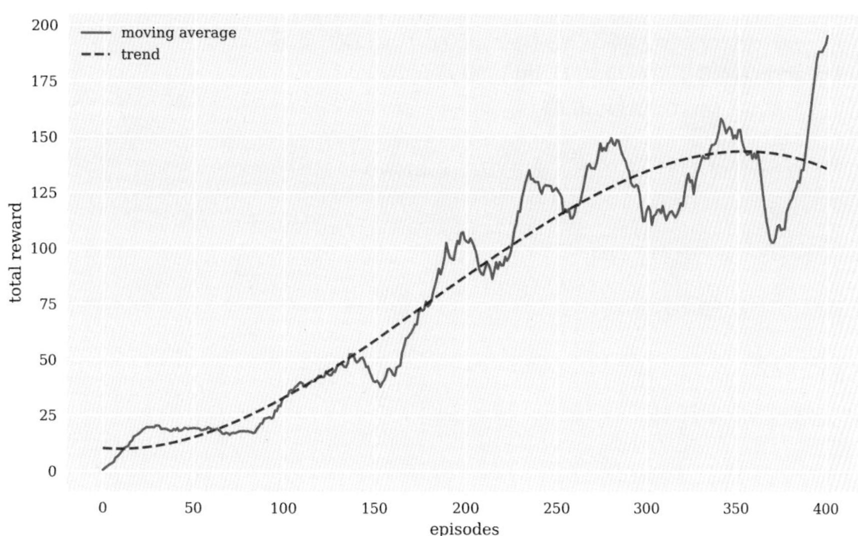

그림 9-1 OpenAI Gym의 카트폴 환경

다음 파이썬 코드는 카트폴 환경 객체를 생성하고 관측 공간을 조사한다. 관측 공간은 환경의 상태에 대한 모형이다.

```
In [1]: import os
        import math
        import random
        import numpy as np
        import pandas as pd
        from pylab import plt, mpl
        plt.style.use('seaborn')
        mpl.rcParams['savefig.dpi'] = 300
        mpl.rcParams['font.family'] = 'serif'
        np.set_printoptions(precision=4, suppress=True)
        os.environ['PYTHONHASHSEED'] = '0'
In [2]: import gym
In [3]: env = gym.make('CartPole-v0')  # ❶
In [4]: env.seed(100)  # ❶
        env.action_space.seed(100)  # ❶
Out[4]: [100]
In [5]: env.observation_space  # ❷
Out[5]: Box(4,)
In [6]: env.observation_space.low.astype(np.float16)  # ❷
```

```
Out[6]: array([-4.8 , -inf, -0.419, -inf], dtype=float16)
In [7]: env.observation_space.high.astype(np.float16)  # ❷
Out[7]: array([4.8 , inf, 0.419, inf], dtype=float16)
In [8]: state = env.reset()  # ❸
In [9]: state  # ❹
Out[9]: array([-0.0163, 0.0238, -0.0392, -0.0148])
```

❶ 고정된 시드값을 가진 환경 객체

❷ 최댓값과 최솟값을 가진 관측 공간

❸ 환경 재설정

❹ 초기 상태: 카트 위치, 카트 속도, 폴 각도, 폴 끝 속도

이 환경에서 허용 가능한 행위는 행위 공간action space으로 주어진다. 이 경우에는 두 가지밖에 없다. 0(카트를 왼쪽으로 민다)과 1(카트를 오른쪽으로 민다)이다.

```
In [10]: env.action_space  # ❶
Out[10]: Discrete(2)
In [11]: env.action_space.n  # ❶
Out[11]: 2
In [12]: env.action_space.sample()  # ❷
Out[12]: 1
In [13]: env.action_space.sample()  # ❷
Out[13]: 0
In [14]: a = env.action_space.sample()  # ❷
         a  # ❷
Out[14]: 1
In [15]: state, reward, done, info = env.step(a)  # ❸
         state, reward, done, info  # ❹
Out[15]: (array([-0.0158, 0.2195, -0.0395, -0.3196]), 1.0, False, {})
```

❶ 행위 공간

❷ 행위 공간에서 무작위로 선택한 행위

❸ 무작위 행위에 기반한 스텝

❹ 새로운 환경 상태 및 보상, 성공/실패, 추가 정보

`done=False`인 한 에이전트의 게임은 끝나지 않고 또 다른 행위를 선택할 수 있다. 에이전트가 연속 200스텝하여 200점의 보상을 얻으면(1스텝당 1점) 게임이 성공하게 된다. 폴이 특정한 각도에 다다라 부딪히면 실패하게 된다. 성공이나 실패하게 되면 `done=True`가 된다.

가장 간단한 에이전트는 완전히 무작위로 움직이는 에이전트다. 어떤 상태가 되든 에이전트는 무작위로 행위를 선택한다. 다음 코드에서 이를 구현했다. 에이전트가 도달할 수 있는 스텝의 수는 운에 맡기게 된다. 정책을 업데이트하는 형태의 어떠한 학습도 이루어지지 않는다.

```
In [16]: env.reset()
         for e in range(1, 200):
             a = env.action_space.sample()  # ❶
             state, reward, done, info = env.step(a)  # ❷
             print(f'step={e:2d} ¦ state={state} ¦ action={a} ¦ reward={reward}')
             if done and (e + 1) < 200:  # ❸
                 print('*** FAILED ***')  # ❸
                 break
step= 1 ¦ state=[-0.0423 0.1982  0.0256 -0.2476] ¦ action=1 ¦ reward=1.0
step= 2 ¦ state=[-0.0383 0.0028  0.0206  0.0531] ¦ action=0 ¦ reward=1.0
step= 3 ¦ state=[-0.0383 0.1976  0.0217 -0.2331] ¦ action=1 ¦ reward=1.0
step= 4 ¦ state=[-0.0343 0.0022  0.017   0.0664] ¦ action=0 ¦ reward=1.0
step= 5 ¦ state=[-0.0343 0.197   0.0184 -0.2209] ¦ action=1 ¦ reward=1.0
step= 6 ¦ state=[-0.0304 0.0016  0.0139  0.0775] ¦ action=0 ¦ reward=1.0
step= 7 ¦ state=[-0.0303 0.1966  0.0155 -0.2107] ¦ action=1 ¦ reward=1.0
step= 8 ¦ state=[-0.0264 0.0012  0.0113  0.0868] ¦ action=0 ¦ reward=1.0
step= 9 ¦ state=[-0.0264 0.1962  0.013  -0.2023] ¦ action=1 ¦ reward=1.0
step=10 ¦ state=[-0.0224 0.3911  0.009  -0.4908] ¦ action=1 ¦ reward=1.0
step=11 ¦ state=[-0.0146 0.5861 -0.0009 -0.7807] ¦ action=1 ¦ reward=1.0
step=12 ¦ state=[-0.0029 0.7812 -0.0165 -1.0736] ¦ action=1 ¦ reward=1.0
step=13 ¦ state=[ 0.0127 0.9766 -0.0379 -1.3714] ¦ action=1 ¦ reward=1.0
step=14 ¦ state=[ 0.0323 1.1722 -0.0654 -1.6758] ¦ action=1 ¦ reward=1.0
step=15 ¦ state=[ 0.0557 0.9779 -0.0989 -1.4041] ¦ action=0 ¦ reward=1.0
step=16 ¦ state=[ 0.0753 0.7841 -0.127  -1.1439] ¦ action=0 ¦ reward=1.0
step=17 ¦ state=[ 0.0909 0.5908 -0.1498 -0.8936] ¦ action=0 ¦ reward=1.0
step=18 ¦ state=[ 0.1028 0.7876 -0.1677 -1.2294] ¦ action=1 ¦ reward=1.0
step=19 ¦ state=[ 0.1185 0.9845 -0.1923 -1.5696] ¦ action=1 ¦ reward=1.0
step=20 ¦ state=[ 0.1382 0.7921 -0.2237 -1.3425] ¦ action=0 ¦ reward=1.0
*** FAILED ***
In [17]: done
Out[17]: True
```

❶ 무작위 행위 정책

❷ 한 스텝 전진

❸ 200 스텝 이내에 실패

> **NOTE 상호작용을 통한 데이터**
>
> 지도 학습에서는 학습이 시작되기 전에 학습 데이터, 검증 데이터, 테스트 데이터가 준비되어 있어야 하지만 강화 학습에서는 에이전트가 환경과 상호작용을 하면서 데이터를 생성한다. 여러 가지 경우에 이는 상황을 매우 단순하게 만들어준다. 체스 게임을 예로 들면, 인간이 플레이하던 수천 개의 체스 게임 기록을 컴퓨터에 넣는 대신에 강화 학습 에이전트가 다른 체스 엔진이나 다른 에이전트와 대결하는 수백만 개의 게임 데이터를 스스로 생성하는 것이다.

9.3 몬테카를로 에이전트

카트폴 문제는 완전한 형태의 강화 학습 접근법이나 신경망이 필요하지 않다. 이 절에서는 몬테카를로 시뮬레이션에 기반한 단순한 해법을 소개한다. 이를 위해 차원 축소를 활용하여 특별한 정책을 정한다. 환경 상태를 정의하는 파라미터 4개를 선형 조합하여 하나의 실숫값으로 축소한다.[4] 다음 파이썬 코드는 이 아이디어를 구현한 것이다.

```
In [18]: np.random.seed(100)  # ❶
In [19]: weights = np.random.random(4) * 2 - 1  # ❶
In [20]: weights  # ❶
Out[20]: array([ 0.0868, -0.4433, -0.151 , 0.6896])
In [21]: state = env.reset()  # ❷
In [22]: state  # ❷
Out[22]: array([-0.0347, -0.0103, 0.047 , -0.0315])
In [23]: s = np.dot(state, weights)  # ❸
         s  # ❸
Out[23]: -0.02725361929630797
```

❶ 고정된 시드값으로 무작위 가중치 설정

❷ 환경의 초기 상태

❸ 상태와 가중치의 내적

4 이 블로그 포스트(*https://oreil.ly/84RwE*)를 참조한다.

이 정책은 단일 상태 파라미터 s의 부호에 의해 정의된다.

```
In [24]: if s < 0:
             a = 0
         else:
             a = 1
In [25]: a
Out[25]: 0
```

이제 카트폴 게임의 에피소드에 이 정책을 사용한다. 가중치가 무작위수이므로 게임 결과는 지난 절의 무작위 정책과 다르지 않다.

```
In [26]: def run_episode(env, weights):
             state = env.reset()
             treward = 0
             for _ in range(200):
                 s = np.dot(state, weights)
                 a = 0 if s < 0 else 1
                 state, reward, done, info = env.step(a)
                 treward += reward
                 if done:
                     break
             return treward
In [27]: run_episode(env, weights)
Out[27]: 41.0
```

따라서 몬테카를로 시뮬레이션으로 여러 가지 다른 값의 가중치를 테스트한다. 다음 코드는 엄청나게 많은 수의 가중치를 시뮬레이션해서 성공한 가중치를 골라낸다.

```
In [28]: def set_seeds(seed=100):
             random.seed(seed)
             np.random.seed(seed)
             env.seed(seed)
In [29]: set_seeds()
         num_episodes = 1000
In [30]: besttreward = 0
         for e in range(1, num_episodes + 1):
             weights = np.random.rand(4) * 2 - 1  # ❶
             treward = run_episode(env, weights)  # ❷
             if treward > besttreward:  # ❸
```

```
                besttreward = treward  # ❹
                bestweights = weights  # ❺
                if treward == 200:
                    print(f'SUCCESS | episode={e}')
                    break
                print(f'UPDATE | episode={e}')
UPDATE  | episode=1
UPDATE  | episode=2
SUCCESS | episode=13
In [31]: weights
Out[31]: array([-0.4282, 0.7048, 0.95 , 0.7697])
```

❶ 무작위 가중치

❷ 이 가중치에 대한 전체 보상

❸ 향상되었는지 확인

❹ 최고 보상 변경

❺ 최고 가중치 변경

이 카트폴 문제에서 100번의 연속 에피소드 끝에 얻은 평균 보상은 195 이상이다. 다음 코드에서 이를 확인할 수 있다.

```
In [32]: res = []
         for _ in range(100):
             treward = run_episode(env, weights)
             res.append(treward)
         res[:10]
Out[32]: [200.0, 200.0, 200.0, 200.0, 200.0, 200.0, 200.0, 200.0, 200.0, 200.0]
In [33]: sum(res) / len(res)
Out[33]: 200.0
```

이 값은 훨씬 더 복잡한 방법론으로 구한 값과도 비견될 수 있다.

9.4 신경망 에이전트

카트폴 게임은 분류 문제로 풀 수도 있다. 4개의 환경 상태값은 특징값이 되고, 해당 특징값에 대응하는 올바른 라벨값은 행위가 된다. 신경망 에이전트는 환경과 상호작용하면서 특징값 및 라벨값을 수집한다. 이 데이터셋이 점차적으로 증가하면서 신경망 에이전트는 환경 상태에 대한 올바른 행위를 학습할 수 있게 된다. 이런 경우 신경망은 정책에 대해 기술하고, 에이전트는 새로운 경험을 기반 삼아 정책을 수정한다.

우선 필요한 임포트를 한다.

```
In [34]: import tensorflow as tf
         from keras.layers import Dense, Dropout
         from keras.models import Sequential
         from keras.optimizers import Adam, RMSprop
         from sklearn.metrics import accuracy_score
         Using TensorFlow backend.
In [35]: def set_seeds(seed=100):
             random.seed(seed)
             np.random.seed(seed)
             tf.random.set_seed(seed)
             env.seed(seed)
             env.action_space.seed(100)
```

두 번째로 에이전트의 주요 요소인 신경망 정책, 정책에 따른 행위 선택, 정책의 업데이트, 에피소드에서 학습하기 등을 모두 포함하는 `NNAgent` 클래스를 구현한다. 이 에이전트는 행위를 선택하기 위해 탐색exploration과 이용exploitation을 모두 사용한다. 탐색은 현재의 정책과 관계없이 무작위로 행위를 하는 것을 말하고, 이용은 현재의 정책에 따른 행위를 하는 것을 말한다. 어느 정도의 탐색을 해야지 더 많은 경험을 통해 에이전트의 학습을 할 수 있다.

```
In [36]: class NNAgent:
             def __init__(self):
                 self.max = 0  # ❶
                 self.scores = list()
                 self.memory = list()
                 self.model = self._build_model()

             def _build_model(self):  # ❷
                 model = Sequential()
```

```
        model.add(Dense(24, input_dim=4,
                        activation='relu'))
        model.add(Dense(1, activation='sigmoid'))
        model.compile(loss='binary_crossentropy',
                      optimizer=RMSprop(lr=0.001))
        return model

    def act(self, state):  # ❸
        if random.random() <= 0.5:
            return env.action_space.sample()
        action = np.where(self.model.predict(
            state, batch_size=None)[0, 0] > 0.5, 1, 0)
        return action

    def train_model(self, state, action):  # ❹
        self.model.fit(state, np.array([action,]),
                       epochs=1, verbose=False)

    def learn(self, episodes):  # ❺
        for e in range(1, episodes + 1):
            state = env.reset()
            for _ in range(201):
                state = np.reshape(state, [1, 4])
                action = self.act(state)
                next_state, reward, done, info = env.step(action)
                if done:
                    score = _ + 1
                    self.scores.append(score)
                    self.max = max(score, self.max)  # ❶
                    print('episode: {:4d}/{} | score: {:3d} | max: {:3d}'
                        .format(e, episodes, score, self.max), end='\r')
                    break
                self.memory.append((state, action))
                self.train_model(state, action)  # ❹
                state = next_state
```

❶ 최대 보상

❷ 정책을 나타내는 신경망 분류 모형

❸ 행위를 고르는 메서드

❹ 정책을 업데이트하는 메서드

❺ 환경과 상호작용하며 학습하는 메서드

이 신경망은 해당 문제를 풀지 못했다. 200이라는 최대 보상을 받는 것은 겨우 한 번뿐이었다.

```
In [37]: set_seeds(100)
         agent = NNAgent()
In [38]: episodes = 500
In [39]: agent.learn(episodes)
         episode: 500/500 | score: 11 | max: 44
In [40]: sum(agent.scores) / len(agent.scores)  # ❶
Out[40]: 13.682
```

❶ 평균 보상

이 접근법에는 무엇인가가 누락된 것 같다. 중요한 요소 중 하나가 현재 상태를 넘어서서 바라보는 것이다. 여기서 구현한 방법은 에이전트가 200개의 연속 스텝을 살아남았는지는 고려하지 않는다. 간단히 말하면 잘못된 행동을 하지 않지만 게임에서 이기는 것을 배우지는 않는다. 수집된 상태와 행위를 보면 신경망의 정확도는 75% 수준이다. 하지만 앞서 보았듯이 이기는 정책과 연결되지 않는다.

```
In [41]: f = np.array([m[0][0] for m in agent.memory])  # ❶
         f  # ❶
Out[41]: array([[-0.0163, 0.0238, -0.0392, -0.0148],
                [-0.0158, 0.2195, -0.0395, -0.3196],
                [-0.0114, 0.0249, -0.0459, -0.0396],
                ...,
                [ 0.0603, 0.9682, -0.0852, -1.4595],
                [ 0.0797, 1.1642, -0.1144, -1.7776],
                [ 0.103 , 1.3604, -0.15 , -2.1035]])
In [42]: l = np.array([m[1] for m in agent.memory])  # ❷
         l  # ❷
Out[42]: array([1, 0, 1, ..., 1, 1, 1])
In [43]: accuracy_score(np.where(agent.model.predict(f) > 0.5, 1, 0), l)
Out[43]: 0.7525626872733008
```

❶ 특징 (상태) 데이터

❷ 라벨 (행위) 데이터

9.5 DQL 에이전트

QL[Q-learning]은 행위로부터 받는 즉각적인 보상 이외에도 지연된 보상을 고려할 수 있는 알고리즘이다. 이 알고리즘은 크리스토퍼 왓킨스[Christopher Watkins](1989)의 논문과 피터 다얀[Peter Dayan](1992)의 논문에 소개되었고 리차드 서턴[Richard S. Sutton](2018)의 책 6장에서 자세히 설명한다. QL은 9.4절에서 보았던 바로 다음의 보상을 넘어서 예측하는 문제를 풀 수 있다

이 알고리즘은 다음과 같이 동작한다. 모든 상태와 행위의 조합에 대해 어떤 가치를 부여하는 행위-가치 정책[action-value policy] Q를 가정한다. 이 값이 높을수록 그 에이전트 입장에서 해당 행위가 더 나은 행위가 된다. 에이전트가 행위를 선택할 때는 이 정책 Q를 사용하여 가장 높은 가치의 행위를 선택한다.

그러면 행위의 가치는 어떻게 도출하는가? 행위의 가치는 즉각적인 보상과 다음 상태에서 최상의 행위의 할인된 가치의 합이다. 다음 공식으로 표현한다.

$$Q(S_t, A_t) = R_{t+1} + \gamma \max_a Q(S_{t+1}, a)$$

이 식에서 S_t는 현재 스텝 t에서의 상태이고 A_t는 S_t에서 취하는 행위이다. R_{t+1}은 행위 A_t에 의해 주어지는 즉각적인 보상이고 $0 < \gamma < 1$은 할인계수다. 그리고 $max_a\ Q(S_{t+1}, a)$는 현재의 정책에 의해 다음 순간의 상태 S_{t+1}에 대한 최상의 행위에 대한 가치다.

가능한 한 상태가 유한하고 단순한 환경에서는 Q는 상태-행위 조합에 따라 가치가 나타나는 표로 보여줄 수 있다. 하지만 카트폴과 같이 좀 더 복잡한 경우에는 Q는 함수로 이해할 수 있다.

여기에서 신경망이 역할을 하게 된다. 현실적인 환경에서는 다이나믹 프로그래밍 등을 사용하여 함수 Q에 대한 수식적 형태의 해를 유도하기가 너무 어려웠다. 따라서 QL 알고리즘에서는 일반적으로 근사해만 사용한다. 신경망은 함수의 근사를 할 수 있기 때문에 Q를 근사하는 자연스러운 선택이 된다.

QL의 또 다른 핵심 요소는 재실행[replay]이다. QL 에이전트는 여러 가지 경험을 반복하면서 정책 함수 Q를 주기적으로 업데이트한다. 이렇게 하면 학습을 향상시킬 수 있다. 또한 학습하는 동안 QL 에이전트는 탐색과 이용을 번갈아 한다. 번갈아 하는 방법은 구조적으로 이루어진다.

처음에는 탐색만 하다가 차츰차츰 탐색의 비율을 줄여서 최소 비율에 도달하게 만든다.[5]

```
In [44]: from collections import deque
         from keras.optimizers import Adam, RMSprop
In [45]: class DQLAgent:
             def __init__(self, gamma=0.95, hu=24, opt=Adam,
                          lr=0.001, finish=False):
                 self.finish = finish
                 self.epsilon = 1.0  # ❶
                 self.epsilon_min = 0.01  # ❷
                 self.epsilon_decay = 0.995  # ❸
                 self.gamma = gamma  # ❹
                 self.batch_size = 32  # ❺
                 self.max_treward = 0
                 self.averages = list()
                 self.memory = deque(maxlen=2000)  # ❻
                 self.osn = env.observation_space.shape[0]
                 self.model = self._build_model(hu, opt, lr)

             def _build_model(self, hu, opt, lr):
                 model = Sequential()
                 model.add(Dense(hu, input_dim=self.osn,
                                 activation='relu'))
                 model.add(Dense(hu, activation='relu'))
                 model.add(Dense(env.action_space.n, activation='linear'))
                 model.compile(loss='mse', optimizer=opt(lr=lr))
                 return model

             def act(self, state):
                 if random.random() <= self.epsilon:
                     return env.action_space.sample()
                 action = self.model.predict(state)[0]
                 return np.argmax(action)

             def replay(self):
                 batch = random.sample(self.memory, self.batch_size)  # ❼
                 for state, action, reward, next_state, done in batch:
                     if not done:
                         reward += self.gamma * np.amax(
                             self.model.predict(next_state)[0])  # ❽
                     target = self.model.predict(state)
```

5 이 구현법은 블로그 포스트(*https://oreil.ly/8mI4m*)에 나온 것과 유사하다.

```
            target[0, action] = reward
            self.model.fit(state, target, epochs=1,
                           verbose=False)  # ❾
        if self.epsilon > self.epsilon_min:
self.epsilon *= self.epsilon_decay  # ❿

    def learn(self, episodes):
        trewards = []
        for e in range(1, episodes + 1):
            state = env.reset()
            state = np.reshape(state, [1, self.osn])
            for _ in range(5000):
                action = self.act(state)
                next_state, reward, done, info = env.step(action)
                next_state = np.reshape(next_state,
                    [1, self.osn])
                self.memory.append([state, action, reward,
                    next_state, done])  # ⓫
                state = next_state
                if done:
                    treward = _ + 1
                    trewards.append(treward)
                    av = sum(trewards[-25:]) / 25
                    self.averages.append(av)
                    self.max_treward = max(self.max_treward, treward)
                    templ = 'episode: {:4d}/{} | treward: {:4d} | '
                    templ += 'av: {:6.1f} | max: {:4d}'
                    print(templ.format(e, episodes, treward, av,
                        self.max_treward), end='\r')
                    break
                if av > 195 and self.finish:
                    break
                if len(self.memory) > self.batch_size:
                    self.replay()  # ⓬

    def test(self, episodes):
        trewards = []
        for e in range(1, episodes + 1):
            state = env.reset()
            for _ in range(5001):
                state = np.reshape(state, [1, self.osn])
                action = np.argmax(self.model.predict(state)[0])
                next_state, reward, done, info = env.step(action)
```

```
                state = next_state
                if done:
                    treward = _ + 1
                    trewards.append(treward)
                    print('episode: {:4d}/{} | treward: {:4d}'
                        .format(e, episodes, treward), end='\r')
                    break
        return trewards
```

❶ 초기 탐색 비율

❷ 최소 탐색 비율

❸ 탐색 비율에 대한 감소 비율

❹ 지연 보상에 대한 할인율

❺ 재실행 배치 사이즈

❻ 제한된 기록용 deque

❼ 재실행을 위한 `history batch` 무작위 선택

❽ 상태-행위값에 대한 Q 값

❾ 새로운 상태-행위값에 대해 신경망 업데이트

❿ 탐색 비율 업데이트

⓫ 새로운 값 저장

⓬ 지나간 경험에 기반하여 정책을 업데이트하기 위한 재실행

이 QL 에이전트는 어떤 성능을 보일까? 다음 코드에서 보듯이 이 에이전트는 누적 보상 200이라는 상태까지 다다른다. [그림 9-2]에서는 스코어의 이동평균을 보여주는 데 천천히 지속적으로 상승하는 것을 알 수 있다. 하지만 때로는 에이전트의 성능이 급격히 떨어질 때도 있다. 이는 무작위로 이루어지는 탐색 작업이 발생하기 때문이며 이 경우 전체적인 보상 결과가 좋지 않을 것이다. 하지만 최종적으로는 이러한 경험으로 인해 정책 네트워크를 업데이트할 수 있다.

```
In [46]: episodes = 1000
In [47]: set_seeds(100)
         agent = DQLAgent(finish=True)
In [48]: agent.learn(episodes)
```

```
        episode: 400/1000 ¦ treward: 200 ¦ av: 195.4 ¦ max: 200
In [49]: plt.figure(figsize=(10, 6))
        x = range(len(agent.averages))
        y = np.polyval(np.polyfit(x, agent.averages, deg=3), x)
        plt.plot(agent.averages, label='moving average')
        plt.plot(x, y, 'r--', label='trend')
        plt.xlabel('episodes')
        plt.ylabel('total reward')
        plt.legend();
```

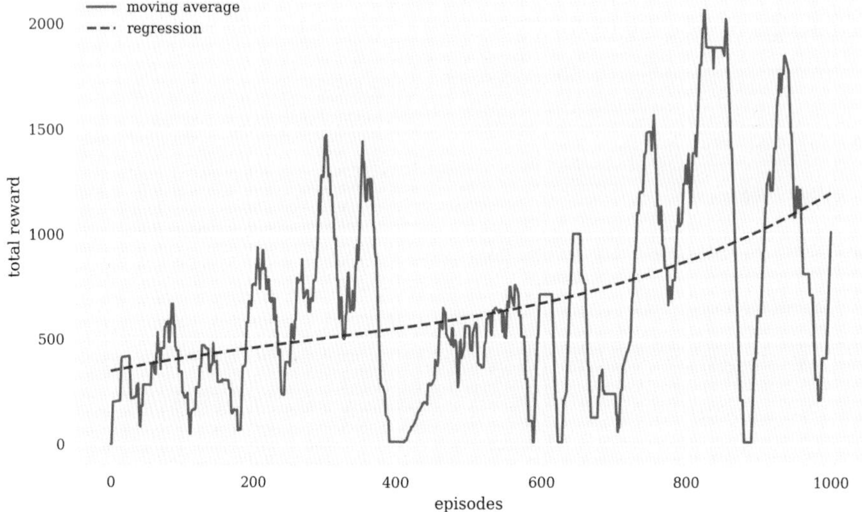

그림 9-2 카트폴에 대한 DQL 에이전트의 평균 보상

QL 에이전트가 카트폴 문제를 풀었는가? 이 경우에는 OpenAI Gym의 성공의 정의에 따라 풀었다고 할 수 있다.

```
In [50]: trewards = agent.test(100)
        episode: 100/100 ¦ treward: 200
In [51]: sum(trewards) / len(trewards)
Out[51]: 200.0
```

9.6 단순 금융 Gym

이 절에서는 QL 접근법을 금융 분야로 이전하기 위해 OpenAI Gym 환경을 흉내 내어 금융 시장을 시계열로 표현하는 클래스를 만든다. 기본적인 아이디어는 카트폴 환경처럼 4개의 역사적인 가격 시계열로 금융 시장의 상태를 표현하는 것이다. 에이전트는 상태를 해석하여 매수를 할 것인지 매도를 할 것인지를 결정한다. 상태가 4개의 값으로 표현된다는 점과 행위가 두 가지라는 점에 두 환경은 비슷하다.

OpenAI Gym API를 흉내 내려면 관측 공간과 행위 공간에 대한 두 개의 클래스가 필요하다.

```
In [52]: class observation_space:
             def __init__(self, n):
                 self.shape = (n,)
In [53]: class action_space:
             def __init__(self, n):
                 self.n = n
             def seed(self, seed):
                 pass
             def sample(self):
                 return random.randint(0, self.n - 1)
```

다음 파이썬 코드는 `Finance` 클래스를 정의한다. 이 클래스는 몇 가지 주식에 대한 역사적 일간 가격 데이터를 추출한다. 이 클래스의 중요 메서드는 `.reset()`과 `.step()`이다. `.step()` 메서드는 올바른 행위가 취해졌는지 확인하고 그에 따른 보상을 주며 성공과 실패를 체크한다. 에이전트가 전체 데이터에 대해 매매를 올바르게 할 수 있다면 성공이다. 물론 성공을 다르게 정의할 수도 있다(예를 들어 에이전트가 1,000개의 스텝에서 성공적인 매매를 할 경우 성공이라 할 수도 있다). 전체 스텝 중 정확도가 50%를 넘지 못하면 실패로 정의한다. 하지만 초기의 변동성을 줄이기 위해 성공과 실패는 특정 스텝 이후에만 체크한다.

```
In [54]: class Finance:
             url = 'http://hilpisch.com/aiif_eikon_eod_data.csv'
             def __init__(self, symbol, features):
                 self.symbol = symbol
                 self.features = features
                 self.observation_space = observation_space(4)
                 self.osn = self.observation_space.shape[0]
                 self.action_space = action_space(2)
```

```
        self.min_accuracy = 0.475  # ❶
        self._get_data()
        self._prepare_data()
        def _get_data(self):
        self.raw = pd.read_csv(self.url, index_col=0,
                               parse_dates=True).dropna()
    def _prepare_data(self):
        self.data = pd.DataFrame(self.raw[self.symbol])
        self.data['r'] = np.log(self.data / self.data.shift(1))
        self.data.dropna(inplace=True)
        self.data = (self.data - self.data.mean()) / self.data.std()
        self.data['d'] = np.where(self.data['r'] > 0, 1, 0)

    def _get_state(self):
        return self.data[self.features].iloc[
            self.bar - self.osn:self.bar].values  # ❷

    def seed(self, seed=None):
        pass

    def reset(self):  # ❸
        self.treward = 0
        self.accuracy = 0
        self.bar = self.osn
        state = self.data[self.features].iloc[
        self.bar - self.osn:self.bar]
        return state.values

    def step(self, action):
        correct = action == self.data['d'].iloc[self.bar]  # ❹
        reward = 1 if correct else 0  # ❺
        self.treward += reward  # ❻
        self.bar += 1  # ❼
        self.accuracy = self.treward / (self.bar - self.osn)  # ❽
        if self.bar >= len(self.data):  # ❾
            done = True
        elif reward == 1:  # ❿
            done = False
        elif (self.accuracy < self.min_accuracy and
            self.bar > self.osn + 10):  # ⓫
            done = True
        else:  # ⓬
            done = False
        state = self._get_state()
```

```
                info = {}
                return state, reward, done, info
```

❶ 최소 정확도 정의

❷ 금융 시장의 상태를 정의하는 데이터 선택

❸ 환경을 초깃값으로 설정

❹ 에이전트가 올바른 행위(성공적인 매매)를 했는지 확인

❺ 에이전트가 받을 보상 정의

❻ 전체 보상에 누적

❼ 다음 스텝으로 전진

❽ 성공적인 행위(매매)에 대한 정확도 계산

❾ 에이전트가 전체 데이터의 끝에 도달하면 성공

❿ 에이전트가 올바른 행위를 하면 계속 진행

⓫ 몇몇 초기 스텝 후에 정확도가 최솟값 이하로 떨어지면 에피소드를 중지로 실패

⓬ 다른 경우에는 스텝 전진

`Finance` 클래스 인스턴스는 OpenAI Gym 환경과 비슷하게 동작한다. 특히 카트폴 환경과는 완전히 똑같이 동작한다.

```
In [55]: env = Finance('EUR=', 'EUR=')  # ❶
In [56]: env.reset()
Out[56]: array([1.819 , 1.8579, 1.7749, 1.8579])
In [57]: a = env.action_space.sample()
         a
Out[57]: 0
In [58]: env.step(a)
Out[58]: (array([1.8579, 1.7749, 1.8579, 1.947 ]), 0, False, {})
```

❶ 상태값을 표현한 데이터 즉, 사용할 특징을 선정

카트폴 게임용으로 만들어진 `DQLAgent` 클래스가 금융 시장에서 매매하는 법을 학습할 수 있을까? 다음 코드에서 보듯이 그렇다. 하지만 에이전트의 매매 기술은 학습 에피소드 내내 (평

규적으로) 향상하기는 했으나 그다지 인상적인 결과는 아니다(그림 9-3).

```
In [59]: set_seeds(100)
         agent = DQLAgent(gamma=0.5, opt=RMSprop)
In [60]: episodes = 1000
In [61]: agent.learn(episodes)
         episode: 1000/1000 | treward: 2511 | av: 1012.7 | max: 2511
In [62]: agent.test(3)
         episode: 3/3 | treward: 2511
Out[62]: [2511, 2511, 2511]
In [63]: plt.figure(figsize=(10, 6))
         x = range(len(agent.averages))
         y = np.polyval(np.polyfit(x, agent.averages, deg=3), x)
         plt.plot(agent.averages, label='moving average')
         plt.plot(x, y, 'r--', label='regression')
         plt.xlabel('episodes')
         plt.ylabel('total reward')
         plt.legend();
```

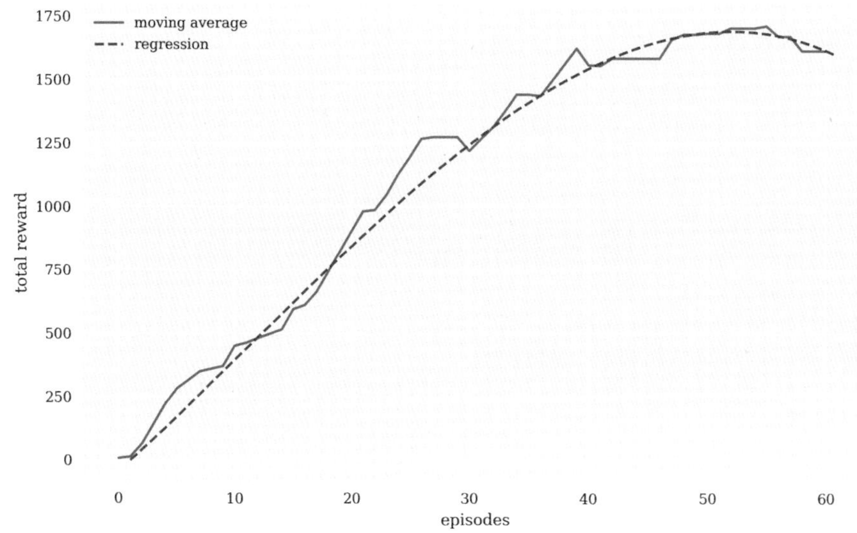

그림 9-3 금융 시장에 대한 DQLAgent 의 평균 누적 보상

NOTE 강화 학습 에이전트의 일반성

이 절에서는 금융 시장 환경에 대해 OpenAI Gym API를 흉내 낼 수 있는 클래스를 제공한다. QL 에이전트는 아무런 변경 없이 이 금융 시장 환경에 적용할 수 있다. 이러한 새로운 환경에서 에이전트의 성능은 보잘 것 없지만, 이 장에서 소개한 대로 강화 학습의 접근법이 오히려 일반적이라는 것을 설명한다. 즉 강화 학습 에이전트는 여러 가지 다른 환경에서도 학습할 수 있다는 뜻이다. 2장에서 설명했듯이 딥마인드의 알파제로가 바둑뿐 아니라 체스나 장기도 마스터할 수 있는 이유가 여기에 있다.

9.7 더 나은 금융 Gym

앞 절의 아이디어는 금융 시장 환경 내에서 강화 학습을 할 수 있게 하는 간단한 클래스를 개발하는 것이었다. 이 절의 주목표는 OpenAI의 API를 복제하는 것이다. 금융 시장의 상태를 설명하는 특징을 하나로 제한하거나 4개의 시간 지연만 사용할 필요는 없다. 이 절에서는 복수의 특징 데이터, 여러 가지로 정할 수 있는 시간 지연 수, 사용된 기본 데이터의 특정 시작점과 종료점을 허용하는 개선된 재무 클래스를 소개한다. 이를 통해 데이터의 한 부분은 학습용으로, 다른 부분은 검증 또는 테스트용으로 사용할 수 있다. 다음에 제시된 파이썬 코드는 절대수익률이 상대적으로 작은 일중 데이터를 사용할 때도 유용할 것이다.

```
In [64]: class Finance:
             url = 'http://hilpisch.com/aiif_eikon_eod_data.csv'

             def __init__(self, symbol, features, window, lags,
                          leverage=1, min_performance=0.85,
                          start=0, end=None, mu=None, std=None):
                 self.symbol = symbol
                 self.features = features  # ❶
                 self.n_features = len(features)
                 self.window = window
                 self.lags = lags  # ❶
                 self.leverage = leverage  # ❷
                 self.min_performance = min_performance  # ❸
                 self.start = start
                 self.end = end
                 self.mu = mu
                 self.std = std
                 self.observation_space = observation_space(self.lags)
                 self.action_space = action_space(2)
```

```
        self._get_data()
        self._prepare_data()

    def _get_data(self):
        self.raw = pd.read_csv(self.url, index_col=0,
                               parse_dates=True).dropna()

    def _prepare_data(self):
        self.data = pd.DataFrame(self.raw[self.symbol])
        self.data = self.data.iloc[self.start:]
        self.data['r'] = np.log(self.data / self.data.shift(1))
        self.data.dropna(inplace=True)
        self.data['s'] = self.data[self.symbol].rolling(
                                              self.window).mean()  # ❹
        self.data['m'] = self.data['r'].rolling(self.window).mean()  # ❹
        self.data['v'] = self.data['r'].rolling(self.window).std()  # ❹
        self.data.dropna(inplace=True)
        if self.mu is None:
            self.mu = self.data.mean()  # ❺
            self.std = self.data.std()  # ❺
        self.data_ = (self.data - self.mu) / self.std  # ❺
        self.data_['d'] = np.where(self.data['r'] > 0, 1, 0)
        self.data_['d'] = self.data_['d'].astype(int)
        if self.end is not None:
            self.data = self.data.iloc[:self.end - self.start]
            self.data_ = self.data_.iloc[:self.end - self.start]

    def _get_state(self):
        return self.data_[self.features].iloc[self.bar -
                        self.lags:self.bar]

    def seed(self, seed):
        random.seed(seed)
        np.random.seed(seed)

    def reset(self):
        self.treward = 0
        self.accuracy = 0
        self.performance = 1
        self.bar = self.lags
        state = self.data_[self.features].iloc[self.barself.
                        lags:self.bar]
        return state.values
```

```
    def step(self, action):
        correct = action == self.data_['d'].iloc[self.bar]
        ret = self.data['r'].iloc[self.bar] * self.leverage  # ❻
        reward_1 = 1 if correct else 0
        reward_2 = abs(ret) if correct else -abs(ret)  # ❼
        factor = 1 if correct else -1
        self.treward += reward_1
        self.bar += 1
        self.accuracy = self.treward / (self.bar - self.lags)
        self.performance *= math.exp(reward_2)  # ❽
        if self.bar >= len(self.data):
            done = True
        elif reward_1 == 1:
            done = False
        elif (self.performance < self.min_performance and
                  self.bar > self.lags + 5):
            done = True
        else:
            done = False
        state = self._get_state()
        info = {}
        return state.values, reward_1 + reward_2 * 5, done, info
```

❶ 상태를 정의할 특징 데이터

❷ 사용할 시간 지연 수

❸ 얻어야 할 최소 누적 성능

❹ 추가적인 금융 특징(단순 이동평균, 모멘텀, 이동 변동성)

❺ 데이터의 가우스 정규화

❻ 해당 스텝의 수익률

❼ 해당 스텝에 대한 수익률 기반의 보상

❽ 스텝 이후 성능

새로운 Finance 클래스는 금융 시장 환경의 모형화에서 더 유연하다. 다음 코드는 특징 데이터 2개와 시간 지연 5개를 갖는 예제 코드이다.

```
In [65]: env = Finance('EUR=', ['EUR=', 'r'], 10, 5)
In [66]: a = env.action_space.sample()
         a
Out[66]: 0
In [67]: env.reset()
Out[67]: array([[ 1.7721, -1.0214],
                [ 1.5973, -2.4432],
                [ 1.5876, -0.1208],
                [ 1.6292, 0.6083],
                [ 1.6408, 0.1807]])
In [68]: env.step(a)
Out[68]: (array([[ 1.5973, -2.4432],
                 [ 1.5876, -0.1208],
                 [ 1.6292, 0.6083],
                 [ 1.6408, 0.1807],
                 [ 1.5725, -0.9502]]),
          1.0272827803740798,
          False,
          {})
```

여러 가지 다른 유형의 환경과 데이터

카트폴 환경과 두 가지 버전의 `Finance` 환경의 근본적인 차이에 대해 주의할 점이 있다. 카트폴 환경에서는 어떤 데이터도 준비하지 않는다. 초기 상태만 무작위로 선택된다. 그리고 이 상태와 에이전트의 행위에 의해 새로운 상태가 만들어진다. 이는 물리 법칙을 흉내 내는 시스템이기 때문에 가능하다.

하지만 `Finance` 환경은 역사적인 시장 데이터로 시작하며 카트폴 환경과 달리 에이전트의 행위는 데이터에 영향을 주지 않는다. 대신 에이전트는 이 환경에서 어떻게 최적으로 매매하는지를 배우게 된다.

이런 의미로 보았을 때 `Finance` 환경은 미로를 가장 빠르게 통과하는 방법을 찾는 문제와 비슷하다. 데이터는 미로를 뜻하고 에이전트는 미로를 통과하면서 만나는 데이터의 현재 값만을 사용한다.

9.8 FQL 에이전트

이 절에서는 새로운 `Finance` 환경에 대응하여 앞에서 나온 단순한 DQL 에이전트의 기능을 향상시킨다. 이렇게 만든 새 클래스 `FQLAgent`는 복수의 특징 데이터와 다양한 시간 지연을 다룰 수 있다. 또한 학습 환경(`learn_env`)과 검증 환경(`valid_env`)을 구분한다. 이렇게 하면 에이전트의 표본 외 성능에 대한 좀 더 현실적인 값을 얻을 수 있다. 클래스의 기본 구조와 학습 방법론은 DQLAgent와 같다.

```
In [69]: class FQLAgent:

             def __init__(self, hidden_units, learning_rate, learn_env, valid_env):
                 self.learn_env = learn_env
                 self.valid_env = valid_env
                 self.epsilon = 1.0
                 self.epsilon_min = 0.1
                 self.epsilon_decay = 0.98
                 self.learning_rate = learning_rate
                 self.gamma = 0.95
                 self.batch_size = 128
                 self.max_treward = 0
                 self.trewards = list()
                 self.averages = list()
                 self.performances = list()
                 self.aperformances = list()
                 self.vperformances = list()
                 self.memory = deque(maxlen=2000)
                 self.model = self._build_model(hidden_units, learning_rate)

             def _build_model(self, hu, lr):
                 model = Sequential()
                 model.add(Dense(hu, input_shape=(
                                 self.learn_env.lags, self.learn_env.n_features),
                                 activation='relu'))
                 model.add(Dropout(0.3, seed=100))
                 model.add(Dense(hu, activation='relu'))
                 model.add(Dropout(0.3, seed=100))
                 model.add(Dense(2, activation='linear'))
                 model.compile(
                                 loss='mse',
                                 optimizer=RMSprop(lr=lr)
                                 )
                 return model

             def act(self, state):
                 if random.random() <= self.epsilon:
                     return self.learn_env.action_space.sample()
                 action = self.model.predict(state)[0, 0]
                 return np.argmax(action)
```

```
def replay(self):
    batch = random.sample(self.memory, self.batch_size)
    for state, action, reward, next_state, done in batch:
    if not done:
        reward += self.gamma * np.amax(
                    self.model.predict(next_state)[0, 0])
    target = self.model.predict(state)
    target[0, 0, action] = reward
    self.model.fit(state, target, epochs=1,
                   verbose=False)
    if self.epsilon > self.epsilon_min:
        self.epsilon *= self.epsilon_decay

def learn(self, episodes):
    for e in range(1, episodes + 1):
        state = self.learn_env.reset()
        state = np.reshape(state, [1, self.learn_env.lags,
                                   self.learn_env.n_features])
        for _ in range(10000):
            action = self.act(state)
            next_state, reward, done, info = \
                self.learn_env.step(action)
            next_state = np.reshape(next_state,
                                    [1, self.learn_env.lags,
                                     self.learn_env.n_features])
            self.memory.append([state, action, reward,
                                next_state, done])
            state = next_state
            if done:
                treward = _ + 1
                self.trewards.append(treward)
                av = sum(self.trewards[-25:]) / 25
                perf = self.learn_env.performance
                self.averages.append(av)
                self.performances.append(perf)
                self.aperformances.append(
                    sum(self.performances[-25:]) / 25)
                self.max_treward = max(self.max_treward, treward)
                templ = 'episode: {:2d}/{} | treward: {:4d} | '
                templ += 'perf: {:5.3f} | av: {:5.1f} | max: {:4d}'
                print(templ.format(e, episodes, treward, perf,
                      av, self.max_treward), end='\r')
                break
            self.validate(e, episodes)
```

```
                if len(self.memory) > self.batch_size:
                    self.replay()

    def validate(self, e, episodes):
        state = self.valid_env.reset()
        state = np.reshape(state, [1, self.valid_env.lags,
                         self.valid_env.n_features])
        for _ in range(10000):
            action = np.argmax(self.model.predict(state)[0, 0])
            next_state, reward, done, info = self.valid_env.step(action)
            state = np.reshape(next_state, [1, self.valid_env.lags,
                             self.valid_env.n_features])
            if done:
                treward = _ + 1
                perf = self.valid_env.performance
                self.vperformances.append(perf)
                if e % 20 == 0:
                    templ = 71 * '='
                    templ += '\nepisode: {:2d}/{} | VALIDATION | '
                    templ += 'treward: {:4d} | perf: {:5.3f} | '
                    templ += 'eps: {:.2f}\n'
                    templ += 71 * '='
                    print(templ.format(e, episodes, treward,
                          perf, self.epsilon))
                break
```

다음 파이썬 코드에서는 FQLAgent의 성능이 카트폴 문제를 풀기 위한 단순한 DQLAgent보다 낫다는 것을 보여준다. 이 트레이딩 봇은 금융 시장 환경과 상호작용하면서 지속적으로 매매를 학습한다(그림 9-4).

```
In [70]: symbol = 'EUR='
         features = [symbol, 'r', 's', 'm', 'v']
In [71]: a = 0
         b = 2000
         c = 500
In [72]: learn_env = Finance(symbol, features, window=10, lags=6,
                             leverage=1, min_performance=0.85,
                             start=a, end=a + b, mu=None, std=None)
In [73]: learn_env.data.info()
         <class 'pandas.core.frame.DataFrame'>
         DatetimeIndex: 2000 entries, 2010-01-19 to 2017-12-26
         Data columns (total 5 columns):
```

```
        # Column Non-Null Count Dtype
        --- ------ -------------- -----
         0   EUR= 2000 non-null float64
         1   r    2000 non-null float64
         2   s    2000 non-null float64
         3   m    2000 non-null float64
         4   v    2000 non-null float64
        dtypes: float64(5)
        memory usage: 93.8 KB
In [74]: valid_env = Finance(symbol, features, window=learn_env.window,
                             lags=learn_env.lags, leverage=learn_env.leverage,
                             min_performance=learn_env.min_performance,
                             start=a + b, end=a + b + c,
                             mu=learn_env.mu, std=learn_env.std)
In [75]: valid_env.data.info()
        <class 'pandas.core.frame.DataFrame'>
        DatetimeIndex: 500 entries, 2017-12-27 to 2019-12-20
        Data columns (total 5 columns):
        # Column Non-Null Count Dtype
        --- ------ -------------- -----
        # Column Non-Null Count Dtype
        --- ------ -------------- -----
         0   EUR= 2000 non-null float64
         1   r    2000 non-null float64
         2   s    2000 non-null float64
         3   m    2000 non-null float64
         4   v    2000 non-null float64
        dtypes: float64(5)
        memory usage: 23.4 KB
In [76]: set_seeds(100)
        agent = FQLAgent(24, 0.0001, learn_env, valid_env)
In [77]: episodes = 61
In [78]: agent.learn(episodes)
        =======================================================================
        episode: 20/61 | VALIDATION | treward: 494 | perf: 1.169 | eps: 0.68
        =======================================================================
        =======================================================================
        episode: 40/61 | VALIDATION | treward: 494 | perf: 1.111 | eps: 0.45
        =======================================================================
        =======================================================================
        episode: 60/61 | VALIDATION | treward: 494 | perf: 1.089 | eps: 0.30
        =======================================================================
        episode: 61/61 | treward: 1994 | perf: 1.268 | av: 1615.1 | max: 1994
In [79]: agent.epsilon
```

```
Out[79]: 0.291602079838278
In [80]: plt.figure(figsize=(10, 6))
         x = range(1, len(agent.averages) + 1)
         y = np.polyval(np.polyfit(x, agent.averages, deg=3), x)
         plt.plot(agent.averages, label='moving average')
         plt.plot(x, y, 'r--', label='regression')
         plt.xlabel('episodes')
         plt.ylabel('total reward')
         plt.legend();
```

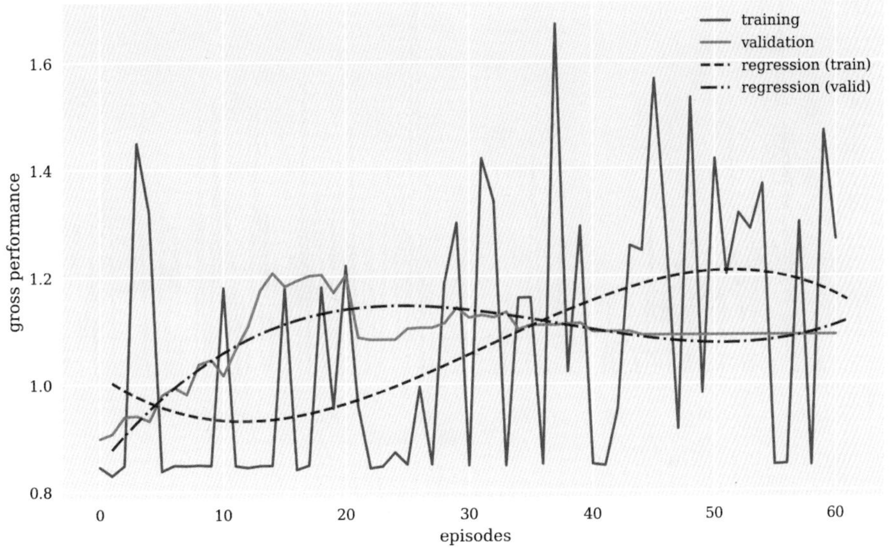

그림 9-4 FQLAgent의 평균 누적 보상

[그림 9-5]와 같이 학습 및 검증 성능에 대한 흥미로운 그림도 나타난다. 학습 성능은 현재 최적의 정책을 활용하는 것 외에 탐색도 하기 때문에 성능의 편향이 크다. 이에 비해 검증 성능은 현재 최적의 정책에만 의존하기 때문에 훨씬 낮은 편향을 보인다.

```
In [81]: plt.figure(figsize=(10, 6))
         x = range(1, len(agent.performances) + 1)
         y = np.polyval(np.polyfit(x, agent.performances, deg=3), x)
         y_ = np.polyval(np.polyfit(x, agent.vperformances, deg=3), x)
         plt.plot(agent.performances[:], label='training')
```

```
plt.plot(agent.vperformances[:], label='validation')
plt.plot(x, y, 'r--', label='regression (train)')
plt.plot(x, y_, 'r-.', label='regression (valid)')
plt.xlabel('episodes')
plt.ylabel('gross performance')
plt.legend();
```

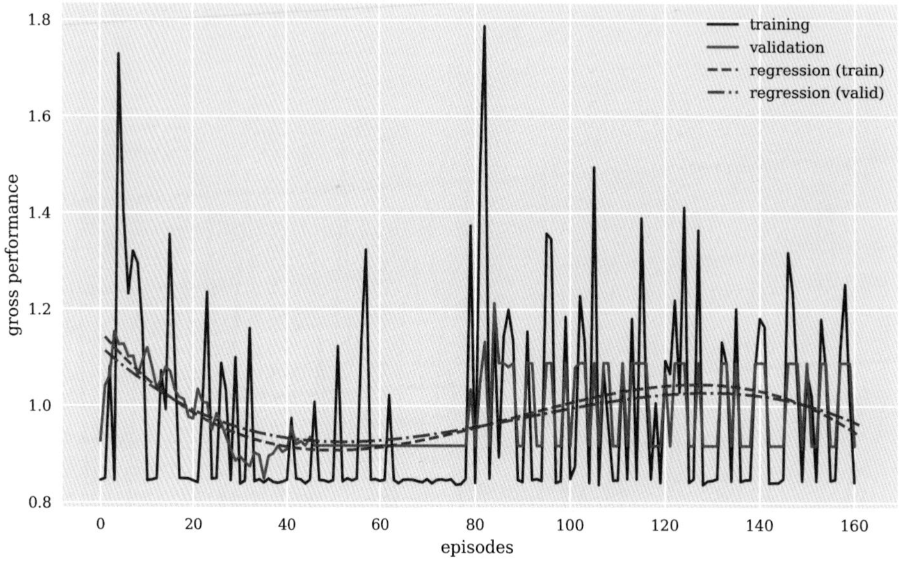

그림 9-5 FQLAgent의 학습 및 검증 성능

9.9 마치며

이 장에서는 인공지능이 제공해야 하는 가장 성공적인 알고리즘 클래스 중 하나로 강화 학습을 논의했다. 2장에서 논의한 대부분의 진보와 성공 사례는 강화 학습 분야의 개선에 그 기원을 둔다. 그렇다고 신경망이 쓸모없는 것은 아니다. 신경망은 최적의 정책을 근사화하는 데 중요한 역할을 한다. 신경망은 특정 상태가 주어지면 각각 행위에 대한 가치를 출력하는 정책 Q 함수를 표현한다. 가치가 높을수록 즉각적인 보상과 지연된 보상을 모두 고려한 더 나은 행위라고 할 수 있다.

지연된 보상을 포함하는 것은 여러 가지 이유로 중요하다. 게임 환경에서 이용할 수 있는 여러 행위가 있는 경우 가장 높은 누적 보상을 약속하는 행위를 선택하는 것이 좋다. 이는 아마도 즉각적이면서 가장 높은 보상이 아닐 수도 있다. 최대화해야 할 점수는 누적된 최종 점수다. 금융 분야에서도 마찬가지다. 일반적으로 거래와 투자의 적절한 목표는 장기적 수익이고, 파산할 위험이 증가하지만 빠르게 나타나는 단기적 이익은 아니다.

또한 이 장의 예제는 강화 학습 접근법이 다른 환경에도 동일하게 잘 적용하기에 유연한 방법이라는 것을 보여준다. 카트폴 문제를 해결하는 DQL 에이전트도 금융 시장에서 매매하는 방법을 배울 수 있다. 이 에이전트의 성능은 그다지 좋지 않지만 환경 및 에이전트를 개선하면 표본 내 및 표본 외 성능에서 모두 적절한 값을 보여준다.

9.10 참고 문헌

- Sutton, Richard S. and Andrew G. Barto. 2018. *Reinforcement Learning: An Introduction*. Cambridge and London: MIT Press.
- Watkins, Christopher. 1989. *Learning from Delayed Rewards*. Ph.D. thesis, University of Cambridge.
- Watkins, Christopher and Peter Dayan. 1992. "Q-Learning." *Machine Learning* 8 (May): 279–282.

Part IV

알고리즘 트레이딩

Part IV

알고리즘 트레이딩

성공은 수익을 창출하고 손실을 피하는 것이다

— 마틴 츠바이크Martin Zweig

3부는 딥러닝과 강화 학습을 사용하여 금융 시장의 통계적 비효율성을 발견하는 내용이었다. 4부에서는 이렇게 발견한 통계적 비효율성을 전제로 경제적 비효율성의 발견과 활용에 대한 내용을 다룬다. 경제적 비효율성을 활용하기 위해 선택한 도구는 알고리즘 트레이딩로, 트레이딩 봇이 예측한 내용에 기반하여 매매 전략을 자동으로 실행한다.

[표 IV-1]에서는 트레이딩 봇과 자율주행차를 학습시키고 배포하는 방법을 비교해서 보여준다.

표 IV-1 자율주행차와 트레이딩 봇의 비교

단계	자율주행차	트레이딩 봇
훈련	가상환경 혹은 기록된 환경에서 훈련	시뮬레이션 혹은 과거 기록으로 훈련
리스크 관리	충돌이나 추돌 등을 피하기 위한 규칙 추가	막대한 손절이나 조기 익절 등을 피하기 위한 규칙 추가
배포	인공지능과 차량 하드웨어를 조합하고 거리에 차량을 배포하여 모니터링	인공지능과 매매 플랫폼을 조합하고 트레이딩 봇을 실행하여 모니터링

4부는 3장으로 구성되어 있는데 [표 IV-1]에서 설명한 바와 같이 매매 전략을 벡터화된 백테스팅하여 경제적 비효율성을 찾는 것으로 시작하여 이벤트 기반 백테스팅의 방법으로 리스크 관리 수단을 분석하는 내용을 다루고 전략의 실행 및 배포와 관련된 기술적인 세부 사항을 논의한다.

- 10장은 밀집 신경망으로 시장 예측을 하는 알고리즘 트레이딩 전략의 벡터화된 백테스팅에 대한 내용을 다룬다. 이 방법은 효율적이면서 매매 전략의 경제적 잠재력을 판단하는 데 유용하다. 또한 거래비용이 경제적 성능에 미치는 영향도 평가할 수 있다.
- 11장에서는 손절 주문 또는 익절 주문 같은 알고리즘 거래 전략의 위험 관리에 대한 측면을 다룬다. 이 장에서는 벡터화된 백테스팅 외에도 거래 전략의 경제적 잠재력을 판단하는 데 유연한 접근 방식인 이벤트 기반 백테스팅을 소개한다.

- 12장은 주로 매매 전략의 실행에 대해 소개한다. 여기에서 다루는 주제는 역사적 데이터 검색 및 이 데이터에 기반한 트레이딩 봇의 훈련, 실시간 데이터 스트리밍 및 주문 실행이다. Oanda[1] API를 알고리즘 거래에 적합한 거래 플랫폼으로 소개한다. 또한 자동화된 방식으로 인공지능 기반 알고리즘 거래 전략을 구축하는 방법도 다룬다.

NOTE 알고리즘 트레이딩 전략

알고리즘 트레이딩은 여러 가지 유형의 매매 전략을 포괄하는 방대한 분야이다. 어떤 알고리즘 트레이딩은 주문을 대량으로 집행할 때 시장 충격을 줄이기 위한 것이다(유동성 알고리즘). 또 다른 알고리즘 트레이딩은 파생 상품의 페이오프를 가능한 한 똑같이 복제하기 위한 것도 있다.(다이나믹 헤지) 모든 알고리즘 트레이딩 전략이 경제적 비효율성을 활용하는 목표를 갖는 것은 아니다. 하지만 이 책에서는 트레이딩 봇(신경망 에이전트 혹은 강화 학습 에이전트)이 한 예측을 기반으로 하는 알고리즘 트레이딩에 초점을 맞추는 것이 적절하고 유용할 것이다.

---

1 *http://oanda.com*

CHAPTER 10

벡터화된 백테스팅

> 테슬라의 최고 경영자이자 기술 혁신자인 일론 머스크는 2년 이내에 미국 전역에서 테슬라 자동차가 스마트 호출 및 자율주행이 가능해질 것이라고 말했다.
>
> – 새뮤얼 기브스(2016)

> 주식시장의 주요 흐름을 제대로 파악할 때 큰돈을 벌 수 있다.
>
> – 마틴 츠바이크

벡터화된 백테스팅은 시장 예측을 위한 신경망 등에 기반한 알고리즘 트레이딩 전략을 백테스팅할 수 있는 기술적 방법을 말한다. 힐피시의 책(2018년 15장, 2020년 4장)은 여러 가지 구체적인 예를 들어 벡터화된 백테스팅 방법을 다루고 있다. 여기에서 벡터화라고 함은 (파이썬 수준에서 어떠한 루프도 사용하지 않은) 벡터화된 코드에 의존하는 프로그래밍 패러다임을 말한다. 벡터화된 코드는 `NumPy`나 `Pandas`와 같은 패키지에서 일반적으로 사용되는 것으로 앞에서 많이 사용했다. 벡터화된 코드의 장점은 간결하고 읽기 쉬울 뿐 아니라 여러 가지 중요한 시나리오에서 빠르게 실행할 수 있다는 점이다. 하지만 11장에서 사용할 이벤트 기반 백테스팅에서는 유연성이 떨어질 수도 있다.

기준 예측기의 성능을 뛰어넘는 인공지능 기반의 예측기를 갖는 것은 중요하지만 알파(위험 조정을 했을 때 시장을 뛰어넘는 수익)를 만들어내기에는 충분하지 않다. 예를 들어 예측 기반의 매매 전략이 (잠재적으로 매우 작은) 시장 흐름의 대부분을 예측하는 것뿐 아니라, 큰 시장의 흐름을 정확히 예측하는 것도 중요하다. 벡터화된 백테스팅은 매매 전략의 경제적 잠재력을 알아내는 쉽고 빠른 방법이다.

자율주행차에 견주어보면 벡터화된 백테스팅은 위험이 없는 가상환경에서 자율주행차가 '일반적으로' 어떻게 동작하는가를 테스트하는 것과 같다. 하지만 자율주행차량가 평균적으로 주행을 잘하는 것도 중요하지만 위급하거나 심지어 극단적인 상황에 어떻게 대처하는지도 엄청나게 중요하다. 자율주행차의 인공지능은 단 한 명의 사상자도 내서는 안 된다. 즉 '사상자의 수'가 0.1이나 0.5가 아니라 '0'이어야 한다는 뜻이다. 금융 시장에서도 이와 비슷하게 큰 시장 흐름을 정확하게 맞히는 것이 중요하다. 이 장에서는 금융 인공지능 에이전트(트레이딩 봇)의 순수한 성능에 초점을 맞추지만 11장에서는 리스크 관리와 표준적인 리스트 측정 백테스팅에 대해서 다루게 된다.

10.1절에서는 일간 데이터와 단순 이동평균 같은 기술적 지표를 사용한 예제로 벡터화된 백테스팅을 소개한다. 이는 매매를 시작할 때 해당 전략을 쉽게 이해할 수 있고 통찰력 있는 시각화를 가능하게 한다. 10.2절에서는 일간 데이터에 기반한 신경망을 학습시키고 그 결과로 얻은 예측 전략이 어떤 경제적 성능을 얻는지를 백테스팅한다. 10.3절에서는 일중 데이터에 동일한 내용을 적용해본다. 모든 예제에 매수-매도 스프레드의 형태로 나타나는 비율성 거래비용을 포함했다.

10.1 단순 이동평균 전략 백테스팅

이 절에서는 단순 이동평균을 기술적 지표로 사용한 고전적인 매매 전략에 대해 백테스팅을 한다. 다음 코드는 필요한 EUR/USD 환율 일간 데이터를 임포트하고 설정한다.

```
In [1]: import os
        import math
        import numpy as np
        import pandas as pd
        from pylab import plt, mpl
        plt.style.use('seaborn')
        mpl.rcParams['savefig.dpi'] = 300
        mpl.rcParams['font.family'] = 'serif'
        pd.set_option('mode.chained_assignment', None)
        pd.set_option('display.float_format', '{:.4f}'.format)
```

```
         np.set_printoptions(suppress=True, precision=4)
         os.environ['PYTHONHASHSEED'] = '0'
In [2]: url = 'http://hilpisch.com/aiif_eikon_eod_data.csv'  # ❶
In [3]: symbol = 'EUR='  # ❶
In [4]: data = pd.DataFrame(pd.read_csv(url, index_col=0,
                     parse_dates=True).dropna()[symbol])  # ❶
In [5]: data.info()  # ❶
         <class 'pandas.core.frame.DataFrame'>
         DatetimeIndex: 2516 entries, 2010-01-04 to 2019-12-31
         Data columns (total 1 columns):
         # Column Non-Null Count Dtype
         --- ------ -------------- -----
         0   EUR=   2516 non-null float64
         dtypes: float64(1)
         memory usage: 39.3 KB
```

❶ EUR/USD 환율 일간 데이터 임포트

이 전략의 아이디어는 다음과 같다. 42일 단기 이동평균선 SMA1과 258일 장기 이동평균선 SMA2을 계산한다. SMA1이 SMA2보다 위에 있으면 매수하고 SMA1이 SMA2보다 아래면 공매도한다. 환율에 근거한 예제이므로 매수나 공매도를 모두 쉽게 할 수 있다.

다음 파이썬 코드는 벡터화 방식으로 이동평균선을 계산하고 결과로 나온 시계열을 원래 시계열과 같이 시각화한다(그림 10-1).

```
In [6]: data['SMA1'] = data[symbol].rolling(42).mean()  # ❶
In [7]: data['SMA2'] = data[symbol].rolling(258).mean()  # ❷
In [8]: data.plot(figsize=(10, 6));  # ❸
```

❶ 단기 이동평균선 SMA1 계산

❷ 장기 이동평균선 SMA2 계산

❸ 시계열 시각화 3개

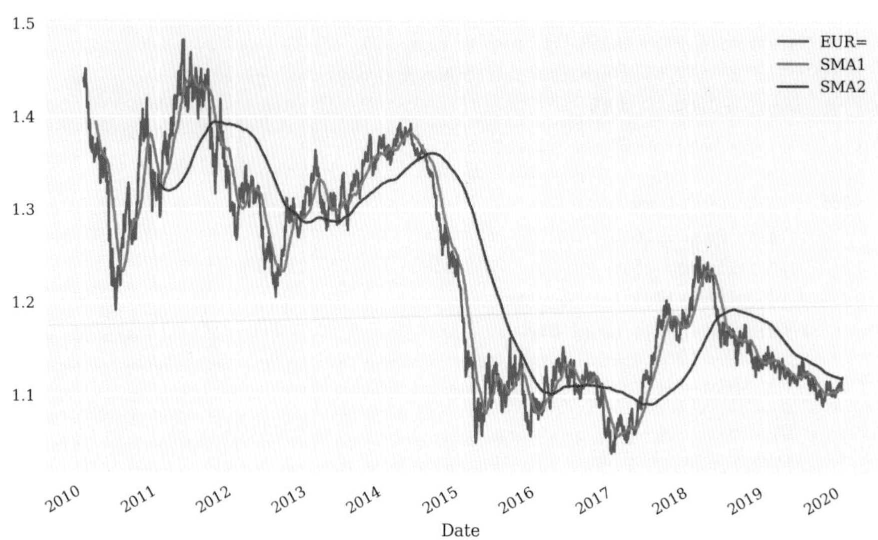

그림 10-1 EUR/USD 데이터와 SMA 시계열

이동평균선 시계열 데이터가 있으면 포지션 데이터도 벡터화 방식으로 유도할 수 있다. 미래 예측 오류를 막기 위해 포지션 데이터를 하루 지연시켜야 하는 경우도 생긴다. 이동평균선을 계산하기 위해서는 해당 날짜의 종가가 필요한데 이를 미리 알 수 없으므로 하루 전의 날짜를 사용한다.

[그림 10-2]에 다른 시계열과 함께 포지션 데이터를 시각화했다.

```
In [9]: data.dropna(inplace=True)  # ❶
In [10]: data['p'] = np.where(data['SMA1'] > data['SMA2'], 1, -1)  # ❷
In [11]: data['p'] = data['p'].shift(1)  # ❸
In [12]: data.dropna(inplace=True)  # ❶
In [13]: data.plot(figsize=(10, 6), secondary_y='p');  # ❹
```

❶ NaN값을 포함한 행 삭제

❷ 같은 날짜의 SMA값을 기반으로 포지션값 유도

❸ 미래 예측 오류를 피하기 위해 포지션값을 하루 지연

❹ 포지션값과 이동평균선 시각화

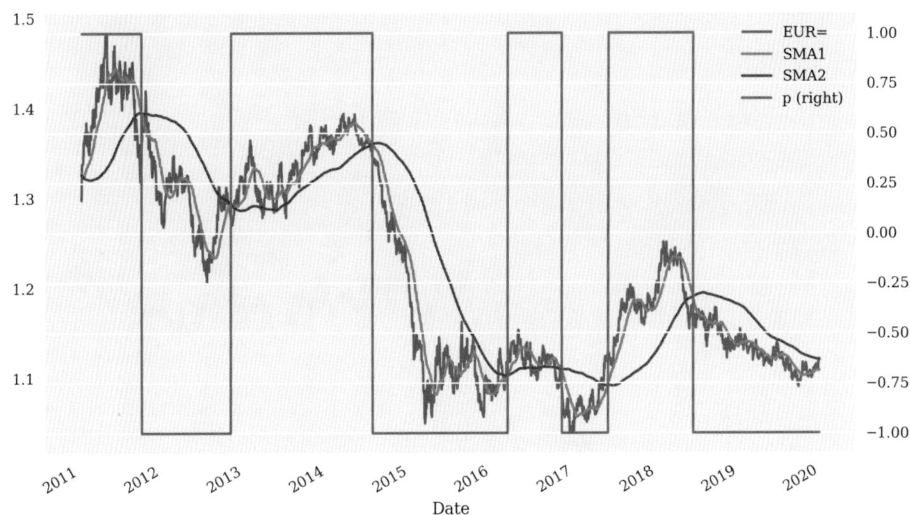

그림 10-2 EUR/USD 데이터와 SMA, 포지션 시계열

한 가지 중요한 단계가 빠졌다. 금융상품의 수익률과 포지션 데이터를 조합하는 것이다. 포지션은 매수 포지션을 +1로 공매도 포지션을 −1로 표현해서 이 과정은 데이터프레임 객체의 두 컬럼을 곱하기만 하면 된다. [그림 10−3]에서 보듯이 단순 이동평균선 기반의 매매 전략은 금융상품을 그냥 보유하고 있는 것보다 훨씬 더 좋은 성능을 보인다.

```
In [14]: data['r'] = np.log(data[symbol] / data[symbol].shift(1))  # ❶
In [15]: data.dropna(inplace=True)
In [16]: data['s'] = data['p'] * data['r']  # ❷
In [17]: data[['r', 's']].sum().apply(np.exp)  # ❸
Out[17]: r 0.8640
         s 1.3773
         dtype: float64
In [18]: data[['r', 's']].sum().apply(np.exp) - 1  # ❹
Out[18]: r -0.1360
         s 0.3773
         dtype: float64
In [19]: data[['r', 's']].cumsum().apply(np.exp).plot(figsize=(10, 6));  # ❺
```

❶ 로그 수익률 계산

❷ 전략 수익률 계산

❸ 성능 계산

❹ 순수 성능 계산

❺ 시간에 따른 성능 데이터 시각화

그림 10-3 단순 보유 전략과 이동평균선 전략의 성능 비교

지금까지는 성능 계산을 할 때 거래비용을 고려하지 않았지만 매매 전략의 경제적 잠재력을 평가할 때 거래비용은 중요한 요소가 된다. 지금까지의 단계에 거래 금액에 비례하는 거래비용을 넣는 것은 어렵지 않다. 여기서 핵심 아이디어는 매매가 언제 발생하는지를 결정해서 매수-매도 스프레드에 해당하는 양만큼 매매 전략의 성능을 감소시키는 것이다. 다음 코드와 [그림 10-2]에서 볼 수 있듯이 이 매매 전략은 포지션을 자주 바꾸지 않는다. 따라서 거래비용의 효과를 더 잘 보기 위해 전형적인 EUR/USD의 원래 거래비용보다 비용을 크게 잡고 거래비용보다 훨씬 더 높을 것으로 추정한다. 거래비용을 제외한 순수 효과는 제시된 추정값 이하 몇 퍼센트 정도가 된다(그림 10-4).

```
In [20]: sum(data['p'].diff() != 0) + 2  # ❶
Out[20]: 10
In [21]: pc = 0.005  # ❷
```

```
In [22]: data['s_'] = np.where(data['p'].diff() != 0,
         data['s'] - pc, data['s'])  # ❸
In [23]: data['s_'].iloc[0] -= pc  # ❹
In [24]: data['s_'].iloc[-1] -= pc  # ❺
In [25]: data[['r', 's', 's_']][data['p'].diff() != 0]  # ❻
Out[25]:                  r       s      s_
         Date
         2011-01-12  0.0123  0.0123  0.0023
         2011-10-10  0.0198 -0.0198 -0.0248
         2012-11-07 -0.0034 -0.0034 -0.0084
         2014-07-24 -0.0001  0.0001 -0.0049
         2016-03-16  0.0102  0.0102  0.0052
         2016-11-10 -0.0018  0.0018 -0.0032
         2017-06-05 -0.0025 -0.0025 -0.0075
         2018-06-15  0.0035 -0.0035 -0.0085
In [26]: data[['r', 's', 's_']].sum().apply(np.exp)
Out[26]: r 0.8640
         s 1.3773
         s_ 1.3102
         dtype: float64
In [27]: data[['r', 's', 's_']].sum().apply(np.exp) - 1
Out[27]: r -0.1360
         s  0.3773
         s_ 0.3102
         dtype: float64
In [28]: data[['r', 's', 's_']].cumsum().apply(np.exp).plot(figsize=(10, 6));
```

❶ 매매 횟수 계산

❷ 비율성 거래비용 계산(의도적으로 높게 설정)

❸ 매매 전략에서 거래비용 조정

❹ 매매 전략에서 진입 매매 조정

❺ 매매 전략에서 탈출 매매 조정

❻ 조정된 성능값을 시각화

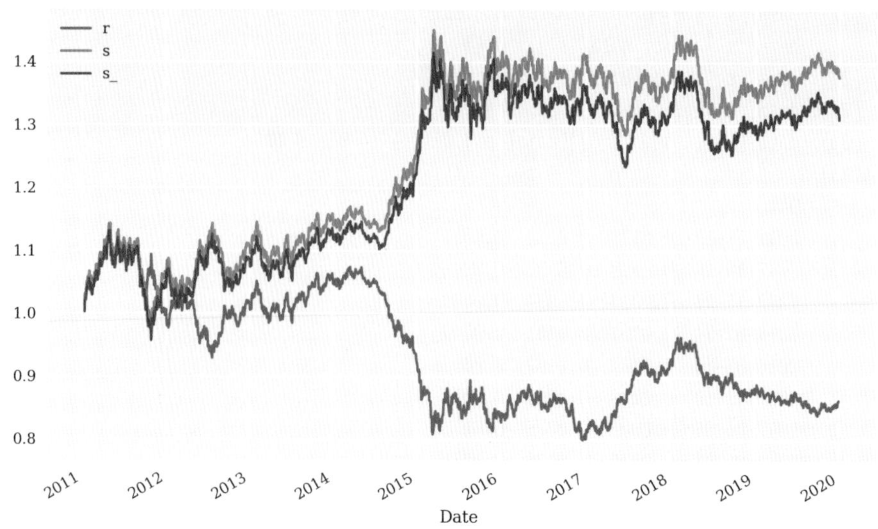

그림 10-4 거래비용 포함 전과 포함 후의 단순 이동평균 전략의 성능 분석

매매 전략의 리스크는 어느 정도일까? 방향성을 예측해서 매수 및 공매도 포지션을 잡은 매매 전략에서 변동성(로그 수익률의 표준편차)으로 나타낸 리스크는 단순 보유 전략과 정확히 같다.

```
In [29]: data[['r', 's', 's_']].std()  # ❶
Out[29]: r 0.0054
         s 0.0054
         s_ 0.0054
         dtype: float64
In [30]: data[['r', 's', 's_']].std() * math.sqrt(252)  # ❷
Out[30]: r 0.0853
         s 0.0853
         s_ 0.0855
         dtype: float64
```

❶ 일간 변동성

❷ 연율화 변동성

NOTE 벡터화된 백테스팅

벡터화된 백테스팅은 예측 기반의 매매 전략의 '순수' 성능을 백테스팅할 수 있는 강력하고 효율적인 접근법이다. 이 방법으로 비율성 거래비용도 고려할 수 있다. 하지만 손절 주문 또는 익절 주문 (추적)과 같은 전형적인 리스크 관리 방법을 구현하는 데는 적합하지 않다. 이 부분은 11장에서 다룬다.

10.2 일간 신경망 전략 백테스팅

이전 절에서는 간단하면서도 시각화하기도 쉬운 매매 전략을 기반으로 벡터화된 백테스팅의 청사진을 그려보았다. 이 구조를 그다지 많이 바꾸지 않고 신경망 기반의 매매 전략 등에도 적용할 수 있다. 다음 코드는 7장에서 다루었던 Keras 신경망 모형을 학습시킨다. 사용한 데이터는 앞 절에서 사용한 것과 같다. 하지만 7장처럼 데이터프레임 객체에 특징 데이터와 지연 데이터를 추가해야 한다.

```
In [31]: data = pd.DataFrame(pd.read_csv(url, index_col=0,
                              parse_dates=True).dropna()[symbol])
In [32]: data.info()
         <class 'pandas.core.frame.DataFrame'>
         DatetimeIndex: 2516 entries, 2010-01-04 to 2019-12-31
         Data columns (total 1 columns):
         # Column Non-Null Count Dtype
         --- ------ -------------- -----
         0 EUR= 2516 non-null float64
         dtypes: float64(1)
         memory usage: 39.3 KB
In [33]: lags = 5
In [34]: def add_lags(data, symbol, lags, window=20):
             cols = []
             df = data.copy()
             df.dropna(inplace=True)
             df['r'] = np.log(df / df.shift(1))
             df['sma'] = df[symbol].rolling(window).mean()
             df['min'] = df[symbol].rolling(window).min()
             df['max'] = df[symbol].rolling(window).max()
             df['mom'] = df['r'].rolling(window).mean()
             df['vol'] = df['r'].rolling(window).std()
             df.dropna(inplace=True)
             df['d'] = np.where(df['r'] > 0, 1, 0)
```

```
        features = [symbol, 'r', 'd', 'sma', 'min', 'max', 'mom', 'vol']
        for f in features:
            for lag in range(1, lags + 1):
                col = f'{f}_lag_{lag}'
                df[col] = df[f].shift(lag)
                cols.append(col)
        df.dropna(inplace=True)
        return df, cols
In [35]: data, cols = add_lags(data, symbol, lags, window=20)
```

다음 파이썬 코드에서 추가로 임포트와 set_seeds(), create_model() 함수를 구현한다.

```
In [36]: import random
         import tensorflow as tf
         from keras.layers import Dense, Dropout
         from keras.models import Sequential
         from keras.regularizers import l1
         from keras.optimizers import Adam
         from sklearn.metrics import accuracy_score
         Using TensorFlow backend.
In [37]: def set_seeds(seed=100):
             random.seed(seed)
             np.random.seed(seed)
             tf.random.set_seed(seed)
         set_seeds()
In [38]: optimizer = Adam(learning_rate=0.0001)
In [39]: def create_model(hl=2, hu=128, dropout=False, rate=0.3,
                          regularize=False, reg=l1(0.0005),
                          optimizer=optimizer, input_dim=len(cols)):
             if not regularize:
                 reg = None
             model = Sequential()
             model.add(Dense(hu, input_dim=input_dim,
                             activity_regularizer=reg,
                             activation='relu'))
             if dropout:
                 model.add(Dropout(rate, seed=100))
             for _ in range(hl):
                 model.add(Dense(hu, activation='relu',
                                 activity_regularizer=reg))
                 if dropout:
                     model.add(Dropout(rate, seed=100))
             model.add(Dense(1, activation='sigmoid'))
```

```
    model.compile(loss='binary_crossentropy',
                  optimizer=optimizer,
                  metrics=['accuracy'])
    return model
```

다음 파이썬 코드는 역사적 데이터를 순서에 맞게 학습 및 테스트 데이터로 나누고 정규화된 특징 데이터에 기반하여 신경망 모형을 학습시킨다.

```
In [40]: split = '2018-01-01'  # ❶
In [41]: train = data.loc[:split].copy()  # ❶
In [42]: np.bincount(train['d'])  # ❷
Out[42]: array([ 982, 1006])
In [43]: mu, std = train.mean(), train.std()  # ❸
In [44]: train_ = (train - mu) / std  # ❸
In [45]: set_seeds()
         model = create_model(hl=2, hu=64)  # ❹
In [46]: %%time
         model.fit(train_[cols], train['d'],
                   epochs=20, verbose=False,
                   validation_split=0.2, shuffle=False)  # ❺
         CPU times: user 2.93 s, sys: 574 ms, total: 3.5 s
         Wall time: 1.93 s
Out[46]: <keras.callbacks.callbacks.History at 0x7fc9392f38d0>
In [47]: model.evaluate(train_[cols], train['d'])  # ❻
         1988/1988 [==============================] - 0s 17us/step
Out[47]: [0.6745863538872549, 0.5925553441047668]
```

❶ 데이터를 학습 데이터와 테스트 데이터로 분할

❷ 라벨 클래스 빈도 표시

❸ 학습된 특징 데이터 정규화

❹ 신경망 모형 생성

❺ 학습 데이터에 기반하여 신경망 모형 학습

❻ 학습 데이터 기반 모형 성능 평가

지금까지는 7장에서 했던 핵심 과정을 되풀이한 것뿐이다. 이제 모형의 예측력에 기반한 일간 신경망 모형의 표본 내 성능을 벡터화된 백테스팅 방법으로 알아본다(그림 10-5). 당연히 상승 예측 시에는 매수 포지션을, 하락 예측 시에는 공매도 포지션을 잡는다.

```
In [48]: train['p'] = np.where(model.predict(train_[cols]) > 0.5, 1, 0)  # ❶
In [49]: train['p'] = np.where(train['p'] == 1, 1, -1)  # ❷
In [50]: train['p'].value_counts()  # ❸
Out[50]: -1 1098
          1 890
         Name: p, dtype: int64
In [51]: train['s'] = train['p'] * train['r']  # ❹
In [52]: train[['r', 's']].sum().apply(np.exp)  # ❺
Out[52]: r 0.8787
         s 5.0766
         dtype: float64
In [53]: train[['r', 's']].sum().apply(np.exp) - 1  # ❺
Out[53]: r -0.1213
         s 4.0766
         dtype: float64
In [54]: train[['r', 's']].cumsum().apply(np.exp).plot(figsize=(10, 6));  # ❻
```

❶ 시장 예측

❷ 예측값을 포지션값으로 변환

❸ 매수 및 매도 포지션의 수 표시

❹ 전략 성능 계산

❺ 표본 내 성능 계산

❻ 표본 내 성능 시각화

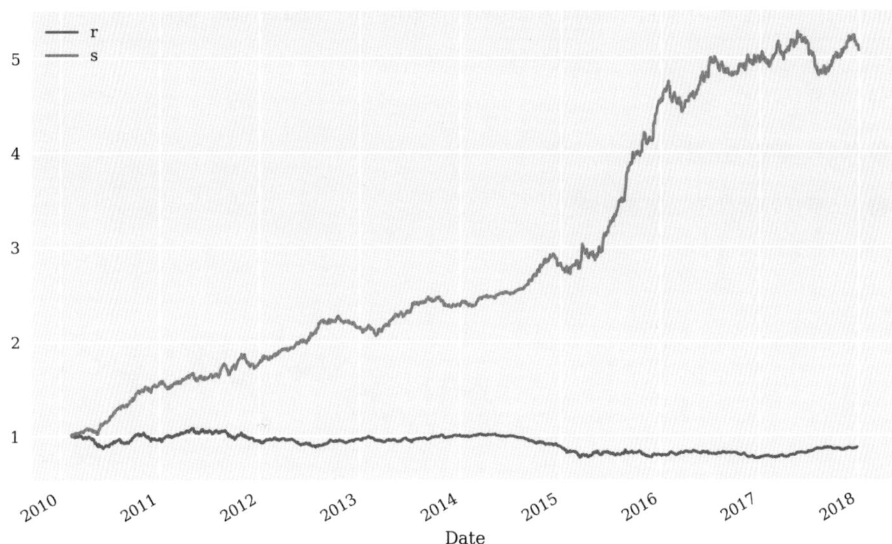

그림 10-5 단순 보유 전략과 일간 신경망 모형의 표본 내 성능 비교

다음으로 같은 계산을 테스트 데이터에 대해 반복한다. 표본 외 성능은 표본 내 성능에 비하면 미약하지만 그래도 여전히 좋은 성능을 거둔다(그림 10-6).

```
In [55]: test = data.loc[split:].copy()  # ❶
In [56]: test_ = (test - mu) / std  # ❷
In [57]: model.evaluate(test_[cols], test['d'])  # ❸
         503/503 [==============================] - 0s 17us/step
Out[57]: [0.6933823573897421, 0.5407554507255554]
In [58]: test['p'] = np.where(model.predict(test_[cols]) > 0.5, 1, -1)
In [59]: test['p'].value_counts()
Out[59]: -1 406
          1 97
         Name: p, dtype: int64
In [60]: test['s'] = test['p'] * test['r']
In [61]: test[['r', 's']].sum().apply(np.exp)
Out[61]: r 0.9345
         s 1.2431
         dtype: float64
In [62]: test[['r', 's']].sum().apply(np.exp) - 1
Out[62]: r -0.0655
         s 0.2431
         dtype: float64
```

```
In [63]: test[['r', 's']].cumsum().apply(np.exp).plot(figsize=(10, 6));
```

❶ 테스트 데이터셋 생성

❷ 테스트 데이터 정규화

❸ 테스트 데이터에 대한 모형 성능 계산

그림 10-6 단순 보유 전략과 일간 신경망 모형의 표본 외 성능 비교

신경망 기반의 매매 전략은 이동평균 기반 전략에 비해 매매 횟수가 많다. 따라서 경제적 성능을 판별할 때 거래비용은 중요한 요소가 된다.

다음 코드는 EUR/USD 환율에 대한 현실적인 매수–매도 스프레드로 1.2pips[1] (0.00012)를 가정했다. 계산을 단순화하기 위해 비율성 거래비용 pc는 EUR/USD의 평균 종가를 기반으로 계산한다(그림 10–7).

```
In [64]: sum(test['p'].diff() != 0)
Out[64]: 147
```

1 이 값은 일반 트레이더가 Oanda(*http://oanda.com*)에서 매매할 때 겪는 스프레드값이다.

```
In [65]: spread = 0.00012  # ❶
         pc = spread / data[symbol].mean()  # ❷
         print(f'{pc:.6f}')
         0.000098
In [66]: test['s_'] = np.where(test['p'].diff() != 0,
         test['s'] - pc, test['s'])
In [67]: test['s_'].iloc[0] -= pc
In [68]: test['s_'].iloc[-1] -= pc
In [69]: test[['r', 's', 's_']].sum().apply(np.exp)
Out[69]: r  0.9345
         s  1.2431
         s_ 1.2252
         dtype: float64
In [70]: test[['r', 's', 's_']].sum().apply(np.exp) - 1
Out[70]: r -0.0655
         s  0.2431
         s_ 0.2252
         dtype: float64
In [71]: test[['r', 's', 's_']].cumsum().apply(np.exp).plot(figsize=(10, 6));
```

❶ 평균 매수–매도 스프레드 고정

❷ 평균 비율성 거래비용 계산

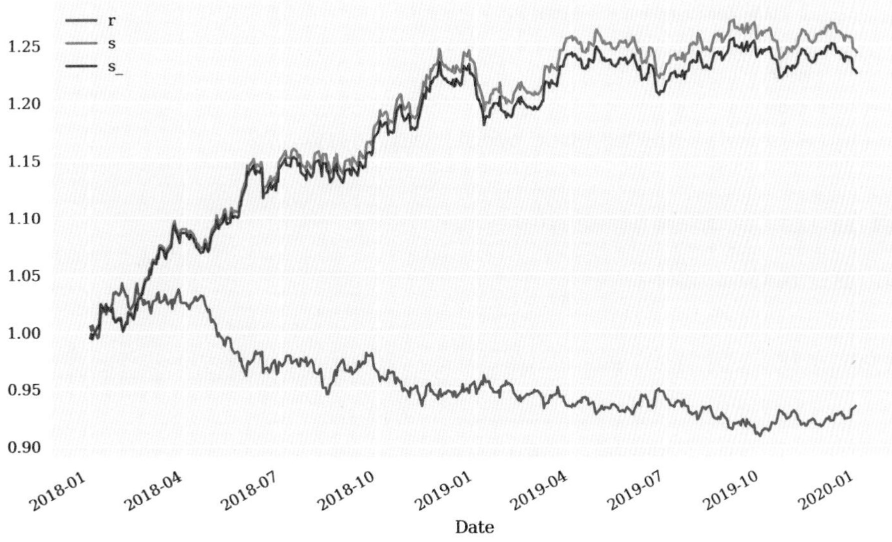

그림 10-7 거래비용을 제하기 전과 후의 일간 신경망 전략의 표본 외 성능 비교

신경망 기반의 매매 전략은 전형적인 거래비용을 제하기 전이나 후 모두 유망한 전략으로 보인다. 하지만 비슷한 전략이 훨씬 더 많은 매매 데이터가 있는 일중 데이터를 이용할 때도 통할까? 다음 절에서는 일중 신경망 전략에 대해 분석한다.

10.3 일중 신경망 전략 백테스팅

일중 데이터에 신경망 모형을 학습시키고 백테스팅하기 위해 또 다른 데이터셋이 필요하다.

```
In [72]: url = 'http://hilpisch.com/aiif_eikon_id_eur_usd.csv'  # ❶
In [73]: symbol = 'EUR='  # ❶
In [74]: data = pd.DataFrame(pd.read_csv(url, index_col=0,
                                 parse_dates=True).dropna()['CLOSE'])  # ❶
         data.columns = [symbol]
In [75]: data = data.resample('5min', label='right').last().ffill()  # ❷
In [76]: data.info()  # ❷
         <class 'pandas.core.frame.DataFrame'>
         DatetimeIndex: 26486 entries, 2019-10-01 00:05:00 to 2019-12-31 23:10:00
         Freq: 5T
         Data columns (total 1 columns):
         # Column Non-Null Count Dtype
         --- ------ -------------- -----
         0 EUR= 26486 non-null float64
         dtypes: float64(1)
         memory usage: 413.8 KB
In [77]: lags = 5
In [78]: data, cols = add_lags(data, symbol, lags, window=20)
```

❶ EUR/USD 일중 데이터를 추출하고 종가를 고른다.

❷ 5분 단위로 데이터 샘플링

새 데이터에 대해 이전 절에서 했던 절차를 반복한다. 우선 신경망 모형을 학습시킨다.

```
In [79]: split = int(len(data) * 0.85)
In [80]: train = data.iloc[:split].copy()
In [81]: np.bincount(train['d'])
Out[81]: array([16284, 6207])
```

```
In [82]: def cw(df):
             c0, c1 = np.bincount(df['d'])
             w0 = (1 / c0) * (len(df)) / 2
             w1 = (1 / c1) * (len(df)) / 2
             return {0: w0, 1: w1}
In [83]: mu, std = train.mean(), train.std()
In [84]: train_ = (train - mu) / std
In [85]: set_seeds()
         model = create_model(hl=1, hu=128,
                              reg=True, dropout=False)
In [86]: %%time
         model.fit(train_[cols], train['d'],
                   epochs=40, verbose=False,
                   validation_split=0.2, shuffle=False,
                   class_weight=cw(train))
         CPU times: user 40.6 s, sys: 5.49 s, total: 46 s
         Wall time: 25.2 s
Out[86]: <keras.callbacks.callbacks.History at 0x7fc91a6b2a90>
In [87]: model.evaluate(train_[cols], train['d'])
         22491/22491 [==============================] - 0s 13us/step
Out[87]: [0.5218664327576152, 0.6729803085327148]
```

표본 내 성능은 [그림 10-8]에서 보는 것처럼 매우 좋다.

```
In [88]: train['p'] = np.where(model.predict(train_[cols]) > 0.5, 1, -1)
In [89]: train['p'].value_counts()
Out[89]: -1 11519
          1 10972
         Name: p, dtype: int64
In [90]: train['s'] = train['p'] * train['r']
In [91]: train[['r', 's']].sum().apply(np.exp)
Out[91]: r 1.0223
         s 1.6665
         dtype: float64
In [92]: train[['r', 's']].sum().apply(np.exp) - 1
Out[92]: r 0.0223
         s 0.6665
         dtype: float64
In [93]: train[['r', 's']].cumsum().apply(np.exp).plot(figsize=(10, 6));
```

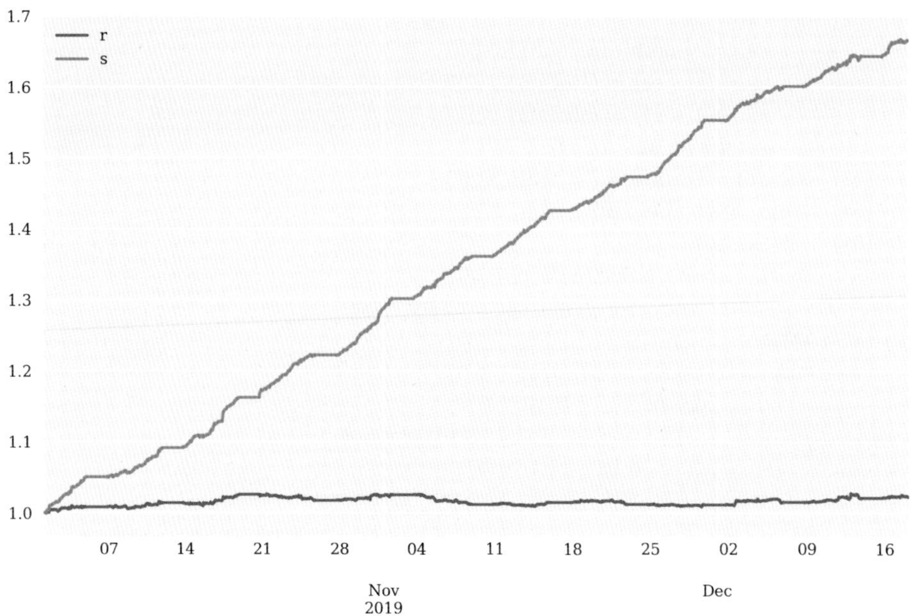

그림 10-8 단순 보유 전략과 일중 신경망 전략의 성능 비교 (표본 내 성능)

표본 외 성능도 거래비용을 넣기 전까지는 유망해 보인다. 이 전략은 단순 보유 전략을 구조적으로 앞서는 것처럼 보인다(그림 10-9).

```
In [94]: test = data.iloc[split:].copy()
In [95]: test_ = (test - mu) / std
In [96]: model.evaluate(test_[cols], test['d'])
         3970/3970 [==============================] - 0s 19us/step
Out[96]: [0.5226116042706168, 0.6685138344476471]
In [97]: test['p'] = np.where(model.predict(test_[cols]) > 0.5, 1, -1)
In [98]: test['p'].value_counts()
Out[98]: -1 2273
          1 1697
         Name: p, dtype: int64
In [99]: test['s'] = test['p'] * test['r']
In [100]: test[['r', 's']].sum().apply(np.exp)
Out[100]: r 1.0071
         s 1.0658
         dtype: float64
In [101]: test[['r', 's']].sum().apply(np.exp) - 1
Out[101]: r 0.0071
```

```
        s 0.0658
        dtype: float64
In [102]: test[['r', 's']].cumsum().apply(np.exp).plot(figsize=(10, 6));
```

전략 성능을 알아보기 위한 마지막 테스트는 거래비용을 고려한다. 이 전략은 비교적 짧은 기간 안에 수백 번의 매매를 한다. 순수한 경제적 성능에 관한 마지막 테스트는 거래비용을 추가할 때 나온다. 이 전략은 비교적 짧은 기간 안에 수백 번의 매매를 한다. 다음 분석에서 보듯이 표준적인 일반 고객 매수-매도 스프레드를 사용하면 이 전략은 사용할 수가 없다.

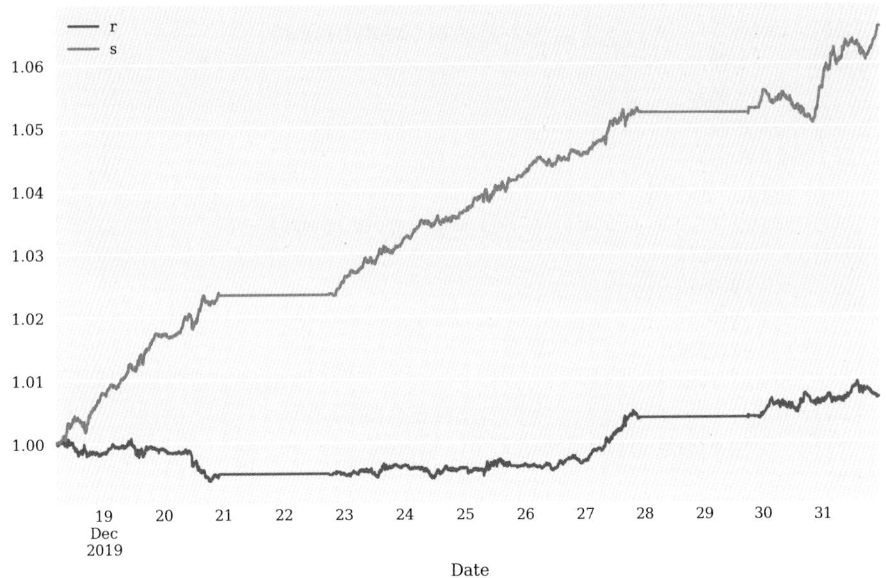

그림 10-9 단순 보유 전략과 일중 신경망 전략의 표본 외 성능 비교

대량 매매를 하는 전문 투자자가 달성 가능한 수준으로 스프레드를 낮추어도 이 전략은 여전히 손익분기점을 넘지 않으며 이익 대부분을 거래비용으로 소모한다(그림 10-10).

```
In [103]: sum(test['p'].diff() != 0)
Out[103]: 1303
In [104]: spread = 0.00012  # ❶
          pc_1 = spread / test[symbol]  # ❶
In [105]: spread = 0.00006  # ❷
          pc_2 = spread / test[symbol]  # ❷
In [106]: test['s_1'] = np.where(test['p'].diff() != 0,
                                 test['s'] - pc_1, test['s'])  # ❶
In [107]: test['s_1'].iloc[0] -= pc_1.iloc[0]  # ❶
          test['s_1'].iloc[-1] -= pc_1.iloc[0]  # ❶
In [108]: test['s_2'] = np.where(test['p'].diff() != 0,
                                 test['s'] - pc_2, test['s'])  # ❷
In [109]: test['s_2'].iloc[0] -= pc_2.iloc[0]  # ❷
          test['s_2'].iloc[-1] -= pc_2.iloc[0]  # ❷
In [110]: test[['r', 's', 's_1', 's_2']].sum().apply(np.exp)
Out[110]: r    1.0071
          s    1.0658
          s_1 0.9259
          s_2 0.9934
          dtype: float64
In [111]: test[['r', 's', 's_1', 's_2']].sum().apply(np.exp) - 1
Out[111]: r     0.0071
          s     0.0658
          s_1 -0.0741
          s_2 -0.0066
          dtype: float64
In [112]: test[['r', 's', 's_1', 's_2']].cumsum().apply(
              np.exp).plot(figsize=(10, 6), style=['-', '-', '--', '--']);
```

❶ 일반 투자자 수준의 거래비용

❷ 전문 투자자 수준의 거래비용

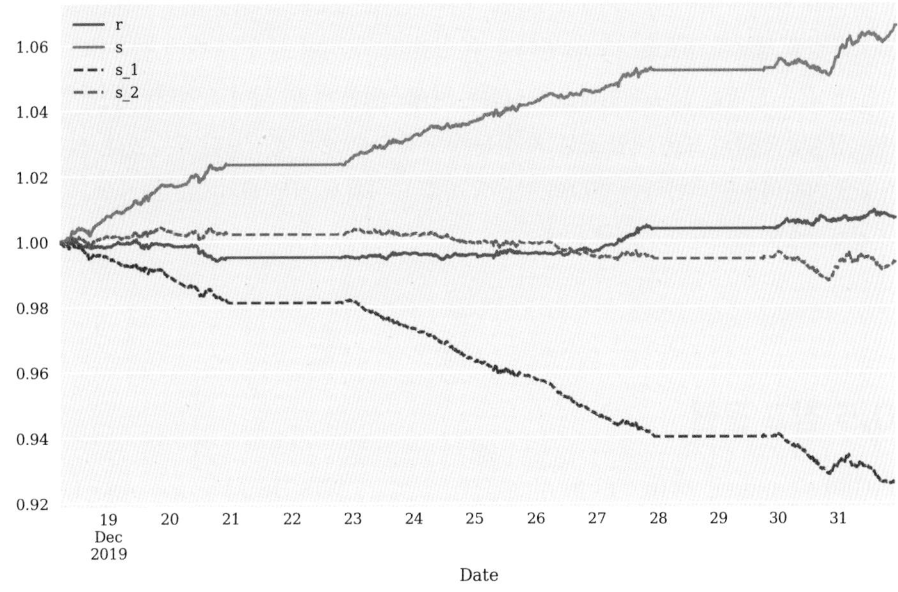

그림 10-10 더 높은 수준과 낮은 수준의 거래비용을 제외한 일중 신경망 전략의 표본 외 성능

> **CAUTION 일중 매매**
>
> 이 장에서 논의한 일중 알고리즘 트레이딩은 통계적 관점에서 보면 유망해 보일 수 있다. 신경망 모형에서 표본 내 성능이나 표본 외 성능은 모두 시장의 방향을 예측하는 데 높은 정확도를 보인다. 거래비용을 제외하면 표본 내와 표본 외 성능 모두 단순 보유 전략을 크게 앞선다. 하지만 거래비용을 포함하면 신경망 전략의 성과가 크게 떨어져서 일반 투자자의 매수-매도 스프레드의 경우에는 사용할 수 없는 전략이 되고 전문 투자자의 매수-매도 스프레드를 사용해도 그다지 매력적이지 않게 된다.

10.4 마치며

벡터화된 백테스팅은 인공지능 기반의 알고리즘 트레이딩 전략의 성능을 백테스팅하는 데 효율적이고 가치 있는 접근법이다. 이 장에서는 두 개의 이동평균선으로 신호를 이끌어내는 간단한 예제로 이 접근법을 설명했다. 이렇게 하면 전략과 그 결과로 이끌어지는 포지션을 간단하게 시각화할 수 있다. 그런 다음 7장에서 자세히 설명했던 것과 같이 신경망 기반 전략을 일간 데이터 기반으로 백테스팅했다. 거래비용을 제외하기 전이나 후 모두 7장에서 발견했던 통계적 비효율성을 경제적 비효율성으로 변환할 수 있었다. 즉, 수익성 있는 매매 전략이라는 것을 의미한다. 같은 전략을 일중 데이터로 벡터화된 백테스팅한 결과, 적어도 거래비용을 제외하기 전에는 신경망 전략의 표본 내와 표본 외 성능은 모두 단순 보유 전략보다 우수했다. 하지만 백테스팅에 거래비용을 추가하면 전략의 성능이 아주 낮아져서 전문 투자자도 쓰기 힘든 수준이 되어 경제적으로 쓸모가 없어지게 된다.

10.5 참고 문헌

- Gibbs Samuel. 2016. "Elon Musk: Tesla Cars Will Be Able to Cross Us with No Driver in Two Years." *The Guardian*. January 11, 2016. `https://oreil.ly/C508Q`.
- Hilpisch, Yves. 2018. *Python for Finance: Mastering Data-Driven Finance*. 2nd ed. Sebastopol: O'Reilly.

  _____. 2020. *Python for Algorithmic Trading: From Idea to Cloud Deployment*. Sebastopol: O'Reilly.

CHAPTER 11

리스크 관리

자율주행차를 대량으로 보급하는 데 가장 큰 장벽은 안전 보장이다.

– 마지드 콘지 외 (2019)

더 나은 예측을 하는 것은 판단의 가치를 높인다. 만약 당신이 비에 젖는 것 또는 우산을 들고 다니는 것을 얼마나 싫어하는지를 알지 못한다면, 비가 올 확률을 아는 것은 결국에는 별 의미가 없다.

– 아제이 아그라왈 외 (2018)

백터화된 백테스팅하면 예측 기반 알고리즘 트레이딩 전략의 경제적 잠재성을 있는 그대로 판단할 수 있다. 하지만 현실에 적용되는 대부분의 인공지능 에이전트는 단순한 예측 모형 이외에도 다른 구성요소를 가지고 있다. 예를 들어 자율주행차의 인공지능은 독립형이 아니라, 인공지능이 택하거나 택할 수 있는 행위를 제한하는 수많은 규칙과 휴리스틱을 가지고 있다. 인공지능의 맥락에서 보면, 이것은 주로 충돌이나 추돌로 인한 리스크 관리와 관련이 있다.

금융 분야에서도 인공지능 에이전트나 트레이딩 봇도 일반적으로 있는 그대로 사용하지 않는다. 손절 주문stop loss order이나 익절 주문take profit order과 같은 표준 리스크 관리 수단들을 많이 사용한다. 그 이유는 분명하다. 금융 시장에서 방향성 베팅을 할 때 너무 큰 손실을 피하기 위해, 혹은 어떤 이익 수준에 도달했을 때 빨리 매매를 종료하여 이익을 보호하기 위해서이다. 이러한 위험 측도는 관련 데이터와 통계 분석보다는 인간의 판단에 의한 경우가 많다. 아그라왈Agrawal(2018)의 책에서 이 점을 개념적으로 잘 설명한다. 즉, 인공지능은 향상된 예측을 제공하지만 인간의 판단은 여전히 의사결정과 행동반경의 결정에 중요한 역할을 한다는 것이다.

이 장의 목적은 3가지이다. 우선 딥 QL 에이전트 학습에서 나온 알고리즘 트레이딩 전략을 벡터화된 방법과 이벤트 기반 방법으로 백테스팅한다. 이제부터는 이 에이전트를 트레이딩 봇이라고 부른다. 두 번째로 이 전략을 구현하는 금융상품에 대한 리스크를 평가한다. 세 번째로 이 장에서 소개하는 이벤트 기반 방법을 사용하여 손절 주문과 같은 전형적인 리스크 관리 수단을 백테스팅한다. 벡터화된 백테스팅와 비교하여 이벤트 기반 백테스팅 방법의 장점은 의사결정이나 리스트 관리 수단을 모형화하는 데 있어서 고도의 유연성을 가지고 있다는 점이다. 다른 말로 하면 벡터화 프로그래밍 방법을 사용할 때와 비교하여 세부적인 점에 집중할 수 있도록 해준다.

11.1절에서는 9장의 QL 에이전트 기반 트레이딩 봇을 소개하고 훈련시킨다. 11.2절에서는 트레이딩 봇의 경제적 성능을 판단하기 위해 10장의 백터화된 백테스팅 방법을 사용한다. 이벤트 기반 백테스팅 방법은 11.3절에서 소개한다. 우선 베이스 클래스를 논의하고 두 번째로 이 베이스 클래스에 기반하여 트레이딩 봇의 백테스팅을 구현하고 실행한다. 이에 대해서는 저자 힐피시Hilpisch(2020)의 책 6장을 참조하면 된다. 11.4절에서는 최대 순간 손실maximum drawdown 및 평균 진범위average true range(ATR)와 같은 리스크 관리 수단을 설정하는 데 있어서 중요한 몇 가지 통계를 분석한다. 11.5절에서는 트레이딩 봇의 성능에서 중요한 리스크 관리 수단의 영향을 백테스팅한다.

11.1 트레이딩 봇

이 절에서는 9장의 금융 QL 에이전트 FQLAgent에 기반한 트레이딩 봇을 소개한다. 우선 관련 모듈을 임포트한다.

```
In [1]: import os
        import numpy as np
        import pandas as pd
        from pylab import plt, mpl
        plt.style.use('seaborn')
        mpl.rcParams['savefig.dpi'] = 300
        mpl.rcParams['font.family'] = 'serif'
        pd.set_option('mode.chained_assignment', None)
        pd.set_option('display.float_format', '{:.4f}'.format)
```

```
np.set_printoptions(suppress=True, precision=4)
os.environ['PYTHONHASHSEED'] = '0'
```

이 장의 마지막 11.8절은 3개의 소절로 구성되어 있는데, 11.8.1절에는 여기에 사용된 Finance 클래스 모듈이 나와 있다. 11.8.2절 에서는 트레이딩 봇 클래스와 학습 및 검증 결과를 시각화하는 몇 가지 도움 함수가 나온다. 두 클래스는 9장에서 소개된 클래스와 매우 비슷하기 때문에 여기에서는 추가적인 설명을 하지 않는다.

다음 코드는 검증 데이터를 포함한 일간 주가 기록 데이터에 대해 트레이딩 봇을 훈련시키는 코드다. 일간 주가 기록 데이터에 대해 훈련시킨다. [그림 11-1]에 여러 가지 훈련 에피소드에서 얻은 평균 보상을 표시했다.

```
In [2]: import finance
        import tradingbot
        Using TensorFlow backend.
In [3]: symbol = 'EUR='
        features = [symbol, 'r', 's', 'm', 'v']
In [4]: a = 0
        b = 1750
        c = 250
In [5]: learn_env = finance.Finance(symbol, features, window=20, lags=3,
                                    leverage=1, min_performance=0.9, min_
accuracy=0.475,
                                    start=a, end=a + b, mu=None, std=None)
In [6]: learn_env.data.info()
        <class 'pandas.core.frame.DataFrame'>
        DatetimeIndex: 1750 entries, 2010-02-02 to 2017-01-12
        Data columns (total 6 columns):
        # Column Non-Null Count Dtype
        --- ------ -------------- -----
         0 EUR= 1750 non-null float64
         1 r    1750 non-null float64
         2 s    1750 non-null float64
         3 m    1750 non-null float64
         4 v    1750 non-null float64
         5 d    1750 non-null int64
        dtypes: float64(5), int64(1)
        memory usage: 95.7 KB
In [7]: valid_env = finance.Finance(symbol, features=learn_env.features,
                                    window=learn_env.window,
                                    lags=learn_env.lags,
```

```
                                  leverage=learn_env.leverage,
                                  min_performance=0.0, min_accuracy=0.0,
                                  start=a + b, end=a + b + c,
                                  mu=learn_env.mu, std=learn_env.std)
In [8]: valid_env.data.info()
        <class 'pandas.core.frame.DataFrame'>
        DatetimeIndex: 250 entries, 2017-01-13 to 2018-01-10
        Data columns (total 6 columns):
        # Column Non-Null Count Dtype
        --- ------ -------------- -----
         0 EUR= 250 non-null float64
         1 r    250 non-null float64
         2 s    250 non-null float64
         3 m    250 non-null float64
         4 v    250 non-null float64
         5 d    250 non-null int64
        dtypes: float64(5), int64(1)
        memory usage: 13.7 KB
In [9]: tradingbot.set_seeds(100)
        agent = tradingbot.TradingBot(24, 0.001, learn_env, valid_env)
In [10]: episodes = 61
In [11]: %time agent.learn(episodes)
        ======================================================================
        episode: 10/61 | VALIDATION | treward: 247 | perf: 0.936 | eps: 0.95
        ======================================================================
        ======================================================================
        episode: 20/61 | VALIDATION | treward: 247 | perf: 0.897 | eps: 0.86
        ======================================================================
        ======================================================================
        episode: 30/61 | VALIDATION | treward: 247 | perf: 1.035 | eps: 0.78
        ======================================================================
        ======================================================================
        episode: 40/61 | VALIDATION | treward: 247 | perf: 0.935 | eps: 0.70
        ======================================================================
        ======================================================================
        episode: 50/61 | VALIDATION | treward: 247 | perf: 0.890 | eps: 0.64
        ======================================================================
        ======================================================================
        episode: 60/61 | VALIDATION | treward: 247 | perf: 0.998 | eps: 0.58
        ======================================================================
        episode: 61/61 | treward: 17 | perf: 0.979 | av: 475.1 | max: 1747
        CPU times: user 51.4 s, sys: 2.53 s, total: 53.9 s
        Wall time: 47 s
In [12]: tradingbot.plot_treward(agent)
```

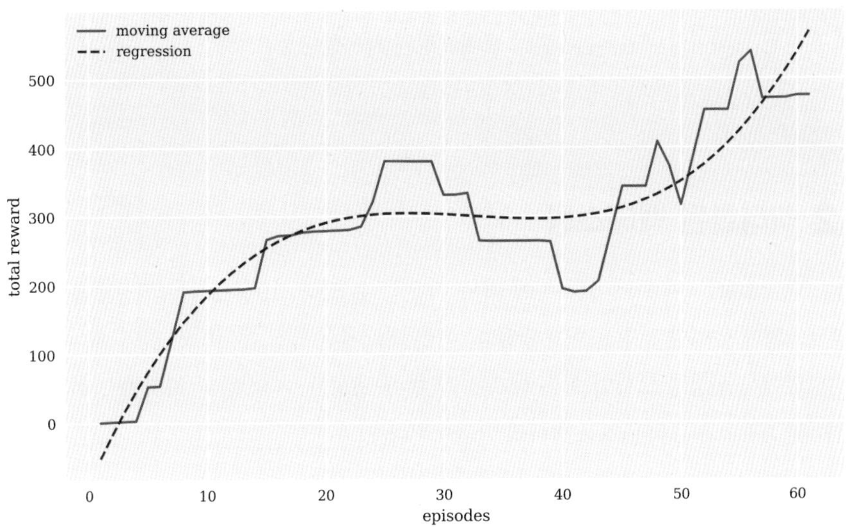

그림 11-1 훈련 에피소드당 평균 총 보수

[그림 11-2]에서는 탐색exploration과 이용exploitation을 반복하는 학습 데이터에 대한 트레이딩 봇의 총 성능을 이용exploitation만 하는 검증 데이터의 성능과 비교한다.

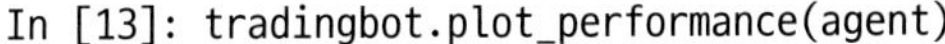

```
In [13]: tradingbot.plot_performance(agent)
```

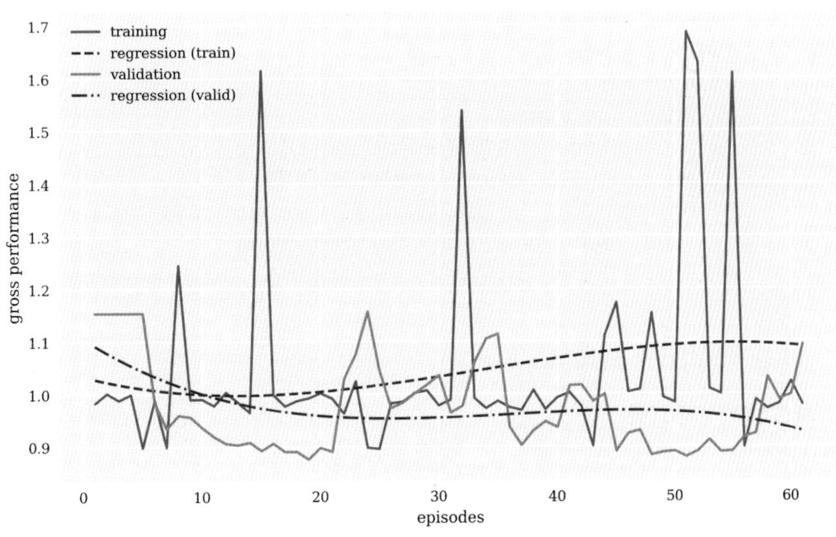

그림 11-2 학습 및 검증 데이터 셋의 성능 비교

이렇게 훈련된 트레이딩 봇을 다음 절의 백테스팅에 사용한다.

11.2 벡터화된 백테스팅

벡터화된 백테스팅은 이 트레이딩 봇에 바로 적용할 수 없다. 10장에서는 접근법을 설명하기 위해 백테스팅에 신경망 모형을 이용했었다. 이런 맥락에서 특징 데이터와 라벨 데이터가 미리 준비되어 있어서 신경망 모형이 모든 예측을 한 번에 생성할 수 있었다. 하지만 강화 학습에서 데이터는 환경과의 상호작용으로 하나씩 만들어진다.

따라서 다음 파이썬 코드를 사용해서 `TradingBot` 인스턴스와 `Finance` 인스턴스를 입력받아서 백테스팅 함수를 정의한다. 이 함수는 `Finance` 환경 컬럼의 데이터프레임 객체를 만들어서 트레이딩 봇의 포지션과 전략 성능을 컬럼으로 만든다.

```
In [14]: def reshape(s):
             return np.reshape(s, [1, learn_env.lags,
                                   learn_env.n_features])  # ❶
In [15]: def backtest(agent, env):
             env.min_accuracy = 0.0
             env.min_performance = 0.0
             done = False
             env.data['p'] = 0  # ❷
             state = env.reset()
             while not done:
                 action = np.argmax(
                     agent.model.predict(reshape(state))[0, 0])  # ❸
                 position = 1 if action == 1 else -1  # ❹
                 env.data.loc[:, 'p'].iloc[env.bar] = position  # ❺
                 state, reward, done, info = env.step(action)
             env.data['s'] = env.data['p'] * env.data['r'] * learn_env.leverage  # ❻
```

❶ 단일 특징-라벨 조합으로 모양을 바꿈

❷ 포지션값을 위한 컬럼 생성

❸ 훈련된 신경망 모형의 최적 예측 행위 생성

❹ 생성된 포지션(매수 혹은 상방은 +, 매도 혹은 하방은 –)

❺ 해당하는 컬럼을 적절한 인덱스 위치에 저장

❻ 포지션값을 고려하여 전략 로그 수익률을 계산

이 백테스팅 함수가 있으면 벡터화된 백테스팅을 하는 코드는 10장의 파이썬 코드 몇 줄로 요약된다.

[그림 11-3]은 단순 보유 전략의 성능을 이 전략의 성능과 비교한다.

```
In [16]: env = agent.learn_env  # ❶
In [17]: backtest(agent, env)  # ❷
In [18]: env.data['p'].iloc[env.lags:].value_counts()  # ❸
Out[18]: 1 961
        -1 786
         Name: p, dtype: int64
In [19]: env.data[['r', 's']].iloc[env.lags:].sum().apply(np.exp)  # ❹
Out[19]: r 0.7725
         s 1.5155
         dtype: float64
In [20]: env.data[['r', 's']].iloc[env.lags:].sum().apply(np.exp) - 1  # ❺
Out[20]: r -0.2275
         s  0.5155
         dtype: float64
In [21]: env.data[['r', 's']].iloc[env.lags:].cumsum(
                  ).apply(np.exp).plot(figsize=(10, 6));
```

❶ 관련 환경을 설정

❷ 추가로 필요한 데이터를 생성

❸ 매수와 공매도 포지션 횟수 카운트

❹ 단순 보유 전략의 성능 계산

❺ 해당 전략의 성능 계산

❻ 순수 성능 계산

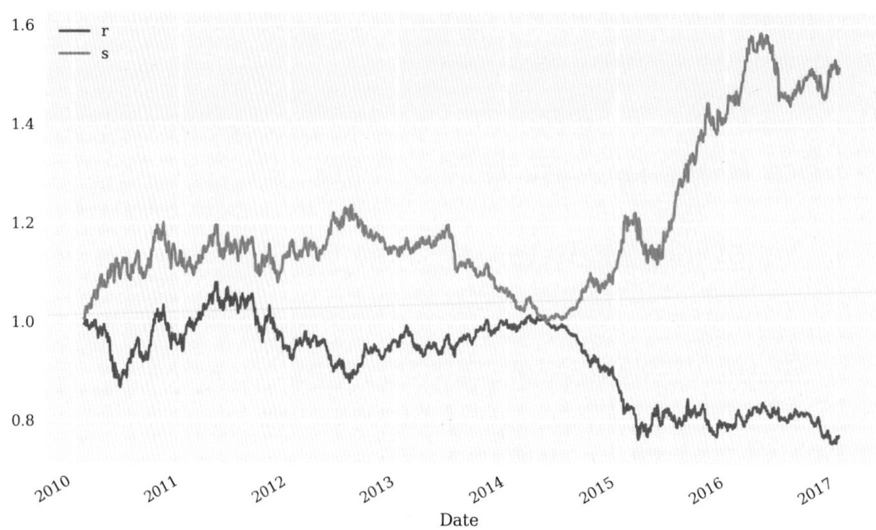

그림 11-3 단순 보유 전략과 트레이딩 봇의 성능 비교 (표본 내 성능)

트레이딩 봇의 좀 더 실질적인 성능 수준을 얻기 위해 다음 파이썬 코드에서는 트레이딩 봇이 이전에는 경험한적 없는 데이터를 이용한 테스트 환경을 만든다. [그림 11-4]에서는 단순 보유 전략의 성능과 비교하고 있다.

```
In [22]: test_env = finance.Finance(symbol, features=learn_env.features,
                                    window=learn_env.window,
                                    lags=learn_env.lags,
                                    leverage=learn_env.leverage,
                                    min_performance=0.0, min_accuracy=0.0,
                                    start=a + b + c, end=None,
                                    mu=learn_env.mu, std=learn_env.std)
In [23]: env = test_env
In [24]: backtest(agent, env)
In [25]: env.data['p'].iloc[env.lags:].value_counts()
Out[25]: -1 437
          1 56
         Name: p, dtype: int64
In [26]: env.data[['r', 's']].iloc[env.lags:].sum().apply(np.exp)
Out[26]: r 0.9144
         s 1.0992
         dtype: float64
```

```
In [27]: env.data[['r', 's']].iloc[env.lags:].sum().apply(np.exp) - 1
Out[27]: r -0.0856
         s 0.0992
         dtype: float64
In [28]: env.data[['r', 's']].iloc[env.lags:].cumsum(
                   ).apply(np.exp).plot(figsize=(10, 6));
```

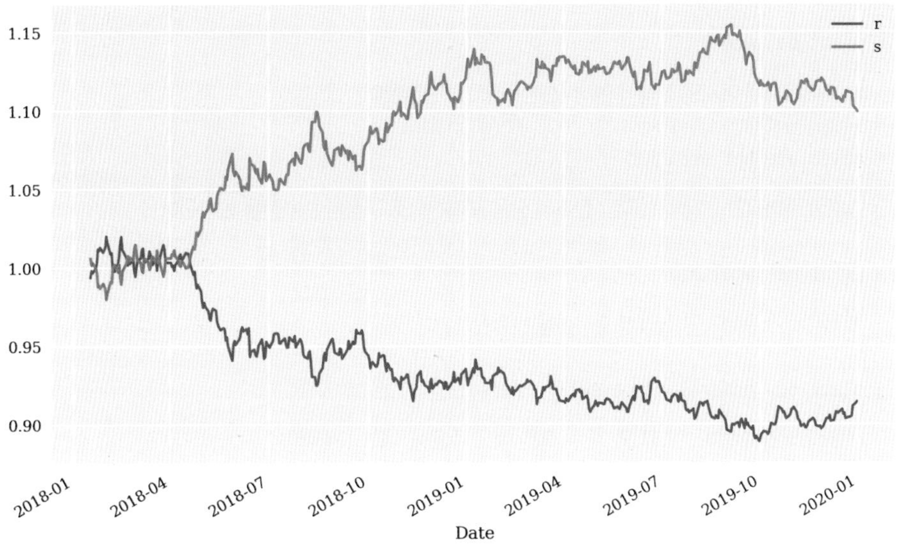

그림 11-4 단순 보유 전략과 트레이딩 봇의 성능 비교 (표본 외 성능)

리스크 관리가 없는 표본외 성과도 유망하다. 하지만 매매 전략의 실제 성능을 적절히 평가하기 위해서는 리스크 관리를 포함해야 한다. 이때는 이벤트 기반 백테스팅이 제 역할을 하게 된다.

11.3 이벤트 기반 백테스팅

앞 절의 결과를 볼 때 리스크 관리 수단이 없는 표본 외 성능의 전망은 밝은 편이다. 하지만 손절 주문과 같은 리스크 관리 수단을 올바르게 분석하려면 이벤트 기반 백테스팅이 필요하다. 이 절에서는 알고리즘 트레이딩 전략의 성능을 평가하는 대안으로써 이벤트 기반 백테스팅을 소개한다.

이 장 마지막 절에서 여러 가지 방향성 매매 전략을 유연하게 테스트할 수 있는 BacktestingBase 클래스를 구현한다. 해당 코드에는 중요한 부분마다 자세한 주석이 달려 있다. 이 베이스 클래스는 다음과 같은 메서드를 제공한다.

- `get_date_price()`

  바bar 데이터(금융 데이터를 포함하는 데이터프레임 객체의 인덱스값)가 주어지면 관련된 날짜와 가격을 반환한다.

- `print_balance()`

  바 데이터가 주어지면 전략의 현재 (현금) 잔고를 반환한다.

- `calculate_net_wealth()`

  가격이 주어지면 현재의 (현금) 잔고와 상품 포지션으로 구성된 순자산을 반환한다.

- `print_net_wealth()`

  바 데이터가 주어지면 전략의 순자산을 반환한다.

- `place_buy_order()`, `place_sell_order()`

  바 데이터와 수량이 주어지면 매수 혹은 매도 주문을 내고 (거래비용 등에 따라) 관련된 수량을 조정한다.

- `close_out()`

  바 데이터가 주어지면 현재 포지션을 종료하고 성능 통계를 계산 및 보고한다.

다음 파이썬 코드는 BacktestingBase 클래스 인스턴스가 어떻게 동작하는지를 설명한다.

```
In [29]: import backtesting as bt  # ❶
In [30]: bb = bt.BacktestingBase(env=agent.learn_env, model=agent.model,
                                 amount=10000, ptc=0.0001, ftc=1.0,
                                 verbose=True)
In [31]: bb.initial_amount  # ❷
Out[31]: 10000
In [32]: bar = 100  # ❸
In [33]: bb.get_date_price(bar)  # ❹
Out[33]: ('2010-06-25', 1.2374)
In [34]: bb.env.get_state(bar)  # ❺
```

```
Out[34]:                EUR=       r       s       m       v
         Date
         2010-06-22 -0.0242 -0.5622 -0.0916 -0.2022 1.5316
         2010-06-23  0.0176  0.6940 -0.0939 -0.0915 1.5563
         2010-06-24  0.0354  0.3034 -0.0865  0.6391 1.0890
In [35]: bb.place_buy_order(bar, amount=5000)  # ❻
         2010-06-25 | buy 4040 units for 1.2374
         2010-06-25 | current balance = 4999.40
In [36]: bb.print_net_wealth(2 * bar)  # ❼
         2010-11-16 | net wealth = 10450.17
In [37]: bb.place_sell_order(2 * bar, units=1000)  # ❽
         2010-11-16 | sell 1000 units for 1.3492
         2010-11-16 | current balance = 6347.47
In [38]: bb.close_out(3 * bar)  # ❾
         ==================================================
         2011-04-11 | *** CLOSING OUT ***
         2011-04-11 | sell 3040 units for 1.4434
         2011-04-11 | current balance = 10733.97
         2011-04-11 | net performance [%] = 7.3397
         2011-04-11 | number of trades [#] = 3
         ==================================================
```

❶ BacktestingBase 객체 인스턴스 생성

❷ initial_amount 속성값

❸ 바 데이터 고정

❹ 해당 바 데이터에 대한 날짜 및 가격값 추출

❺ 해당 바 데이터에 대한 Finance 환경의 상태 추출

❻ 수량 파라미터를 사용한 매수 주문

❼ 나중 순간(2 * bar)의 순자산 출력

❽ 수량 파라미터를 사용한 매도 주문

❾ 나중 순간(3 * bar)에 남은 매수 포지션 정리

TBBacktester 클래스는 BacktestingBase 클래스를 상속받아서 트레이딩 봇의 이벤트 기반 백테스팅을 구현한다.

```
In [39]: class TBBacktester(bt.BacktestingBase):
             def _reshape(self, state):
                 ''' Helper method to reshape state objects.
                 '''
                 return np.reshape(state, [1, self.env.lags, self.env.n_features])

             def backtest_strategy(self):
                 ''' Event-based backtesting of the trading bot's performance.
                 '''
                 self.units = 0
                 self.position = 0
                 self.trades = 0
                 self.current_balance = self.initial_amount
                 self.net_wealths = list()
                 for bar in range(self.env.lags, len(self.env.data)):
                     date, price = self.get_date_price(bar)
                     if self.trades == 0:
                         print(50 * '=')
                         print(f'{date} | *** START BACKTEST ***')
                         self.print_balance(bar)
                         print(50 * '=')
                     state = self.env.get_state(bar)  # ❶
                     action = np.argmax(self.model.predict(
                                     self._reshape(state.values))[0, 0])  # ❷
                     position = 1 if action == 1 else -1  # ❸
                     if self.position in [0, -1] and position == 1:  # ❹
                         if self.verbose:
                             print(50 * '-')
                             print(f'{date} | *** GOING LONG ***')
                         if self.position == -1:
                             self.place_buy_order(bar - 1, units=-self.units)
                         self.place_buy_order(bar - 1,
                                              amount=self.current_balance)
                         if self.verbose:
                             self.print_net_wealth(bar)
                         self.position = 1
                     elif self.position in [0, 1] and position == -1:  # ❺
                         if self.verbose:
                             print(50 * '-')
                             print(f'{date} | *** GOING SHORT ***')
                         if self.position == 1:
                             self.place_sell_order(bar - 1, units=self.units)
                         self.place_sell_order(bar - 1,
                                               amount=self.current_balance)
```

```
            if self.verbose:
                self.print_net_wealth(bar)
            self.position = -1
        self.net_wealths.append((date,
                                 self.calculate_net_wealth(price)))  # ❻
    self.net_wealths = pd.DataFrame(self.net_wealths,
                                    columns=['date', 'net_wealth'])  # ❻
    self.net_wealths.set_index('date', inplace=True)  # ❻
    self.net_wealths.index = pd.DatetimeIndex(
                                    self.net_wealths.index)  # ❻
    self.close_out(bar)
```

❶ Finance 환경의 상태 추출

❷ 주어진 상태와 모형 객체에 따른 최적의 행위(예측)

❸ 주어진 최적의 행위(예측)에 따른 최적의 포지션 계산

❹ 조건이 맞으면 매수 포지션 진입

❺ 조건이 맞으면 매도 포지션 진입

❻ 순자산값을 수집하여 데이터프레임 객체 내에 변환하여 저장

Finance 및 TradingBot 클래스 객체가 있으면 TBBacktester 클래스 적용 방법은 단순하다. 다음 코스는 학습 환경 데이터에 대해 트레이딩 봇을 백테스팅한다. [그림 11-5]는 두 경우를 시간에 따라 시각적으로 비교한다.

```
In [40]: env = learn_env
In [41]: tb = TBBacktester(env, agent.model, 10000,
                           0.0, 0, verbose=False)  # ❶
In [42]: tb.backtest_strategy()  # ❶
         ==================================================
         2010-02-05 | *** START BACKTEST ***
         2010-02-05 | current balance = 10000.00
         ==================================================
         ==================================================
         2017-01-12 | *** CLOSING OUT ***
         2017-01-12 | current balance = 14601.85
         2017-01-12 | net performance [%] = 46.0185
         2017-01-12 | number of trades [#] = 828
         ==================================================
```

```
In [43]: tb_ = TBBacktester(env, agent.model, 10000,
                            0.00012, 0.0, verbose=False)
In [44]: tb_.backtest_strategy()  # ❷
         ==================================================
         2010-02-05 | *** START BACKTEST ***
         2010-02-05 | current balance = 10000.00
         ==================================================
         ==================================================
         2017-01-12 | *** CLOSING OUT ***
         2017-01-12 | current balance = 13222.08
         2017-01-12 | net performance [%] = 32.2208
         2017-01-12 | number of trades [#] = 828
         ==================================================
In [45]: ax = tb.net_wealths.plot(figsize=(10, 6))
         tb_.net_wealths.columns = ['net_wealth (after tc)']
         tb_.net_wealths.plot(ax=ax);
```

❶ 거래비용을 포함하지 않는 표본 내 이벤트 기반 백테스팅

❷ 거래비용을 포함한 표본 내 이벤트 기반 백테스팅

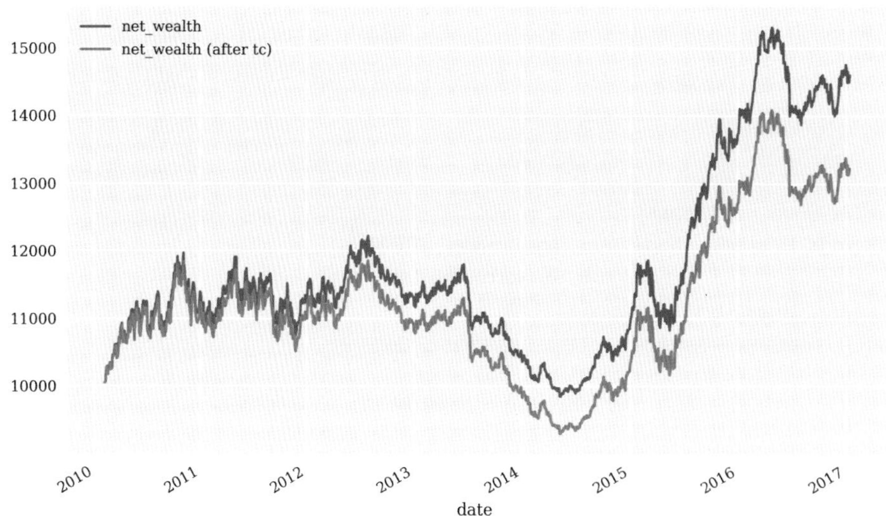

그림 11-5 거래비용을 포함하기 전과 후의 트레이딩 봇의 성능 비교 (표본 내 성능)

[그림 11-6]에서는 테스트 환경에서 거래비용을 포함하기 전과 후의 트레이딩 봇 성능을 비교한다.

```
In [46]: env = test_env
In [47]: tb = TBBacktester(env, agent.model, 10000,
                           0.0, 0, verbose=False)  # ❶
In [48]: tb.backtest_strategy()  # ❶
         ==================================================
         2018-01-17 | *** START BACKTEST ***
         2018-01-17 | current balance = 10000.00
         ==================================================
         ==================================================
         2019-12-31 | *** CLOSING OUT ***
         2019-12-31 | current balance = 10936.79
         2019-12-31 | net performance [%] = 9.3679
         2019-12-31 | number of trades [#] = 186
         ==================================================
In [49]: tb_ = TBBacktester(env, agent.model, 10000,
                            0.00012, 0.0, verbose=False)
In [50]: tb_.backtest_strategy()  # ❷
         ==================================================
         2018-01-17 | *** START BACKTEST ***
         2018-01-17 | current balance = 10000.00
         ==================================================
         ==================================================
         2019-12-31 | *** CLOSING OUT ***
         2019-12-31 | current balance = 10695.72
         2019-12-31 | net performance [%] = 6.9572
         2019-12-31 | number of trades [#] = 186
         ==================================================
In [51]: ax = tb.net_wealths.plot(figsize=(10, 6))
         tb_.net_wealths.columns = ['net_wealth (after tc)']
         tb_.net_wealths.plot(ax=ax);
```

❶ 거래비용을 포함하지 않는 표본 외 이벤트 기반 백테스팅

❷ 거래비용을 포함한 표본 외 이벤트 기반 백테스팅

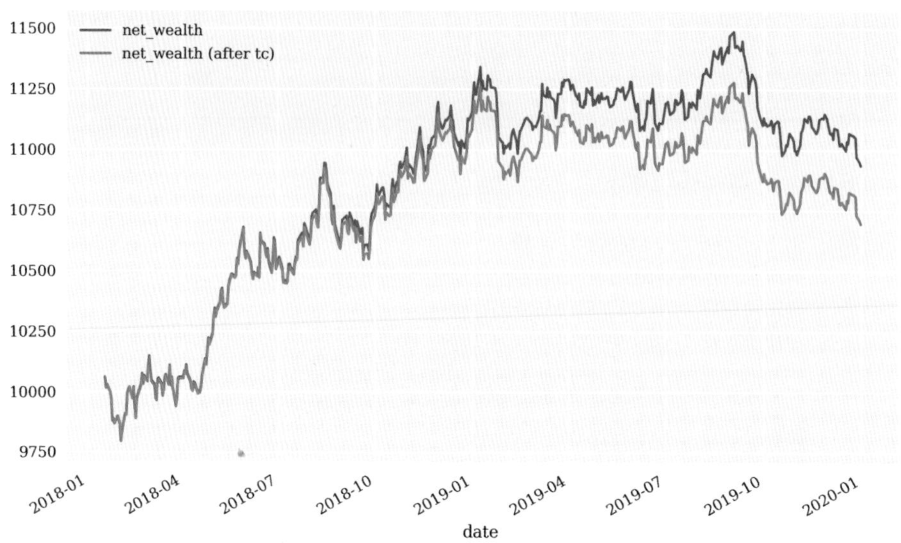

그림 11-6 거래비용을 포함하기 전과 후의 트레이딩 봇의 성능 비교 (표본 외 성능)

이벤트 기반 백테스팅에서 거래비용을 포함하기 전의 성능과 벡터화된 백테스팅의 성능을 비교하면 어떨까? [그림 11-7]에서는 시간에 따라 변화하는 정규화된 순자산을 성능과 비교해서 보여준다. 코딩 방법의 차이 때문에 두 시계열이 완전히 똑같지는 않지만 거의 비슷하다는 것을 알 수 있다. 성능의 차이가 나는 이유는 이벤트 기반 백테스팅에서는 모든 포지션에 대해 동일한 수량을 가정하기 때문이다. 하지만 벡터화된 백테스팅 방법에 복리효과가 들어가기 때문에 계산된 성과가 미묘하게 커진다.

```
In [52]: ax = (tb.net_wealths / tb.net_wealths.iloc[0]).plot(figsize=(10, 6))
         tp = env.data[['r', 's']].iloc[env.lags:].cumsum().apply(np.exp)
         (tp / tp.iloc[0]).plot(ax=ax);
```

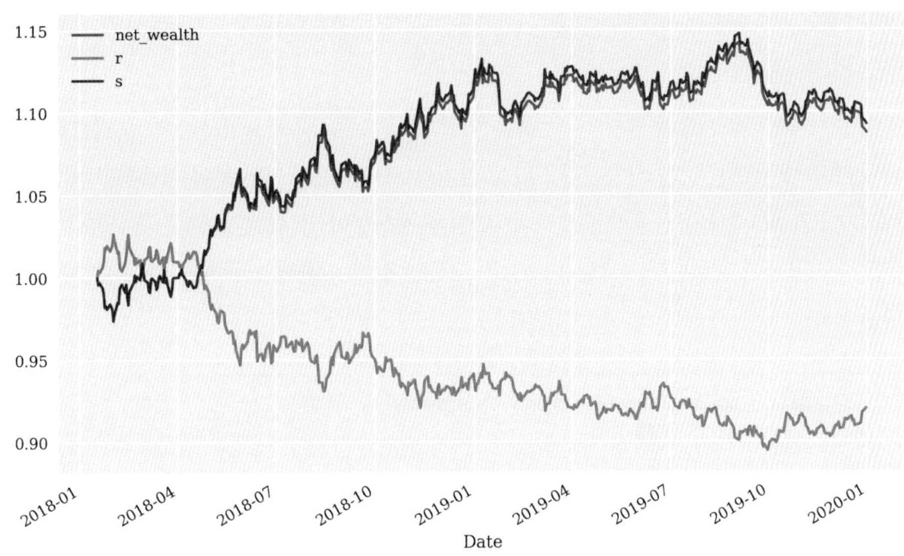

그림 11-7 단순 보유 전략과 매매 전략의 비교 (벡터화된 백테스팅와 이벤트 기반 백테스팅)

> **NOTE 성능 차이**
>
> 벡터화된 백테스팅와 이벤트 기반 백테스팅의 성능은 완전히 같지는 않다. 벡터화된 백테스팅에서는 금융상품을 소수점 이하로 나누어 매매할 수 있다고 가정하고 복리효과도 가정한다. 이벤트 기반 백테스팅에서는 좀 더 현실에 가깝게 금융상품을 정수 단위로만 매매할 수 있다고 가정한다. 순자산의 계산은 가격 차이에 기반한다. 이벤트 기반 코드는 현재의 현금잔고가 매매를 할 정도로 충분한지 체크하지 않는다. 하지만 이 가정은 단순화를 위한 것으로 현실에서는 증거금 매매가 항상 가능하지는 않을 수도 있다. 이 부분에 대한 코드 수정은 `BacktestingBase` 클래스 코드에 간단히 추가할 수 있다.

11.4 리스크 평가

리스크 관리 수단을 수행하려면 해당 금융상품을 매매할 때 발생하는 위험에 대해 이해하고 있어야 한다. 따라서 손절 주문과 같은 리스크 관리 수단에 대해 올바르게 파라미터를 설정하기 위해서는 매매 상품의 리스크를 평가하는 것이 중요하다. 금융상품의 리스크를 측정하는 데는 여러 가지 접근법이 있다. 예를 들어 변동성이나 평균 진범위average true range (ATR)와 같은 비-

방향성 리스크 측도도 있고 최대 순간 손실maximum drawdown이나 VaRvalue-at-risk와 같은 방향성 측도도 있다.

손절매stop loss나 추적 손절매trailing stop loss 혹은 익절take profit 주문의 목표치를 정하는 일반적인 관행은 ATR값과 관련된 값을 사용한다.[1] 다음 파이썬 코드는 트레이딩 봇이 학습하고 백테스팅하는 (EUR/USD 환율) 금융상품에 대해 ATR을 계산한다. 학습환경에서는 14일이라는 윈도우값을 사용하여 계산한다. [그림 11-8]은 계산된 값이 심하게 변동하고 있다는 것을 보여준다.

```
In [53]: data = pd.DataFrame(learn_env.data[symbol])  # ❶
In [54]: data.head()  # ❶
Out[54]:                EUR=
         Date
         2010-02-02 1.3961
         2010-02-03 1.3898
         2010-02-04 1.3734
         2010-02-05 1.3662
         2010-02-08 1.3652
In [55]: window = 14  # ❷
In [56]: data['min'] = data[symbol].rolling(window).min()  # ❸
In [57]: data['max'] = data[symbol].rolling(window).max()  # ❹
In [58]: data['mami'] = data['max'] - data['min']  # ❺
In [59]: data['mac'] = abs(data['max'] - data[symbol].shift(1))  # ❻
In [60]: data['mic'] = abs(data['min'] - data[symbol].shift(1))  # ❼
In [61]: data['atr'] = np.maximum(data['mami'], data['mac'])  # ❽
In [62]: data['atr'] = np.maximum(data['atr'], data['mic'])  # ❾
In [63]: data['atr%'] = data['atr'] / data[symbol]  # ❿
In [64]: data[['atr', 'atr%']].plot(subplots=True, figsize=(10, 6));
```

❶ 원 데이터프레임 객체에서 금융상품의 가격 컬럼

❷ 계산에 사용할 윈도우 길이

❸ 이동 최솟값

❹ 이동 최댓값

❺ 이동 최댓값과 이동 최솟값의 차이

1 ATR 측도에 대한 자세한 내용은 인베스토피아 웹페이지 '*https://oreil.ly/2sUsg*' 또는 '*https://oreil.ly/zwrnO*' 참조.

❻ 이동 최댓값과 전일 가격의 절대 차이

❼ 이동 최솟값과 전일 가격의 절대 차이

❽ 최댓값- 최소값의 차이와 최대 가격 차이의 최대치

❾ 전일 가격의 최댓값과 최솟값 사이의 최대치(ATR값)

❿ 절대 ATR값과 가격으로부터 구한 백분율로 나타낸 ATR값

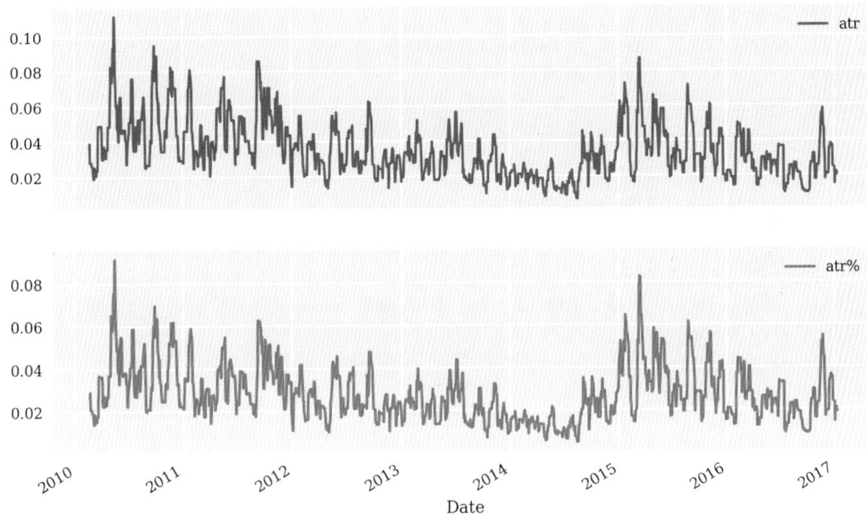

그림 11-8 절댓값과 상댓값으로 표시한 ATR

다음 코드는 절댓값과 상댓값으로 표시한 ATR의 최종값을 나타낸다. 예를 들어 손절 수준은 진입 가격에 ATR의 x배를 뺀 가격을 주로 사용한다. 트레이더나 투자자의 리스크 성향에 따라 x 값은 1보다 작을 수도 있고 클 수도 있다. 이 부분에서는 사람의 판단이나 리스크 정책이 들어가게 된다. $x = 1$이면 손절 수준은 진입 가격에서 2% 정도 낮은 가격이 된다.

```
In [65]: data[['atr', 'atr%']].tail()
Out[65]:               atr   atr%
         Date
         2017-01-06 0.0218 0.0207
         2017-01-09 0.0218 0.0206
         2017-01-10 0.0218 0.0207
```

```
        2017-01-11 0.0199 0.0188
        2017-01-12 0.0206 0.0194
```

이때 레버리지가 중요한 역할을 한다. 예를 들어 10배의 레버리지(실제 외환 거래에서는 아주 낮은 값)를 사용한다면 ATR값도 10배가 되어야 한다. 따라서 ATR 인수가 1이면 동일한 경우 손절 수준과 진입 가격의 차이는 2%가 아닌 약 20%가 된다. 전체 데이터에 대한 ATR의 중간값을 사용하면 이 값은 약 25%가 될 수 있다.

```
In [66]: leverage = 10
In [67]: data[['atr', 'atr%']].tail() * leverage
Out[67]:              atr   atr%
        Date
        2017-01-06 0.2180 0.2070
        2017-01-09 0.2180 0.2062
        2017-01-10 0.2180 0.2066
        2017-01-11 0.1990 0.1881
        2017-01-12 0.2060 0.1942
In [68]: data[['atr', 'atr%']].median() * leverage
Out[68]: atr  0.3180
        atr% 0.2481
        dtype: float64
```

손절이나 익절 수준을 조절할 때는 너무 크거나 작지 않도록 해야 한다. 10배 레버리지 상태의 ATR이 20%라고 하자. 손절 수준을 3% 혹은 5% 수준으로 하면 포지션 위험은 줄일 수 있을지 몰라도 금융상품 가격의 자잘한 움직임 때문에 너무 일찍 매매를 중단할 수 있다. 특정 범위 내에서의 이러한 '자잘한 움직임'을 흔히 노이즈(잡음)라고 부른다. 손절 주문은 일반적으로 자잘한 가격의 움직임(노이즈)보다 크고 매매의 반대 방향인 가격 의 움직임으로부터 투자자를 보호할 수 있어야 한다.

익절 주문의 경우에도 같은 논리가 적용된다. 익절이 ATR의 3배 정도로 너무 높게 설정되어 있다면 적절한 이익 보호가 되지 않고 포지션이 너무 오랫동안 열려 있게 된다. 여기에서 여러 가지 수학 공식이나 분석을 사용하지만 이러한 목표치를 설정하는 것은 과학보다는 인간의 판단에 가깝다. 금융 분야에서는 이렇게 인간의 판단이 필요한 부분이 있다. 자율주행차와 같은 분야에서는 금융과 다르게 차량의 충돌을 막기 위한 인간의 판단이 필요하지 않다.

주요 개념 비정규성과 비선형성

증거금 손절margin stop out은 증거금이나 투자원금이 모두 소진되면 거래를 닫는 것이다. 증거금을 사용한 레버리지 매매 포지션을 고려해보자. 레버리지가 10이면 증거금은 전체 매매 금액의 10%다. 반대 방향의 가격 움직임이 10% 이상이 되면 증거금 손절이 발생한다. 반대로 매매 방향으로 25% 가격 움직임이 발생하면 자본 이익률은 150%가 된다. 매매하는 상품의 수익률 분포가 정규분포라면 레버리지나 증거금 손절로 인해 최종 수익 분포는 비대칭인 비정규분포가 될 수 있다. 또한 가격과 포지션의 관계도 비선형이 된다.

11.5 리스크 관리 백테스팅

금융상품의 ATR을 아는 것은 리스크 관리의 좋은 출발점이 된다. 이러한 리스크 관리 주문의 영향을 올바르게 백테스팅하려면 기존의 `BacktestingBase` 클래스를 조금 바꿔야 한다. 다음 파이썬 코드는 먼저 진입한 진입 가격과 매매 이후의 최댓값과 최솟값을 추적할 수 있도록 `BacktestingBase` 클래스를 상속하여 변형한 새로운 베이스 클래스인 `BacktestBaseRM`를 나타낸다. 진입 가격과 최대 최소 가격 등은 이벤트 기반 손절 혹은 익절 주문 백테스팅에서 관련된 성능지표를 계산하는 데 사용된다.

```
#
# Event-Based Backtesting
# --Base Class (2)
#
# (c) Dr. Yves J. Hilpisch
#
from backtesting import *

class BacktestingBaseRM(BacktestingBase):

    def set_prices(self, price):
        ''' Sets prices for tracking of performance.
        To test for e.g. trailing stop loss hit.
        '''
        self.entry_price = price  # ❶
        self.min_price = price  # ❷
        self.max_price = price  # ❸

    def place_buy_order(self, bar, amount=None, units=None, gprice=None):
```

```
        ''' Places a buy order for a given bar and for
        a given amount or number of units.
        '''
        date, price = self.get_date_price(bar)
        if gprice is not None:
            price = gprice
        if units is None:
            units = int(amount / price)
        self.current_balance -= (1 + self.ptc) * units * price + self.ftc
        self.units += units
        self.trades += 1
        self.set_prices(price)  # ❹
        if self.verbose:
            print(f'{date} | buy {units} units for {price:.4f}')
            self.print_balance(bar)

    def place_sell_order(self, bar, amount=None, units=None, gprice=None):
        ''' Places a sell order for a given bar and for
        a given amount or number of units.
        '''
        date, price = self.get_date_price(bar)
        if gprice is not None:
            price = gprice
        if units is None:
            units = int(amount / price)
        self.current_balance += (1 - self.ptc) * units * price - self.ftc
        self.units -= units
        self.trades += 1
        self.set_prices(price)
        if self.verbose:
            print(f'{date} | sell {units} units for {price:.4f}')
            self.print_balance(bar)
```

❶ 진입 가격 설정

❷ 최소 가격 설정

❸ 최대 가격 설정

❹ 매매가 실행된 후 관련 가격 설정

이 장 마지막 절, 11.8.4절에서는 위의 새로운 베이스 클래스에 기반한 새로운 백테스팅 클래스인 TBBacktesterRM 클래스를 구현하여 손절, 추적 손절, 익절 매매를 가능하게 한다. 관련된 코드는 이후의 소절에서 논의한다. 백테스팅 예제의 파라미터는 이전 절에서 계산한 것과 같이 약 2% 수준의 ATR을 기준으로 한다.

주요 개념 기대효용 이론과 리스크 관리 수단

기대효용 이론, 평균-분산 포트폴리오 이론, 자본자산 가격결정 이론(3장과 4장 참조) 등은 금융 투자자가 금융상품의 미래 수익률 분포를 알고 있다고 가정한다. 현대 포트폴리오 이론Modern Portfolio Theory(MPT), 자본자산 가격결정 이론은 여기에서 더 나아가 해당 수익률 분포가 정규분포라고 가정한다. 또한 시장 포트폴리오 수익률과 매매하는 금융상품 수익률 간의 선형관계를 가정한다. 하지만 손절 및 익절 주문을 사용하면 앞서 이야기한 증거금 손절 주문과 마찬가지로 이렇게 가정한 정규분포 관계는 깨지고 비대칭, 비선형적인 수익률 관계를 가져온다.

11.5.1 손절

첫 번째 리스크 관리 수단은 손절 주문이다. 손절 주문은 특정한 가격 수준이 되면 포지션을 정리한다. 예를 들어 레버리지가 없는 경우 진입 가격이 100이고 손절 수준이 5%라면 가격이 95가 될 때 매수 포지션을 정리하고 가격이 105가 되면 공매도 포지션을 정리한다. 다음 파이썬 코드는 `TBBacktesterRM` 클래스 중에서 손절 주문을 다루는 부분으로 특정 가격이 보장되는지 않는지 설정할 수 있다.[2] 가격 보장 손절 주문 가격을 사용하면 백테스팅 결과가 너무 좋게 나올 수 있다.

```
# stop loss order
if sl is not None and self.position != 0:  # ❶
    rc = (price - self.entry_price) / self.entry_price  # ❷
    if self.position == 1 and rc < -self.sl:  # ❸
        print(50 * '-')
        if guarantee:
            price = self.entry_price * (1 - self.sl)
            print(f'*** STOP LOSS (LONG | {-self.sl:.4f}) ***')
        else:
            print(f'*** STOP LOSS (LONG | {rc:.4f}) ***')
        self.place_sell_order(bar, units=self.units, gprice=price)  # ❹
        self.wait = wait  # ❺
        self.position = 0  # ❻
```

2 일반 투자자의 경우에는 특정한 가격에 손절하는 것을 보장하는 주문도 가능하다.

```
    elif self.position == -1 and rc > self.sl:  # ❼
        print(50 * '-')
        if guarantee:
            price = self.entry_price * (1 + self.sl)
            print(f'*** STOP LOSS (SHORT | -{self.sl:.4f}) ***')
        else:
            print(f'*** STOP LOSS (SHORT | -{rc:.4f}) ***')
        self.place_buy_order(bar, units=-self.units, gprice=price)  # ❽
        self.wait = wait  # ❺
        self.position = 0  # ❻
```

❶ 손절이 정의되어 있는지 포지션이 중립이 아닌지 확인

❷ 마지막 매매의 진입 가격에 기반하여 성능 계산

❸ 매수 포지션일 때 손절 이벤트 확인

❹ 현재 가격 혹은 보장된 가격 수준에 매수 포지션을 닫음

❺ 다음 매매가 발생할 때까지의 바 데이터 개수 설정

❻ 포지션 중립으로 설정

❼ 매도 포지션에 대해서 손절 이벤트 확인

❽ 현재 가격 혹은 보장된 가격 수준에 매도 포지션을 닫음

다음 파이썬 코드는 손절 주문을 사용하는 매매 전략을 백테스팅한다. 설정한 파라미터값에 대해 손절 주문을 하면 전략의 성능이 나빠진다.

```
In [69]: import tbbacktesterrm as tbbrm
In [70]: env = test_env
In [71]: tb = tbbrm.TBBacktesterRM(env, agent.model, 10000,
                                   0.0, 0, verbose=False)  # ❶
In [72]: tb.backtest_strategy(sl=None, tsl=None, tp=None, wait=5)  # ❷
         ==================================================
         2018-01-17 | *** START BACKTEST ***
         2018-01-17 | current balance = 10000.00
         ==================================================
         ==================================================
         2019-12-31 | *** CLOSING OUT ***
         2019-12-31 | current balance = 10936.79
         2019-12-31 | net performance [%] = 9.3679
         2019-12-31 | number of trades [#] = 186
```

```
        ================================================
In [73]: tb.backtest_strategy(sl=0.0175, tsl=None, tp=None,
                             wait=5, guarantee=False)  # ❸
        ================================================
        2018-01-17 | *** START BACKTEST ***
        2018-01-17 | current balance = 10000.00
        ================================================
        ------------------------------------------------
        *** STOP LOSS (SHORT | -0.0203) ***
        ================================================
        2019-12-31 | *** CLOSING OUT ***
        2019-12-31 | current balance = 10717.32
        2019-12-31 | net performance [%] = 7.1732
        2019-12-31 | number of trades [#] = 188
        ================================================
In [74]: tb.backtest_strategy(sl=0.017, tsl=None, tp=None,
                             wait=5, guarantee=True)  # ❹
        ================================================
        2018-01-17 | *** START BACKTEST ***
        2018-01-17 | current balance = 10000.00
        ================================================
        ------------------------------------------------
        *** STOP LOSS (SHORT | -0.0170) ***
        ================================================
        2019-12-31 | *** CLOSING OUT ***
        2019-12-31 | current balance = 10753.52
        2019-12-31 | net performance [%] = 7.5352
        2019-12-31 | number of trades [#] = 188
        ================================================
```

❶ 리스크 관리를 하는 백테스팅 클래스 인스턴스 생성

❷ 리스크 관리 없는 백테스팅

❸ 손절 주문 있는 백테스팅 (가격 보장 없음)

❹ 손절 주문 있는 백테스팅 (가격 보장 없음)

11.5.2 추적 손절

일반 손절 주문과 달리 추적 손절trailing stop loss 주문은 기본 주문이 나온 다음 관측된 고가를 기준으로 새로운 가격 기준을 세운다. 레버리지는 없고 진입 가격이 95, 추적 손절 수준이 5%라고 가정해보자. 가격이 100을 찍고 다시 95로 내려오면 추적 손절 이벤트가 발생하여 매매를 종료한다. 가격이 110을 찍었다가 104.5가 되어도 마찬가지로 추적 손절 이벤트가 발생한다.

다음 파이썬 코드는 TBBacktesterRM 클래스 중에서 추적 손절 주문을 다루는 부분이다. 이 주문을 정확하게 다루려면 신고점과 신저점을 추적할 수 있어야 한다. 신고점은 매수 포지션, 신저점은 매도 포지션과 관련이 있다.

```
# trailing stop loss order
if tsl is not None and self.position != 0:
    self.max_price = max(self.max_price, price)  # ❶
    self.min_price = min(self.min_price, price)  # ❷
    rc_1 = (price - self.max_price) / self.entry_price  # ❸
    rc_2 = (self.min_price - price) / self.entry_price  # ❹
    if self.position == 1 and rc_1 < -self.tsl:  # ❺
        print(50 * '-')
        print(f'*** TRAILING SL (LONG | {rc_1:.4f}) ***')
        self.place_sell_order(bar, units=self.units)
        self.wait = wait
        self.position = 0
    elif self.position == -1 and rc_2 < -self.tsl:  # ❻
        print(50 * '-')
        print(f'*** TRAILING SL (SHORT | {rc_2:.4f}) ***')
        self.place_buy_order(bar, units=-self.units)
        self.wait = wait
        self.position = 0
```

❶ 신고점 업데이트

❷ 신저점 업데이트

❸ 매수 포지션 성능 계산

❹ 매도 포지션 성능 계산

❺ 매수 포지션이 있을 때 추적 손절 이벤트 확인

❻ 매도 포지션이 있을 때 추적 손절 이벤트 확인

다음 백테스팅 결과에서 보여주듯이 주어진 파라미터에서 추적 손절 주문을 사용하면 전략의 성능이 해당 주문을 사용하지 않을 때에 비해 감소한다.

```
In [75]: tb.backtest_strategy(sl=None, tsl=0.015,
                              tp=None, wait=5)  # ❶
         ==================================================
         2018-01-17 | *** START BACKTEST ***
         2018-01-17 | current balance = 10000.00
         ==================================================
         --------------------------------------------------
         *** TRAILING SL (SHORT | -0.0152) ***
         --------------------------------------------------
         *** TRAILING SL (SHORT | -0.0169) ***
         --------------------------------------------------
         *** TRAILING SL (SHORT | -0.0164) ***
         --------------------------------------------------
         *** TRAILING SL (SHORT | -0.0191) ***
         --------------------------------------------------
         *** TRAILING SL (SHORT | -0.0166) ***
         --------------------------------------------------
         *** TRAILING SL (SHORT | -0.0194) ***
         --------------------------------------------------
         *** TRAILING SL (SHORT | -0.0172) ***
         --------------------------------------------------
         *** TRAILING SL (SHORT | -0.0181) ***
         --------------------------------------------------
         *** TRAILING SL (SHORT | -0.0153) ***
         --------------------------------------------------
         *** TRAILING SL (SHORT | -0.0160) ***
         ==================================================
         2019-12-31 | *** CLOSING OUT ***
         2019-12-31 | current balance = 10577.93
         2019-12-31 | net performance [%] = 5.7793
         2019-12-31 | number of trades [#] = 201
         ==================================================
```

❶ 추적 손절 주문이 있는 경우의 백테스팅

11.5.3 익절

마지막으로 익절 주문이 있다. 익절 주문은 가격이 일정한 이익 수준이 되면 거래를 닫는 것이다. 예를 들어 레버리지가 없고 진입 가격이 100인 매수 포지션이 있을 때 5% 수준의 익절 주문은 가격이 105가 되었을 때 포지션을 정리한다.

다음 코드는 익절 주문을 다루는 TBBacktesterRM 클래스 코드 부분이다. 익절은 손절이나 추적 손절과 마찬가지로 구현한다. 익절 주문의 경우에도 관련된 고가나 저가에 매매를 보장하는 옵션이 있는데 이러한 옵션을 사용하지 않으면 백테스팅이 결과가 너무 좋게 나올 것이다.[3]

```
# take profit order
if tp is not None and self.position != 0:
    rc = (price - self.entry_price) / self.entry_price
    if self.position == 1 and rc > self.tp:
        print(50 * '-')
        if guarantee:
            price = self.entry_price * (1 + self.tp)
            print(f'*** TAKE PROFIT (LONG | {self.tp:.4f}) ***')
        else:
                print(f'*** TAKE PROFIT (LONG | {rc:.4f}) ***')
        self.place_sell_order(bar, units=self.units, gprice=price)
        self.wait = wait
        self.position = 0
    elif self.position == -1 and rc < -self.tp:
        print(50 * '-')
        if guarantee:
            price = self.entry_price * (1 - self.tp)
            print(f'*** TAKE PROFIT (SHORT | {self.tp:.4f}) ***')
        else:
            print(f'*** TAKE PROFIT (SHORT | {-rc:.4f}) ***')
        self.place_buy_order(bar, units=-self.units, gprice=price)
        self.wait = wait
        self.position = 0
```

주어진 파라미터로 가격 보장 없는 익절 주문을 더 하면 전략의 성과가 눈에 띄게 좋아진다. 이 결과는 이전의 고려 사항들을 감안하면 너무 낙관적인 것일 수도 있다. 따라서 이 경우에는 가격 보장이 있는 익절 주문을 사용하면 더욱 현실적인 성능값을 얻을 수 있다.

```
In [76]: tb.backtest_strategy(sl=None, tsl=None, tp=0.015,
                              wait=5, guarantee=False)  # ❶
         ==================================================
         2018-01-17 | *** START BACKTEST ***
         2018-01-17 | current balance = 10000.00
```

3 익절 주문은 고정된 목표 가격 수준을 가지고 있다. 따라서 특정 구간에서의 고점이나 저점을 기준으로 실현 수익을 계산하는 것은 비현실적이다.

```
==================================================
--------------------------------------------------
*** TAKE PROFIT (SHORT ¦ 0.0155) ***
--------------------------------------------------
*** TAKE PROFIT (SHORT ¦ 0.0155) ***
--------------------------------------------------
*** TAKE PROFIT (SHORT ¦ 0.0204) ***
--------------------------------------------------
*** TAKE PROFIT (SHORT ¦ 0.0240) ***
--------------------------------------------------
*** TAKE PROFIT (SHORT ¦ 0.0168) ***
--------------------------------------------------
*** TAKE PROFIT (SHORT ¦ 0.0156) ***
--------------------------------------------------
*** TAKE PROFIT (SHORT ¦ 0.0183) ***
==================================================
2019-12-31 ¦ *** CLOSING OUT ***
2019-12-31 ¦ current balance = 11210.33
2019-12-31 ¦ net performance [%] = 12.1033
2019-12-31 ¦ number of trades [#] = 198
==================================================
In [77]: tb.backtest_strategy(sl=None, tsl=None, tp=0.015,
                             wait=5, guarantee=True)  # ❷
==================================================
2018-01-17 ¦ *** START BACKTEST ***
2018-01-17 ¦ current balance = 10000.00
==================================================
--------------------------------------------------
*** TAKE PROFIT (SHORT ¦ 0.0150) ***
--------------------------------------------------
*** TAKE PROFIT (SHORT ¦ 0.0150) ***
--------------------------------------------------
*** TAKE PROFIT (SHORT ¦ 0.0150) ***
--------------------------------------------------
*** TAKE PROFIT (SHORT ¦ 0.0150) ***
--------------------------------------------------
*** TAKE PROFIT (SHORT ¦ 0.0150) ***
--------------------------------------------------
*** TAKE PROFIT (SHORT ¦ 0.0150) ***
--------------------------------------------------
*** TAKE PROFIT (SHORT ¦ 0.0150) ***
==================================================
2019-12-31 ¦ *** CLOSING OUT ***
2019-12-31 ¦ current balance = 10980.86
```

```
2019-12-31 | net performance [%] = 9.8086
2019-12-31 | number of trades [#] = 198
===================================================
```

❶ 익절 주문이 있는 전략 백테스팅(가격 보장 없음)

❷ 익절 주문이 있는 전략 백테스팅(가격 보장 있음)

물론 손절, 추적 손절, 익절을 모두 동시에 사용할 수 있다. 다음 파이썬 코드는 이 경우의 백테스팅 결과를 보여준다. 이 경우에는 리스크 관리 수단을 사용하지 않은 경우에 비해 나쁜 성능을 보이고 있다. 리스크 관리에 공짜 점심은 없다.

```
In [78]: tb.backtest_strategy(sl=0.015, tsl=None,
                              tp=0.0185, wait=5)  # ❶
         ===================================================
         2018-01-17 | *** START BACKTEST ***
         2018-01-17 | current balance = 10000.00
         ===================================================
         ---------------------------------------------------
         *** STOP LOSS (SHORT | -0.0203) ***
         ---------------------------------------------------
         *** TAKE PROFIT (SHORT | 0.0202) ***
         ---------------------------------------------------
         *** TAKE PROFIT (SHORT | 0.0213) ***
         ---------------------------------------------------
         *** TAKE PROFIT (SHORT | 0.0240) ***
         ---------------------------------------------------
         *** STOP LOSS (SHORT | -0.0171) ***
         ---------------------------------------------------
         *** TAKE PROFIT (SHORT | 0.0188) ***
         ---------------------------------------------------
         *** STOP LOSS (SHORT | -0.0153) ***
         ---------------------------------------------------
         *** STOP LOSS (SHORT | -0.0154) ***
         ===================================================
         2019-12-31 | *** CLOSING OUT ***
         2019-12-31 | current balance = 10552.00
         2019-12-31 | net performance [%] = 5.5200
         2019-12-31 | number of trades [#] = 201
         ===================================================
In [79]: tb.backtest_strategy(sl=None, tsl=0.02,
```

```
                    tp=0.02, wait=5)  # ❷
==================================================
2018-01-17 | *** START BACKTEST ***
2018-01-17 | current balance = 10000.00
==================================================
--------------------------------------------------
*** TRAILING SL (SHORT | -0.0235) ***
--------------------------------------------------
*** TRAILING SL (SHORT | -0.0202) ***
--------------------------------------------------
*** TAKE PROFIT (SHORT | 0.0250) ***
--------------------------------------------------
*** TAKE PROFIT (SHORT | 0.0227) ***
--------------------------------------------------
*** TAKE PROFIT (SHORT | 0.0240) ***
--------------------------------------------------
*** TRAILING SL (SHORT | -0.0216) ***
--------------------------------------------------
*** TAKE PROFIT (SHORT | 0.0241) ***
--------------------------------------------------
*** TRAILING SL (SHORT | -0.0206) ***
==================================================
2019-12-31 | *** CLOSING OUT ***
2019-12-31 | current balance = 10346.38
2019-12-31 | net performance [%] = 3.4638
2019-12-31 | number of trades [#] = 198
==================================================
```

❶ 손절 및 익절 주문을 하는 경우의 백테스팅 결과

❷ 추적 손절 및 익절 주문을 하는 경우의 백테스팅 결과

주요 개념 성능에 대한 영향

리스크 관리 수단에는 그 나름의 논리와 장점이 있지만 일반적으로 리스크를 감소시키면 전반적인 성능도 낮아진다. 하지만 익절의 경우에는 성능이 좋아질 수도 있다. 그 이유는 금융상품의 ATR을 감안할 때, 특정 이익 수준은 이익을 실현하기에 충분히 좋은 것으로 간주될 수 있기 때문이다. 일반적으로 더 높은 이익을 보려고 기다리다가 가격이 제자리로 되돌아가면서 희망은 산산이 부서진다.

11.6 파이썬 코드

11.6.1 Finance 환경

다음은 Finance 환경 클래스의 파이썬 모듈이다.

```
#
# Finance Environment
#
# (c) Dr. Yves J. Hilpisch
# Artificial Intelligence in Finance
#
import math
import random
import numpy as np
import pandas as pd


class observation_space:
    def __init__(self, n):
        self.shape = (n,)


class action_space:
    def __init__(self, n):
        self.n = n

    def sample(self):
        return random.randint(0, self.n - 1)


class Finance:
    intraday = False
    if intraday:
        url = 'http://hilpisch.com/aiif_eikon_id_eur_usd.csv'
    else:
        url = 'http://hilpisch.com/aiif_eikon_eod_data.csv'

    def __init__(self, symbol, features, window, lags,
                 leverage=1, min_performance=0.85, min_accuracy=0.5,
                 start=0, end=None, mu=None, std=None):
        self.symbol = symbol
        self.features = features
```

```
        self.n_features = len(features)
        self.window = window
        self.lags = lags
        self.leverage = leverage
        self.min_performance = min_performance
        self.min_accuracy = min_accuracy
        self.start = start
        self.end = end
        self.mu = mu
        self.std = std
        self.observation_space = observation_space(self.lags)
        self.action_space = action_space(2)
        self._get_data()
        self._prepare_data()

    def _get_data(self):
        self.raw = pd.read_csv(self.url, index_col=0,
                               parse_dates=True).dropna()
        if self.intraday:
            self.raw = self.raw.resample('30min', label='right').last()
            self.raw = pd.DataFrame(self.raw['CLOSE'])
            self.raw.columns = [self.symbol]

    def _prepare_data(self):
        self.data = pd.DataFrame(self.raw[self.symbol])
        self.data = self.data.iloc[self.start:]
        self.data['r'] = np.log(self.data / self.data.shift(1))
        self.data.dropna(inplace=True)
        self.data['s'] = self.data[self.symbol].rolling(self.window).mean()
        self.data['m'] = self.data['r'].rolling(self.window).mean()
        self.data['v'] = self.data['r'].rolling(self.window).std()
        self.data.dropna(inplace=True)
        if self.mu is None:
            self.mu = self.data.mean()
            self.std = self.data.std()
        self.data_ = (self.data - self.mu) / self.std
        self.data['d'] = np.where(self.data['r'] > 0, 1, 0)
        self.data['d'] = self.data['d'].astype(int)
        if self.end is not None:
            self.data = self.data.iloc[:self.end - self.start]
            self.data_ = self.data_.iloc[:self.end - self.start]

    def _get_state(self):
        return self.data_[self.features].iloc[self.bar -
```

```
                                              self.lags:self.bar]

    def get_state(self, bar):
        return self.data_[self.features].iloc[bar - self.lags:bar]

    def seed(self, seed):
        random.seed(seed)
        np.random.seed(seed)

    def reset(self):
        self.treward = 0
        self.accuracy = 0
        self.performance = 1
        self.bar = self.lags
        state = self.data_[self.features].iloc[self.bar -
                                               self.lags:self.bar]
        return state.values

    def step(self, action):
        correct = action == self.data['d'].iloc[self.bar]
        ret = self.data['r'].iloc[self.bar] * self.leverage
        reward_1 = 1 if correct else 0
        reward_2 = abs(ret) if correct else -abs(ret)
        self.treward += reward_1
        self.bar += 1
        self.accuracy = self.treward / (self.bar - self.lags)
        self.performance *= math.exp(reward_2)
        if self.bar >= len(self.data):
            done = True
        elif reward_1 == 1:
            done = False
        elif (self.performance < self.min_performance and
              self.bar > self.lags + 15):
            done = True
        elif (self.accuracy < self.min_accuracy and
              self.bar > self.lags + 15):
            done = True
        else:
            done = False
        state = self._get_state()
        info = {}
        return state.values, reward_1 + reward_2 * 5, done, info
```

11.6.2 트레이딩 봇 클래스

다음은 금융 QL 에이전트 기반 `TradingBot` 클래스의 파이썬 모듈이다.

```
#
# Financial Q-Learning Agent
#
# (c) Dr. Yves J. Hilpisch
# Artificial Intelligence in Finance
#
import os
import random
import logging
import numpy as np
from pylab import plt, mpl
from collections import deque
import tensorflow as tf

tf.get_logger().setLevel(logging.ERROR)
from tensorflow.python.framework.ops import disable_eager_execution
disable_eager_execution()

from keras.layers import Dense, Dropout
from keras.models import Sequential
from keras.optimizers import Adam, RMSprop

os.environ['PYTHONHASHSEED'] = '0'
plt.style.use('seaborn')
mpl.rcParams['savefig.dpi'] = 300
mpl.rcParams['font.family'] = 'serif'


def set_seeds(seed=100):
    ''' Function to set seeds for all
        random number generators.
    '''
    random.seed(seed)
    np.random.seed(seed)
    tf.random.set_seed(seed)


class TradingBot:
    def __init__(self, hidden_units, learning_rate, learn_env,
```

```
                 valid_env=None, val=True, dropout=False):
        self.learn_env = learn_env
        self.valid_env = valid_env
        self.val = val
        self.epsilon = 1.0
        self.epsilon_min = 0.1
        self.epsilon_decay = 0.99
        self.learning_rate = learning_rate
        self.gamma = 0.5
        self.batch_size = 128
        self.max_treward = 0
        self.averages = list()
        self.trewards = []
        self.performances = list()
        self.aperformances = list()
        self.vperformances = list()
        self.memory = deque(maxlen=2000)
        self.model = self._build_model(hidden_units,
                             learning_rate, dropout)

    def _build_model(self, hu, lr, dropout):
        ''' Method to create the DNN model.
        '''
        model = Sequential()
        model.add(Dense(hu, input_shape=(
            self.learn_env.lags, self.learn_env.n_features),
            activation='relu'))
        if dropout:
            model.add(Dropout(0.3, seed=100))
        model.add(Dense(hu, activation='relu'))
        if dropout:
            model.add(Dropout(0.3, seed=100))
        model.add(Dense(2, activation='linear'))
        model.compile(
            loss='mse',
            optimizer=RMSprop(lr=lr)
        )
        return model

    def act(self, state):
        ''' Method for taking action based on
            a) exploration
            b) exploitation
        '''
```

```
        if random.random() <= self.epsilon:
            return self.learn_env.action_space.sample()
        action = self.model.predict(state)[0, 0]
        return np.argmax(action)

    def replay(self):
        ''' Method to retrain the DNN model based on
            batches of memorized experiences.
        '''
        batch = random.sample(self.memory, self.batch_size)
        for state, action, reward, next_state, done in batch:
            if not done:
                reward += self.gamma * np.amax(
                    self.model.predict(next_state)[0, 0])
            target = self.model.predict(state)
            target[0, 0, action] = reward
            self.model.fit(state, target, epochs=1,
                           verbose=False)
        if self.epsilon > self.epsilon_min:
            self.epsilon *= self.epsilon_decay

    def learn(self, episodes):
        ''' Method to train the DQL agent.
        '''
        for e in range(1, episodes + 1):
            state = self.learn_env.reset()
            state = np.reshape(state, [1, self.learn_env.lags,
                                       self.learn_env.n_features])
            for _ in range(10000):
                action = self.act(state)
                next_state, reward, done, info = self.learn_env.step(action)
                next_state = np.reshape(next_state,
                                        [1, self.learn_env.lags,
                                         self.learn_env.n_features])
                self.memory.append([state, action, reward,
                                    next_state, done])
                state = next_state
                if done:
                    treward = _ + 1
                    self.trewards.append(treward)
                    av = sum(self.trewards[-25:]) / 25
                    perf = self.learn_env.performance
                    self.averages.append(av)
                    self.performances.append(perf)
```

```
                    self.aperformances.append(
                        sum(self.performances[-25:]) / 25)
                    self.max_treward = max(self.max_treward, treward)
                    templ = 'episode: {:2d}/{} | treward: {:4d} | '
                    templ += 'perf: {:5.3f} | av: {:5.1f} | max: {:4d}'
                    print(templ.format(e, episodes, treward, perf,
                                  av, self.max_treward), end='\r')
                    break
            if self.val:
                self.validate(e, episodes)
            if len(self.memory) > self.batch_size:
                self.replay()
        print()

    def validate(self, e, episodes):
        ''' Method to validate the performance of the
            DQL agent.
        '''
        state = self.valid_env.reset()
        state = np.reshape(state, [1, self.valid_env.lags,
                                   self.valid_env.n_features])
        for _ in range(10000):
            action = np.argmax(self.model.predict(state)[0, 0])
            next_state, reward, done, info = self.valid_env.step(action)
            state = np.reshape(next_state, [1, self.valid_env.lags,
                                   self.valid_env.n_features])
            if done:
                treward = _ + 1
                perf = self.valid_env.performance
                self.vperformances.append(perf)
                if e % int(episodes / 6) == 0:
                    templ = 71 * '='
                    templ += '\nepisode: {:2d}/{} | VALIDATION | '
                    templ += 'treward: {:4d} | perf: {:5.3f} | eps: {:.2f}\n'
                    templ += 71 * '='
                    print(templ.format(e, episodes, treward,
                                  perf, self.epsilon))
                break


def plot_treward(agent):
    ''' Function to plot the total reward
        per training eposiode.
    '''
```

```
    plt.figure(figsize=(10, 6))
    x = range(1, len(agent.averages) + 1)
    y = np.polyval(np.polyfit(x, agent.averages, deg=3), x)
    plt.plot(x, agent.averages, label='moving average')
    plt.plot(x, y, 'r--', label='regression')
    plt.xlabel('episodes')
    plt.ylabel('total reward')
    plt.legend()


def plot_performance(agent):
    ''' Function to plot the financial gross
        performance per training episode.
    '''
    plt.figure(figsize=(10, 6))
    x = range(1, len(agent.performances) + 1)
    y = np.polyval(np.polyfit(x, agent.performances, deg=3), x)
    plt.plot(x, agent.performances[:], label='training')
    plt.plot(x, y, 'r--', label='regression (train)')
    if agent.val:
        y_ = np.polyval(np.polyfit(x, agent.vperformances, deg=3), x)
        plt.plot(x, agent.vperformances[:], label='validation')
        plt.plot(x, y_, 'r-.', label='regression (valid)')
    plt.xlabel('episodes')
    plt.ylabel('gross performance')
    plt.legend()
```

11.6.3 백테스팅 베이스 클래스

다음은 이벤트 기반 백테스팅의 `BacktestingBase` 클래스용 파이썬 모듈이다.

```
#
# Event-Based Backtesting
# --Base Class (1)
#
# (c) Dr. Yves J. Hilpisch
# Artificial Intelligence in Finance
#
```

```
class BacktestingBase:
    def __init__(self, env, model, amount, ptc, ftc, verbose=False):
        self.env = env
        self.model = model
        self.initial_amount = amount
        self.current_balance = amount
        self.ptc = ptc
        self.ftc = ftc
        self.verbose = verbose
        self.units = 0
        self.trades = 0

    def get_date_price(self, bar):
        ''' Returns date and price for a given bar.
        '''
        date = str(self.env.data.index[bar])[:10]
        price = self.env.data[self.env.symbol].iloc[bar]
        return date, price

    def print_balance(self, bar):
        ''' Prints the current cash balance for a given bar.
        '''
        date, price = self.get_date_price(bar)
        print(f'{date} | current balance = {self.current_balance:.2f}')

    def calculate_net_wealth(self, price):
        return self.current_balance + self.units * price

    def print_net_wealth(self, bar):
        ''' Prints the net wealth for a given bar
            (cash + position).
        '''
        date, price = self.get_date_price(bar)
        net_wealth = self.calculate_net_wealth(price)
        print(f'{date} | net wealth = {net_wealth:.2f}')

    def place_buy_order(self, bar, amount=None, units=None):
        ''' Places a buy order for a given bar and for
            a given amount or number of units.
        '''
        date, price = self.get_date_price(bar)
        if units is None:
            units = int(amount / price)
            # units = amount / price  # alternative handling
```

```
        self.current_balance -= (1 + self.ptc) * \
            units * price + self.ftc
        self.units += units
        self.trades += 1
        if self.verbose:
            print(f'{date} | buy {units} units for {price:.4f}')
            self.print_balance(bar)

    def place_sell_order(self, bar, amount=None, units=None):
        ''' Places a sell order for a given bar and for
            a given amount or number of units.
        '''
        date, price = self.get_date_price(bar)
        if units is None:
            units = int(amount / price)
            # units = amount / price  # altermative handling
        self.current_balance += (1 - self.ptc) * \
            units * price - self.ftc
        self.units -= units
        self.trades += 1
        if self.verbose:
            print(f'{date} | sell {units} units for {price:.4f}')
            self.print_balance(bar)

    def close_out(self, bar):
        ''' Closes out any open position at a given bar.
        '''
        date, price = self.get_date_price(bar)
        print(50 * '=')
        print(f'{date} | *** CLOSING OUT ***')
        if self.units < 0:
            self.place_buy_order(bar, units=-self.units)
        else:
            self.place_sell_order(bar, units=self.units)
        if not self.verbose:
            print(f'{date} | current balance = {self.current_balance:.2f}')
        perf = (self.current_balance / self.initial_amount - 1) * 100
        print(f'{date} | net performance [%] = {perf:.4f}')
        print(f'{date} | number of trades [#] = {self.trades}')
        print(50 * '=')
```

11.6.4 백테스팅 클래스

다음은 이벤트 기반으로 각종 리스크 관리 수단(손절, 추적 손절, 익절)을 백테스팅할 수 있는 TBBacktesterRM 클래스다.

```
#
# Event-Based Backtesting
# --Trading Bot Backtester
# (incl. Risk Management)
#
# (c) Dr. Yves J. Hilpisch
#
import numpy as np
import pandas as pd
import backtestingrm as btr

class TBBacktesterRM(btr.BacktestingBaseRM):

    def _reshape(self, state):
        ''' Helper method to reshape state objects.
        '''
        return np.reshape(state, [1, self.env.lags, self.env.n_features])

    def backtest_strategy(self, sl=None, tsl=None, tp=None,
                          wait=5, guarantee=False):
        ''' Event-based backtesting of the trading bot's performance.
        Incl. stop loss, trailing stop loss and take profit.
        '''
        self.units = 0
        self.position = 0
        self.trades = 0
        self.sl = sl
        self.tsl = tsl
        self.tp = tp
        self.wait = 0
        self.current_balance = self.initial_amount
        self.net_wealths = list()
        for bar in range(self.env.lags, len(self.env.data)):
            self.wait = max(0, self.wait - 1)
            date, price = self.get_date_price(bar)
            if self.trades == 0:
                print(50 * '=')
                print(f'{date} | *** START BACKTEST ***')
```

```
        self.print_balance(bar)
        print(50 * '=')
    # stop loss order
    if sl is not None and self.position != 0:
        rc = (price - self.entry_price) / self.entry_price
        if self.position == 1 and rc < -self.sl:
            print(50 * '-')
            if guarantee:
                price = self.entry_price * (1 - self.sl)
                print(f'*** STOP LOSS (LONG | {-self.sl:.4f}) ***')
            else:
                print(f'*** STOP LOSS (LONG | {rc:.4f}) ***')
            self.place_sell_order(bar, units=self.units, gprice=price)
            self.wait = wait
            self.position = 0
        elif self.position == -1 and rc > self.sl:
            print(50 * '-')
            if guarantee:
                price = self.entry_price * (1 + self.sl)
                print(f'*** STOP LOSS (SHORT | -{self.sl:.4f}) ***')
            else:
                print(f'*** STOP LOSS (SHORT | -{rc:.4f}) ***')
            self.place_buy_order(bar, units=-self.units, gprice=price)
            self.wait = wait
            self.position = 0

        # trailing stop loss order
        if tsl is not None and self.position != 0:
            self.max_price = max(self.max_price, price)
            self.min_price = min(self.min_price, price)
            rc_1 = (price - self.max_price) / self.entry_price
            rc_2 = (self.min_price - price) / self.entry_price
            if self.position == 1 and rc_1 < -self.tsl:
                print(50 * '-')
                print(f'*** TRAILING SL (LONG | {rc_1:.4f}) ***')
                self.place_sell_order(bar, units=self.units)
                self.wait = wait
                self.position = 0
            elif self.position == -1 and rc_2 < -self.tsl:
                print(50 * '-')
                print(f'*** TRAILING SL (SHORT | {rc_2:.4f}) ***')
                self.place_buy_order(bar, units=-self.units)
                self.wait = wait
                self.position = 0
```

```
        # take profit order
        if tp is not None and self.position != 0:
            rc = (price - self.entry_price) / self.entry_price
            if self.position == 1 and rc > self.tp:
                print(50 * '-')
                if guarantee:
                    price = self.entry_price * (1 + self.tp)
                    print(f'*** TAKE PROFIT (LONG | {self.tp:.4f}) ***')
                else:
                    print(f'*** TAKE PROFIT (LONG | {rc:.4f}) ***')
                self.place_sell_order(bar, units=self.units, gprice=price)
                self.wait = wait
                self.position = 0
            elif self.position == -1 and rc < -self.tp:
                print(50 * '-')
                if guarantee:
                    price = self.entry_price * (1 - self.tp)
                    print(f'*** TAKE PROFIT (SHORT | {self.tp:.4f}) ***')
                else:
                    print(f'*** TAKE PROFIT (SHORT | {-rc:.4f}) ***')
                self.place_buy_order(bar, units=-self.units, gprice=price)
                self.wait = wait
                self.position = 0

    state = self.env.get_state(bar)
    action = np.argmax(self.model.predict(
                self._reshape(state.values))[0, 0])
    position = 1 if action == 1 else -1
    if self.position in [0, -1] and position == 1 and self.wait == 0:
        if self.verbose:
            print(50 * '-')
            print(f'{date} | *** GOING LONG ***')
        if self.position == -1:
            self.place_buy_order(bar - 1, units=-self.units)
        self.place_buy_order(bar - 1, amount=self.current_balance)
        if self.verbose:
            self.print_net_wealth(bar)
        self.position = 1
    elif self.position in [0, 1] and position == -1 and self.wait == 0:
        if self.verbose:
            print(50 * '-')
            print(f'{date} | *** GOING SHORT ***')
        if self.position == 1:
```

```
                self.place_sell_order(bar - 1, units=self.units)
            self.place_sell_order(bar - 1, amount=self.current_balance)
            if self.verbose:
                self.print_net_wealth(bar)
            self.position = -1
        self.net_wealths.append((date, self.calculate_net_wealth(price)))
    self.net_wealths = pd.DataFrame(self.net_wealths,
             columns=['date', 'net_wealth'])
    self.net_wealths.set_index('date', inplace=True)
    self.net_wealths.index = pd.DatetimeIndex(self.net_wealths.index)
    self.close_out(bar)
```

11.7 마치며

이 장의 핵심 주제는 3가지다. 우선 훈련된 심층 QL 에이전트로 만들어진 트레이딩 봇(즉, 훈련된 심층 QL 에이전트)의 표본 외 성능을 백터화된 방식과 이벤트 기반 방식으로 백테스팅한다. 다음으로 ATR 기준의 위험을 평가해서 금융상품의 전형적인 가격 변동을 측정하는 ATR 지표의 형태로 위험을 평가한다. 마지막으로 손절, 추적 손절, 익절 주문의 전형적인 이벤트에 대해 논의하고 백테스팅을 한다.

자율주행차와 마찬가지로 트레이딩 봇도 인공지능의 예측에만 기반해서 사용하는 경우는 거의 없다. 대규모의 하락 위험을 피하고 (리스크 조정) 성능을 향상시키기 위해 리스크 관리 수단을 사용한다. 이 장에서 논의한 표준 리스크 관리 수단은 일반 투자자를 포함해서 모든 매매 플랫폼에서 사용할 수 있다. 다음 장에서 Oanda(*http://oanda.com*) 매매 플랫폼에서 이들이 어떻게 사용되는지 설명한다. 이벤트 기반 백테스팅 방법은 이러한 리스크 관리 수단의 효과를 제대로 백테스팅할 수 있는 알고리즘적인 이점을 가진다. 리스크를 줄인다는 것은 얼핏 좋아 보이지만 백테스팅 결과는 위험 감소에 종종 비용이 수반된다는 것을 보여준다. 전체 성과는 리스크 관리 수단이 없는 순수 전략보다 낮아질 수 있다. 하지만 익절의 경우에는 파라미터를 잘 조정하면 성능을 향상시킬 수도 있다.

11.8 참고 문헌

- Agrawal, Ajay, Joshua Gans, and Avi Goldfarb. 2018. *Prediction Machines: The Simple Economics of Artificial Intelligence*. Boston: Harvard Business Review Press.
- Hilpisch, Yves. 2020. *Python for Algorithmic Trading: From Idea to Cloud Deployment*. Sebastopol: O'Reilly.
- Khonji, Majid, Jorge Dias, and Lakmal Seneviratne. 2019. "Risk-Aware Reasoning for Autonomous Vehicles." arXiv. October 6, 2019. `https://oreil.ly/2Z6WR`.

CHAPTER 12

집행 및 배포

도심, 폭우, 폭설, 비포장도로, 지도에 나타나지 않는 도로와 무선 통신이 제대로 되지 않는 곳에서 자율주행차를 안정적으로 운행하기에는 많은 진보가 필요하다.

– 토드 리트만(2020)

알고리즘 트레이딩을 하는 투자 회사는 충분한 용량을 가진 효과적인 시스템을 보유하고 비즈니스에 적합한 리스크 제어를 갖추고 있어야 하며 혼란스러운 시장에서도 제대로 작동하는 적절한 매매 제한 및 오류 주문을 방지하는 시스템을 가지고 있어야 한다.

– MiFID II (17항)

11장에서는 과거 데이터에 기반한 금융 QL 에이전트 형태의 트레이딩 봇을 훈련시켰다. 또한 추적 손절이나 익절 등의 전형적인 리스크 관리 수단을 고려한 유연한 방법론을 추가하여 이벤트 기반으로 한 백테스팅하는 법을 소개했다. 하지만 이 모든 것은 과거 데이터만을 기반으로 샌드박스 환경에서 비동기적으로 발생한 것이다. 자율주행차와 마찬가지로 현실 세계에서는 인공지능을 배포하는 문제가 있을 수 있다. 자율주행차의 경우 이는 자동차 하드웨어에 인공지능을 장착하여 테스트 도로와 공공 도로에 자율주행차를 배치하는 것을 뜻한다. 트레이딩 봇의 경우에는 매매 플랫폼에 트레이딩 봇을 연결하여 자동으로 주문이 실행되도록 배포하는 것을 뜻한다. 이제 알고리즘적인 면은 해결되었기 때문에 구현을 위한 집행 및 배포가 추가되어야 한다.

이 장에서는 알고리즘 트레이딩을 위한 Oanda[1] 매매 플랫폼을 소개한다. 따라서 수동 매매를 위한 일반 사용자 인터페이스가 아닌 v20 API[2]에 초점을 맞춘다. 코딩을 단순하게 하기 위해 tpqoa[3] 래퍼 패키지를 소개한다. 이 패키지는 Oanda의 v20[4] 패키지에 의존하고 좀 더 파이썬적인 사용자 인터페이스를 제공한다.

12.1절에서는 Oanda의 데모 계정을 사용하기 위한 준비 과정을 자세히 설명한다. 12.2절에서는 실시간(스트리밍) 데이터를 API로 받는 방법을 보여준다. 12.3절에서는 매수 및 매도 주문의 집행, 잠재적으로는 추적 손절 주문과 같은 기타 주문을 내는 방법을 포함하여 설명한다. 12.4절에서는 Oanda로부터 받은 일중 데이터에 기반하여 로봇을 학습시키고 벡터화된 방법으로 성과를 백테스팅한다. 마지막으로 12.5절에서는 트레이딩 봇을 어떻게 실시간 환경에 자동으로 배포할지 설명한다.

12.1 Oanda 계정

이 장의 코드는 tpqoa[5] 파이썬 래퍼 패키지에 의존한다. 이 패키지는 다음과 같이 설치한다.

```
pip install --upgrade git+https://github.com/yhilpisch/tpqoa.git
```

이 패키지를 사용하려면 Oanda[6] 데모 계정이 필요하다. 데모 계정을 만들면 로그인한 후에 계정 페이지에서 액세스 토큰이 생성된다. 액세스 토큰과 계정 아이디를 다음과 같이 설정 텍스트 파일에 저장한다.

```
[oanda]
account_id = XYZ-ABC-...
access_token = ZYXCAB...
account_type = practice
```

1 http://oanda.com

2 https://oreil.ly/TbGKN

3 https://oreil.ly/72pWe

4 https://oreil.ly/H_pIj

5 https://oreil.ly/72pWe

6 http://oanda.com

설정 파일의 이름이 `aiif.cfg`이고 현재 디렉터리에 저장되어 있다면 다음과 같이 `tpqoa` 패키지를 사용할 수 있다.

```
import tpqoa
api = tpqoa.tpqoa('aiif.cfg')
```

> **CAUTION** 리스크 주의 사항과 공지
>
> Oanda는 외환 및 관련 CFD 트레이딩을 위한 플랫폼이다. 이 상품은 레버리지가 고위험 상품으로 더 진행하기 전에 Oanda의 공식 사이트에서 설명하는 리스크 주의 사항과 공지 사항을 모두 주의 깊게 읽어보길 바란다. 이 장에서 설명하는 모든 코드와 예제는 기술 설명으로 투자 조언을 포함하지 않는다.

12.2 데이터 추출

평소와 같이 필요한 패키지를 임포트하고 설정한다.

```
In [1]: import os
        import time
        import numpy as np
        import pandas as pd
        from pprint import pprint
        from pylab import plt, mpl
        plt.style.use('seaborn')
        mpl.rcParams['savefig.dpi'] = 300
        mpl.rcParams['font.family'] = 'serif'
        pd.set_option('mode.chained_assignment', None)
        pd.set_option('display.float_format', '{:.5f}'.format)
        np.set_printoptions(suppress=True, precision=4)
        os.environ['PYTHONHASHSEED'] = '0'
```

Oanda는 각 사용자 계정에 의존하여 다양한 FX 및 CFD 상품을 제공한다. 다음 파이썬 코드는 해당 계정에서 매매 가능한 상품 목록을 추출한다.

```
In [2]: import tpqoa  # ❶
In [3]: api = tpqoa.tpqoa('../aiif.cfg')  # ❷
In [4]: ins = api.get_instruments()  # ❸
In [5]: ins[:5]  # ❹
Out[5]: [('AUD/CAD', 'AUD_CAD'),
         ('AUD/CHF', 'AUD_CHF'),
         ('AUD/HKD', 'AUD_HKD'),
         ('AUD/JPY', 'AUD_JPY'),
         ('AUD/NZD', 'AUD_NZD')]
```

❶ tpqoa 패키지 임포트

❷ 계정 설정에 기반한 API 객체 인스턴스 생성

❸ (display_name, technical_name)의 형태로 매매 가능한 상품 목록 추출

❹ 일부 상품 표시

Oanda는 v20 API를 통해 풍부한 역사적 데이터를 제공한다. 다음 예제는 EUR/USD 환율의 역사적 일간 데이터를 뽑는 예제다. [그림 12-1]에 종가(매도)를 시각화했다.

```
In [6]: raw = api.get_history(instrument='EUR_USD',  # ❶
                              start='2018-01-01',  # ❷
                              end='2020-07-31',  # ❸
                              granularity='D',  # ❹
                              price='A')  # ❺
In [7]: raw.info()
        <class 'pandas.core.frame.DataFrame'>
        DatetimeIndex: 671 entries, 2018-01-01 22:00:00 to 2020-07-30 21:00:00
        Data columns (total 6 columns):
        # Column Non-Null Count Dtype
        --- ------ -------------- -----
        0 o 671 non-null float64
        1 h 671 non-null float64
        2 l 671 non-null float64
        3 c 671 non-null float64
        4 volume 671 non-null int64
        5 complete 671 non-null bool
        dtypes: bool(1), float64(4), int64(1)
        memory usage: 32.1 KB
In [8]: raw.head()
```

```
Out[8]:                            o       h       l       c volume complete
        time
        2018-01-01 22:00:00 1.20101 1.20819 1.20051 1.20610  35630     True
        2018-01-02 22:00:00 1.20620 1.20673 1.20018 1.20170  31354     True
        2018-01-03 22:00:00 1.20170 1.20897 1.20049 1.20710  35187     True
        2018-01-04 22:00:00 1.20692 1.20847 1.20215 1.20327  36478     True
        2018-01-07 22:00:00 1.20301 1.20530 1.19564 1.19717  27618     True
In [9]: raw['c'].plot(figsize=(10, 6));
```

❶ 상품명 지정

❷ 시작일

❸ 종료일

❹ 빈도 지정 (D = 일간)

❺ 가격의 종류 (A = 매도)

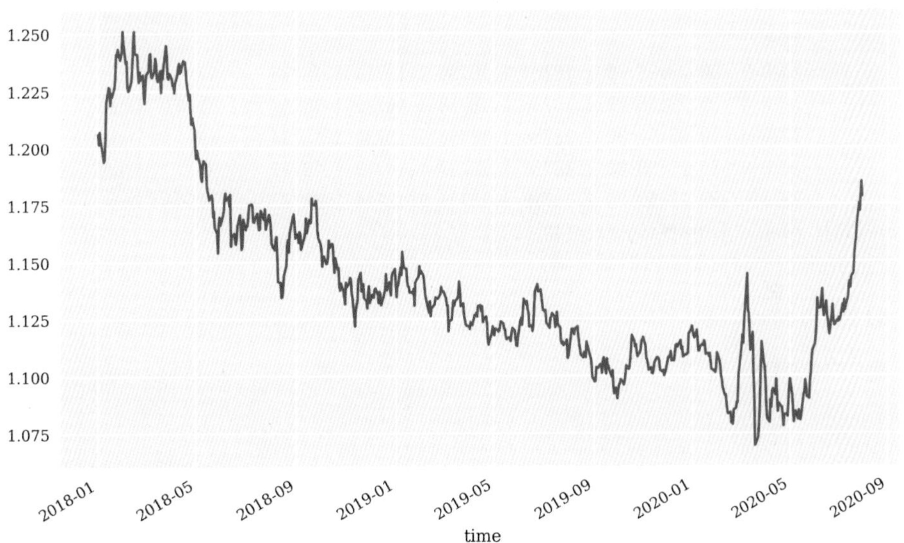

그림 12-1 Oanda의 EUR/USD 일간 종가

일중 데이터도 다음 코드처럼 일간 데이터와 마찬가지로 쉽게 추출할 수 있다. [그림 12-2]는 일중 분봉 중간 가격 데이터를 시각화했다.

```
In [10]: raw = api.get_history(instrument='EUR_USD',
                               start='2020-07-01',
                               end='2020-07-31',
                               granularity='M1',  # ❶
                               price='M')  # ❷
In [11]: raw.info()
         <class 'pandas.core.frame.DataFrame'>
         DatetimeIndex: 30728 entries, 2020-07-01 00:00:00 to 2020-07-30 23:59:00
         Data columns (total 6 columns):
         # Column Non-Null Count Dtype
         --- ------ -------------- -----
         0 o 30728 non-null float64
         1 h 30728 non-null float64
         2 l 30728 non-null float64
         3 c 30728 non-null float64
         4 volume 30728 non-null int64
         5 complete 30728 non-null bool
         dtypes: bool(1), float64(4), int64(1)
         memory usage: 1.4 MB
In [12]: raw.tail()
Out[12]:                            o       h       l       c volume complete
         time
         2020-07-30 23:55:00 1.18724 1.18739 1.18718 1.18738     57     True
         2020-07-30 23:56:00 1.18736 1.18758 1.18722 1.18757     57     True
         2020-07-30 23:57:00 1.18756 1.18756 1.18734 1.18734     49     True
         2020-07-30 23:58:00 1.18736 1.18737 1.18713 1.18717     36     True
         2020-07-30 23:59:00 1.18718 1.18724 1.18714 1.18722     31     True
In [13]: raw['c'].plot(figsize=(10, 6));
```

❶ 분봉 (minute) 지정

❷ 가격의 종류(M = 중간 가격)

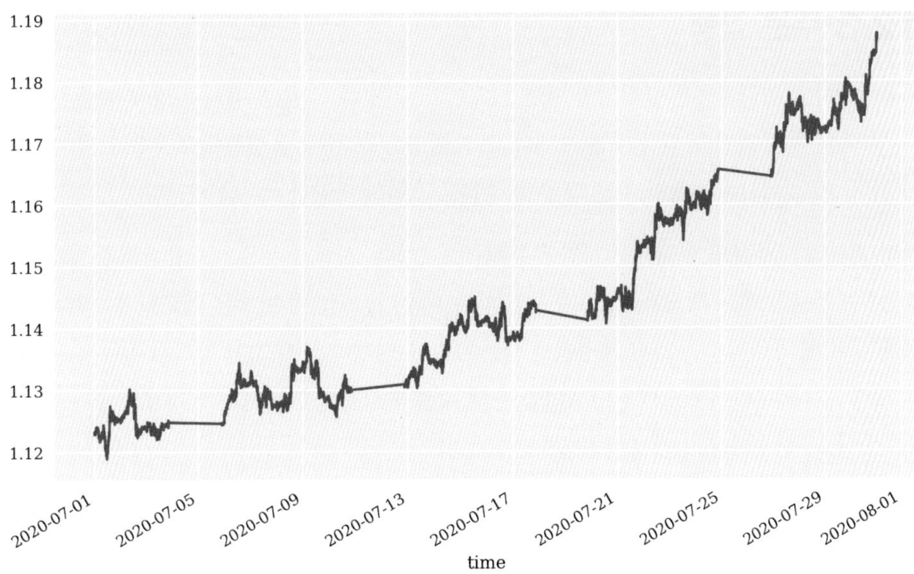

그림 12-2 Oanda의 EUR/USD 분봉 중간가

트레이딩 봇을 훈련시키고 테스트하기 위한 역사적인 가격도 중요하지만 알고리즘 트레이딩을 위한 로봇을 배포하기 위해서는 실시간(스트리밍) 데이터도 필요하다. `tpqoa` 패키지는 단일 메서드 호출을 통해 모든 매매 가능한 상품의 실시간 동기화 스트리밍도 가능하게 한다. 이 메서드는 타임스탬프와 매수-매도 가격을 출력한다. 알고리즘 트레이딩을 하려면 출력이 아닌 다른 동작 해야 하는 데 이는 12.5절에서 다룬다.

```
In [14]: api.stream_data('EUR_USD', stop=10)
2020-08-13T12:07:09.735715316Z 1.18328 1.18342
2020-08-13T12:07:16.245253689Z 1.18329 1.18343
2020-08-13T12:07:16.397803785Z 1.18328 1.18342
2020-08-13T12:07:17.240232521Z 1.18331 1.18346
2020-08-13T12:07:17.358476854Z 1.18334 1.18348
2020-08-13T12:07:17.778061207Z 1.18331 1.18345
2020-08-13T12:07:18.016544856Z 1.18333 1.18346
2020-08-13T12:07:18.144762415Z 1.18334 1.18348
2020-08-13T12:07:18.689365678Z 1.18331 1.18345
2020-08-13T12:07:19.148039139Z 1.18331 1.18345
```

12.3 주문 집행

자율주행차의 인공지능은 물리적인 차량을 제어할 수 있다. 이를 위해서 차량에 엑셀, 브레이크, 좌회전 및 우회전 등의 신호를 보낸다. 트레이딩 봇도 매매 플랫폼에 주문을 보낼 수 있어야 한다. 이 절에서는 시장가 주문 및 손절 주문을 포함한 다양한 주문을 다룬다.

가장 기본적인 주문의 형태는 시장가 주문market order이다. 시장가 주문은 금융상품을 현재의 가격(매수 주문일 때는 매도가, 매도 주문일 때는 매수가)으로 매수 혹은 매도할 수 있다. 다음 예제는 20배 레버리지를 가진 계정에서 작은 주문을 실행하는 예제다. 따라서 유동성 문제 등은 발생하지 않는다. Oanda v20 API를 통해 주문을 실행할 때는 API가 자세한 주문 객체를 반환한다. 우선 매수 시장가 주문을 낸다.

```
In [15]: order = api.create_order('EUR_USD', units=25000,
                                  suppress=True, ret=True)  # ❶
         pprint(order)  # ❶
         {'accountBalance': '98553.3172',
          'accountID': '101-004-13834683-001',
          'batchID': '1625',
          'commission': '0.0',
          'financing': '0.0',
          'fullPrice': {'asks': [{'liquidity': '10000000', 'price': 1.18345}],
                        'bids': [{'liquidity': '10000000', 'price': 1.18331}],
                        'closeoutAsk': 1.18345,
                        'closeoutBid': 1.18331,
                        'type': 'PRICE'},
          'fullVWAP': 1.18345,
          'gainQuoteHomeConversionFactor': '0.840811914585',
          'guaranteedExecutionFee': '0.0',
          'halfSpreadCost': '1.4788',
          'id': '1626',
          'instrument': 'EUR_USD',
          'lossQuoteHomeConversionFactor': '0.849262285586',
          'orderID': '1625',
          'pl': '0.0',
          'price': 1.18345,
          'reason': 'MARKET_ORDER',
          'requestID': '787572415478121 54',
          'time': '2020-08-13T12:07:19.434407966Z',
          'tradeOpened': {'guaranteedExecutionFee': '0.0',
          'halfSpreadCost': '1.4788',
```

```
          'initialMarginRequired': '832.5',
          'price': 1.18345,
          'tradeID': '1626',
          'units': '25000.0'},
          'type': 'ORDER_FILL',
          'units': '25000.0',
          'userID': 13834683}
In [16]: def print_details(order):  # ❷
             details = (order['time'][:-7], order['instrument'], order['units'],
                        order['price'], order['pl'])
             return details
In [17]: print_details(order)  # ❷
Out[17]: ('2020-08-13T12:07:19.434', 'EUR_USD', '25000.0', 1.18345, '0.0')
In [18]: time.sleep(1)
```

❶ 매수 시장가 주문 및 주문 객체 표시

❷ 시간, 상품, 단위, 가격, 손익 등의 세부 사항

두 번째로 동일한 수량의 매도 주문으로 거래를 완료한다. 첫 번째 매매는 본질적으로 거래비용을 제외한 손실이 발생하지 않지만 두 번째 주문에서는 수익이나 손실이 발생할 수 있다.

```
In [19]: order = api.create_order('EUR_USD', units=-25000,
                                  suppress=True, ret=True)  # ❶
         pprint(order)
         {'accountBalance': '98549.283',
          'accountID': '101-004-13834683-001',
          'batchID': '1627',
          'commission': '0.0',
          'financing': '0.0',
          'fullPrice': {'asks': [{'liquidity': '9975000', 'price': 1.18339}],
                        'bids': [{'liquidity': '10000000', 'price': 1.18326}],
                        'closeoutAsk': 1.18339,
                        'closeoutBid': 1.18326,
                        'type': 'PRICE'},
          'fullVWAP': 1.18326,
          'gainQuoteHomeConversionFactor': '0.840850994445',
          'guaranteedExecutionFee': '0.0',
          'halfSpreadCost': '1.3732',
          'id': '1628',
          'instrument': 'EUR_USD',
          'lossQuoteHomeConversionFactor': '0.849301758209',
```

```
          'orderID': '1627',
          'pl': '-4.0342',
          'price': 1.18326,
          'reason': 'MARKET_ORDER',
          'requestID': '78757241552009237',
          'time': '2020-08-13T12:07:20.586564454Z',
          'tradesClosed': [{'financing': '0.0',
          'guaranteedExecutionFee': '0.0',
          'halfSpreadCost': '1.3732',
          'price': 1.18326,
          'realizedPL': '-4.0342',
          'tradeID': '1626',
          'units': '-25000.0'}],
          'type': 'ORDER_FILL',
          'units': '-25000.0',
          'userID': 13834683}
In [20]: print_details(order)  # ❷
Out[20]: ('2020-08-13T12:07:20.586', 'EUR_USD', '-25000.0', 1.18326, '-4.0342')
In [21]: time.sleep(1)
```

❶ 매도 시장가 주문 및 주문 객체 표시

❷ 시간, 상품, 단위, 가격, 손익 등의 세부 사항

NOTE 지정가 주문limit order

이 장에서는 기본 주문 유형인 시장가 주문market order에 대해서만 설명한다. 시장가 주문에서는 거래가 현재 가격으로 이루어진다. 이와는 대조적으로 지정가 주문은 원하는 최소 가격 또는 최대 가격으로 주문을 배치할 수 있고 가격이 지정한 최소/최대 가격에 도달해야만 집행되는 주문이다. 이 시점까지는 거래가 이루어지지 않는다.

다음으로 같은 주문을 손절 주문 형태로 내는 예제를 생각하자. 손절 주문은 별도의 지정가 주문으로 취급된다. 다음 파이썬 코드는 손절 주문을 내고 해당 객체를 표시한다.

```
In [22]: order = api.create_order('EUR_USD', units=25000,
                                  sl_distance=0.005,  # ❶
                                  suppress=True, ret=True)
In [23]: print_details(order)
Out[23]: ('2020-08-13T12:07:21.740', 'EUR_USD', '25000.0', 1.18343, '0.0')
In [24]: sl_order = api.get_transaction(tid=int(order['id']) + 1)  # ❷
```

```
In [25]: sl_order  # ❷
Out[25]: {'id': '1631',
          'time': '2020-08-13T12:07:21.740825489Z',
          'userID': 13834683,
          'accountID': '101-004-13834683-001',
          'batchID': '1629',
          'requestID': '78757241556206373',
          'type': 'STOP_LOSS_ORDER',
          'tradeID': '1630',
          'price': 1.17843,
          'distance': '0.005',
          'timeInForce': 'GTC',
          'triggerCondition': 'DEFAULT',
          'reason': 'ON_FILL'}
In [26]: (sl_order['time'], sl_order['type'], order['price'],
          sl_order['price'], sl_order['distance'])  # ❸
Out[26]: ('2020-08-13T12:07:21.740825489Z',
          'STOP_LOSS_ORDER',
          1.18343,
          1.17843,
          '0.005')
In [27]: time.sleep(1)
In [28]: order = api.create_order('EUR_USD', units=-25000, suppress=True, ret=True)
In [29]: print_details(order)
Out[29]: ('2020-08-13T12:07:23.059', 'EUR_USD', '-25000.0', 1.18329, '-2.9725')
```

❶ 화폐 단위로 정의한 손절 구간

❷ 손절 주문 객체 데이터 표시

❸ 두 개의 주문 객체의 세부적인 내용 표시

추적 손절 주문도 같은 방법으로 다룬다. 차이점은 추적 손절 주문에는 정해진 가격이 없다는 점이다.

```
In [30]: order = api.create_order('EUR_USD', units=25000,
                                  tsl_distance=0.005,  # ❶
                                  suppress=True, ret=True)
In [31]: print_details(order)
Out[31]: ('2020-08-13T12:07:23.204', 'EUR_USD', '25000.0', 1.18341, '0.0')
In [32]: tsl_order = api.get_transaction(tid=int(order['id']) + 1)  # ❷
In [33]: tsl_order  # ❷
```

```
Out[33]: {'id': '1637',
          'time': '2020-08-13T12:07:23.204457044Z',
          'userID': 13834683,
          'accountID': '101-004-13834683-001',
          'batchID': '1635',
          'requestID': '78757241564598562',
          'type': 'TRAILING_STOP_LOSS_ORDER',
          'tradeID': '1636',
          'distance': '0.005',
          'timeInForce': 'GTC',
          'triggerCondition': 'DEFAULT',
          'reason': 'ON_FILL'}
In [34]: (tsl_order['time'][:-7], tsl_order['type'],
          order['price'], tsl_order['distance'])  # ❸
Out[34]: ('2020-08-13T12:07:23.204', 'TRAILING_STOP_LOSS_ORDER', 1.18341, '0.005')
In [35]: time.sleep(1)
In [36]: order = api.create_order('EUR_USD', units=-25000,
                                  suppress=True, ret=True)
In [37]: print_details(order)
Out[37]: ('2020-08-13T12:07:24.551', 'EUR_USD', '-25000.0', 1.1833, '-2.3355')
In [38]: time.sleep(1)
```

❶ 화폐 단위로 정의한 추적 손절 구간

❷ 추적 손절 주문 객체 데이터 표시

❸ 두 개의 주문 객체의 세부 내용 표시

마지막으로 익절 주문이다. 이 주문은 익절 목표가를 고정해야 한다. 따라서 다음 코드는 앞 주문의 실행 가격을 이용하여 다음 익절 주문의 가격을 설정한다. 이러한 차이를 빼고 나머지는 앞에 있는 것과 같다.

```
In [39]: tp_price = round(order['price'] + 0.01, 4)
         tp_price
Out[39]: 1.1933
In [40]: order = api.create_order('EUR_USD', units=25000,
                                  tp_price=tp_price,  # ❶
                                  suppress=True, ret=True)
In [41]: print_details(order)
Out[41]: ('2020-08-13T12:07:25.712', 'EUR_USD', '25000.0', 1.18344, '0.0')
In [42]: tp_order = api.get_transaction(tid=int(order['id']) + 1)  # ❷
In [43]: tp_order  # ❷
```

```
Out[43]: {'id': '1643',
          'time': '2020-08-13T12:07:25.712531725Z',
          'userID': 13834683,
          'accountID': '101-004-13834683-001',
          'batchID': '1641',
          'requestID': '78757241572993078',
          'type': 'TAKE_PROFIT_ORDER',
          'tradeID': '1642',
          'price': 1.1933,
          'timeInForce': 'GTC',
          'triggerCondition': 'DEFAULT',
          'reason': 'ON_FILL'}
In [44]: (tp_order['time'][:-7], tp_order['type'],
          order['price'], tp_order['price'])  # ❸
Out[44]: ('2020-08-13T12:07:25.712', 'TAKE_PROFIT_ORDER', 1.18344, 1.1933)
In [45]: time.sleep(1)
In [46]: order = api.create_order('EUR_USD', units=-25000,
                                   suppress=True, ret=True)
In [47]: print_details(order)
Out[47]: ('2020-08-13T12:07:27.020', 'EUR_USD', '-25000.0', 1.18332, '-2.5478')
```

❶ 이전 주문의 집행가격으로 정의한 목표 익절가

❷ 익절 주문 객체 데이터 표시

❸ 두 주문 객체의 세부 내용 표시

지금까지의 코드는 단일 주문의 거래에 대해서만 다루었다. 하지만 복수의 과거 주문을 살펴볼 필요가 있다. 이때는 다음 메서드를 호출해서 손익을 포함한 과거 주문 내용을 볼 수 있다.

```
In [48]: api.print_transactions(tid=int(order['id']) - 22)
          1626 | 2020-08-13T12:07:19.434407966Z | EUR_USD |  25000.0 |  0.0
          1628 | 2020-08-13T12:07:20.586564454Z | EUR_USD | -25000.0 | -4.0342
          1630 | 2020-08-13T12:07:21.740825489Z | EUR_USD |  25000.0 |  0.0
          1633 | 2020-08-13T12:07:23.059178023Z | EUR_USD | -25000.0 | -2.9725
          1636 | 2020-08-13T12:07:23.204457044Z | EUR_USD |  25000.0 |  0.0
          1639 | 2020-08-13T12:07:24.551026466Z | EUR_USD | -25000.0 | -2.3355
          1642 | 2020-08-13T12:07:25.712531725Z | EUR_USD |  25000.0 |  0.0
          1645 | 2020-08-13T12:07:27.020414342Z | EUR_USD | -25000.0 | -2.5478
```

또 다른 메서드는 사용하는 Oanda 데모 계정의 자세한 내용을 제공한다.

```
In [49]: api.get_account_summary()
Out[49]: {'id': '101-004-13834683-001',
          'alias': 'Primary',
          'currency': 'EUR',
          'balance': '98541.4272',
          'createdByUserID': 13834683,
          'createdTime': '2020-03-19T06:08:14.363139403Z',
          'guaranteedStopLossOrderMode': 'DISABLED',
          'pl': '-1248.5543',
          'resettablePL': '-1248.5543',
          'resettablePLTime': '0',
          'financing': '-210.0185',
          'commission': '0.0',
          'guaranteedExecutionFees': '0.0',
          'marginRate': '0.0333',
          'openTradeCount': 1,
          'openPositionCount': 1,
          'pendingOrderCount': 0,
          'hedgingEnabled': False,
          'unrealizedPL': '941.9536',
          'NAV': '99483.3808',
          'marginUsed': '380.83',
          'marginAvailable': '99107.2283',
          'positionValue': '3808.3',
          'marginCloseoutUnrealizedPL': '947.9546',
          'marginCloseoutNAV': '99489.3818',
          'marginCloseoutMarginUsed': '380.83',
          'marginCloseoutPercent': '0.00191',
          'marginCloseoutPositionValue': '3808.3',
          'withdrawalLimit': '98541.4272',
          'marginCallMarginUsed': '380.83',
          'marginCallPercent': '0.00383',
          'lastTransactionID': '1646'}
```

이로써 Oanda의 주문 집행의 기본에 대한 논의를 마친다. 이 모든 요소를 합쳐야 트레이딩 봇을 구성할 수 있다. 이 장의 나머지 부분은 Oanda 데이터에 기반하여 트레이딩 봇을 훈련시키고 자동화된 방식으로 배포하는 것을 다룬다.

12.4 트레이딩 봇

11장에서는 심층 QL 트레이딩 봇을 훈련시키는 방법과 벡터화 또는 이벤트 기반 방법으로 백테스팅하는 법을 자세히 다루었다. 이 절에서는 Oanda로부터 받은 역사적 데이터를 기반으로 같은 작업을 반복한다. 이 장 끝부분 12.8.1절에서는 Oanda 데이터를 다룰 수 있는 환경 클래스인 `OandaEnv` 클래스 파이썬 모듈에 대해 설명한다. 이 클래스를 이용하면 11장에서 `Finance` 클래스를 이용한 것과 같은 방법을 사용할 수 있다.

다음 파이썬 코드는 학습 환경 객체 인스턴스를 생성한다. 이 단계에서 학습, 검증, 테스트에 대한 중요한 파라미터를 설정한다. `OandaEnv` 클래스는 FX와 CFD 매매의 특징인 레버리지 설정도 포함한다. 레버리지를 사용하면 실현 수익을 증폭시킬 수 있기 때문에 잠재적인 수익도 늘어나지만 손실 위험도 증가한다.

```
In [50]: import oandaenv as oe
In [51]: symbol = 'EUR_USD'
In [52]: date = '2020-08-11'
In [53]: features = [symbol, 'r', 's', 'm', 'v']
In [54]: %%time
         learn_env = oe.OandaEnv(symbol=symbol,
                                 start=f'{date} 08:00:00',
                                 end=f'{date} 13:00:00',
                                 granularity='S30',  # ❶
                                 price='M',  # ❷
                                 features=features,  # ❸
                                 window=20,  # ❹
                                 lags=3,  # ❺
                                 leverage=20,  # ❻
                                 min_accuracy=0.4,  # ❼
                                 min_performance=0.85  # ❽
                                 )
         CPU times: user 23.1 ms, sys: 2.86 ms, total: 25.9 ms
         Wall time: 26.8 ms
         In [55]: np.bincount(learn_env.data['d'])
Out[55]: array([299, 281])
In [56]: learn_env.data.info()
         <class 'pandas.core.frame.DataFrame'>
         DatetimeIndex: 580 entries, 2020-08-11 08:10:00 to 2020-08-11 12:59:30
         Data columns (total 6 columns):
         # Column Non-Null Count Dtype
```

```
--- ------ -------------- -----
0 EUR_USD 580 non-null float64
1       r 580 non-null float64
2       s 580 non-null float64
3       m 580 non-null float64
4       v 580 non-null float64
5       d 580 non-null int64
dtypes: float64(5), int64(1)
memory usage: 31.7 KB
```

❶ 시간 구간을 5초로 설정

❷ 가격을 중간 가격으로 설정

❸ 사용할 특징 데이터 정의

❹ 이동 통계를 위한 윈도우 크기 정의

❺ 시간 지연 데이터 개수 설정

❻ 레버리지 설정

❼ 필요 최소 정확도 설정

❽ 필요 최소 성과 설정

다음 단계로 학습 환경의 파라미터를 사용하여 검증 환경 인스턴스도 만든다. 당연히 시간 구간은 달라진다. [그림 12-3]은 학습, 검증, 테스트 환경에서의 EUR/USD 가격을 나타낸다.

```
In [57]: valid_env = oe.OandaEnv(symbol=learn_env.symbol,
                                 start=f'{date} 13:00:00',
                                 end=f'{date} 14:00:00',
                                 granularity=learn_env.granularity,
                                 price=learn_env.price,
                                 features=learn_env.features,
                                 window=learn_env.window,
                                 lags=learn_env.lags,
                                 leverage=learn_env.leverage,
                                 min_accuracy=0,
                                 min_performance=0,
                                 mu=learn_env.mu,
                                 std=learn_env.std
                                 )
```

```
In [58]: valid_env.data.info()
         <class 'pandas.core.frame.DataFrame'>
         DatetimeIndex: 100 entries, 2020-08-11 13:10:00 to 2020-08-11 13:59:30
         Data columns (total 6 columns):
         # Column Non-Null Count Dtype
         --- ------ -------------- -----
         0 EUR_USD 100 non-null float64
         1 r 100 non-null float64
         2 s 100 non-null float64
         3 m 100 non-null float64
         4 v 100 non-null float64
         5 d 100 non-null int64
         dtypes: float64(5), int64(1)
         memory usage: 5.5 KB
In [59]: test_env = oe.OandaEnv(symbol=learn_env.symbol,
                                start=f'{date} 14:00:00',
                                end=f'{date} 17:00:00',
                                granularity=learn_env.granularity,
                                price=learn_env.price,
                                features=learn_env.features,
                                window=learn_env.window,
                                lags=learn_env.lags,
                                leverage=learn_env.leverage,
                                min_accuracy=0,
                                min_performance=0,
                                mu=learn_env.mu,
                                std=learn_env.std
                                )
In [60]: test_env.data.info()
         <class 'pandas.core.frame.DataFrame'>
         DatetimeIndex: 340 entries, 2020-08-11 14:10:00 to 2020-08-11 16:59:30
         Data columns (total 6 columns):
         # Column Non-Null Count Dtype
         --- ------ -------------- -----
         0 EUR_USD 340 non-null float64
         1 r 340 non-null float64
         2 s 340 non-null float64
         3 m 340 non-null float64
         4 v 340 non-null float64
         5 d 340 non-null int64
         dtypes: float64(5), int64(1)
         memory usage: 18.6 KB
In [61]: ax = learn_env.data[learn_env.symbol].plot(figsize=(10, 6))
         plt.axvline(learn_env.data.index[-1], ls='--')
```

```
valid_env.data[learn_env.symbol].plot(ax=ax, style='-.')
plt.axvline(valid_env.data.index[-1], ls='--')
test_env.data[learn_env.symbol].plot(ax=ax, style='-.');
```

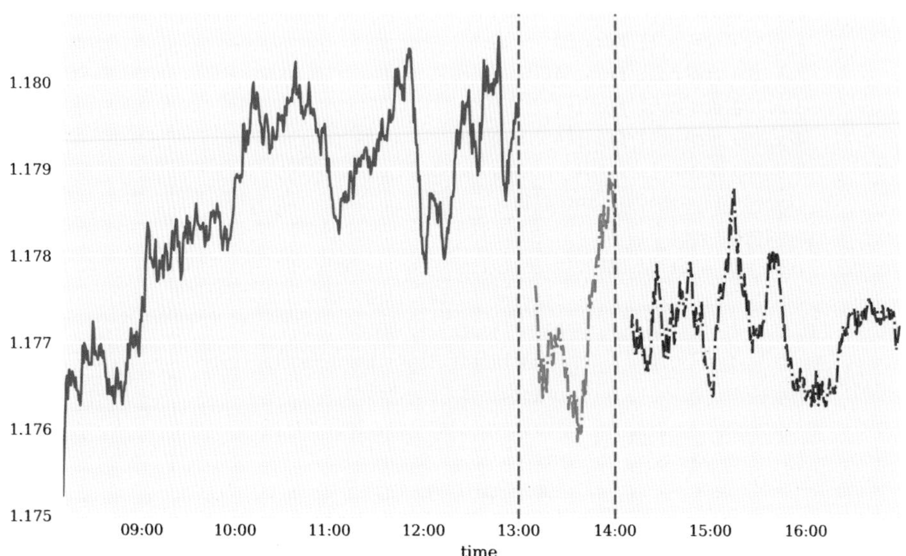

그림 12-3 Oanda의 EUR/USD 환율에 대한 30초봉의 종가(왼쪽: 학습, 중간: 검증, 오른쪽: 테스트)

Oanda 환경을 사용하여 11장처럼 트레이딩 봇을 학습시키고 검증한다. 다음 파이썬 코드는 이 작업을 수행하고 성과를 시각화한다(그림 12-4 참조).

```
In [62]: import sys
         sys.path.append('../ch11/')  # ❶
In [63]: import tradingbot  # ❶
         Using TensorFlow backend.
In [64]: tradingbot.set_seeds(100)
         agent = tradingbot.TradingBot(24, 0.001, learn_env=learn_env,
                                       valid_env=valid_env)  # ❷
In [65]: episodes = 31
In [66]: %time agent.learn(episodes)  # ❸
```

```
=======================================================================
episode: 5/31 | VALIDATION | treward: 97 | perf: 1.004 | eps: 0.96
=======================================================================
=======================================================================
episode: 10/31 | VALIDATION | treward: 97 | perf: 1.005 | eps: 0.91
=======================================================================
=======================================================================
episode: 15/31 | VALIDATION | treward: 97 | perf: 0.986 | eps: 0.87
=======================================================================
=======================================================================
episode: 20/31 | VALIDATION | treward: 97 | perf: 1.012 | eps: 0.83
=======================================================================
=======================================================================
episode: 25/31 | VALIDATION | treward: 97 | perf: 0.995 | eps: 0.79
=======================================================================
=======================================================================
episode: 30/31 | VALIDATION | treward: 97 | perf: 0.972 | eps: 0.75
=======================================================================
episode: 31/31 | treward: 16 | perf: 0.981 | av: 376.0 | max: 577
CPU times: user 22.1 s, sys: 1.17 s, total: 23.3 s
Wall time: 20.1 s
In [67]: tradingbot.plot_performance(agent)
```

❶ 11장의 tradingbot 모듈 임포트

❷ Oanda 데이터를 기반으로 트레이딩 봇을 훈련 및 검증

❸ 결과 시각화

앞 두 장에서 논의한 바와 같이 훈련 및 검증 성능은 트레이딩 봇 성과의 한 지표에 지나지 않는다.

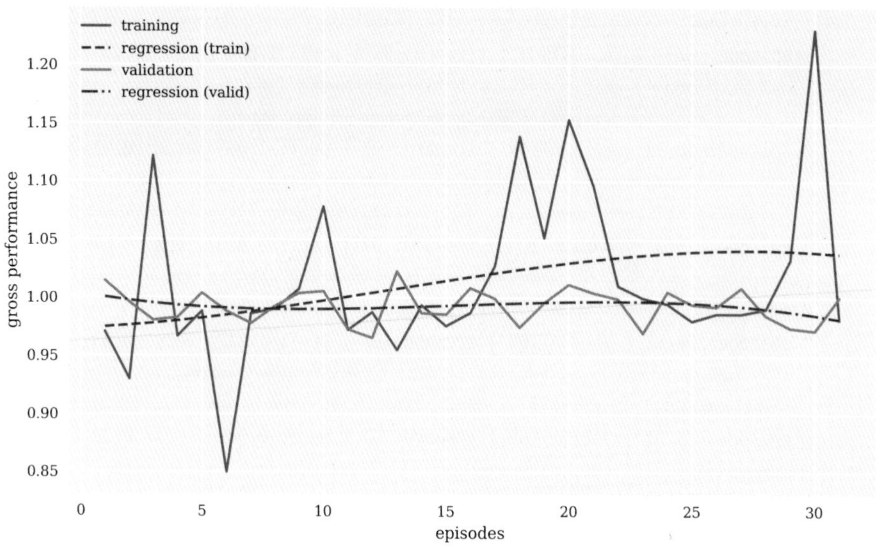

그림 12-4 Oanda 데이터에 기반한 훈련 및 검증 성능

다음 코드는 트레이딩 봇을 테스트 환경에 대해 백테스팅하는 것을 구현했다. 파라미터는 학습 환경과 같게 하고 사용하는 시간 구간은 다르게 한다. 이 코드에서는 12.8.2절에 나오는 파이썬 모듈에 있는 `backtest()` 함수를 사용한다. 성과의 수치는 레버리지 20을 사용한 결과다. 이 레버리지 값은 [그림 12-5]에 나오는 단순 보유 전략의 경우에도 동일하게 사용했다.

```
In [68]: import backtest as bt
In [69]: env = test_env
In [70]: bt.backtest(agent, env)
In [71]: env.data['p'].iloc[env.lags:].value_counts()  # ❶
Out[71]:  1 263
         -1 74
         Name: p, dtype: int64
In [72]: sum(env.data['p'].iloc[env.lags:].diff() != 0)  # ❷
Out[72]: 25
In [73]: (env.data[['r', 's']].iloc[env.lags:] * env.leverage).sum(
                   ).apply(np.exp)  # ❸
Out[73]: r 0.99966
         s 1.05910
         dtype: float64
In [74]: (env.data[['r', 's']].iloc[env.lags:] * env.leverage).sum(
                  ).apply(np.exp) - 1  # ❹
```

```
Out[74]: r -0.00034
         s 0.05910
         dtype: float64
In [75]: (env.data[['r', 's']].iloc[env.lags:] * env.leverage).cumsum(
                 ).apply(np.exp).plot(figsize=(10, 6));  # ❺
```

❶ 전체 매수–매도 포지션의 횟수

❷ 전략 구현에 필요한 매매의 횟수

❸ 레버리지를 포함한 성과

❹ 레버리지를 포함한 순수성과

❺ 레버리지를 포함한 성과의 시각화

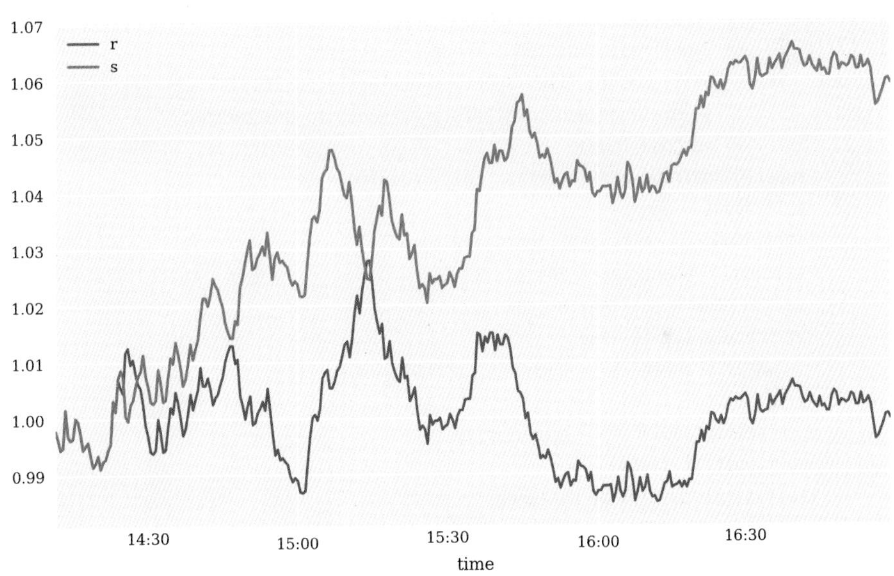

그림 12-5 단순 보유 전략과 트레이딩 봇의 전략 비교(레버리지 포함)

> **CAUTION** 백테스팅의 단순화
>
> 이 절에서 트레이딩 봇의 훈련 및 백테스팅은 현실적이지 않은 가정하에 이루어진다. 30초 구간을 기반으로 한 거래 전략은 단기간에 많은 수의 거래로 이어질 수 있다. 일반적인 거래 비용(매수–매도 스프레드)을 고려

할 때 이런 전략은 종종 경제적인 이유로 실행하기 어렵다. 구간이 더 길거나 거래가 적은 전략이 더 현실적일 것이다. 그러나 다음 절에서 '빠르게' 배포 과정 데모를 할 수 있도록 의도적으로 학습 및 백테스팅을 비교적 짧은 30초 구간에서 구현했다.

12.5 배포

이 절에서는 학습된 트레이딩 봇을 자동화된 방식으로 배포하기 위해 앞 절의 주요 요소들을 결합한다. 이는 자율주행차를 거리에 풀어놓는 것과 마찬가지다. 다음 코드에서 구현된 `OandaTradingBot` 클래스는 `tpqoa` 클래스를 상속하고 매매 로직을 위한 몇 가지 도움 함수를 포함한다.

```
In [76]:  import tpqoa
In [77]:  class OandaTradingBot(tpqoa.tpqoa):
    def __init__(self, config_file, agent, granularity, units,
                 sl_distance=None, tsl_distance=None, tp_price=None,
                 verbose=True):
        super(OandaTradingBot, self).__init__(config_file)
        self.agent = agent
        self.symbol = self.agent.learn_env.symbol
        self.env = agent.learn_env
        self.window = self.env.window
        if granularity is None:
            self.granularity = agent.learn_env.granularity
        else:
            self.granularity = granularity
        self.units = units
        self.sl_distance = sl_distance
        self.tsl_distance = tsl_distance
        self.tp_price = tp_price
        self.trades = 0
        self.position = 0
        self.tick_data = pd.DataFrame()
        self.min_length = (self.agent.learn_env.window +
                           self.agent.learn_env.lags)
        self.pl = list()
        self.verbose = verbose
    def _prepare_data(self):
        ''' Prepares the (lagged) features data.
```

```
        '''
        self.data['r'] = np.log(self.data / self.data.shift(1))
        self.data.dropna(inplace=True)
        self.data['s'] = self.data[self.symbol].rolling(self.window).mean()
        self.data['m'] = self.data['r'].rolling(self.window).mean()
        self.data['v'] = self.data['r'].rolling(self.window).std()
        self.data.dropna(inplace=True)
        self.data_ = (self.data - self.env.mu) / self.env.std  # ❶
    def _resample_data(self):
        ''' Resamples the data to the trading bar length.
        '''
        self.data = self.tick_data.resample(self.granularity,
                                label='right').last().ffill().iloc[:-1]  # ❷
        self.data = pd.DataFrame(self.data['mid'])  # ❷
        self.data.columns = [self.symbol,]  # ❷
        self.data.index = self.data.index.tz_localize(None)  # ❷
    def _get_state(self):
        ''' Returns the (current) state of the financial market.
        '''
        state = self.data_[self.env.features].iloc[-self.env.lags:]  # ❸
        return np.reshape(state.values, [1, self.env.lags,
                                         self.env.n_features])  # ❸
    def report_trade(self, time, side, order):
        ''' Reports trades and order details.
        '''
        self.trades += 1
        pl = float(order['pl'])  # ❹
        self.pl.append(pl)  # ❹
        cpl = sum(self.pl)  # ❺
        print('\n' + 71 * '=')
        print(f'{time} | *** GOING {side} ({self.trades}) ***')
        print(f'{time} | PROFIT/LOSS={pl:.2f} | CUMULATIVE={cpl:.2f}')
        print(71 * '=')
        if self.verbose:
            pprint(order)
            print(71 * '=')
    def on_success(self, time, bid, ask):
        ''' Contains the main trading logic.
        '''
        df = pd.DataFrame({'ask': ask, 'bid': bid, 'mid': (bid + ask) / 2},
                          index=[pd.Timestamp(time)])
        self.tick_data = self.tick_data.append(df)  # ❷
        self._resample_data()  # ❷
        if len(self.data) > self.min_length:
```

```
            self.min_length += 1
            self._prepare_data()
            state = self._get_state()  # ❻
            prediction = np.argmax(
self.agent.model.predict(state)[0, 0])  # ❻
            position = 1 if prediction == 1 else -1  # ❻
            if self.position in [0, -1] and position == 1:  # ❼
                order = self.create_order(self.symbol,
                        units=(1 - self.position) * self.units,
                        sl_distance=self.sl_distance,
                        tsl_distance=self.tsl_distance,
                        tp_price=self.tp_price,
                        suppress=True, ret=True)
                self.report_trade(time, 'LONG', order)
                self.position = 1
            elif self.position in [0, 1] and position == -1:  # ❽
                order = self.create_order(self.symbol,
                        units=-(1 + self.position) * self.units,
                        sl_distance=self.sl_distance,
                        tsl_distance=self.tsl_distance,
                        tp_price=self.tp_price,
                        suppress=True, ret=True)
                self.report_trade(time, 'SHORT', order)
                self.position = -1
```

❶ 데모를 위해 실시간 통계치를 정규화[7]

❷ 틱데이터 수집 및 리샘플링

❸ 금융 시장의 현재 상태 반환

❹ 모든 매매에 대한 손익 수집

❺ 모든 매매에 대한 누적 손익 계산

❻ 시장 방향을 예측하고 신호(포지션) 생성

❼ 매수 포지션에 대한 조건 체크

❽ 매도 포지션에 대한 조건 체크

7 이 트릭은 데이터가 주어졌을 때 매매를 빨리 하기 위한 것이다. 실제 배포에서는 학습 환경에서의 통계치를 사용하여 정규화해야 한다.

이 클래스를 사용하는 법은 간단하다. 우선 객체를 생성하고 이전 절에서 에이전트를 훈련시키는 데 썼던 주요 입력을 넣는다. 두 번째로 매매할 상품의 스트리밍을 시작한다. 새로운 틱데이터가 도착할 때마다 `.on_success()` 메서드가 호출되어 틱데이터를 처리하고 주문을 넣는 과정이 이루어진다. 이 배포 예제에서는 속도를 빠르게 하기 위해 30초봉을 사용한다. 실제로는 매매 횟수나 거래비용을 고려하여 좀 더 긴 시간 구간을 사용하는 것이 나을 수 있다.

```
In [78]: otb = OandaTradingBot('../aiif.cfg', agent, '30s',
                               25000, verbose=False)  # ❶

In [79]: otb.tick_data.info()
         <class 'pandas.core.frame.DataFrame'>
         Index: 0 entries
         Empty DataFrame

In [80]: otb.stream_data(agent.learn_env.symbol, stop=1000)  # ❷
         ===========================================================================
         2020-08-13T12:19:32.320291893Z | *** GOING SHORT (1) ***
         2020-08-13T12:19:32.320291893Z | PROFIT/LOSS=0.00 | CUMULATIVE=0.00
         ===========================================================================
         ===========================================================================
         2020-08-13T12:20:00.083985447Z | *** GOING LONG (2) ***
         2020-08-13T12:20:00.083985447Z | PROFIT/LOSS=-6.80 | CUMULATIVE=-6.80
         ===========================================================================
         ===========================================================================
         2020-08-13T12:25:00.099901587Z | *** GOING SHORT (3) ***
         2020-08-13T12:25:00.099901587Z | PROFIT/LOSS=-7.86 | CUMULATIVE=-14.66
         ===========================================================================

In [81]: print('\n' + 75 * '=')
         print('*** CLOSING OUT ***')
         order = otb.create_order(otb.symbol,
                                  units=-otb.position * otb.units,
                                  suppress=True, ret=True)  # ❸
         otb.report_trade(otb.time, 'NEUTRAL', order)  # ❸
         if otb.verbose:
             pprint(order)
             print(75 * '=')
         ===========================================================================
         *** CLOSING OUT ***
         ===========================================================================
         2020-08-13T12:25:16.870357562Z | *** GOING NEUTRAL (4) ***
         2020-08-13T12:25:16.870357562Z | PROFIT/LOSS=-3.19 | CUMULATIVE=-17.84
         ===========================================================================
         ===========================================================================
```

❶ OandaTradingBot 객체 인스턴스 생성

❷ 실시간 스트리밍 및 매매 시작

❸ 마지막 매매 종료

배포하는 동안 `pl` 리스트 속성에 손익값이 수집된다. 매매가 종료되면 이 값을 분석할 수 있다.

```
In [82]: pl = np.array(otb.pl)  # ❶
In [83]: pl  # ❶
Out[83]: array([ 0. , -6.7959, -7.8594, -3.1862])
In [84]: pl.cumsum()  # ❷
Out[84]: array([ 0. , -6.7959, -14.6553, -17.8415])
```

❶ 모든 매매에 대한 손익

❷ 누적 손익

이 간단한 배포 예제를 통해 100줄 미만의 파이썬 코드로 QL 트레이딩 봇을 사용하여 알고리즘 트레이딩을 할 수 있다는 것을 설명했다. 필요한 요소는 학습된 트레이딩 봇(즉, `tradingbot` 클래스 인스턴스)뿐이다. 여러 가지 중요한 요소를 의도적으로 여기에서 제외했다. 예를 들어 실제 환경에서는 데이터를 저장하여 보존해야 할 필요도 있고 주문 객체도 저장해 놓을 필요가 있을 것이다. 소켓 커넥션이 살아 있는지 예를 들어, 하트비트heartbeat 모니터링을 통해 감시하는 것도 여전히 중요하다. 전반적으로 보안성, 신뢰성, 로깅, 모니터링 등은 여기에서 다루지 않았다. 따라서 더 자세한 내용은 힐피시의 책(2020)을 참조하길 바란다.

12.8.3절에 `OandaTradingBot` 클래스의 단독 실행 버전을 추가했다. 이 코드는 주피터 노트북이나 주피터 랩과 같은 상호작용 환경에 비해 좀 더 강건한 형태의 배포로 가는 중요한 단계이다. 이 스크립트에는 손절, 추적 손절, 익정 주문 등의 기능도 포함해 놓았다. 이 스크립트를 사용하려면 현재 작업 디렉터리에 에이전트 객체를 `pickle` 패키지로 저장해 놓아야 한다. 다음 파이썬 코드는 나중에 스크립트에서 사용하도록 `pickle` 패키지로 객체를 저장한다.

```
In [85]: import pickle
In [86]: pickle.dump(agent, open('trading.bot', 'wb'))
```

12.6 파이썬 코드

이 장에서 사용하고 참조한 파이썬 코드는 다음과 같다.

12.6.1 Oanda 환경

다음은 역사적인 데이터에 대해 트레이딩 봇을 학습시키는 데 필요한 OandaEnv 클래스를 구현한 파이썬 모듈이다.

```
#
# Finance Environment
#
# (c) Dr. Yves J. Hilpisch
# Artificial Intelligence in Finance
#
import math
import tpqoa
import random
import numpy as np
import pandas as pd


class observation_space:
    def __init__(self, n):
        self.shape = (n,)


class action_space:
    def __init__(self, n):
        self.n = n

    def sample(self):
        return random.randint(0, self.n - 1)


class OandaEnv:
    def __init__(self, symbol, start, end, granularity, price,
                 features, window, lags, leverage=1,
                 min_accuracy=0.5, min_performance=0.85,
                 mu=None, std=None):
```

```
        self.symbol = symbol
        self.start = start
        self.end = end
        self.granularity = granularity
        self.price = price
        self.api = tpqoa.tpqoa('../aiif.cfg')
        self.features = features
        self.n_features = len(features)
        self.window = window
        self.lags = lags
        self.leverage = leverage
        self.min_accuracy = min_accuracy
        self.min_performance = min_performance
        self.mu = mu
        self.std = std
        self.observation_space = observation_space(self.lags)
        self.action_space = action_space(2)
        self._get_data()
        self._prepare_data()

    def _get_data(self):
        ''' Method to retrieve data from Oanda.
        '''
        self.fn = f'oanda/'
        self.fn += f'oanda_{self.symbol}_{self.start}_{self.end}_'
        self.fn += f'{self.granularity}_{self.price}.csv'
        self.fn = self.fn.replace(' ', '_').replace('-', '_').replace(':', '_')
        try:
            self.raw = pd.read_csv(self.fn, index_col=0, parse_dates=True)
        except:
            self.raw = self.api.get_history(self.symbol, self.start,
                                     self.end, self.granularity,
                                     self.price)
            self.raw.to_csv(self.fn)
        self.data = pd.DataFrame(self.raw['c'])
        self.data.columns = [self.symbol]

    def _prepare_data(self):
        ''' Method to prepare additional time series data
            (such as features data).
        '''
        self.data['r'] = np.log(self.data / self.data.shift(1))
        self.data.dropna(inplace=True)
        self.data['s'] = self.data[self.symbol].rolling(self.window).mean()
```

```
        self.data['m'] = self.data['r'].rolling(self.window).mean()
        self.data['v'] = self.data['r'].rolling(self.window).std()
        self.data.dropna(inplace=True)
        if self.mu is None:
            self.mu = self.data.mean()
            self.std = self.data.std()
        self.data_ = (self.data - self.mu) / self.std
        self.data['d'] = np.where(self.data['r'] > 0, 1, 0)
        self.data['d'] = self.data['d'].astype(int)

    def _get_state(self):
        ''' Privat method that returns the state of the environment.
        '''
        return self.data_[self.features].iloc[self.bar -
                                  self.lags:self.bar].values

    def get_state(self, bar):
        ''' Method that returns the state of the environment.
        '''
        return self.data_[self.features].iloc[bar - self.lags:bar].values

    def reset(self):
        ''' Method to reset the environment.
        '''
        self.treward = 0
        self.accuracy = 0
        self.performance = 1
        self.bar = self.lags
        state = self._get_state()
        return state

    def step(self, action):
        ''' Method to step the environment forwards.
        '''
        correct = action == self.data['d'].iloc[self.bar]
        ret = self.data['r'].iloc[self.bar] * self.leverage
        reward_1 = 1 if correct else 0
        reward_2 = abs(ret) if correct else -abs(ret)
        reward = reward_1 + reward_2 * self.leverage
        self.treward += reward_1
        self.bar += 1
        self.accuracy = self.treward / (self.bar - self.lags)
        self.performance *= math.exp(reward_2)
        if self.bar >= len(self.data):
```

```
            done = True
        elif reward_1 == 1:
            done = False
        elif (self.accuracy < self.min_accuracy and
              self.bar > self.lags + 15):
            done = True
        elif (self.performance < self.min_performance and
              self.bar > self.lags + 15):
            done = True
        else:
            done = False
        state = self._get_state()
        info = {}
        return state, reward, done, info
```

12.6.2 벡터화된 백테스팅

다음 코드는 심층 QL 트레이딩 봇에 대해 벡터화된 백테스팅을 수행하는 파이썬 모듈과 도움 함수들이다. 이 코드는 11장에서도 사용되었다.

```
#
# Vectorized Backtesting of
# Trading Bot (Financial Q-Learning Agent)
#
# (c) Dr. Yves J. Hilpisch
# Artificial Intelligence in Finance
#
import numpy as np
import pandas as pd
pd.set_option('mode.chained_assignment', None)

def reshape(s, env):
    return np.reshape(s, [1, env.lags, env.n_features])

def backtest(agent, env):
    done = False
    env.data['p'] = 0
    state = env.reset()
    while not done:
```

```
        action = np.argmax(
            agent.model.predict(reshape(state, env))[0, 0])
        position = 1 if action == 1 else -1
        env.data.loc[:, 'p'].iloc[env.bar] = position
        state, reward, done, info = env.step(action)
    env.data['s'] = env.data['p'] * env.data['r']
```

12.6.3 Oanda 트레이딩 봇

다음 코드는 OandaTradingBot 클래스를 사용하는 파이썬 스크립트다.

```
#
# Oanda Trading Bot
# and Deployment Code
#
# (c) Dr. Yves J. Hilpisch
# Artificial Intelligence in Finance
#
import sys
import tpqoa
import keras
import pickle
import numpy as np
import pandas as pd

sys.path.append('../ch11/')


class OandaTradingBot(tpqoa.tpqoa):
    def __init__(self, config_file, agent, granularity, units,
                 sl_distance=None, tsl_distance=None, tp_price=None,
                 verbose=True):
        super(OandaTradingBot, self).__init__(config_file)
        self.agent = agent
        self.symbol = self.agent.learn_env.symbol
        self.env = agent.learn_env
        self.window = self.env.window
        if granularity is None:
            self.granularity = agent.learn_env.granularity
        else:
```

```
            self.granularity = granularity
        self.units = units
        self.sl_distance = sl_distance
        self.tsl_distance = tsl_distance
        self.tp_price = tp_price
        self.trades = 0
        self.position = 0
        self.tick_data = pd.DataFrame()
        self.min_length = (self.agent.learn_env.window +
                           self.agent.learn_env.lags)
        self.pl = list()
        self.verbose = verbose
    def _prepare_data(self):
        ''' Prepares the (lagged) features data.
        '''
        self.data['r'] = np.log(self.data / self.data.shift(1))
        self.data.dropna(inplace=True)
        self.data['s'] = self.data[self.symbol].rolling(self.window).mean()
        self.data['m'] = self.data['r'].rolling(self.window).mean()
        self.data['v'] = self.data['r'].rolling(self.window).std()
        self.data.dropna(inplace=True)
        self.data_ = (self.data - self.env.mu) / self.env.std
    def _resample_data(self):
        ''' Resamples the data to the trading bar length.
        '''
        self.data = self.tick_data.resample(self.granularity,
                                label='right').last().ffill().iloc[:-1]
        self.data = pd.DataFrame(self.data['mid'])
        self.data.columns = [self.symbol,]
        self.data.index = self.data.index.tz_localize(None)
    def _get_state(self):
        ''' Returns the (current) state of the financial market.
        '''
        state = self.data_[self.env.features].iloc[-self.env.lags:]
        return np.reshape(state.values, [1, self.env.lags, self.env.n_features])
    def report_trade(self, time, side, order):
        ''' Reports trades and order details.
        '''
        self.trades += 1
        pl = float(order['pl'])
        self.pl.append(pl)
        cpl = sum(self.pl)
        print('\n' + 71 * '=')
        print(f'{time} | *** GOING {side} ({self.trades}) ***')
```

```python
        print(f'{time} ¦ PROFIT/LOSS={pl:.2f} ¦ CUMULATIVE={cpl:.2f}')
        print(71 * '=')
        if self.verbose:
            pprint(order)
            print(71 * '=')
    def on_success(self, time, bid, ask):
        ''' Contains the main trading logic.
        '''
        df = pd.DataFrame({'ask': ask, 'bid': bid, 'mid': (bid + ask) / 2},
                          index=[pd.Timestamp(time)])
        self.tick_data = self.tick_data.append(df)
        self._resample_data()
        if len(self.data) > self.min_length:
            self.min_length += 1
            self._prepare_data()
            state = self._get_state()
            prediction = np.argmax(self.agent.model.predict(state)[0, 0])
            position = 1 if prediction == 1 else -1
            if self.position in [0, -1] and position == 1:
                order = self.create_order(self.symbol,
                        units=(1 - self.position) * self.units,
                        sl_distance=self.sl_distance,
                        tsl_distance=self.tsl_distance,
                        tp_price=self.tp_price,
                        suppress=True, ret=True)
                self.report_trade(time, 'LONG', order)
                self.position = 1
            elif self.position in [0, 1] and position == -1:
                order = self.create_order(self.symbol,
                        units=-(1 + self.position) * self.units,
                        sl_distance=self.sl_distance,
                        tsl_distance=self.tsl_distance,
                        tp_price=self.tp_price,
                        suppress=True, ret=True)
                self.report_trade(time, 'SHORT', order)
                self.position = -1


if __name__ == '__main__':
    model = keras.models.load_model('tradingbot')
    agent = pickle.load(open('trading.bot', 'rb'))
    agent.model = model
    otb = OandaTradingBot('../aiif.cfg', agent, '5s',
                          25000, verbose=False)
```

```
otb.stream_data(agent.learn_env.symbol, stop=1000)
print('\n' + 71 * '=')
print('*** CLOSING OUT ***')
order = otb.create_order(otb.symbol,
                units=-otb.position * otb.units,
                suppress=True, ret=True)
otb.report_trade(otb.time, 'NEUTRAL', order)
if otb.verbose:
    pprint(order)
print(71 * '=')
```

12.7 마치며

이 장에서는 알고리즘 트레이딩 전략을 실행하고 트레이딩 봇을 배포하기 위한 중요한 점들을 다루었다. Oanda 매매 플랫폼은 v20 API 호출을 통해 다음과 같은 기능을 직간접적으로 제공한다.

- 역사적 데이터 추출
- 심층 QL 에이전트 학습 및 백테스팅
- 실시간 데이터 스트리밍
- 시장가 혹은 지정가 주문
- 손절, 추적 손절, 익절 주문 사용
- 자동화된 방식으로 트레이딩 봇 배포

이 모든 단계를 구현하기 위한 전제 조건은 Oanda가 포함된 데모 계정, 표준 하드웨어 및 소프트웨어, 안정적인 인터넷 연결이다. 즉, 경제적 비효율성을 이용하기 위한 알고리즘 거래의 진입 장벽은 상당히 낮다. 예를 들어 공공 도로에 자율주행차를 배치하기 위한 교육, 설계 및 제작과 극명한 대조를 이룬다. 자율주행차 부문의 기업 예산은 수십억 달러에 달한다. 다시 말해 트레이딩 봇과 같은 인공지능 에이전트를 금융 분야에 실제로 배치하는 것은 다른 산업과 비교했을 때 뚜렷한 이점을 가진다.

12.8 참고 문헌

- Hilpisch, Yves. 2020. *Python for Algorithmic Trading: From Idea to Cloud Deployment*. Sebastopol: O'Reilly.
- Litman, Todd. 2020. "Autonomous Vehicle Implementation Predictions." *Victoria Transport Policy Institute*. `https://oreil.ly/ds7YM`.

Part V

전망

Part V

전망

5부는 에필로그 역할로 금융 분야에서 인공지능을 널리 채택할 때 발생할 수 있는 결과에 대한 전망을 보여준다. 이 장에서도 이 책의 나머지 부분과 마찬가지로 매매 부분에 대해서만 논의한다. 5부는 2장으로 구성되어 있다.

- 13장에서는 새로운 금융 교육의 필요성이나 발생 가능한 경쟁 시나리오와 같은 금융산업에서 인공지능이 주도하는 경쟁의 측면을 논의한다.
- 14장에서는 금융 특이점과 인간 또는 기관의 능력을 훨씬 뛰어넘는 알고리즘 거래를 통해 지속적으로 수익을 창출하는 인공지능의 출현에 대한 전망을 고찰한다.

5부는 저자의 예측으로 세부 내용은 유의하지 않고 중요한 내용만 논의한다. 하지만 5부의 내용은 이와 관련된 중요한 주제들을 더 깊게 분석하고 논의하는 데 있어 좋은 출발점이 될 것이다.

CHAPTER 13

인공지능 경쟁

> 오늘날 인공지능 시스템이 작동하는 환경 속에서 높은 관심을 받으며 경쟁이 치열한 분야는 바로 세계 금융 시장이다.
>
> – 닉 보스트롬(2014)

> 금융 서비스 회사들은 인공지능에 빠져 있다. 그들은 일상 업무를 자동화하고 데이터를 분석하고 고객 서비스를 향상시키며 법규를 지키는 데 인공지능을 이용한다.
>
> – 닉 휴버(2020)

이 장에서는 인공지능의 구조적이고 전략적인 응용에 기반한 금융산업의 경쟁에 대해 다룬다. 13.1절에서는 금융의 미래에 영향을 미치게 될 인공지능의 중요성에 대해 살펴본다. 13.2절에서는 금융 분야에서 인공지능은 아직 초기 단계에 있으며, 아직 대부분 구현이 간단하지 않다는 것을 이야기한다. 반대로 말하면 금융 회사들이 인공지능을 통해 경쟁 우위를 확보할 수 있는 경쟁 환경이 펼쳐지고 있다는 뜻이다. 금융 분야에서 인공지능을 활발히 사용하려면 13.3절에서 설명하는 바와 같이 금융 교육과 훈련에 대해 다시 생각하고 재설계할 필요가 있다. 오늘날의 요구 사항은 전통적인 금융 커리큘럼으로는 더 이상 충족될 수 없다. 13.4절에서는 금융기관이 인공지능을 대규모로 적용하는 데 필요한 자원을 확보하기 위해 어떻게 싸울 것인가에 대해 논의한다. 다른 많은 분야와 마찬가지로, 인공지능 전문가들은 종종 금융 회사들이 자원 확보를 위해 다른 분야의 기술 회사들과 경쟁해야 한다고 말한다.

13.5절에서는 어떻게 인공지능이 소규모 알파 시대age of microscopic alpha의 주요 원인이자 유일한 해결책인지에 대해 설명한다. 이제 알파는 금과 마찬가지로 소규모로만 나오고 대부분은 산업적인 노력으로만 얻을 수 있다. 13.6절에서는 독점, 과점, 완전 경쟁으로 특징지어질 금융산업의 미래 시나리오와 그 이유에 대해서 논한다. 마지막으로 13.67절에서는 인공지능으로 인해 유발될 위험과 중요한 규제 문제 그리고 금융산업이 접하게 될 감독 관리에 대해 간단하게 살펴본다.

13.1 인공지능과 금융

이 책은 금융에서 인공지능을 사용하여 금융 시계열을 예측하는 응용 분야에 초점을 맞추고 있다. 이 책의 목표는 미래의 시장 움직임을 예측해서 인공지능 알고리즘 단순 전략을 능가할 수 있는 통계적 비효율성을 발견하는 것이다. 이러한 통계적 비효율성은 경제적 비효율성의 기반이 된다. 경제적 비효율성을 이용하려면 시장을 뛰어넘는 수익을 실현할 수 있도록 통계적 비효율성을 이용할 수 있는 매매 전략이 있어야 한다. 즉, 예측 알고리즘과 집행 알고리즘으로 구성되어 알파를 창출하는 전략이 있어야 한다는 것이다.

물론, 인공지능 알고리즘을 금융에 적용할 수 있는 다른 많은 분야도 있다. 예를 들면 다음과 같다.

신용평가

인공지능 알고리즘을 사용하여 잠재적 채무자의 신용을 평가하고 의사결정을 내리는 과정을 자동화할 수 있다. 예를 들어 골바야니Golbayani의 논문(2020)은 신경망 기반으로 기업의 신용도를 평가하고 바바예프Babaev의 논문(2019)은 재귀 신경망을 소비자 금융 분야에 적용한다.

부정 적출

인공지능 알고리즘은 (신용카드 사용과 같은 분야에서) 수상한 패턴을 발견하고 이러한 일이 발생하지 않도록 부정 사용을 검출하는 데 사용될 수 있다. 유세피Yousefi의 논문(2019)은 이 주제에 대한 설문 조사를 제공한다.

집행 매매

인공지능 알고리즘은 대규모 블럭 매매를 어떻게 최선으로 집행하는지 즉, 어떻게 시장 충격과 거래비용을 감소시키는지도 학습할 수 있다. 닝[Ning]의 논문(2020)은 이중 심층 QL 알고리즘을 사용하여 최적 매매 집행 정책을 계산한다.

파생 상품 헤지

인공지능 알고리즘으로 단일 파생 상품 혹은 파생 상품 포트폴리오의 헤지 매매를 최적으로 하는 것을 훈련시킬 수도 있다. 이러한 접근법을 딥 헤지[deep hedge]라고 한다. 뷀러[Buehler]의 논문(2019)은 강화 학습을 딥 헤지에 응용한다.

포트폴리오 관리

퇴직연금과 같은 장기 투자의 관점에서 금융상품 포트폴리오를 구성하고 리밸런싱하는 데 인공지능 알고리즘을 사용할 수 있다. 로페즈 드 프라도[López de Prado]의 저서(2020)에서 이 주제를 자세히 다룬다.

고객 서비스

고객 문의를 처리하는 자연어 처리에도 인공지능 알고리즘이 사용된다. 다른 산업 분야와 마찬가지로 금융에서도 챗봇은 인기가 많다. 유[Yu]의 논문(2020)은 구글이 만든 BERT[bidirectional encoder representations from transformer] 모형을 사용하여 금융 챗봇을 만드는 것에 대해 다룬다.

금융이나 다른 분야에서 또는 여기에서 다루지 않은 인공지능의 응용은 많은 양의 데이터를 프로그램적으로 사용할 수 있어야 한다. 이러한 데이터를 다루는 데 왜 머신러닝, 딥러닝, 강화 학습과 같은 알고리즘이 회귀분석과 같은 전통적 계량경제학보다 더 나은가? 여기에는 여러 가지 이유가 있다.

빅데이터

기존의 통계 방법은 데이터가 증가한다고 해서 성능이 더 좋아지지는 않는다. 하지만 신경망 기반 접근법의 경우에는 더 큰 데이터셋을 사용하여 훈련할수록 관련된 성능지표가 더 향상되는 경우가 많다.

불안정성

물리적 세계와는 달리 금융 시장은 고정된 법칙을 따르지 않는다. 금융 분야의 법칙들은 시간이 지남에 따라 빠른 속도로 변화한다. 하지만 인공지능 알고리즘은 온라인 학습을 통해 신경망을 점진적으로 업데이트함으로써 이를 더 쉽게 따라잡을 수 있다.

비선형성

회귀분석은 특징 데이터와 라벨 데이터 사이의 선형 관계를 가정한다. 신경망과 같은 인공지능 알고리즘은 일반적으로 비선형 관계에 더 쉽게 대처할 수 있다.

비정규성

금융 계량경제학에서는 어디에서나 정규분포 변수를 가정한다. 하지만 인공지능 알고리즘은 제한된 가정에 그다지 의존하지 않는다.

고차원 데이터

전통적인 금융 계량경제학 방법들은 낮은 차원을 가진 문제들에 유용하다는 것이 입증되었다. 금융공학의 대부분 문제는 특징(독립변수)의 수가 상당히 적은 상황에서 발생한다. 보다 진보된 인공지능 알고리즘은 필요에 따라 수백 가지의 다양한 특징 데이터를 고려하여 고차원의 문제를 쉽게 처리할 수 있다.

분류 문제

전통적인 계량경제학의 도구들은 주로 회귀 문제 접근법에 기초한다. 회귀 문제도 확실히 금융에서 중요한 범주를 형성하지만 분류 문제도 똑같이 중요하다. 머신러닝 및 딥러닝 도구들은 분류 문제를 푸는 다양한 메뉴를 제공한다.

구조화되지 않은 데이터

전통적 금융 계량경제학 방법은 기본적으로 구조화된 수치 데이터만 다룰 수 있다. 머신러닝 및 딥러닝 알고리즘은 구조화되지 않은 텍스트 기반 데이터도 효율적으로 처리할 수 있고 정형 및 비정형 데이터를 동시에 처리할 수 있다.

아직 금융의 많은 부분에서 인공지능을 적용하는 것은 초기 단계에 있다. 하지만 일부 애플리케이션 분야는 인공지능 우선 금융으로 패러다임을 바꿈으로써 엄청난 이익을 얻는 것이 입증되었다. 따라서 머신러닝, 딥러닝, 강화 학습 알고리즘이 실제로 금융에 접근하고 수행하는 방식을 크게 변화시킬 것이라고 예측한다. 인공지능은 경쟁 우위를 추구하기 위한 최고의 도구다.

13.2 표준화 부족

전통적이고 규범적인 금융공학(3장 참조)은 표준화가 많이 진행되었다. 코플랜드Copeland의 공저(2005)와 존스Jones(2012)의 책과 같이 똑같은 이론과 모형을 가르치고 설명하는 교과서도 많이 있다. 결국 이론과 모델은 일반적으로 지난 수십 년 동안 발표된 연구 논문에 의존해왔다.

블랙Black과 숄스Scholes(1973), 머튼Merton(1973)이 옵션 공식으로 파생 상품의 가격을 매기는 이론과 모델을 발표했을 때 금융산업은 해당 공식과 아이디어를 바로 받아들였다. 거의 50년이 지난 지금 더 발전된 많은 이론과 모델들이 제시되었지만 블랙-숄스-머튼 모델과 공식은 여전히 파생 상품 가격결정의 기본 모형이다.

반면, 인공지능 우선 금융의 경우에는 눈에 띄는 수준의 표준화가 없다. 기본적으로 매일 수많은 연구 논문이 온라인으로 발표된다(예: `http://arxiv.org`). 무엇보다도 이는 일반적으로 논문 검토peer-review를 하는 전통적인 출판 분야가 AI 분야의 빠른 속도를 따라가기에는 너무 느리기 때문이다. 연구원들은 경쟁 팀에 뒤떨어지지 않기 위해 가능한 한 빨리 대중들과 그들의 연구를 공유하기를 바란다. 논문 검토 과정은 품질을 보증하는 측면에서 보면 장점은 있지만 검토 과정이 몇 달씩 걸리고 이 기간 동안 연구가 발표되지 않는 단점이 있다. 그런 점에서, 연구자들은 자신들의 발견에 대한 기록을 남길 수 있는 커뮤니티를 점점 더 신용하게 되었다.

수십 년 전만 해도 전문가들 사이에서는 새로운 논문이 검토되고 최종적으로 발표되기 전에 몇 년 동안 회람되는 것이 일반적이었다. 하지만 오늘날의 연구 환경은 훨씬 더 빠른 후속 연구의 제출을 특징으로 하며, 연구자들은 다른 연구자들의 철저한 검토와 테스트를 거치지 않았을 법한 작업을 조기에 내놓으려 한다. 결과적으로, 금융 문제에 적용되는 다수의 인공지능 알고리즘에 사용할 수 있는 표준이나 벤치마크 구현은 거의 없다.

이러한 빠른 연구 발표가 가능한 것은 대부분 금융 데이터에 인공지능 알고리즘을 쉽게 적용할 수 있기 때문이다. 학생, 연구자, 실무자는 최신 혁신 기술을 금융 영역에 적용하기 위해 노트북 이상이 필요하지 않다. 이는 수십 년 전 계량경제학 연구의 제약 조건과 비교할 때 장점이라 할 수 있다. 이는 (제한된 데이터 셋와 컴퓨팅 파워와 같은) 수십 년 전 계량경제학 연구가 가졌던 제약 조건과 비교할 때 장점이라 할 수 있다 하지만 이는 '일단 많이 발표하면 그중에서 몇 개는 성공하겠지'라는 생각으로 그냥 발표해버리는 연구들이 쏟아지고 있다.

투자자들도 이러한 열망과 긴박함을 가지고 있어서 금융업자들이 더 빠른 속도로 새로운 투자 접근 방식을 고안하도록 강요한다. 따라서 좀 더 실용적인 접근을 위해 전통적인 금융 연구 접근법의 폐지를 요구하기도 한다. 로페즈 드 프라도López de Prado (2018)는 다음과 같이 표현했다.

> 문제: 수학적 증명은 수년, 수십 년, 수백 년이 걸릴 수 있다. 어떤 투자자도 이를 기다리지 않는다.
>
> 해법: 실험적 수학을 사용한다. 실험을 통해 어렵고 풀기 힘든 문제를 증명하지 않고 푼다.

표준화되지 않았다는 것은 경쟁 환경에서 인공지능 우선 금융의 이점을 활용할 수 있는 충분한 기회를 제공한다. 2020년 중반 이 글을 쓰는 지금 금융 접근 방식을 혁신하기 위해 인공지능을 활용하려는 경쟁 속도가 빨라지고 있다. 이 장의 나머지 내용에서 이러한 경쟁에 대해 서술한다.

13.3 교육과 훈련

금융공학 분야에 입문하려면 이 분야의 공식적인 교육을 받아야 하는데 대표적인 학위는 다음과 같다.

- 금융 석사
- 계량 금융 석사
- 컴퓨터 금융 석사
- 금융공학 석사
- 정량 기업 리스크 관리 석사

기본적으로 이 분야의 석사 과정에서는 데이터 주도 금융에 필요한 데이터 처리를 다루기 위해 파이썬과 같은 프로그래밍 언어를 하나 이상 마스터해야 한다. 대학에서도 업계의 이러한 기술에 대한 요구를 받아들이고 있다. 머리Murray(2019)는 다음과 같이 지적한다.

> 기업들은 더 많은 업무를 수행하기 위해 인공지능을 계속 도입할 것이고 노동 인력은 이러한 변화에 적응해야 할 것이다. 이는 금융 석사를 졸업한 학생들에게는 기회가 될 것이다. 따라서 기술과 금융 지식을 같이 가진 것이 좋다. 아마도 인공지능을 사용하여 시장을 분석하는 정량적 투자자와 잠재적 거래를 식별하기 위한 빅데이터에 가장 큰 수요가 있을 것이다.

금융 관련 학과의 커리큘럼에 프로그래밍, 데이터 과학, 인공지능을 포함하도록 조정하는 것은 대학뿐만이 아니다. 금융 기업도 신규 및 기존 직원이 데이터 기반 및 인공지능 우선 금융에 대비할 수 있도록 교육 프로그램에 많은 투자를 한다. 누난Noonan(2018)은 세계에서 가장 큰 은행 JP모간 체이스의 대규모 교육 훈련에 대해 다음과 같이 이야기한다.

> 월스트리트의 기술력에 대한 요구가 높아졌다는 신호로 JP모건 체이스는 수백 명의 신규 투자 은행가와 자산 관리자들에게 의무적으로 코딩 수업을 하고 있다.
>
> 인공지능 거래에서 온라인 대출 플랫폼에 이르기까지, 금융 서비스 그룹은 효율성을 높이고 혁신적인 제품을 만들며 신생 기업과 기술 대기업의 위협을 막는 데 도움이 되는 소프트웨어를 개발하고 있다.
>
> 올해는 주니어들을 위해 파이썬 프로그래밍 수업을 진행한다. 이는 빅데이터를 분석하고 자연어 텍스트와 같은 구조화되지 않은 데이터를 해석하는 데 유용할 것이다. 내년 자산 관리 부서는 의무적인 기술 교육을 데이터 과학, 머신러닝, 클라우드 컴퓨팅으로 확대할 예정이다.

요약하자면, 금융산업에서 프로그래밍, 기본 및 고급 데이터 과학, 머신러닝 및 클라우드 컴퓨팅과 같은 기타 기술적 측면에 숙련된 직원이 점점 더 많이 필요해질 것이다. 대학과 금융기관 모두 커리큘럼을 조정하고 인력 양성에 아낌없이 투자하여 이러한 추세에 대응한다. 이는 인공지능의 중요성이 증가함에 따라 지속적으로 변화하는 재무 환경에서 효과적으로 경쟁하고 생존하기 위한 전략이다.

13.4 자원을 위한 싸움

금융 시장에서는 인공지능을 활용하기 위해 금융 시장의 참가자들은 최상의 자원을 얻는 경쟁을 한다. 무엇보다 네 가지 주요 자원이 가장 중요하다. 바로 인적 자원, 알고리즘, 데이터 및 하드웨어이다.

아마도 가장 중요하면서 가장 부족한 자원은 인공지능 전문가, 특히 금융 분야 인공지능 전문가일 것이다. 이런 점에서, 금융기관들은 최고의 인재들을 놓고 기술 회사, 금융 기술 핀테크 창업자들, 그리고 다른 그룹들과 경쟁한다. 은행들은 일반적으로 전문가들에게 상대적으로 높은 급여를 지급할 준비는 되어 있지만, 기술 회사들의 문화와 신생 기업들의 스톡옵션 약속은 은행들이 최고의 인재를 끌어들이는 것을 어렵게 할 수 있다. 금융기관들은 내부적으로 인재를 양성하는 데 의존하는 경우가 많다.

많은 머신러닝 및 딥러닝 알고리즘과 모형은 잘 연구되고 테스트되고 문서화된 표준 알고리즘으로 볼 수 있다. 그러나 대부분의 경우 금융 분야에서 어떻게 그것들을 가장 잘 적용할 것인가는 명확하지 않다. 금융기관들은 연구에 많은 투자를 하는 곳이다. 체계적인 헤지펀드 같은 대형 투자기관들의 경우 투자와 거래 전략 연구가 그들의 사업 모델의 핵심이다. 그러나 12장에서 알 수 있듯이 이를 배치하고 생산하는 것도 똑같이 중요하다. 물론 전략 연구 및 배치 모두 이 분야에서 고도의 기술 분야다.

데이터가 없는 알고리즘은 쓸모가 없다. 마찬가지로 거래소나 레피니티프 혹은 블룸버그 등의 데이터 서비스 제공자로부터 나오는 표준적인 데이터를 가진 알고리즘은 유용성이 높지 않다. 이러한 데이터들은 시장의 많은 관련 업체에 의해 집중 분석되기 때문에 알파를 만들어낼 기회나 경쟁 우위를 점하기가 어렵거나 불가능하다. 따라서 대규모 투자기관들은 대체 데이터에 접근하기 위해 특히 많은 투자를 하고 있다(4.3절 참조).

오늘날 대체 데이터가 얼마나 중요한지는 투자자들이 현장에서 활동하는 기업들에 투자하는 것을 보면 알 수 있다.. 예를 들어 2018년에 투자 회사들은 데이터 그룹 에니그마[Enigma]에 9,500만 달러를 투자했다. 포르타도[Fortado](2018)는 그 거래의 근거를 다음과 같이 설명한다

> 헤지펀드, 은행 및 벤처 캐피털 회사는 자신들이 점점 더 많이 사용하고 있는 데이터 비지니스에서 수익을 올리고자 데이터 회사에 대한 투자를 늘리고 있다.
>
> 최근 몇 년 동안 수많은 데이터를 추적하여 경쟁 우위를 모색하는 투자 그룹에 판매하는 신생 기업

이 급증하고 있다.

> 가장 최근에 투자자들의 관심을 끌게 된 곳은 뉴욕에 본사를 둔 신생 기업인 에니그마로 화요일에 발표한 9,500만 달러 규모의 자금 조달에서 거대 양대 기업인 투 시그마Two Sigma, 행동주의 헤지펀드인 써드 포인트Third Point, 벤처캐피털 회사인 NEA와 글린캐피털Glynn Capital을 포함한 투자자들로부터 자금을 지원받았다.

금융기관이 경쟁하는 네 번째 자원은 빅 금융 데이터를 처리하고, 기존 및 대체 데이터에 기반한 알고리즘을 구현하여 인공지능을 금융에 효율적으로 적용할 수 있는 최고의 하드웨어다. 최근 몇 년 동안 머신러닝 및 딥러닝을 더 빠르고 에너지 효율적이며 비용 효율적인 것으로 만드는 전용 하드웨어 분야에서 엄청난 혁신이 이루어졌다. CPU와 같은 전통적인 프로세서는 이 분야에서 역할이 작고, 엔비디아의 GPU[1]나 구글의 TPU[2] 및 신생 Graphcore의 IPU와 같은 새로운 프로세서들이 인공지능에서 사용되고 있다. 새로운 전문 하드웨어에 대한 금융기관의 관심은 최대 헤지 펀드 시타델의 IPU에 대한 연구 노력에 반영된다. 다른 선택사항과 비교하여 머신러닝 전용 하드웨어의 잠재적 이점은 지아Jia 공저, 종합 연구 보고서(2019)에 나타나 있다.

인공지능 우선 금융에서 우위를 차지하기 위한 경쟁을 위해 금융기관은 인재, 연구, 데이터 및 하드웨어에 매년 수십억 달러를 투자한다. 대기업들은 현장에서 그 속도를 따라갈 수 있는 좋은 위치에 있는 것처럼 보인다. 중소 규모의 기업들은 인공지능 우선 접근 방식으로 포괄적으로 전환하기는 어려울 것이다.

13.5 시장 충격

금융산업에서 데이터 과학, 머신러닝 및 딥러닝 알고리즘의 사용이 증가하고 널리 보급됨에 따라 금융 시장, 투자 및 거래 기회에 다양한 영향을 미치고 있다. 이 책의 많은 예에서 알 수 있듯이, 머신러닝 및 딥러닝 방법은 통계적 비효율성과 경제적 비효율성을 발견할 수 있도록 해주는데, 회귀분석과 같은 전통적인 계량경제학 방법으로는 이를 발견할 수 없다. 이러한 새롭

1 https://nvidia.com

2 https://oreil.ly/3HHUy

고 더 나은 분석 방법은 알파 생성 기회와 전략을 발견하는 걸 어렵게 만든다고 할 수 있다.

로페즈 드 프라도López de Prado(2018)는 현재 금융산업의 상황을 금광채굴 산업과 비교하여 다음과 같이 설명한다.

> 10년 전만 해도 개인이 (예를 들어, 계량경제학 같은 간단한 수학적 도구를 사용하여) 거시적 알파를 발견하는 것이 상대적으로 흔했다면, 현재 그러한 일이 일어날 가능성은 0으로 빠르게 수렴하고 있다. 오늘날 거시적 알파를 찾는 사람들은 그들의 경험이나 지식에 상관없이 운과 싸우고 있다. 남아 있는 유일하고 진정한 알파는 미시적이며, 그것을 찾는 데는 자본 집약적인 산업 방법이 필요하다. 금과 마찬가지로, 미세한 알파가 전체 이익이 더 적어지는 것을 의미하지는 않는다. 오늘날 미세한 알파는 역사상 그 어느 때보다 훨씬 더 풍부하다. 많은 돈을 벌기 위해 우리는 무거운 머신러닝 도구를 사용해야 할 것이다.

이러한 배경하에서, 금융기관들은 인공지능 우선 금융에 뒤처지면 파산할 수도 있다는 것을 받아들여야 할 것이다. 이는 투자와 거래뿐 아니라 다른 분야에서도 마찬가지다. 은행들은 역사적으로 상업 및 소매 채무자들과 장기적 관계를 발전시켰고 건전한 신용평가를 내릴 수 있는 능력을 구축해왔지만, 오늘날 인공지능은 경쟁의 장을 평준화시키고 장기적 관계를 거의 가치 없게 만들고 있다. 따라서 핀테크 스타트업과 같이 인공지능에 의존하는 신규 진입자들은 기존 업체들로부터 빠르게 시장 점유율을 확보할 수 있다. 반면 이러한 발전으로 기존 기업들은 경쟁력을 유지하기 위해 젊고 혁신적인 핀테크 신생 기업을 인수하고 합병하게 된다.

13.6 경쟁 시나리오

3년에서 5년 후를 내다볼 때 인공지능 우선 금융에서 어떤 경쟁 환경이 펼쳐질 것인가? 크게 3가지 시나리오가 머릿속에 떠오른다.

독점

단일 금융기관이 인공지능을 알고리즘 거래에 적용하는 데 있어 타의 추종을 불허하는 능력을 통해 지배적인 위치에 도달한다. 예를 들어 인터넷 검색에서는 구글은 세계 시장의 약 90%를 차지한다.

과점

소수의 금융기관이 인공지능 우선 금융을 활용하여 선두 자리를 차지할 수 있다. 예를 들어 헤지펀드 산업에서도 과점이 나타나는데, 여기에서는 소수의 대기업이 대부분 자산을 관리하고 있다.

완전 경쟁

금융 시장의 모든 참여자가 유사한 방식으로 인공지능 우선 금융의 발전으로부터 이익을 얻는다. 어떤 선수도 다른 선수에 비해 경쟁 우위를 누리지 못한다. 기술적으로 말하자면, 이것은 요즘 컴퓨터 체스의 상황과 비교할 수 있다. 스마트폰과 같은 표준 하드웨어에서 실행되는 많은 체스 프로그램은 현재의 세계 챔피언보다 체스를 훨씬 더 잘 둔다.

어떤 시나리오가 더 가능성이 있는지 예측하기는 어렵다. 세 가지 모두에 대해 가능한 경로를 설명하고 논거를 찾을 수 있다. 예를 들어 독점에 대한 논거는 알고리즘 거래의 주요 돌파구가, 재투자를 통해 더 많은 자본을 축적하고 새로운 유입을 통해 더 많은 자본을 축적하는 데 도움이 되는 빠르고 중요한 성과를 이끌어 낼 수 있다는 것이다. 이는 다시 사용 가능한 기술과 연구 예산을 증가시켜 경쟁 우위를 보호하고 인재를 유치할 수 있도록 한다. 온라인 광고 비즈니스와 관련하여 구글을 예로 들 수 있다.

마찬가지로 이는 과점을 예상하는 근거도 된다. 현재, 인공지능 관련 목표가 예산의 상당 부분을 차지하면서 트레이딩에 종사하는 대기업은 연구 및 기술에 크게 투자하고 있다고 가정해도 무방하다. 예를 들어 추천 엔진(책의 경우 아마존, 영화의 경우 넷플릭스, 음악의 경우 스포티파이)같이 여러 회사가 동시에 유사한 돌파구를 찾을 수 있다. 현재의 선도적인 시스템 트레이더들은 인공지능 우선 금융을 사용하여 그들의 선도적인 위치를 확고히 할 수 있을 것이라고 생각한다.

마지막으로 많은 기술을 어디서나 쓸 수 있게 되었다. 강력한 체스 프로그램은 한 가지 예일 뿐이다. 다른 예는 지도와 내비게이션 시스템 또는 음성 기반 개인 비서가 있을 수 있다. 완벽한 경쟁 시나리오에서, 꽤 많은 금융 투자자는 아주 적은 수의 알파 생성 기회를 위해 경쟁하거나 심지어 평범한 시장 수익과 구별되는 수익을 창출하지 못할 수도 있다.

동시에, 이 세 가지 시나리오에 반대하는 주장도 있다. 현 상황에서는 금융에서 인공지능을 활용할 수 있는 수단과 목표가 같은 많은 참여자가 존재한다. 투자 운용에서 단 한 명의 업체만이 두각을 나타내며 구글과 견줄 만한 시장 점유율을 차지하지는 못할 것으로 보인다. 동시에, 현장에서 연구하는 중소 및 대형 업체들의 수와 알고리즘 거래의 낮은 진입장벽으로 인해 선택된 소수가 경쟁 우위를 확보할 수 있을 것 같지도 않다. 완전 경쟁에 반대하는 주장은 대규모 알고리즘 거래가 막대한 자본과 자원을 필요로 한다는 것이다. 체스의 경우, 딥마인드는 알파제로와 함께 거의 완전히 정착된 것처럼 보이는 분야에서도 혁신과 의미 있는 개선을 위한 여지는 늘 있다는 것을 보여주었다.

13.7 위험, 법규, 감독

간단히 구글에 검색만 해도 금융 분야에서 인공지능의 위험과 해당 규제에 대한 논의가 활발하게 되고 있다는 것을 알 수 있다.[3] 이 절에서는 이와 관련된 몇 가지 중요한 주제를 다룬다.

다음은 금융 분야에 인공지능을 응용하는 데 있어 발생할 수 있는 몇 가지 위험을 나열한 것이다.

프라이버시

금융 분야는 엄격한 프라이버시 관련 법률을 가진 민감한 분야다. 대규모로 인공지능을 이용하려면 부분적으로라도 고객의 개인정보가 필요하다. 이렇게 되면 부적절한 방법으로 개인정보가 누출되거나 사용될 수 있는 위험이 증가한다. 하지만 금융 시계열과 같이 공개된 데이터를 사용할 때는 이러한 위험이 발생하지 않는다.

편향

인공지능 알고리즘은 일반 고객이나 법인 고객에 관련된 데이터에 내재되어 있는 편향을 쉽게 학습할 수 있다. 알고리즘은 데이터가 허락하는 한도 내에서만 소비자의 신용도를 객관적이고 올바르게 판단할 수 있다.[4] 다시 말하지만, 학습 편향 문제는 시장 데이터를 다룰 때는 실제로 문제가 되지 않는다.

---

3 이 분야의 주제에 해해서는 매킨지(McKinsey)의 기사「인공지능의 위험에 맞서다」(Confronting the risks of artificial intelligence(*https://bit.ly/aiif_mck_01*),「머신러닝과 인공지능의 위험 감소」(Derisking machine learning and artificial intelligence (*https://bit.ly/aiif_mck_02*) 기사 참조

4 인공지능에서의 편향 문제와 그 해법에 대해서는 클레인 (2020) 논문을 참조한다.

설명 불가능

많은 분야에서 의사결정은 설명될 수 있는 것이 중요하며 때로는 상세하며 뒤늦게 묘안이 떠오른다. 이는 법에 따라 요구되거나 특정한 투자 결정이 왜 내려졌는지를 이해하고자 하는 투자자들에 의해 요구된다. 투자 및 거래 결정의 예를 들어보자. 인공지능이 거대한 신경망을 기반으로 언제 무엇을 거래할지 알고리즘적으로 결정한다면 인공지능이 왜 그런 식으로 거래했는지 상세하게 설명하는 것은 매우 어렵거나 불가능할 수도 있다. 설명 가능한 인공지능[5]에 대한 연구가 활발하게 진행되었지만 여기에는 한계가 있다.

집단행동

1987년의 주식 폭락 이후 금융 매매에서 집단행동이 어떠한 리스크를 가졌는지가 분명해졌다. 1987년, 풋옵션을 위한 대규모 합성 복제 프로그램과 이로 인한 양의 피드백 거래는 손절 주문과 함께 주가의 하향곡선을 촉발시켰다. 유사한 집단행동 효과가 2008년 헤지펀드 붕괴에서도 관찰되었다. 이는 처음으로 서로 다른 헤지펀드들이 유사한 종류의 전략을 실행하는 정도를 보여주었다. 알고리즘 트레이딩이 원인이라고 비난받았던 2010년의 플래시 크래시flash crash에는 그 증거가 불분명했다. 하지만 매매에서 인공지능을 더 널리 사용하게 되면 많은 기관은 유용하다고 생각되는 비슷한 전략을 동시에 사용할 수도 있다. 매매가 아닌 다른 분야 역시 이러한 효과에 취약하다. 신용 결정 에이전트는 데이터를 기반으로 동일한 편향을 학습할 수도 있고 이렇게 되면 특정한 그룹이나 개인이 전혀 신용을 얻지 못하는 수도 있다.

알파의 감소

이전에 논의된 바와 같이, 금융에서 인공지능이 더 널리 사용될수록 시장에서 알파가 사라질 수 있다. 경쟁 우위를 보호하려면 더 좋은 기술을 확보해야 하고 더 많은 대체 데이터를 사용해야 한다. 14장은 잠재적인 금융 특이점의 맥락에서 이를 더 자세히 살펴본다.

인공지능은 일반적인 위험을 넘어 금융 영역에 새로운 위험을 발생시킬 수도 있다. 또한 입법기관과 규제 당국이 금융 현장의 발전을 따라잡고 인공지능 우선 금융에서 발생하는 개별적이고 체계적인 위험을 종합적으로 평가하기는 어렵다. 그 이유는 다음과 같다.

---

5 https://oreil.ly/P3YFQ

노하우

입법기관과 규제 당국은 자신들이 금융 주체인 것처럼 금융 분야에서 인공지능과 관련된 새로운 노하우를 습득할 필요가 있다. 이러한 측면에서 입법기관이나 규제 당국은 그들이 받는 것보다 훨씬 높은 연봉을 받는 것으로 알려진 거대 금융기관이나 기술 회사들과 경쟁해야 한다.

불충분한 데이터

많은 응용 분야에서는 감시자들이 인공지능의 실제 영향을 판단하는 데 사용할 수 있는 데이터가 거의 없다. 어떤 경우에는 인공지능이 역할을 하는지 아닌지 알 수 없을 수도 있다. 그리고 인공지능이 사용되는 것으로 알려져 있고 데이터를 이용할 수 있다 하더라도, 인공지능의 영향과 다른 관련 요인의 영향을 분리하는 것이 어려울 수 있다.

불투명성

거의 모든 금융기관이 경쟁 우위를 확보하기 위해 인공지능을 활용하려고 하지만, 실제로 어떤 기관이 무엇을 하고 어떻게 구현하고 어떻게 사용하지는 거의 명확하지 않다. 많은 사람이 자신의 노력을 지적 재산이자 자신만의 비밀로 여기고 감춘다.

모형 검증

모형 검증은 많은 금융 분야에서 핵심적인 리스크 관리 및 규제 도구다. 블랙–숄스–머튼(1973)의 옵션 가격결정 모형에 기반한 유러피안 옵션의 가격결정을 예로 들어보자. 특정한 모형 구현법이 계산한 가격은 콕스Cox 등 (1979)의 이항옵션 가격결정 모형이나 다른 모형으로 검증할 수 있다. 하지만 인공지능 알고리즘에서는 상황이 전혀 다르다. 소수의 파라미터로 이루어진 모델이 거의 없어서 복잡한 인공지능 알고리즘의 출력을 검증할 수 없다. 대신 재현성reproducibility을 달성 가능한 목표로 할 수도 있다(즉, 제3자가 관련된 모든 단계를 정확히 따라 해서 출력을 확인하도록 하는 옵션이다). 하지만 이렇게 하려면 제3자, 예를 들어 규제기관이나 감사관이 동일한 데이터에 접근할 수 있어야 하며, 금융기관에서 사용하는 것과 같은 강력한 인프라가 있어야 한다. 따라서 이 방법도 비현실적으로 보인다.

규제의 어려움

옵션 가격결정 문제로 돌아가서 규제 당국이 블랙–숄스–머튼 모형이나 콕스의 모형을 유러피안 옵션의 가격을 결정하는 법적 모형으로 지정할 수 있다. 입법기관과 규제 당국이 서포트벡터머신(SVM) 알고리즘과 신경망이 모두 '허용 가능한 알고리즘'이라고 명시한 경우일지라도, 이러한 알고리즘의 훈련 방법, 사용 방법 등의 세부적인 문제는 여전히 남는다. 하지만 세부 단계로 들어서면 이것도 어려워진다. 예를 들어 규제 당국은 신경망의 은닉층의 수를 제한해야 하는가? 사용할 소프트웨어 패키지는 어떤가? 어려운 질문의 목록은 끝이 없어 보인다. 따라서 일반적인 규칙만 공식화할 수 있다.

기술 회사와 금융기관 모두 분명히 인공지능 규제에 대해서 보다 느슨한 접근 방식을 선호한다. 브래드쇼Bradshaw(2019)의 책에서 구글 CEO 순다르 피차이Sundar Pichai는 '똑똑한' 규제에 대해 언급하며 여러 업종을 차별화하는 접근 방식을 요구했다.

> 구글의 최고 경영자는 기존의 규칙만으로 새로운 기술을 지배하기에 충분할 수도 있다고 주장하며 정치인들의 인공지능에 대한 지나친 규제에 대해 경고했다. 순다르 피차이는 인공지능에게 혁신과 시민 보호가 균형을 이루는 '스마트 규제'를 필요로 한다고 말했다. 또한 '이는 매우 광범위한 기술이기 때문에 특정한 수직적 상황에서 규제를 바라보는 것이 중요하다'라고 말했다.

반면에, 마티우스Matyus의 책(2020)에서 일론 머스크처럼 인공지능에 대해 보다 엄격한 규제가 필요하다고 주장하는 사람들도 있다.

> "제 말을 명심하세요"라고 머스크는 경고했다. "인공지능은 핵보다 훨씬 더 위험합니다. 그런데 왜 우리는 규제 감독이 없는 걸까요?"

입법기관과 규제 당국이 직면한 문제들과 마찬가지로 금융에서의 인공지능의 위험도 다양하다. 그럼에도 불구하고 금융의 인공지능을 다루는 엄격한 규제와 감시가 많은 사법권에서 확실히 나올 것이라고 예측하는 것이 안전하다.

13.8 마치며

이 장에서는 금융산업에서 경쟁을 위해 인공지능을 사용하는 다각도에서 살펴봤다. 여러 가지 분야에서 인공지능의 사용은 장점이 많다. 하지만 아직 어떠한 표준도 확립되지 않았고 경쟁우위를 점하기 위한 장이 아직은 활짝 열려 있는 것으로 보인다. 데이터 과학, 머신러닝, 딥러닝보다 일반적인 인공지능의 새로운 기술과 접근법이 금융 분야의 거의 모든 분야, 교육, 훈련에 침투하고 있다는 점을 고려해야 한다. 많은 석사 과정이 이미 커리큘럼을 조정했고 대형 금융기관들은 신입 및 기존 직원 교육에서 필요한 기술에 투자를 많이 하고 있다. 금융기관들은 인적자원 외에도 대체 데이터와 같은 분야의 다른 자원을 확보하기 위한 경쟁을 하고 있다. 금융 시장에서는 인공지능에 의한 투자와 거래가 지속 가능한 알파를 식별하는 것을 어렵게 만든다. 반면 전통적인 계량경제학 방법으로는 오늘날 미세한 알파를 식별하고 채굴하는 것이 불가능할지도 모른다.

인공지능이 자리를 잡은 시점에서 금융업계의 최종 경쟁 시나리오를 예측하기는 어렵다. 독점에서 과점, 완전 경쟁에 이르기까지의 모든 시나리오가 가능하다. 14장에서 이 주제를 다시 다룬다. 연구자, 실무자, 규제 당국은 인공지능 우선 금융이 가진 위험을 적절히 해결해야 하는 새로운 과제를 안고 있다. 이런 위험 중에서, 여러 논쟁에서 주요하게 다뤄지는 것은 많은 인공지능 알고리즘이 가진 블랙박스와 같은 특성이다. 최첨단의 설명 가능 인공지능을 사용하면 이러한 위험을 어느 정도 완화할 수 있다.

13.9 참고 문헌

- Babaev, Dmitrii et al. 2019. "E.T.-RNN: Applying Deep Learning to Credit Loan Applications." `https://oreil.ly/ZK5G8`.
- Black, Fischer, and Myron Scholes. 1973. "The Pricing of Options and Corporate Liabilities." *Journal of Political Economy* 81 (3): 638–659.
- Bradshaw, Tim. 2019. "Google chief Sundar Pichai warns against rushing into AI regulation." *Financial Times*, September 20, 2019.
- Bostrom, Nick. 2014. *Superintelligence: Paths, Dangers, Strategies*. Oxford:

Oxford University Press.

- Buehler, Hans et al. 2019. "Deep Hedging: Hedging Derivatives Under Generic Market Frictions Using Reinforcement Learning." Finance Institute Research Paper No. 19–80. *https://oreil.ly/_oDaO*.
- Copeland, Thomas, Fred Weston, and Kuldeep Shastri. 2005. *Financial Theory and Corporate Policy*. 4th ed. Boston: Pearson.
- Cox, John, Stephen Ross, and Mark Rubinstein. 1979. "Option Pricing: A Simplified Approach." *Journal of Financial Economics* 7, (3): 229–263.
- Fortado, Lindsay. 2018. "Data specialist Enigma reels in investment group cash." *Financial Times*, September 18, 2018.
- Golbayani, Parisa, Dan Wang, and Ionut Florescu. 2020. "Application of Deep Neural Networks to Assess Corporate Credit Rating." *https://oreil.ly/U3eXF*.
- Huber, Nick. 2020. "AI 'Only Scratching the Surface' of Potential in Financial Services." *Financial Times*, July 1, 2020.
- Jia, Zhe et al. 2019. "Dissecting the Graphcore IPU Architecture via Microbenchmarking." *https://oreil.ly/3ZgTO*.
- Jones, Charles P. 2012. *Investments: Analysis and Management*. 12th ed. Hoboken: John Wiley & Sons.
- Klein, Aaron. 2020. "Reducing Bias in AI–based Financial Services." The Brookings Institution Report, July 10, 2020, *https://bit.ly/aiif_bias*.

CHAPTER 14

금융 특이점

> 우리는 불확실성이라는 짙은 안개에 둘러싸여 있는 전략적인 복잡성의 늪에 빠져 있다
>
> – 닉 보스트롬Nick Bostrom(2014)

> 스키너는 '대부분의 거래 및 투자 역할은 사라지고 시간이 지나면서 인적 서비스가 필요한 대부분의 역할은 자동화될 것이다. 그리고 은행은 주로 관리자와 기계에 의해 운영되는 기관이 될 것이다. 관리자는 기계가 무엇을 해야 하는지 결정하고 기계는 그 일을 하게 된다'라는 말을 했다.
>
> – 닉 휴버Nick Huber(2020)

금융산업에서 인공지능에 대한 경쟁이 금융 특이점으로 귀결될 것인가? 이것이 이 마지막 장에서 논의할 주요 질문이다. 14.1절에서는 금융 특이점과 금융 인공지능이라는 표현을 정의한다. 14.2절에서는 금융 인공지능 경쟁으로 인해 잠재적인 부의 축적이 위험에 처해 있다는 것을 설명한다. 14.3절에서는 2장에서의 배경지식에 더해 금융 인공지능artificial financial intelligence(AFI)으로 이끄는 경로를 생각해본다. 14.4절은 금융 인공지능을 만들고자 하는 목표에 필수적인 자원들이 있다는 것에 대해 논한다. 금융 인공지능 경쟁에 관련된 이들은 이 자원을 선점하기 위해 경쟁해야 한다. 14.6절에서는 금융 인공지능이 몇몇 사람에게만 이익을 가져다줄지 아니면 인류 전체를 위한 것이 될지를 논의한다.

14.1 개념과 정의

금융 특이점financial singularity이라는 표현은 실러Shiller의 2015년 블로그 글에서 처음 나온다. 이 글에서 실러는 다음과 같이 썼다.

> 알파는 결국 상상할 수 있는 모든 투자 전략에서 제로가 될 것인가? 보다 근본적으로, 똑똑한 사람과 똑똑한 컴퓨터 덕분에 금융 시장이 정말로 완벽해지고, 우리는 가만히 앉아서 모든 자산의 가격이 올바르게 결정되었다고 가정할 수 있는 날이 다가오고 있는가?
>
> 컴퓨터가 인간의 지능을 대체하는 가상의 상황을 기술 특이점technological singularity이라고 부르는 것처럼 이러한 상상은 금융 특이점이라고 부를 수 있다. 금융 특이점이 오면 모든 투자 결정은 컴퓨터 프로그램에 맡겨놓는 것이 더 나은 결정이 될 것이다. 전문가들이 알고리즘으로 시장을 움직이는 요소를 찾아내고 이를 매끄럽게 움직이는 시스템으로 구현할 것이기 때문이다.

좀 더 일반적으로 금융 특이점의 정의는 컴퓨터와 알고리즘이 은행, 자산 관리자, 거래소 등을 포함한 금융산업 전반에 대한 통제권을 장악하기 시작하는 시점이라고 할 수 있다. 인간은 관리자, 감독자, 통제자로 물러나기 시작할 것이다.

이 책에서 초점을 맞추고 있는 방식으로 보면 초인적이고 초기관적인 능력으로 전례 없이 정확하고 일관적으로 금융 시장을 예측할 수 있는 트레이딩 봇이 존재하는 시점을 금융 특이점이라고도 할 수 있다. 이러한 트레이딩 봇은 넓은 의미의 금융 인공지능이라기보다는 좁은 의미의 금융 인공지능이라고 할 수 있다(2장 참조).

넓은 의미의 금융 인공지능이나 초지능을 만드는 것보다 트레이딩 봇의 형태로 금융 인공지능을 개발하는 것이 훨씬 더 쉬울 것이다. 알파제로처럼 어떤 인간이나 다른 프로그램보다 바둑을 잘 두는 인공지능 에이전트를 만드는 것이 더 쉬운 것과 마찬가지다. 따라서 넓은 의미의 금융 인공지능이나 초지능이 진짜 존재하게 될지는 명확히 알 수 없다고 해도 좁은 의미의 금융 인공지능이라 부를 수 있는 트레이딩 봇은 분명히 등장할 것이다

이어지는 절에서의 논의의 초점은 좁은 의미의 금융 인공지능이라 부를 수 있는 트레이딩 봇에 한정하기로 한다.

14.2 무엇이 걸려 있는가

금융 인공지능을 추구하는 것은 도전적이고 흥미로울 수 있다. 하지만 금융 분야에서는 늘 그러하듯 대부분 행위는 이타적인 목적이 아닌 돈을 목표로 한다. 금융 인공지능을 만들고자 하는 경쟁에는 무엇이 걸려 있는가? 이 질문에 일반적이거나 확실하게 대답할 수는 없지만 몇 가지 간단한 계산으로 힌트를 얻을 수 있다.

열등한 거래 전략이 아닌 금융 인공지능을 가지는 것이 어느 정도 가치가 있는지 이해하기 위해 다음과 같은 벤치마크 전략들을 생각해보자.

상승매수 전략

금융상품의 가격이 상승할 것으로 예측하여 매수만 유지하는 전략

랜덤 전략

매수와 매도 중 하나를 랜덤으로 선택하는 전략

하락매도 전략

금융상품의 가격이 하락할 것으로 예측하여 공매도만 유지하는 전략

이 벤치마크 전략들과 다음과 같은 특성을 보인 금융 인공지능들을 비교해보자.

X% top

금융 인공지능이 상위 X% 절대 크기의 상승 및 하락 움직임을 정확히 예측하고 나머지 시장 움직임은 랜덤하게 예측한다.

X% AFI

금융 인공지능이 절대 크기와 상관없이 모든 시장 움직임의 X%를 정확히 예측하고 나머지 시장 움직임은 랜덤하게 예측한다.

다음 파이썬 코드는 여러 가지 금융상품의 일간 시계열 데이터를 임포트한다. 이 예제는 각각의 금융상품의 5년 치 일간 데이터를 사용한다.

```
In [1]: import random
        import numpy as np
        import pandas as pd
        from pylab import plt, mpl
        plt.style.use('seaborn')
        mpl.rcParams['savefig.dpi'] = 300
        mpl.rcParams['font.family'] = 'serif'
In [2]: url = 'https://hilpisch.com/aiif_eikon_eod_data.csv'
In [3]: raw = pd.read_csv(url, index_col=0, parse_dates=True)
In [4]: symbol = 'EUR='
In [5]: raw['bull'] = np.log(raw[symbol] / raw[symbol].shift(1))  # ❶
In [6]: data = pd.DataFrame(raw['bull']).loc['2015-01-01':]  # ❶
In [7]: data.dropna(inplace=True)
In [8]: data.info()
        <class 'pandas.core.frame.DataFrame'>
        DatetimeIndex: 1305 entries, 2015-01-01 to 2020-01-01
        Data columns (total 1 columns):
        # Column Non-Null Count Dtype
        --- ------ -------------- -----
        0 bull 1305 non-null float64
        dtypes: float64(1)
        memory usage: 20.4 KB
```

❶ 상승매수 전략

기본 금융상품의 로그 수익률로 상승매수 전략을 정의했으니 다음 파이썬 코드로 나머지 두 개의 벤치마크 전략을 지정하고 금융 인공지능 전략의 성과를 측정한다. 여기에서는 여러 가지 다른 정확도를 가진 금융 인공지능 전략들을 고려한다.

```
In [9]: np.random.seed(100)
In [10]: data['random'] = np.random.choice([-1, 1], len(data)) * data['bull']  # ❶
In [11]: data['bear'] = -data['bull']  # ❷
In [12]: def top(t):
             top = pd.DataFrame(data['bull'])
             top.columns = ['top']
             top = top.sort_values('top')
             n = int(len(data) * t)
             top['top'].iloc[:n] = abs(top['top'].iloc[:n])
             top['top'].iloc[n:] = abs(top['top'].iloc[n:])
             top['top'].iloc[n:-n] = np.random.choice([-1, 1],
             len(top['top'].iloc[n:-n])) * top['top'].iloc[n:-n]
```

```
            data[f'{int(t * 100)}_top'] = top.sort_index()
In [13]: for t in [0.1, 0.15]:
      top(t)  # ❸
In [14]: def afi(ratio):
             correct = np.random.binomial(1, ratio, len(data))
             random = np.random.choice([-1, 1], len(data))
             strat = np.where(correct, abs(data['bull']), random * data['bull'])
             data[f'{int(ratio * 100)}_afi'] = strat
In [15]: for ratio in [0.51, 0.6, 0.75, 0.9]:
             afi(ratio)  # ❹
```

❶ 랜덤 벤치마크 전략의 수익률

❷ 하락매도 벤치마크 전략의 수익률

❸ X% top 전략의 수익률

❹ X% AFI 전략의 수익률

10장에서 소개된 표준적인 벡터화된 백테스팅 방법을 (거래비용을 포함하기 전) 사용하면 예측 정확도가 가지는 경제적 의미가 확연히 드러난다. 예를 들어 '90% AFI' 전략은 전체 시장 움직임의 90%를 정확히 예측하는 전략인데 이 전략의 5년 수익률은 원금의 100배에 달한다. 정확도가 75%가 되어도 여전히 수익률은 50배에 가깝다(그림 4-1). 이 값은 전략의 정확도를 고려할 때 쉽게 사용할 수 있는 레버리지도 고려하지 않은 값이다.

```
In [16]: data.head()
Out[16]:                 bull    random      bear    10_top    15_top    51_afi \
         Date
         2015-01-01  0.000413 -0.000413 -0.000413  0.000413 -0.000413  0.000413
         2015-01-02 -0.008464  0.008464  0.008464  0.008464  0.008464  0.008464
         2015-01-05 -0.005767 -0.005767  0.005767 -0.005767  0.005767 -0.005767
         2015-01-06 -0.003611 -0.003611  0.003611 -0.003611  0.003611  0.003611
         2015-01-07 -0.004299 -0.004299  0.004299  0.004299  0.004299  0.004299
                       60_afi    75_afi   90_afi
         Date
         2015-01-01 0.000413  0.000413 0.000413
         2015-01-02 0.008464  0.008464 0.008464
         2015-01-05 0.005767 -0.005767 0.005767
         2015-01-06 0.003611  0.003611 0.003611
         2015-01-07 0.004299  0.004299 0.004299
In [17]: data.sum().apply(np.exp)
```

```
Out[17]: bull 0.926676
         random  1.097137
         bear    1.079126
         10_top  9.815383
         15_top 21.275448
         51_afi 12.272497
         60_afi 22.103642
         75_afi 49.227314
         90_afi 98.176658
         dtype: float64
In [18]: data.cumsum().apply(np.exp).plot(figsize=(10, 6));
```

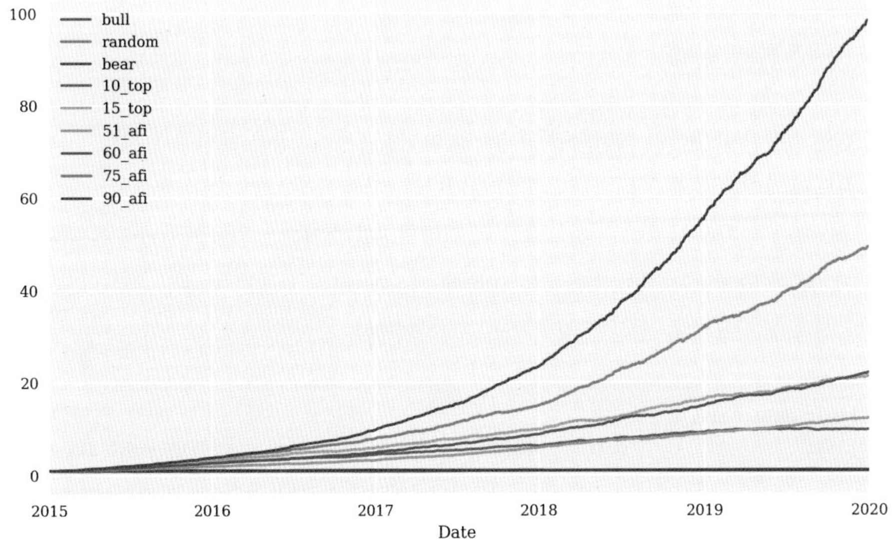

그림 14-1 시간에 따른 벤치마크 전략과 금융 인공지능 전략의 누적 수익률

이 분석은 몇 가지 간단한 가정을 통해 금융 인공지능의 가치가 어느 정도인지를 보여준다. 여기에는 시간이 큰 역할을 한다. 똑같은 분석을 10년 간격으로 하면 숫자는 훨씬 더 커진다. 다음 출력은 90% AFI 전략의 경우 누적 수익이 16,000배가 된다는 것을 보여준다(거래비용 포함 전). 복리와 재투자의 효과가 증폭되는 것이다.

```
bull        0.782657
random      0.800253
bear        1.277698
10_top    165.066583
15_top   1026.275100
51_afi    206.639897
60_afi    691.751006
75_afi   2947.811043
90_afi  16581.526533
dtype: float64
```

14.3 금융 특이점으로 가는 경로

금융 인공지능의 등장은 특정한 환경에서의 특정한 사건이 될 것이다. 예를 들어 일반적인 인공지능이나 초지능이 주요한 목표가 아니기 때문에 꼭 사람의 두뇌를 흉내 낼 필요는 없다. 하드웨어 구현에 신경 쓸 필요도 없다. 금융 인공지능은 소프트웨어로서 적절한 인프라 구조상에서 필요한 데이터와 매매 API에 연결되기만 하면 된다. 인공지능은 문제의 본질상 금융 인공지능으로 가는 유망한 경로다.

인공지능이 금융 및 기타 데이터를 대량으로 입력받아 가격 움직임의 미래 방향에 대해 예측하는 것이다. 이는 이 책에서 소개하고 적용한 지도 학습 및 강화 학습 알고리즘과 정확히 같은 것이다.

또 다른 옵션은 인간과 기계 지능의 혼합일 수 있다. 수십 년간 기계가 인간 트레이더들을 지원해왔지만 이제는 그 역할이 바뀐 경우가 많다. 인간은 기계가 이상적인 환경에서 최신의 데이터를 받도록 지원하고, 극단적인 경우에만 간섭한다. 그래서 기계가 이미 알고리즘 트레이딩 결정에서 완전히 독립적으로 자동화되어 있는 경우가 많다. 시스템 트레이딩을 하는 헤지펀드 중 가장 성공적이고 비밀스러운 곳 중 하나인 르네상스 테크놀로지의 창립자 짐 사이먼스Jim Simons는 '단 한 가지의 규칙은 우리가 컴퓨터가 하는 일을 방해하지 않는다는 것이다'라고 말했다.

오늘날의 관점에서 초지능으로 가능 길은 불분명하지만 인공지능이 금융 특이점과 금융 인공지능으로 가는 길을 열 가능성이 아주 크다.

14.4 기술과 자원

13장에서는 금융산업에서 인공지능 기반 경쟁이라는 맥락에서 자원에 대한 경쟁에 대해 논하였다. 이때 필요한 4가지 주요 자원은 인적자원(전문가), 알고리즘과 소프트웨어, 금융 및 대체 데이터, 고성능 하드웨어이다. 여기에 5번째 자원으로 이러한 자원을 획득하기 위한 자본금이 필요할 수 있다.

직교성 가설에 따르면 금융 인공지능이 정확히 어떻게 이루어지는지에 관계없이 필수적인 기술과 자원을 획득하는 것이 합리적이고 아주 중요하다. 금융 인공지능을 구축하기 위한 경쟁에 참여하는 금융기관들은 금융 인공지능을 향한 경로가 명확해지는 시점에서 가능한 한 유리한 위치에 설 수 있도록 가능한 한 많은 고품질 자원을 획득하려고 노력할 것이다.

인공지능 우선 금융이 주도하는 세계에서 이러한 행동과 포지셔닝의 차이는 우리로 하여금 번성하게도 할 수 있고 아니면 단지 생존하거나 혹은 시장을 떠나게도 할 수 있을 것이다. 그 진보가 예상보다 훨씬 빠를 가능성도 배제할 수 없다. 닉 보스트롬이 2014년에 인공지능이 바둑 인간 챔피언을 10년 이내에 이길 것이라고 예상한 뒤 단지 2년 만에 그런 일이 일어나리라고는 아무도 예측하지 못했다. 주요한 원인은 이러한 게임에 대한 강화 학습 적용에 혁신이 이루어진 것이었고, 오늘날에는 다른 분야에 적용하여 혜택을 보고 있다. 이렇게 전례 없던 혁신이 금융에서는 없을 것이라고 배제할 수 없다.

14.5 시나리오

전 세계의 모든 주요 금융기관과 다른 비금융기관들이 현재 금융에 인공지능을 적용하기 위한 연구 및 실제 경험을 쌓고 있다고 가정해도 무방하다. 하지만 금융산업의 모든 플레이어가 동일한 위치에 있는 것은 아니다. 은행과 같은 몇몇 기관은 규제 요건에 잡혀 있다. 거래소와 같은 기관은 다른 비즈니스 모델을 따른다. 특정한 자산 관리자와 같은 몇몇 기관은 시장지수 성과를 흉내 내는 ETF와 같은 저비용의 필수 투자상품을 제공하는 데 초점을 맞추기도 한다. 즉, 알파를 만들어내는 것이 모든 금융기관의 주목표는 아니다.

따라서 외부의 관점에서 볼 때 대형 헤지펀드는 인공지능 우선 금융과 인공지능 기반 알고리즘 거래를 최대한 활용할 수 있는 최적의 위치에 있는 것으로 보인다. 일반적으로 대형 헤지펀드는 이 분야에서 필요한 다양한 자원 즉, 재능 있고 높은 교육을 받은 사람들, 매매 알고리즘을 다뤄본 경험, 전통적 혹은 대안적 데이터에 대한 무제한적인 접근성, 전문적인 매매 인프라 구조 등을 이미 가지고 있다. 부족한 부분이 있는 경우에도 대규모 기술 예산이 있어서 원하는 자원에 대한 신속한 투자를 보장한다.

하나의 금융 인공지능이 먼저 존재하고 나중에 다른 것들이 뒤따를지 아니면 몇몇 금융 인공지능이 동시에 나타나게 될지는 불분명하다. 몇몇 금융 인공지능이 동시에 존재한다면 과점 시나리오라고 말할 수 있다. 해당 금융 인공지능들은 서로 경쟁할 것이고, 그 외의 플레이어들은 제대로 참여하지도 못할 것이다. 단일 프로젝트의 후원자들은 아무리 작은 이득이라도 찾아서 싸울 것이다. 하나의 금융 인공지능이 다른 금융 인공지능을 완전히 이기고 단일 독점이 될 수 있기 때문이다.

처음부터 '승자독식' 시나리오가 우세할 수도 있다. 이 시나리오에서는 단일 금융 인공지능이 출현하여 다른 경쟁사가 따라올 수 없는 금융 거래상의 우위 수준에 빠르게 도달할 수 있다. 여기에는 몇 가지 이유가 있을 수 있다. 그중 한 가지는 첫 번째 금융 인공지능이 매우 인상적인 수익률을 창출하여 관리 자산이 엄청난 속도로 증가하고 더 많은 예산을 확보하게 되어 결과적으로 더 많은 관련 자원을 확보할 수 있기 때문이다. 또 다른 이유는 첫 번째 금융 인공지능이 금융 시장의 주요 또는 유일한 원동력이 되어 시장가격을 조작하고 시장에 영향을 미칠 수 있는 규모에 빠르게 도달하기 때문일 것이다.

이론적으로는 규제를 통해 금융 인공지능이 너무 커지거나 시장 지배력을 얻는 것을 막을 수 있다. 주요한 의문점은 이런 법이 실제로 시행 가능한지 아닌지와 해당 법이 원하는 효과를 얻기 위해 정확히 어떻게 설계되어야 하는지이다.

14.6 스타트랙과 스타워즈

많은 사람에게 금융산업은 자본주의의 가장 순수한 형태, 즉 탐욕이 모든 것을 움직이는 산업을 대표한다. 사실 의심의 여지 없이 금융은 매우 경쟁이 심한 산업이었다. 특히 매매와 투자 관리 분야의 상징은 다음번의 큰 거래와 매매를 위해 크게 베팅하고 경쟁자와 정면 승부하려 하는 억만장자와 그 자산 관리인이었다. 인공지능의 출현은 이런 야심 찬 관리자들에게 13장에서 논의한 바와 같이 경쟁을 한 단계 더 발전시킬 수 있는 풍부한 도구들을 제공한다.

하지만 문제는 금융 인공지능으로 그 절정을 이룰 인공지능 우선 금융이 이 세상을 금융 천국으로 이끌지 또는 금융 지옥으로 이끌지이다. 체계적이고 완벽한 부의 축적은 이론적으로 소수의 사람들에게만 도움이 될 수도 있고, 잠재적으로 인류 전체에게 도움이 될 수도 있다. 불행히도 이 장에서 상상하는 금융 인공지능의 유형으로 보아 이 금융 인공지능에 직접 투자하는 사람들만이 이익을 얻을 수 있을 것이다. 이는 이 유형의 금융 인공지능은 새로운 상품을 발명하거나, 중요한 문제를 해결하거나, 사업과 산업을 성장시키는 것이 아니라 금융 시장에서 금융 상품을 거래함으로써만 이익을 창출할 것이기 때문이다. 즉, 수익을 창출하기 위해 금융 시장에서 거래하는 금융 인공지능은 제로섬 게임에 참여하고 있을 뿐, 분배 가능한 부를 직접적으로 증가시키지 않는다.

누군가는 금융 인공지능으로 관리되는 펀드에 투자하는 퇴직연금 펀드의 경우에는 그 수익률의 혜택을 많은 사람이 누릴 수 있지 않냐고 물을 수도 있다. 그러나 이것도 특정 집단에게만 이익이 될 뿐 인류에게 이익이 되지 않을 것이다. 금융 인공지능에 성공한 후원자들이 외부의 투자자들에게 혜택의 문을 열어줄지도 의문이다. 이 점에서 좋은 예는 역사상 가장 우수한 투자 수단 중 하나였던 르네상스 테크놀로지스가 운용하는 메달리온 펀드다. 르네상스는 본질적으로 기계로만 운영되는 메달리온에 대한 외부 투자를 1993년에 막았다. 확실히 많은 양의 추가 자산을 끌어들 이는 눈부신 성과가 있었을 것이다. 하지만 특정 전략의 용량과 같은 여러 가지 고려 사항들은 금융 인공지능에도 적용된다.

따라서 초지능은 심각한 질병, 환경 문제, 우주로부터의 알려지지 않은 위협 등 인류가 직면한 근본적인 문제를 극복하는 데 도움이 될 것이다. 반면 금융 인공지능은 더 많은 불평등과 더 치열한 경쟁을 시장에 초래할 수 있다. 평등과 무진장한 자원이 있는 스타트렉 같은 세계 대신에, 금융 인공지능이 매매 전쟁과 가용 자원을 둘러싼 싸움에 이용되는 스타워즈 같은 세계로 이어질 수도 있다는 것을 배제할 수 없다. 이 글을 쓰는 지금도 미국과 중국의 무역 전쟁은 그 어느 때보다 치열하고 기술과 인공지능은 중요한 전쟁터이다.

14.7 마치며

이 장에서는 금융 특이점과 금융 인공지능의 개념을 개괄적으로 설명했다. 금융 인공지능은 초지능이 가진 여러 가지 기능과 특성이 결여된 좁은 의미의 인공지능이다. 금융 인공지능은 체스나 바둑과 같은 보드게임을 할 수 있는 인공지능인 알파제로에 비교할 수 있으며, 금융상품을 매매하는 게임에서 뛰어날 것이다. 물론 금융매매에는 보드게임과 비교할 수 없을 만큼 많은 것이 걸려 있다.

인공지능은, 알파제로처럼 인간 두뇌의 흉내 내기와 같은 대안적인 경로보다는 금융 인공지능이 가는 길을 열어줄 가능성이 큰 것으로 보인다. 그 길이 아직은 눈에 보이지 않고 관련 프로젝트가 이미 얼마나 진행되었는지 확실히 알 수는 없지만 어떤 경로가 우세할지에 관계없이 전문가, 알고리즘, 데이터, 하드웨어, 자본 등의 자원이 중요하다. 크고 성공적인 헤지펀드들은 금융 인공지능 경쟁에서 이길 수 있는 가장 좋은 위치에 있는 것으로 보인다.

이 장에서 요약한 바와 같이 금융 인공지능을 만드는 것이 불가능하다고 입증되더라도, 금융에 인공지능을 체계적으로 도입하면 확실히 혁신이 촉진되고 업계의 경쟁이 심화될 것이다. 인공지능은 유행이 아니라 산업의 패러다임을 바꿀 수 있는 흐름이다.

14.8 참고 문헌

- Bostrom, Nick. 2014. *Superintelligence: Paths, Dangers, Strategies*. Oxford: Oxford University Press.
- Huber, Nick. 2020. "AI 'Only Scratching the Surface' of Potential in Financial Services." *Financial Times*, July 1, 2020.
- Shiller, Robert. 2015. "The Mirage of the Financial Singularity." *Yale Insights* (blog). `https://oreil.ly/cnWBh`.

Part VI

부록

Part VI

부록

앞부분에서 설명한 내용을 보완하기 위해 코드와 예제를 추가했다.

- 부록 A는 텐서 연산 등 신경망과 관련된 기본 용어를 다룬다.
- 부록 B는 간단한 신경망을 아주 기초적인 부분부터 구현하는 클래스를 제시한다.
- 부록 C는 Keras 패키지로 합성곱 신경망의 응용을 설명한다.

APPENDIX A

상호작용형 신경망

부록 A에서는 기본적인 파이썬 코드를 이용하여 간단한 신경망과 얕은 신경망을 구현하여 신경망의 근본적인 개념들을 탐색한다. 이 장의 목표는 표준 머신러닝 및 딥러닝 패키지를 사용할 때 추상적인 고수준 API에 가려져서 보이지 않는 중요한 개념들에 대한 충분한 이해와 직관을 주기 위한 것이다.

부록 A는 다음과 같이 구성되어 있다.

- A.1절은 텐서의 기본과 텐서 사이의 연산을 다룬다.
- A.2절은 입력층과 출력층만을 가진 간단한 신경망을 논한다.
- A.3절에서는 하나의 은닉층을 가진 얕은 신경망에 초점을 맞춘다.

A.1 텐서와 텐서 연산

다음 파이썬 코드는 이 부록의 목적인 스칼라, 벡터, 행렬, 큐브 텐서에 관련된 임포트 및 설정이다. 보통 파이썬에서 텐서는 다차원 ndarray 객체로 표현한다. 보다 자세한 내용은 숄레의 책(2017) 2장을 참조한다.

```
In [1]: import math
        import numpy as np
        import pandas as pd
```

```
        from pylab import plt, mpl
        np.random.seed(1)
        plt.style.use('seaborn')
        mpl.rcParams['savefig.dpi'] = 300
        mpl.rcParams['font.family'] = 'serif'
        np.set_printoptions(suppress=True)
In [2]: t0 = np.array(10)  # ❶
        t0  # ❶
Out[2]: array(10)
In [3]: t1 = np.array((2, 1))  # ❷
        t1  # ❷
Out[3]: array([2, 1])
In [4]: t2 = np.arange(10).reshape(5, 2)  # ❸
        t2  # ❸
Out[4]: array([[0, 1],
               [2, 3],
               [4, 5],
               [6, 7],
               [8, 9]])
In [5]: t3 = np.arange(16).reshape(2, 4, 2)  # ❹
        t3  # ❹
Out[5]: array([[[ 0, 1],
                [ 2, 3],
                [ 4, 5],
                [ 6, 7]],
               [[ 8, 9],
                [10, 11],
                [12, 13],
                [14, 15]]])
```

❶ 스칼라 텐서

❷ 벡터 텐서

❸ 행렬 텐서

❹ 큐브 텐서

신경망과 관련해서는 수학적 텐서 연산이 중요하다. 그중에 내적inner product과 원소별 연산element-wise operations 등이 있다.

```
In [6]: t2 + 1  # ❶
Out[6]: array([[ 1, 2],
               [ 3, 4],
               [ 5, 6],
               [ 7, 8],
               [ 9, 10]])
In [7]: t2 + t2  # ❷
Out[7]: array([[ 0, 2],
               [ 4, 6],
               [ 8, 10],
               [12, 14],
               [16, 18]])
In [8]: t1
Out[8]: array([2, 1])
In [9]: t2
Out[9]: array([[0, 1],
               [2, 3],
               [4, 5],
               [6, 7],
               [8, 9]])
In [10]: np.dot(t2, t1)  # ❸
Out[10]: array([ 1, 7, 13, 19, 25])
In [11]: t2[:, 0] * 2 + t2[:, 1] * 1  # ❹
Out[11]: array([ 1, 7, 13, 19, 25])
In [12]: np.dot(t1, t2.T)  # ❸
Out[12]: array([ 1, 7, 13, 19, 25])
```

❶ 브로드캐스팅broadcasting 연산

❷ 원소별 연산element-wise operation

❸ NumPy 함수를 사용한 내적

❹ 풀어서 계산한 내적

A.2 간단한 신경망

텐서의 기본 연산을 알면 입력층과 출력층만으로 이루어진 간단한 신경망을 고려할 수 있다.

A.2.1 추정 문제

첫 번째 문제는 라벨값이 실숫값인 추정 문제다.

```
In [13]: features = 3  # ❶
In [14]: samples = 5  # ❷
In [15]: l0 = np.random.random((samples, features))  # ❸
         l0  # ❸
Out[15]: array([[0.417022  , 0.72032449, 0.00011437],
                [0.30233257, 0.14675589, 0.09233859],
                [0.18626021, 0.34556073, 0.39676747],
                [0.53881673, 0.41919451, 0.6852195 ],
                [0.20445225, 0.87811744, 0.02738759]])
In [16]: w = np.random.random((features, 1))  # ❹
         w  # ❹
Out[16]: array([[0.67046751],
                [0.4173048 ],
                [0.55868983]])
In [17]: l2 = np.dot(l0, w)  # ❺
         l2  # ❺
Out[17]: array([[0.58025848],
                [0.31553474],
                [0.49075552],
                [0.91901616],
                [0.51882238]])
In [18]: y = l0[:, 0] * 0.5 + l0[:, 1]  # ❻
         y = y.reshape(-1, 1)  # ❻
         y  # ❻
Out[18]: array([[0.9288355 ],
                [0.29792218],
                [0.43869083],
                [0.68860288],
                [0.98034356]])
```

❶ 특징 데이터의 수

❷ 샘플의 수

❸ 랜덤 입력 층

❹ 랜덤 가중치

❺ 내적을 통한 출력

❻ 학습해야 할 라벨 데이터

다음 파이썬 코드는 학습을 위한 단계를 설명한다. 우선 가중치를 업데이트하고 오차를 계산하고 평균제곱오차를 계산한다.

```
In [19]: e = l2 - y  # ❶
         e  # ❷
Out[19]: array([[-0.34857702],
                [ 0.01761256],
                [ 0.05206469],
                [ 0.23041328],
                [-0.46152118]])
In [20]: mse = (e ** 2).mean()  # ❷
         mse  # ❷
Out[20]: 0.07812379019517127
In [21]: d = e * 1  # ❸
         d  # ❸
Out[21]: array([[-0.34857702],
                [ 0.01761256],
                [ 0.05206469],
                [ 0.23041328],
                [-0.46152118]])
In [22]: a = 0.01  # ❹
In [23]: u = a * np.dot(l0.T, d)  # ❺
         u  # ❺
Out[23]: array([[-0.0010055 ],
                [-0.00539194],
                [ 0.00167488]])
In [24]: w  # ❻
Out[24]: array([[0.67046751],
                [0.4173048 ],
                [0.55868983]])
In [25]: w -= u  # ❻
In [26]: w  # ❻
Out[26]: array([[0.67147301],
                [0.42269674],
                [0.55701495]])
In [27]: l2 = np.dot(l0, w)  # ❼
In [28]: e = l2 - y  # ❽
In [29]: mse = (e ** 2).mean()  # ❾
         mse  # ❾
Out[29]: 0.07681782193617318
```

❶ 추정 오차

❷ 추정 평균제곱오차 값

❸ 역전파backward propagation (here d = e)[1]

❹ 학습률

❺ 업데이트할 값

❻ 업데이트 전후의 가중치

❼ 업데이트 후의 새로운 출력(추정)

❽ 업데이트 후의 새로운 오차

❾ 업데이트 후의 새로운 평균제곱오차

추정값을 향상시키려면 같은 과정을 훨씬 많이 반복해야 한다. 다음 코드에서 학습률을 증가시키는 이 과정을 수백 번 반복한다. 최종 평균제곱오차는 아주 낮아지고 추정치는 아주 좋아진다.

```
In [30]: a = 0.025  # ❶
In [31]: w = np.random.random((features, 1))  # ❷
         w  # ❷
Out[31]: array([[0.14038694],
                [0.19810149],
                [0.80074457]])
In [32]: steps = 800  # ❸
In [33]: for s in range(1, steps + 1):
             l2 = np.dot(l0, w)
             e = l2 - y
             u = a * np.dot(l0.T, e)
             w -= u
             mse = (e ** 2).mean()
             if s % 50 == 0:
                 print(f'step={s:3d} | mse={mse:.5f}')
         step= 50 | mse=0.03064
         step=100 | mse=0.01002
         step=150 | mse=0.00390
         step=200 | mse=0.00195
         step=250 | mse=0.00124
```

1 은닉층이 없어서 역전파는 오차값을 그대로 전달한다. 출력층과 입력층이 직접 연결되어 있다.

```
         step=300 ¦ mse=0.00092
         step=350 ¦ mse=0.00074
         step=400 ¦ mse=0.00060
         step=450 ¦ mse=0.00050
         step=500 ¦ mse=0.00041
         step=550 ¦ mse=0.00035
         step=600 ¦ mse=0.00029
         step=650 ¦ mse=0.00024
         step=700 ¦ mse=0.00020
         step=750 ¦ mse=0.00017
         step=800 ¦ mse=0.00014
In [34]: l2 - y  # ❹
Out[34]: array([[-0.01240168],
                [-0.01606065],
                [ 0.01274072],
                [-0.00087794],
                [ 0.01072845]])
In [35]: w  # ❺
Out[35]: array([[0.41907514],
                [1.02965827],
                [0.04421136]])
```

❶ 조정된 학습률

❷ 초기의 랜덤 가중치

❸ 학습 단계의 수

❹ 추정의 잔차 오차

❺ 신경망의 최종 가중치

A.2.2 분류 문제

두 번째 문제는 라벨값이 이진값이거나 정숫값인 분류 문제다. 학습 알고리즘의 성능을 향상시키기 위해 출력층의 활성화 함수로 시그모이드sigmoid 함수를 사용한다. [그림 A-1]에 시그모이드 함수와 도함수를 간단한 스텝 함수와 비교해서 보여준다.

```
In [36]: def sigmoid(x, deriv=False):
             if deriv:
                 return sigmoid(x) * (1 - sigmoid(x))
```

```
            return 1 / (1 + np.exp(-x))
In [37]: x = np.linspace(-10, 10, 100)
In [38]: plt.figure(figsize=(10, 6))
         plt.plot(x, np.where(x > 0, 1, 0), 'y--', label='step function')
         plt.plot(x, sigmoid(x), 'r', label='sigmoid')
         plt.plot(x, sigmoid(x, True), '--', label='derivative')
         plt.legend();
```

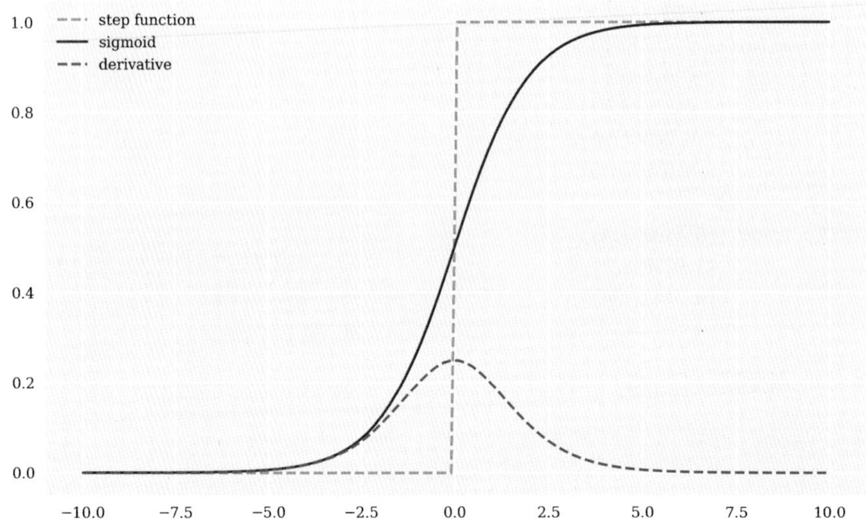

그림 A-1 계단 함수, 시그모이드 함수, 시그모이드 함수의 1차 도함수

문제를 단순하게 만들기 위해 분류 문제는 랜덤 이진 특징과 이진 라벨값을 가진 문제를 사용한다. 추정 문제와 다른 특징 및 라벨 데이터를 사용하지 않고 출력층의 활성화 함수만 다른 것을 사용한다. 신경망의 가중치를 업데이트하는 학습 알고리즘은 기본적으로 같다.

```
In [39]: features = 4
         samples = 5
In [40]: l0 = np.random.randint(0, 2, (samples, features))  # ❶
         l0  # ❶
Out[40]: array([[1, 1, 1, 1],
                [0, 1, 1, 0],
                [0, 1, 0, 0],
```

```
             [1, 1, 1, 0],
             [1, 0, 0, 1]])
In [41]: w = np.random.random((features, 1))
         w
Out[41]: array([[0.42110763],
             [0.95788953],
             [0.53316528],
             [0.69187711]])
In [42]: l2 = sigmoid(np.dot(l0, w))  # ❷
         l2  # ❷
Out[42]: array([[0.93112111],
             [0.81623654],
             [0.72269905],
             [0.87126189],
             [0.75268514]])
In [43]: l2.round()
Out[43]: array([[1.],
             [1.],
             [1.],
             [1.],
             [1.]])
In [44]: y = np.random.randint(0, 2, samples)  # ❸
         y = y.reshape(-1, 1)  # ❸
         y  # ❸
Out[44]: array([[1],
             [1],
             [0],
             [0],
             [0]])
In [45]: e = l2 - y
         e
Out[45]: array([[-0.06887889],
             [-0.18376346],
             [ 0.72269905],
             [ 0.87126189],
             [ 0.75268514]])
In [46]: mse = (e ** 2).mean()
         mse
Out[46]: 0.37728788783411127
In [47]: a = 0.02
In [48]: d = e * sigmoid(l2, True)  # ❹
         d
Out[48]: array([[-0.01396723],
             [-0.03906484],
```

```
               [ 0.15899479],
               [ 0.18119776],
               [ 0.16384833]])
In [49]: u = a * np.dot(l0.T, d)
         u
Out[49]: array([[0.00662158],
               [0.00574321],
               [0.00256331],
               [0.00299762]])
In [50]: w
Out[50]: array([[0.42110763],
               [0.95788953],
               [0.53316528],
               [0.69187711]])
In [51]: w -= u
In [52]: w
Out[52]: array([[0.41448605],
               [0.95214632],
               [0.53060197],
               [0.68887949]])
```

❶ 이진 특성을 가지는 입력층

❷ 시그모이드 활성화 함수를 가지는 출력층

❸ 이진 라벨 데이터

❹ 1차 도함수를 사용한 역전파

이전과 마찬가지로 정확한 분류 결과를 얻기 위해서는 많은 수의 학습 단계 반복이 필요하다. 학습 후에는 다음 예제와 같이 100%의 정확도도 가능하다.

```
In [53]: steps = 3001
In [54]: a = 0.025
In [55]: w = np.random.random((features, 1))
         w
Out[55]: array([[0.41253884],
               [0.03417131],
               [0.62402999],
               [0.66063573]])
In [56]: for s in range(1, steps + 1):
             l2 = sigmoid(np.dot(l0, w))
```

```
        e = l2 - y
        d = e * sigmoid(l2, True)
        u = a * np.dot(l0.T, d)
        w -= u
        mse = (e ** 2).mean()
        if s % 200 == 0:
            print(f'step={s:4d} ¦ mse={mse:.4f}')
    step= 200 ¦ mse=0.1899
    step= 400 ¦ mse=0.1572
    step= 600 ¦ mse=0.1349
    step= 800 ¦ mse=0.1173
    step=1000 ¦ mse=0.1029
    step=1200 ¦ mse=0.0908
    step=1400 ¦ mse=0.0806
    step=1600 ¦ mse=0.0720
    step=1800 ¦ mse=0.0646
    step=2000 ¦ mse=0.0583
    step=2200 ¦ mse=0.0529
    step=2400 ¦ mse=0.0482
    step=2600 ¦ mse=0.0441
    step=2800 ¦ mse=0.0405
    step=3000 ¦ mse=0.0373
In [57]: l2
Out[57]: array([[0.71220474],
               [0.92308745],
               [0.16614971],
               [0.20193503],
               [0.17094583]])
In [58]: l2.round() == y
Out[58]: array([[ True],
               [ True],
               [ True],
               [ True],
               [ True]])
In [59]: w
Out[59]: array([[-3.86002022],
               [-1.61346536],
               [ 4.09895004],
               [ 2.28088807]])
```

A.3 얕은 신경망

앞 절의 신경망은 입력층과 출력층만으로 이루어져 있었다. 다른 말로 입력층과 출력층이 직접 연결되어 있었다. 얕은 신경망은 입력층과 출력층 사이에 하나의 은닉층을 가지고 있다. 이 구조하에서는 신경망의 층 3개를 연결하는 두 개의 가중치 집합이 필요하다. 이 절에서는 얕은 신경망으로 추정 문제와 분류 문제를 풀어본다.

A.3.1 추정 문제

이전 절과 마찬가지로 추정 문제를 먼저 풀어본다. 다음 파이썬 코드는 가중치 집합 2개와 층 3개를 가진 신경망을 구현한다. 학습의 첫 번째 단계는 순방향 전파forward propagation라고 부른다. 이때 입력 행렬은 일반적으로 풀랭크가 되어야 추정 결과가 완벽해진다.

```
In [60]: features = 5
         samples = 5
In [61]: l0 = np.random.random((samples, features))  # ❶
         l0  # ❶
Out[61]: array([[0.29849529, 0.44613451, 0.22212455, 0.07336417, 0.46923853],
                [0.09617226, 0.90337017, 0.11949047, 0.52479938, 0.083623 ],
                [0.91686133, 0.91044838, 0.29893011, 0.58438912, 0.56591203],
                [0.61393832, 0.95653566, 0.26097898, 0.23101542, 0.53344849],
                [0.94993814, 0.49305959, 0.54060051, 0.7654851 , 0.04534573]])
In [62]: np.linalg.matrix_rank(l0)  # ❷
Out[62]: 5
In [63]: units = 3  # ❸
In [64]: w0 = np.random.random((features, units))  # ❹
         w0  # ❹
Out[64]: array([[0.13996612, 0.79240359, 0.02980136],
                [0.88312548, 0.54078819, 0.44798018],
                [0.89213587, 0.37758434, 0.53842469],
                [0.65229888, 0.36126102, 0.57100856],
                [0.63783648, 0.12631489, 0.69020459]])
In [65]: l1 = np.dot(l0, w0)  # ❺
         l1  # ❺
Out[65]: array([[0.98109007, 0.64743919, 0.69411448],
                [1.31351565, 0.81000928, 0.82927653],
                [1.94121167, 1.61435539, 1.32042417],
                [1.65444429, 1.25315104, 1.08742312],
```

```
             [1.57892999, 1.50576525, 1.00865941]])
In [66]: w1 = np.random.random((units, 1))  # ❻
         w1  # ❻
Out[66]: array([[0.6477494 ],
                [0.35393909],
                [0.76323305]])
In [67]: l2 = np.dot(l1, w1)  # ❼
         l2  # ❼
Out[67]: array([[1.39442565],
                [1.77045418],
                [2.83659354],
                [2.3451617 ],
                [2.32554234]])
In [68]: y = np.random.random((samples, 1))  # ❽
         y  # ❽
Out[68]: array([[0.35653172],
                [0.75278835],
                [0.88134183],
                [0.01166919],
                [0.49810907]])
```

❶ 랜덤 입력층

❷ 입력층 행렬의 랭크

❸ 은닉 유닛의 개수

❹ 특징 및 유닛 파라미터가 주어졌을 때 첫 번째 랜덤 가중치 집합

❺ 일벽 및 가중치가 주어졌을 때 은닉층

❻ 두 번째 가중치 집합

❼ 출력층

❽ 랜덤 라벨 데이터

학습의 두 번째 단계는 추정 오차의 역전파backward propagation라고 불린다. 출력층부터 시작해서 은닉층과 입력층의 방향으로 가면서 두 개의 가중치 집합의 값이 업데이트된다. 먼저 출력층과 은닉층 사이의 가중치 `w1`이 업데이트되고 이 값을 이용하여 은닉층과 입력층 사이의 가중치 `w0`이 업데이트된다.

```
In [69]: e2 = l2 - y
         e2
Out[69]: array([[1.03789393],
                [1.01766583],
                [1.95525171],
                [2.33349251],
                [1.82743327]])
In [70]: mse = (e2 ** 2).mean()
         mse
Out[70]: 2.9441152813655007
In [71]: d2 = e2 * 1  # ❶
         d2  # ❶
Out[71]: array([[1.03789393],
                [1.01766583],
                [1.95525171],
                [2.33349251],
                [1.82743327]])
In [72]: a = 0.05
In [73]: u2 = a * np.dot(l1.T, d2)  # ❶
         u2  # ❶
Out[73]: array([[0.64482837],
                [0.51643336],
                [0.42634283]])
In [74]: w1  # ❶
Out[74]: array([[0.6477494 ],
                [0.35393909],
                [0.76323305]])
In [75]: w1 -= u2  # ❶
In [76]: w1  # ❶
Out[76]: array([[ 0.00292103],
                [-0.16249427],
                [ 0.33689022]])
In [77]: e1 = np.dot(d2, w1.T)  # ❷
In [78]: d1 = e1 * 1  # ❷
In [79]: u1 = a * np.dot(l0.T, d1)  # ❷
In [80]: w0 -= u1  # ❷
In [81]: w0  # ❷
Out[81]: array([[ 0.13918198, 0.8360247 , -0.06063583],
                [ 0.88220599, 0.59193836, 0.34193342],
                [ 0.89176585, 0.39816855, 0.49574861],
                [ 0.65175984, 0.39124762, 0.50883904],
                [ 0.63739741, 0.15074009, 0.63956519]])
```

❶ 가중치 집합 w1을 업데이트하기 위한 단계

❷ 가중치 집합 w0을 업데이트하기 위한 단계

다음 파이썬 코드는 학습(신경망의 가중치값 업데이트) 과정을 많이 반복하는 루프를 구현했다. 반복 횟수를 증가시키면 추정 결과의 정확도를 증가시킬 수 있다.

```
In [82]: a = 0.015
         steps = 5000
In [83]: for s in range(1, steps + 1):
             l1 = np.dot(l0, w0)
             l2 = np.dot(l1, w1)
             e2 = l2 - y
             u2 = a * np.dot(l1.T, e2)
             w1 -= u2
             e1 = np.dot(e2, w1.T)
             u1 = a * np.dot(l0.T, e1)
             w0 -= u1
             mse = (e2 ** 2).mean()
             if s % 750 == 0:
                 print(f'step={s:5d} | mse={mse:.6f}')
         step=  750 | mse=0.039263
         step= 1500 | mse=0.009867
         step= 2250 | mse=0.000666
         step= 3000 | mse=0.000027
         step= 3750 | mse=0.000001
         step= 4500 | mse=0.000000
In [84]: l2
Out[84]: array([[0.35634333],
                [0.75275415],
                [0.88135507],
                [0.01179945],
                [0.49809208]])
In [85]: y
Out[85]: array([[0.35653172],
                [0.75278835],
                [0.88134183],
                [0.01166919],
                [0.49810907]])
In [86]: (l2 - y)
Out[86]: array([[-0.00018839],
                [-0.00003421],
```

```
            [ 0.00001324],
            [ 0.00013025],
            [-0.00001699]])
```

A.3.2 분류 문제

다음은 분류 문제다. 분류 문제의 구현도 추정 문제와 거의 똑같다. 하지만 활성화 함수로 시그모이드 함수가 사용된다. 우선 다음 파이썬 코드로 랜덤 샘플 데이터를 생성한다.

```
In [87]: features = 5
         samples = 10
         units = 10
In [88]: np.random.seed(200)
         l0 = np.random.randint(0, 2, (samples, features))  # ❶
         w0 = np.random.random((features, units))
         w1 = np.random.random((units, 1))
         y = np.random.randint(0, 2, (samples, 1))  # ❷
In [89]: l0  # ❶
Out[89]: array([[0, 1, 0, 0, 0],
                [1, 0, 1, 1, 0],
                [1, 1, 1, 1, 0],
                [0, 0, 1, 1, 1],
                [1, 1, 1, 1, 0],
                [1, 1, 0, 1, 0],
                [0, 1, 0, 1, 0],
                [0, 1, 0, 0, 1],
                [0, 1, 1, 1, 1],
                [0, 0, 1, 0, 0]])
In [90]: y  # ❷
Out[90]: array([[1],
                [0],
                [1],
                [0],
                [1],
                [0],
                [0],
                [0],
                [1],
                [1]])
```

❶ 이진 특징 데이터 (입력층)

❷ 이진 라벨 데이터

학습 알고리즘을 구현할 때는 필요한 만큼 가중치를 업데이트하는 for 루프를 사용한다. 사용된 랜덤 특징 및 라벨 데이터에 의존하지만 충분한 학습 단계를 거치면 100%의 정확도를 얻을 수 있다.

```
In [91]: a = 0.1
         steps = 20000
In [92]: for s in range(1, steps + 1):
             l1 = sigmoid(np.dot(l0, w0))  # ❶
             l2 = sigmoid(np.dot(l1, w1))  # ❶
             e2 = l2 - y  # ❷
             d2 = e2 * sigmoid(l2, True)  # ❷
             u2 = a * np.dot(l1.T, d2)  # ❷
             w1 -= u2  # ❷
             e1 = np.dot(d2, w1.T)  # ❷
             d1 = e1 * sigmoid(l1, True)  # ❷
             u1 = a * np.dot(l0.T, d1)  # ❷
             w0 -= u1  # ❷
             mse = (e2 ** 2).mean()
             if s % 2000 == 0:
                 print(f'step={s:5d} | mse={mse:.5f}')
         step= 2000 | mse=0.00933
         step= 4000 | mse=0.02399
         step= 6000 | mse=0.05134
         step= 8000 | mse=0.00064
         step=10000 | mse=0.00013
         step=12000 | mse=0.00009
         step=14000 | mse=0.00007
         step=16000 | mse=0.00007
         step=18000 | mse=0.00012
         step=20000 | mse=0.00015
In [93]: acc = l2.round() == y  # ❸
         acc  # ❸
Out[93]: array([[ True],
                [ True],
                [ True],
                [ True],
                [ True],
                [ True],
```

```
              [ True],
              [ True],
              [ True],
              [ True]])
In [94]: sum(acc) / len(acc)
Out[94]: array([1.])
```

❶ 순방향 전파

❷ 역방향 전파

❸ 분류 정확도

A.4 참고 문헌

- Chollet, Francois. 2017. *Deep Learning with Python*. Shelter Island: Manning.

APPENDIX B

신경망 클래스

부록 B에서는 `scikit-learn`과 같은 패키지의 API를 흉내 내는 간단한 신경망 클래스 구현해본다. 이 구현은 파이썬으로만 이루어진 매우 간단한 것이다. 여기에서 제공되는 클래스는 `scikit-learn`, `TensorFlow`, `Keras`의 강건하고 효율적이면서 확장 가능한 구현을 대체할 수는 없다.

부록 B는 다음과 같이 구성되어 있다.

- B.1절에서는 여러 가지 활성화 함수를 소개한다.
- B.2절에서는 간단한 신경망을 위한 파이썬 클래스를 소개한다.
- B.3절에서는 얕은 신경망을 위한 파이썬 클래스를 소개한다.
- B.4절에서는 얕은 신경망을 금융 데이터에 적용해본다.

이 부록의 구현은 단순하고 직관적이다. 이 파이썬 클래스는 대규모 추정이나 분류 문제에는 적합하지 않다. 부록 B의 핵심은 파이썬을 활용하여 처음부터 직접 만들어보는 것이다.

B.1 활성화 함수

부록 A는 선형 함수와 시그모이드 함수라는 두 가지 활성화 함수를 직간접적으로 사용했다. 다음 파이썬 함수는 `relu`^rectified linear unit^ 및 `softplus` 활성화 함수를 추가한다. 모든 활성화 함수에 대해 1차 도함수도 정의한다.

```
In [1]: import math
        import numpy as np
        import pandas as pd
        from pylab import plt, mpl
        plt.style.use('seaborn')
        mpl.rcParams['savefig.dpi'] = 300
        mpl.rcParams['font.family'] = 'serif'
        np.set_printoptions(suppress=True)
In [2]: def activation(x, act='linear', deriv=False):
            if act == 'sigmoid':
                if deriv:
                    out = activation(x, 'sigmoid', False)
                    return out * (1 - out)
                return 1 / (1 + np.exp(-x))
            elif act == 'relu':
                if deriv:
                    return np.where(x > 0, 1, 0)
                return np.maximum(x, 0)
            elif act == 'softplus':
                if deriv:
                    return activation(x, act='sigmoid')
                return np.log(1 + np.exp(x))
            elif act == 'linear':
                if deriv:
                    return 1
                return x
            else:
                raise ValueError('Activation function not known.')
In [3]: x = np.linspace(-1, 1, 20)
In [4]: activation(x, 'sigmoid')
Out[4]: array([0.26894142, 0.29013328, 0.31228169, 0.33532221, 0.35917484,
               0.38374461, 0.40892261, 0.43458759, 0.46060812, 0.48684514,
               0.51315486, 0.53939188, 0.56541241, 0.59107739, 0.61625539,
               0.64082516, 0.66467779, 0.68771831, 0.70986672, 0.73105858])
In [5]: activation(x, 'sigmoid', True)
Out[5]: array([0.19661193, 0.20595596, 0.21476184, 0.22288122, 0.23016827,
               0.23648468, 0.24170491, 0.24572122, 0.24844828, 0.24982695,
               0.24982695, 0.24844828, 0.24572122, 0.24170491, 0.23648468,
               0.23016827, 0.22288122, 0.21476184, 0.20595596, 0.19661193])
```

B.2 단순 신경망

이 절은 (scikit-learn과 Keras 같은) 표준 머신러닝과 딥러닝 파이썬 패키지의 모형과 비슷한 API를 가지는 간단한 신경망을 위한 클래스를 보인다. 다음 파이썬 코드에 나타난 sinn 클래스를 보자. 이 클래스는 간단한 신경망을 구현하고 .fit()과 .predict()라는 두 개의 메인 메서드를 정의한다. metrics() 메서드는 전형적인 성과 계수 즉, 추정 문제의 경우에는 평균제곱오차를, 분류 문제의 경우에는 정확도를 계산한다. 이 클래스는 순방향 전파와 역방향 전파 단계를 위한 메서드도 구현한다.

```
In [6]: class sinn:
            def __init__(self, act='linear', lr=0.01, steps=100,
                         verbose=False, psteps=200):
                self.act = act
                self.lr = lr
                self.steps = steps
                self.verbose = verbose
                self.psteps = psteps

            def forward(self):
                ''' Forward propagation.
                '''
                self.l2 = activation(np.dot(self.l0, self.w), self.act)

            def backward(self):
                ''' Backward propagation.
                '''
                self.e = self.l2 - self.y
                d = self.e * activation(self.l2, self.act, True)
                u = self.lr * np.dot(self.l0.T, d)
                self.w -= u

            def metrics(self, s):
                ''' Performance metrics.
                '''
                mse = (self.e ** 2).mean()
                acc = float(sum(self.l2.round() == self.y) / len(self.y))
                self.res = self.res.append(
                pd.DataFrame({'mse': mse, 'acc': acc}, index=[s,])
                            )
                if s % self.psteps == 0 and self.verbose:
```

```
            print(f'step={s:5d} | mse={mse:.6f}')
            print(f'           | acc={acc:.6f}')

    def fit(self, l0, y, steps=None, seed=None):
        ''' Fitting step.
        '''
        self.l0 = l0
        self.y = y
        if steps is None:
            steps = self.steps
        self.res = pd.DataFrame()
        samples, features = l0.shape
        if seed is not None:
            np.random.seed(seed)
        self.w = np.random.random((features, 1))
        for s in range(1, steps + 1):
            self.forward()
            self.backward()
            self.metrics(s)

    def predict(self, X):
        ''' Prediction step.
        '''
        return activation(np.dot(X, self.w), self.act)
```

B.2.1 추정 문제

처음은 회귀분석 기법을 사용하여 풀 수 있는 추정 문제다.

```
In [7]: features = 5
        samples = 5
In [8]: np.random.seed(10)
        l0 = np.random.standard_normal((samples, features))
        l0
Out[8]: array([[ 1.3315865 , 0.71527897, -1.54540029, -0.00838385, 0.62133597],
               [-0.72008556, 0.26551159, 0.10854853, 0.00429143, -0.17460021],
               [ 0.43302619, 1.20303737, -0.96506567, 1.02827408, 0.22863013],
               [ 0.44513761, -1.13660221, 0.13513688, 1.484537 , -1.07980489],
               [-1.97772828, -1.7433723 , 0.26607016, 2.38496733, 1.12369125]])
In [9]: np.linalg.matrix_rank(l0)
```

```
Out[9]: 5
In [10]: y = np.random.random((samples, 1))
         y
Out[10]: array([[0.8052232 ],
                [0.52164715],
                [0.90864888],
                [0.31923609],
                [0.09045935]])
In [11]: reg = np.linalg.lstsq(l0, y, rcond=-1)[0]  # ❶
In [12]: reg  # ❶
Out[12]: array([[-0.74919308],
                [ 0.00146473],
                [-1.49864704],
                [-0.02498757],
                [-0.82793882]])
In [13]: np.allclose(np.dot(l0, reg), y)  # ❶
Out[13]: True
```

❶ 회귀분석에 의한 정확한 답

sinn 클래스를 적용해서 추정 문제를 풀려면 학습 단계를 반복하는 노력이 필요하다. 하지만 학습 단계의 수를 증가시키면 추정 정확도를 높일 수 있다.

```
In [14]: model = sinn(lr=0.015, act='linear', steps=6000,
                      verbose=True, psteps=1000)
In [15]: %time model.fit(l0, y, seed=100)
         step= 1000 ¦ mse=0.008086
                    ¦ acc=0.000000
         step= 2000 ¦ mse=0.000545
                    ¦ acc=0.000000
         step= 3000 ¦ mse=0.000037
                    ¦ acc=0.000000
         step= 4000 ¦ mse=0.000002
                    ¦ acc=0.000000
         step= 5000 ¦ mse=0.000000
                    ¦ acc=0.000000
         step= 6000 ¦ mse=0.000000
                    ¦ acc=0.000000
         CPU times: user 5.23 s, sys: 29.7 ms, total: 5.26 s
         Wall time: 5.26 s
In [16]: model.predict(l0)
```

```
Out[16]: array([[0.80512489],
               [0.52144986],
               [0.90872498],
               [0.31919803],
               [0.09045743]])
In [17]: model.predict(l0) - y  # ❶
Out[17]: array([[-0.0000983 ],
               [-0.00019729],
               [ 0.0000761 ],
               [-0.00003806],
               [-0.00000191]])
```

❶ 신경망의 잔차 오차

B.2.2 분류 문제

두 번째는 마찬가지로 sinn 클래스로 풀 수 있는 분류 문제다. 이 문제는 표준적인 회귀분석은 소용이 없다. 여기에서 생성한 랜덤 특징 및 라벨 데이터의 경우에 sinn 모형은 정확도 100%를 달성했다. 여기에서도 반복 학습의 형태로 약간의 노력이 필요하다. [그림 B-1]은 학습 단계에 따른 예측 정확도 변화를 보여준다.

```
In [18]: features = 5
         samples = 10
In [19]: np.random.seed(3)
         l0 = np.random.randint(0, 2, (samples, features))
         l0
Out[19]: array([[0, 0, 1, 1, 0],
                [0, 0, 1, 1, 1],
                [0, 1, 1, 1, 0],
                [1, 1, 0, 0, 0],
                [0, 1, 1, 0, 0],
                [0, 1, 0, 0, 0],
                [0, 1, 0, 1, 1],
                [0, 1, 0, 0, 1],
                [1, 0, 0, 1, 0],
                [1, 0, 1, 1, 1]])
In [20]: np.linalg.matrix_rank(l0)
Out[20]: 5
In [21]: y = np.random.randint(0, 2, (samples, 1))
         y
```

```
Out[21]: array([[1],
                [0],
                [1],
                [0],
                [0],
                [1],
                [1],
                [1],
                [0],
                [0]])
In [22]: model = sinn(lr=0.01, act='sigmoid')  # ❶
In [23]: %time model.fit(l0, y, 4000)
         CPU times: user 3.57 s, sys: 9.6 ms, total: 3.58 s
         Wall time: 3.59 s
In [24]: model.l2
Out[24]: array([[0.51118415],
                [0.34390898],
                [0.84733758],
                [0.07601979],
                [0.40505454],
                [0.84145926],
                [0.95592461],
                [0.72680243],
                [0.11219587],
                [0.00806003]])
In [25]: model.predict(l0).round() == y  # ❷
Out[25]: array([[ True],
                [ True],
                [ True],
                [ True],
                [ True],
                [ True],
                [ True],
                [ True],
                [ True],
                [ True]])
In [26]: ax = model.res['acc'].plot(figsize=(10, 6),
                                    title='Prediction Accuracy ¦ Classification')
         ax.set(xlabel='steps', ylabel='accuracy');
```

❶ 활성화 함수로 시그모이드 함수 사용

❷ 이 데이터에 대해서 완벽한 정확도 달성

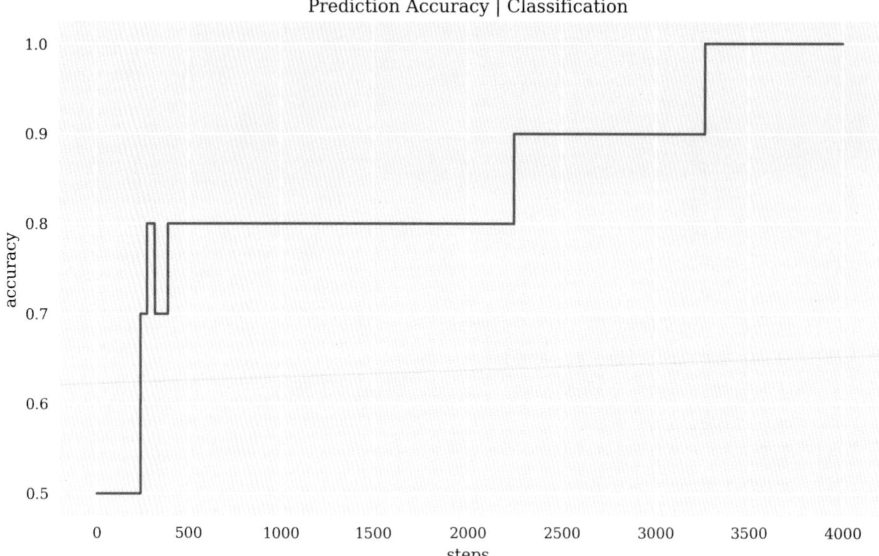

그림 B-1 학습 단계에 따른 예측 정확도

B.3 얕은 신경망

이 절에서는 하나의 은닉층을 가진 얕은 신경망을 구현한 shnn 클래스를 추정 문제와 분류 문제에 적용한다. 이 클래스 구조는 앞 절의 sinn 클래스와 같다.

```
class shnn:

    def __init__(self, units=12, act='linear', lr=0.01, steps=100,
                 verbose=False, psteps=200, seed=None):
        self.units = units
        self.act = act
        self.lr = lr
        self.steps = steps
        self.verbose = verbose
        self.psteps = psteps
        self.seed = seed

    def initialize(self):
        ''' Initializes the random weights.
```

```
        '''
        if self.seed is not None:
            np.random.seed(self.seed)
        samples, features = self.l0.shape
        self.w0 = np.random.random((features, self.units))
        self.w1 = np.random.random((self.units, 1))

    def forward(self):
        ''' Forward propagation.
        '''
        self.l1 = activation(np.dot(self.l0, self.w0), self.act)
        self.l2 = activation(np.dot(self.l1, self.w1), self.act)

    def backward(self):
        ''' Backward propagation.
        '''
        self.e = self.l2 - self.y
        d2 = self.e * activation(self.l2, self.act, True)
        u2 = self.lr * np.dot(self.l1.T, d2)
        self.w1 -= u2
        e1 = np.dot(d2, self.w1.T)
        d1 = e1 * activation(self.l1, self.act, True)
        u1 = self.lr * np.dot(self.l0.T, d1)
        self.w0 -= u1

    def metrics(self, s):
        ''' Performance metrics.
        '''
        mse = (self.e ** 2).mean()
        acc = float(sum(self.l2.round() == self.y) / len(self.y))
        self.res = self.res.append(
            pd.DataFrame({'mse': mse, 'acc': acc}, index=[s,])
        )
        if s % self.psteps == 0 and self.verbose:
                print(f'step={s:5d} | mse={mse:.5f}')
                print(f'           | acc={acc:.5f}')

    def fit(self, l0, y, steps=None):
        ''' Fitting step.
        '''
        self.l0 = l0
        self.y = y
        if steps is None:
            steps = self.steps
```

```
        self.res = pd.DataFrame()
        self.initialize()
        self.forward()
        for s in range(1, steps + 1):
            self.backward()
            self.forward()
            self.metrics(s)

    def predict(self, X):
        ''' Prediction step.
        '''
        l1 = activation(np.dot(X, self.w0), self.act)
        l2 = activation(np.dot(l1, self.w1), self.act)
        return l2
```

B.3.1 추정 문제

다시 추정 문제부터 푼다. 특징 5개와 샘플 데이터 10개를 가진 문제로 완벽한 회귀분석 해가 거의 존재하지 않는다. 따라서 회귀분석의 평균제곱오차값이 높다.

```
In [28]: features = 5
         samples = 10
In [29]: l0 = np.random.standard_normal((samples, features))
In [30]: np.linalg.matrix_rank(l0)
Out[30]: 5
In [31]: y = np.random.random((samples, 1))
In [32]: reg = np.linalg.lstsq(l0, y, rcond=-1)[0]
In [33]: (np.dot(l0, reg) - y)
Out[33]: array([[-0.10226341],
               [-0.42357164],
               [-0.25150491],
               [-0.30984143],
               [-0.85213261],
               [-0.13791373],
               [-0.52336502],
               [-0.50304204],
               [-0.7728686 ],
               [-0.3716898 ]])
In [34]: ((np.dot(l0, reg) - y) ** 2).mean()
Out[34]: 0.23567187607888118
```

하지만 shnn 클래스에 기반한 얕은 신경망의 추정 결과는 아주 좋아서 회귀분석 결과보다 낮은 평균제곱오차를 보여준다.

```
In [35]: model = shnn(lr=0.01, units=16, act='softplus',
                      verbose=True, psteps=2000, seed=100)
In [36]: %time model.fit(l0, y, 8000)
         step= 2000 ¦ mse=0.00205
                    ¦ acc=0.00000
         step= 4000 ¦ mse=0.00098
                    ¦ acc=0.00000
         step= 6000 ¦ mse=0.00043
                    ¦ acc=0.00000
         step= 8000 ¦ mse=0.00022
                    ¦ acc=0.00000
         CPU times: user 8.15 s, sys: 69.2 ms, total: 8.22 s
         Wall time: 8.3 s
In [37]: model.l2 - y
Out[37]: array([[-0.00390976],
                [-0.00522077],
                [ 0.02053932],
                [-0.0042113 ],
                [-0.0006624 ],
                [-0.01001395],
                [ 0.01783203],
                [-0.01498316],
                [-0.0177866 ],
                [ 0.02782519]])
```

B.3.2 분류 문제

분류 예제는 이전의 추정 예제에서 라벨값을 반올림한 값을 사용한다. 얕은 신경망은 100% 정확도로 라벨을 예측하도록 빠르게 수렴한다(그림 B-2).

```
In [38]: model = shnn(lr=0.025, act='sigmoid', steps=200,
                      verbose=True, psteps=50, seed=100)
In [39]: l0.round()
Out[39]: array([[ 0., -1., -2., 1., -0.],
                [-1., -2., -0., -0., -2.],
                [ 0., 1., -1., -1., -1.],
```

```
            [-0., 0., -1., -0., -1.],
            [ 1., -1., 1., 1., -1.],
            [ 1., -1., 1., -2., 1.],
            [-1., -0., 1., -1., 1.],
            [ 1., 2., -1., -0., -0.],
            [-1., 0., 0., 0., 2.],
            [ 0., 0., -0., 1., 1.]])
In [40]: np.linalg.matrix_rank(l0)
Out[40]: 5
In [41]: y.round()
Out[41]: array([[0.],
            [1.],
            [1.],
            [1.],
            [1.],
            [1.],
            [0.],
            [1.],
            [0.],
            [0.]])
In [42]: model.fit(l0.round(), y.round())
         step= 50  | mse=0.26774
                   | acc=0.60000
         step= 100 | mse=0.22556
                   | acc=0.60000
         step= 150 | mse=0.19939
                   | acc=0.70000
         step= 200 | mse=0.16924
                   | acc=1.00000
In [43]: ax = model.res.plot(figsize=(10, 6), secondary_y='mse')
         ax.get_legend().set_bbox_to_anchor((0.2, 0.5));
```

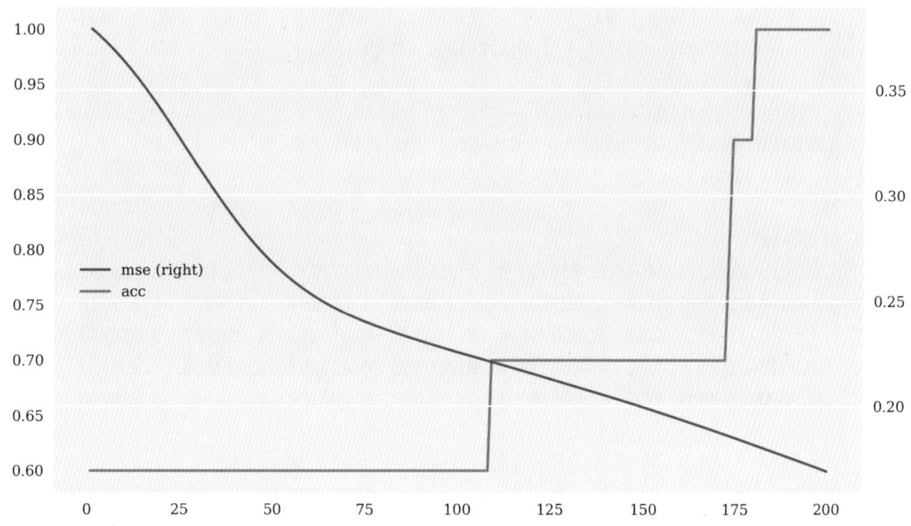

그림 B-1 얕은 신경망의 성과 지표(분류 문제)

B.4 시장 방향 예측

이 절에서는 shnn 클래스를 적용하여 EUR/USD 환율의 미래 방향을 예측한다. 분석은 표본 내 예측으로만 한정하기로 한다. 해당 예측 전략의 벡터화된 백테스팅을 위한 좀 더 현실적인 구성과 구현에 대해서는 10장을 참조한다.

다음 파이썬 코드는 10년 치 일간 금융 데이터를 임포트하여 특징 데이터로 사용할 시간 지연된 데이터와 정규화된 로그 수익률 데이터를 만든다. 라벨 데이터는 가격 방향을 이진 데이터로 사용한다.

```
In [44]: url = 'http://hilpisch.com/aiif_eikon_eod_data.csv'
In [45]: raw = pd.read_csv(url, index_col=0, parse_dates=True).dropna()
In [46]: sym = 'EUR='
In [47]: data = pd.DataFrame(raw[sym])
In [48]: lags = 5
         cols = []
         data['r'] = np.log(data / data.shift(1))
         data['d'] = np.where(data['r'] > 0, 1, 0)  # ❶
         for lag in range(1, lags + 1):
```

```
            col = f'lag_{lag}'
            data[col] = data['r'].shift(lag)  # ❷
            cols.append(col)
        data.dropna(inplace=True)
        data[cols] = (data[cols] - data[cols].mean()) / data[cols].std()  # ❸
In [49]: data.head()
Out[49]:               EUR=         r d     lag_1     lag_2     lag_3     lag_4 \
         Date
         2010-01-12 1.4494 -0.001310 0  1.256582  1.177935 -1.142025  0.560551
         2010-01-13 1.4510  0.001103 1 -0.214533  1.255944  1.178974 -1.142118
         2010-01-14 1.4502 -0.000551 0  0.213539 -0.214803  1.256989  1.178748
         2010-01-15 1.4382 -0.008309 0 -0.079986  0.213163 -0.213853  1.256758
         2010-01-19 1.4298 -0.005858 0 -1.456028 -0.080289  0.214140 -0.214000
                        lag_5
         Date
         2010-01-12 -0.511372
         2010-01-13  0.560740
         2010-01-14 -1.141841
         2010-01-15  1.178904
         2010-01-19  1.256910
```

❶ 시장 방향 라벨 데이터

❷ 시간 지연된 로그 수익률 특징 데이터

❸ 특징 데이터의 가우스 정규화

데이터 처리가 완료되면 shnn 클래스로 구현된 얕은 신경망에 적용하는 것은 쉽다. [그림 B-3]에 단순 보유 전략과 비교하여 표본 내 전략 성과가 크게 웃도는 것을 보여준다.

```
In [50]: model = shnn(lr=0.0001, act='sigmoid', steps=10000,
                      verbose=True, psteps=2000, seed=100)
In [51]: y = data['d'].values.reshape(-1, 1)
In [52]: %time model.fit(data[cols].values, y)
         step= 2000 | mse=0.24964
                    | acc=0.51594
         step= 4000 | mse=0.24951
                    | acc=0.52390
         step= 6000 | mse=0.24945
                    | acc=0.52231
         step= 8000 | mse=0.24940
                    | acc=0.52510
```

```
        step=10000 ¦ mse=0.24936
                   ¦ acc=0.52430
        CPU times: user 9min 1s, sys: 40.9 s, total: 9min 42s
        Wall time: 1min 21s
In [53]: data['p'] = np.where(model.predict(data[cols]) > 0.5, 1, -1)  # ❶
In [54]: data['p'].value_counts()  # ❶
Out[54]:  1 1257
        -1 1253
        Name: p, dtype: int64
In [55]: data['s'] = data['p'] * data['r']  # ❷
In [56]: data[['r', 's']].sum().apply(np.exp)  # ❸
Out[56]: r 0.772411
        s 1.885677
        dtype: float64
In [57]: data[['r', 's']].cumsum().apply(np.exp).plot(figsize=(10, 6));  # ❹
```

❶ 예측값에서 포지션 계산

❷ 포지션과 로그 수익률에서 전략의 수익률 계산

❸ 벤치마크 투자와 전략의 전체 수익률 계산

❹ 시간에 따른 벤치마크 투자와 전략의 전체 수익률 표시

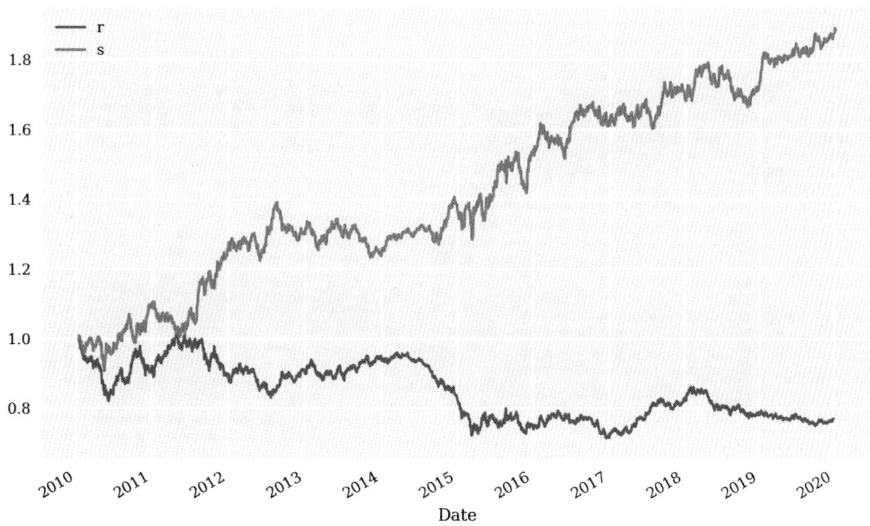

그림 B-3. 예측 기반 전략과 단순 보유 벤치마크 전략의 (표본 내) 수익률 비교

APPENDIX C

합성곱 신경망

3부에서는 두 가지 표준적인 신경망의 유형으로 일반 신경망과 재귀 신경망을 다루었다. 일반 신경망의 장점은 일반적 근사화에 좋다는 점이다. 예를 들어 이 책의 강화 학습 예제에서는 일반 신경망을 이용하여 최적 행위 정책을 근사화한다. 다른 한편 재귀 신경망은 시계열 데이터와 같은 계열성 데이터를 다루는 데 적합하다. 따라서 금융 시계열의 미랫값을 예측하는 데 활용하면 좋다.

하지만 널리 사용되는 신경망의 또 다른 표준 유형에 합성곱 신경망convolutional neural network (CNN)이 있다. 합성곱 신경망은 특히 컴퓨터 비전과 같은 분야에서 성공적이었다. 합성곱 신경망은 ImageNet 경진 대회와 같은 다수의 표준 테스트와 경진 대회에서 새로운 벤치마크를 세울 수 있었다. 자세한 내용은 The Economist (2016) 기사와 게리시 논문(2018)을 참조하길 바란다. 컴퓨터 비전은 자율주행차나 보안 감시와 같은 분야에서 특히 중요하다.

이 부록에서는 합성곱 신경망을 이용하여 금융 시계열 데이터를 예측하는 것을 설명한다. 합성곱 신경망의 자세한 내용은 숄레의 책(2017) 5장과 굿펠로의 책(2016) 9장을 참조한다.

C.1 특징 및 라벨 데이터

다음 파이썬 코드에서는 필요한 임포트와 설정을 한다. 그다음 몇 가지 금융상품의 일간 데이터를 포함하는 데이터셋을 임포트한다. 이 데이터셋은 이 책에 포함된 예제에서 사용되었다.

```
In [1]: import os
        import math
        import numpy as np
        import pandas as pd
        from pylab import plt, mpl
        plt.style.use('seaborn')
        mpl.rcParams['savefig.dpi'] = 300
        mpl.rcParams['font.family'] = 'serif'
        os.environ['PYTHONHASHSEED'] = '0'
In [2]: url = 'http://hilpisch.com/aiif_eikon_eod_data.csv'  # ❶
In [3]: symbol = 'EUR='  # ❶
In [4]: data = pd.DataFrame(pd.read_csv(url, index_col=0,
                                        parse_dates=True).dropna()[symbol])  # ❶
In [5]: data.info()  # ❶
        <class 'pandas.core.frame.DataFrame'>
        DatetimeIndex: 2516 entries, 2010-01-04 to 2019-12-31
        Data columns (total 1 columns):
        # Column Non-Null Count Dtype
        --- ------ -------------- -----
        0 EUR= 2516 non-null float64
        dtypes: float64(1)
        memory usage: 39.3 KB
```

❶ 선택된 데이터를 추출

다음 단계로 특징 데이터를 생성하고 이를 시간 지연을 시킨 다음 학습 데이터와 테스트 데이터로 나눈다. 마지막으로 학습 데이터의 통계치를 기준으로 정규화시킨다.

```
In [6]: lags = 5
In [7]: features = [symbol, 'r', 'd', 'sma', 'min', 'max', 'mom', 'vol']
In [8]: def add_lags(data, symbol, lags, window=20, features=features):
            cols = []
            df = data.copy()
            df.dropna(inplace=True)
            df['r'] = np.log(df / df.shift(1))
            df['sma'] = df[symbol].rolling(window).mean()  # ❶
            df['min'] = df[symbol].rolling(window).min()  # ❷
            df['max'] = df[symbol].rolling(window).max()  # ❸
            df['mom'] = df['r'].rolling(window).mean()  # ❹
            df['vol'] = df['r'].rolling(window).std()  # ❺
            df.dropna(inplace=True)
```

```
        df['d'] = np.where(df['r'] > 0, 1, 0)
        for f in features:
            for lag in range(1, lags + 1):
                col = f'{f}_lag_{lag}'
                df[col] = df[f].shift(lag)
                cols.append(col)
        df.dropna(inplace=True)
        return df, cols
In [9]: data, cols = add_lags(data, symbol, lags, window=20, features=features)
In [10]: split = int(len(data) * 0.8)
In [11]: train = data.iloc[:split].copy()  # ❻
In [12]: mu, std = train[cols].mean(), train[cols].std()  # ❻
In [13]: train[cols] = (train[cols] - mu) / std  # ❻
In [14]: test = data.iloc[split:].copy()  # ❼
In [15]: test[cols] = (test[cols] - mu) / std  # ❼
```

❶ 이동평균

❷ 이동최댓값

❸ 이동최솟값

❹ 모멘텀

❺ 이동변동성

❻ 학습 데이터의 가우스 정규화

❼ 테스트 데이터의 가우스 정규화

C.2 모형 학습

합성곱 신경망의 구현은 일반 신경망과 비슷하다. 우선 다음 파이썬 코드는 Keras에서 필요한 임포트를 하고 랜덤 숫자 생성기의 모든 시드값을 설정하는 함수를 정의한다.

```
In [16]: import random
         import tensorflow as tf
         from keras.models import Sequential
         from keras.layers import Dense, Conv1D, Flatten
         Using TensorFlow backend.
```

```
In [17]: def set_seeds(seed=100):
             random.seed(seed)
             np.random.seed(seed)
             tf.random.set_seed(seed)
```

다음 파이썬 코드는 간단한 합성곱 신경망을 구현하여 훈련시킨다. 모형의 핵심에는 시계열 데이터에 맞는 1차원 합성곱층이 있다.[1]

```
In [18]: set_seeds()
         model = Sequential()
         model.add(Conv1D(filters=96, kernel_size=5, activation='relu',
                          input_shape=(len(cols), 1)))
         model.add(Flatten())
         model.add(Dense(10, activation='relu'))
         model.add(Dense(1, activation='sigmoid'))
         model.compile(optimizer='adam',
                       loss='binary_crossentropy',
                       metrics=['accuracy'])
In [19]: model.summary()
         Model: "sequential_1"
         _________________________________________________________________
         Layer (type) Output Shape Param #
         =================================================================
         conv1d_1 (Conv1D) (None, 36, 96) 576
         _________________________________________________________________
         flatten_1 (Flatten) (None, 3456) 0
         _________________________________________________________________
         dense_1 (Dense) (None, 10) 34570
         _________________________________________________________________
         dense_2 (Dense) (None, 1) 11
         =================================================================
         Total params: 35,157
         Trainable params: 35,157
         Non-trainable params: 0
         _________________________________________________________________
In [20]: %%time
         model.fit(np.atleast_3d(train[cols]), train['d'],
                   epochs=60, batch_size=48, verbose=False,
                   validation_split=0.15, shuffle=False)
         CPU times: user 10.1 s, sys: 1.87 s, total: 12 s
```

1 *https://oreil.ly/AXQ33*

```
        Wall time: 4.78 s
Out[20]: <keras.callbacks.callbacks.History at 0x7ffe3f32b110>
```

[그림 C-1]은 학습 단계에서 학습 데이터와 검증 데이터의 성과 지수를 보여준다.

```
In [21]: res = pd.DataFrame(model.history.history)
In [22]: res.tail(3)
Out[22]:     val_loss val_accuracy     loss accuracy
        57 0.699932      0.508361 0.635633 0.597165
        58 0.719671      0.501672 0.634539 0.59893
        59 0.729954      0.505017 0.634403 0.601890
In [23]: res.plot(figsize=(10, 6));
```

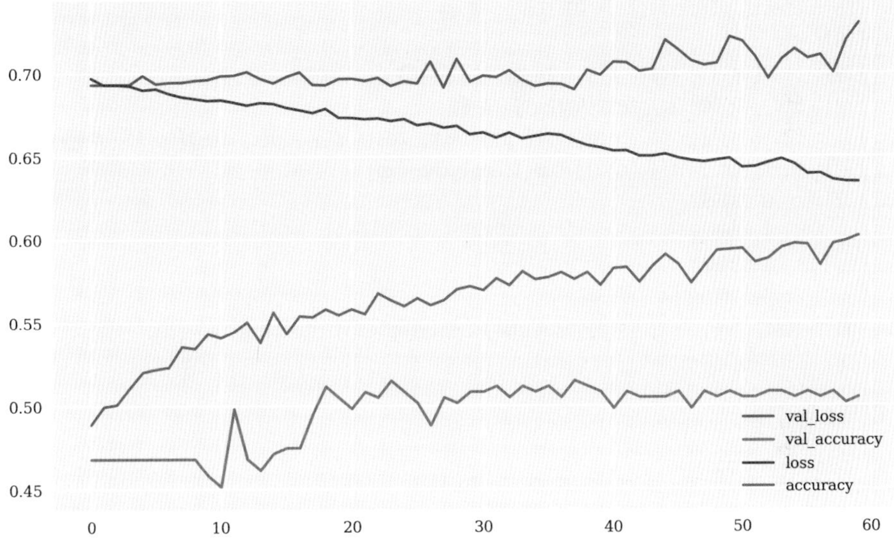

그림 C-1 합성곱 신경망의 학습 데이터와 검증 데이터에 대한 성과 계수

C.3 모형 테스트

마지막으로 다음 파이썬 코드는 학습시킨 모형을 테스트 데이터에 적용한다. 합성곱 신경망의 성능은 단순 보유 전략을 크게 능가한다. 하지만 전형적인 매수-매도 스프레드를 고려하면 이 성과의 상당 부분이 사라지게 된다. [그림 C-2]는 시간에 따른 성과를 보여준다.

```
In [24]: model.evaluate(np.atleast_3d(test[cols]), test['d'])  # ❶
         499/499 [==============================] - 0s 25us/step
Out[24]: [0.7364848222665653, 0.5210421085357666]
In [25]: test['p'] = np.where(model.predict(np.atleast_3d(test[cols])) > 0.5, 1, 0)
In [26]: test['p'] = np.where(test['p'] > 0, 1, -1)  # ❷
In [27]: test['p'].value_counts()  # ❷
Out[27]: -1 478
          1 21
         Name: p, dtype: int64
In [28]: (test['p'].diff() != 0).sum()  # ❸
Out[28]: 41
In [29]: test['s'] = test['p'] * test['r']  # ❹
In [30]: ptc = 0.00012 / test[symbol]  # ❺
In [31]: test['s_'] = np.where(test['p'] != 0, test['s'] - ptc, test['s'])  # ❻
In [32]: test[['r', 's', 's_']].sum().apply(np.exp)
Out[32]: r  0.931992
         s  1.086525
         s_ 1.031307
         dtype: float64
In [33]: test[['r', 's', 's_']].cumsum().apply(np.exp).plot(figsize=(10, 6));
```

❶ 표본 외 정확도

❷ 예측에 기반한 포지션

❸ 매매 횟수

❹ 매수-매도 스프레드에 의한 거래비용

❺ 거래비용 제외 전의 전략 성과

❻ 거래비용 제외 후의 전략 성과

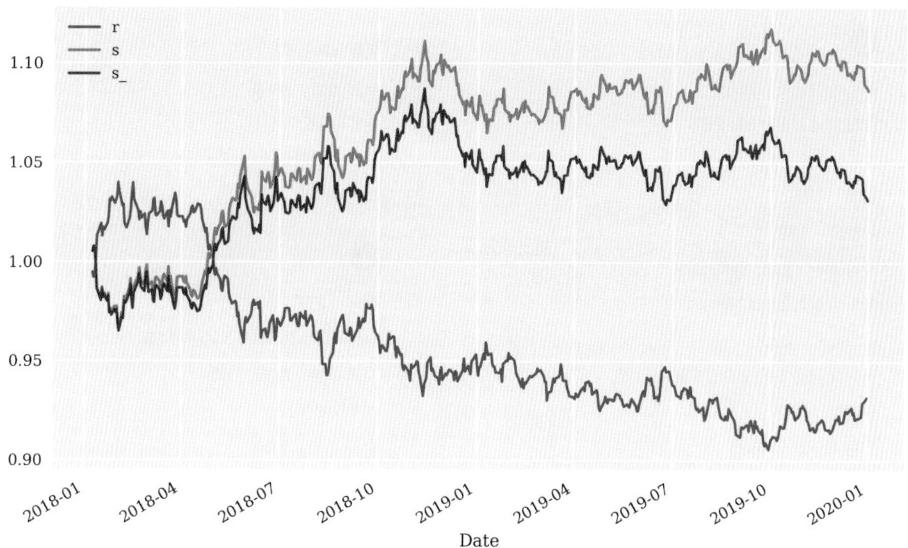

그림 C-2 단순 보유 전략과 합성곱 신경망 전략의 성과 비교 (거래비용 제외 전후)

C.4 참고 문헌

- Chollet, François. 2017. *Deep Learning with Python*. Shelter Island: Manning.
- Economist, The. 2016. "From Not Working to Neural Networking." *The Economist* Special Report, June 23, 2016. *https://oreil.ly/6VvlS*.
- Gerrish, Sean. 2018. *How Smart Machines Think*. Cambridge: MIT Press.
- Goodfellow, Ian, Yoshua Bengio, and Aaron Courville. 2016. *Deep Learning*. Cambridge: MIT Press. *http://deeplearningbook.org*.

INDEX

INDEX

INDEX